DESCONSIDERAÇÃO DA PERSONALIDADE JURÍDICA E PROCESSO

*de acordo com o
Código de Processo Civil de 2015*

Otávio Joaquim Rodrigues Filho

DESCONSIDERAÇÃO DA PERSONALIDADE JURÍDICA E PROCESSO

*de acordo com o
Código de Processo Civil de 2015*

DESCONSIDERAÇÃO DA PERSONALIDADE JURÍDICA
E PROCESSO
de acordo com o Código de Processo Civil de 2015

© Otávio Joaquim Rodrigues Filho

Direitos reservados desta edição por
MALHEIROS EDITORES LTDA.
Rua Paes de Araújo, 29, conjunto 171
CEP 04531-940 – São Paulo – SP
Tel.: (11) 3078-7205 – Fax: (11) 3168-5495
URL: www.malheiroseditores.com.br
e-mail: malheiroseditores@terra.com.br

Composição: PC Editorial Ltda.
Capa
Criação: Vânia Lúcia Amato
Arte: PC Editorial Ltda.

Impresso no Brasil
Printed in Brazil
06.2016

Dados Internacionais de Catalogação na Publicação (CIP)

R696d   Rodrigues Filho, Otávio Joaquim.
        Desconsideração da personalidade jurídica e processo : de acordo com o Código de Processo Civil de 2015 / Otávio Joaquim Rodrigues Filho. – São Paulo : Malheiros, 2016.
        400 p. ; 21 cm.

        Inclui bibliografia.
        ISBN 978-85-392-0336-9

        1. Desconsideração da personalidade jurídica. 2. Processo civil. 3. Processo civil - Brasil. 4. Pessoa jurídica. I. Título.

CDU 347.19   CDD 346.0662

Índice para catálogo sistemático:
1. Desconsideração da personalidade jurídica 347.19
2. Processo civil 347.91/.95
(Bibliotecária responsável: Sabrina Leal Araujo – CRB 10/1507)

*Dedico este trabalho à minha querida esposa, A*NDREIA*,
e aos meus filhos, N*ATÁLIA *e A*RTUR*,
por tudo que representam para mim.*

AGRADECIMENTOS

O autor somente faz os agradecimentos após concluída a obra; não obstante, a demonstração de gratidão vem estampada logo ao início, e isso ocorre pela importância que representa a colaboração de outras pessoas que, apesar de não assinarem o trabalho, certamente nele deixaram a sua marca.

E, quanto mais difícil é a empreitada, mais precisamos da ajuda daqueles que nos cercam; muitas vezes eles nem sabem que são tão importantes para nós, e se fosse aqui explicar o quanto me ajudaram, por uma maneira ou outra, provavelmente renderia uma interessante crônica. Desde já me desculpo pela injustiça de não poder citar os nomes de todos aqueles que colaboraram – e isso decorre da brevidade destas linhas.

Desde logo agradeço ao meu Orientador, o prezado e ilustre professor Ricardo de Barros Leonel, que, pelo convívio, pude perceber a grande pessoa que é e as inúmeras qualidades que possui. Também não poderia deixar de registrar gratidão por toda a atenção que me dedicou o meu Orientador, que acompanhou de perto o desenvolvimento deste trabalho, fazendo fundamentais observações, que evidentemente iluminaram o caminho a ser seguido; muitos dos seus ensinamentos encontram-se expressos neste trabalho, e espero tê-los empregado da melhor maneira possível.

No momento da qualificação a que foi submetida a dissertação que deu origem este trabalho, ainda parcial, além do meu Orientador, contei com a inestimável colaboração dos professores Flávio Luiz Yarshell e Suzana Henriques da Costa; os exames que empreenderam, com crítica construtiva, demonstram profundos conhecimentos sobre o direito processual civil e certamente nortearam mudanças que muito contribuíram não somente sobre o conteúdo do que fora aqui escrito, como também da própria estrutura do trabalho, tornando-a mais lógica e acessível.

A crítica construtiva e enriquecedora também foi demonstrada pelos ilustres professores Alberto Camiña Moreira e Marcelo José Magalhães Bonicio, na oportunidade em que a dissertação que originou o presente trabalho foi submetida à Banca Examinadora; os questionamentos por eles realizados foram fruto de atentas e profundas análises empreendidas, sempre tendo em vista o ideal de justiça e o resultado concreto que o direito processual pode produzir na vida das pessoas.

Não posso me esquecer dos amigos e colegas de Ministério Público, alguns que ainda estão na Promotoria de Justiça de Falências da Capital paulista e outros que por ela passaram. Assim, ao amigo de tantos anos, que sempre me emprestou seu apoio incondicional, Joel Bortolon Jr., um abraço fraterno. Não me esqueço, ainda, da amizade e da colaboração direta a este trabalho que me concederam José Antônio Remédio, Maria de Fátima Pereira Leonel, José Vicente Di Piero e dos demais colegas de Promotoria, pela grande amizade e coleguismo, que tornam o nosso local trabalho um ambiente muito especial.

Uma palavra de agradecimento não poderia deixar de ser dada aos funcionários da Biblioteca do Ministério Público do Estado de São Paulo, em especial aos servidores Ailton e Davi, cuja colaboração foi imprescindível a toda a pesquisa empreendida.

Agradeço, por fim, a minha querida esposa Andreia e aos meus filhos, Natália e Arthur, que em todos os momentos estão ao meu lado.

OTÁVIO JOAQUIM RODRIGUES FILHO

SUMÁRIO

1. INTRODUÇÃO
   1.1 *O tema a ser desenvolvido e suas limitações* 17
   1.2 *Justificativa de escolha do tema e sua importância* 19

PARTE I – DESCONSIDERAÇÃO DA PERSONALIDADE JURÍDICA

2. A CONSIDERAÇÃO DA PERSONALIDADE JURÍDICA 25
   2.1 *Breve histórico sobre a evolução das pessoas jurídicas e a responsabilização de seus membros* 25
   2.2 *As teorias sobre a pessoa jurídica* 31
   2.3 *Noção e requisitos da pessoa jurídica* 37

3. A TEORIA DA DESCONSIDERAÇÃO DA PERSONALIDADE JURÍDICA
   3.1 *Os primeiros casos nos tribunais* 43
   3.2 *A concepção inicial da teoria na doutrina estrangeira* 49
       3.2.1 A sistematização das hipóteses de aplicação da teoria por Rolf Serick 54
       3.2.2 A comparação dos sistemas da common law e da civil law *pela doutrina de Piero Verrucoli* 58
   3.3 *A doutrina nacional*
       3.3.1 A introdução da teoria da desconsideração da personalidade jurídica no Brasil por Rubens Requião ... 63
       3.3.2 A contribuição de José Lamartine Corrêa de Oliveira 64
       3.3.3 O desenvolvimento atual da doutrina nacional sobre o tema 66
   3.4 *Fundamentos fáticos da desconsideração da personalidade jurídica* 72

3.4.1	A confusão de esferas	73
3.4.2	A subcapitalização	76
3.4.3	A simples inadimplência a certas espécies de obrigações	79
3.4.4	Fundamentos fáticos da desconsideração da personalidade jurídica para fins diversos da responsabilização	82
3.5	**Os fundamentos jurídicos da desconsideração da personalidade jurídica**	85
3.5.1	Fundamentos jurídicos: o abuso de direito	88
3.5.2	Fundamentos jurídicos: a fraude	90

4. OS LIMITES DE APLICAÇÃO DA TEORIA DA DESCONSIDERAÇÃO DA PERSONALIDADE JURÍDICA 92

4.1	**Os limites subjetivos de aplicação da desconsideração da personalidade jurídica**	
4.1.1	A responsabilização do Poder Público e a desconsideração da personalidade jurídica	93
4.1.2	A responsabilização dos gestores das pessoas jurídicas de direito público e de empresas estatais e a desconsideração da personalidade jurídica	96
4.1.3	A responsabilidade das pessoas jurídicas de capital privado e a desconsideração da personalidade jurídica	99
	4.1.3.1 A responsabilidade dos sócios das pessoas jurídicas de capital privado e a desconsideração da personalidade jurídica	101
	4.1.3.2 A responsabilidade dos sócios ocultos e de terceiros e a desconsideração da personalidade jurídica	102
	4.1.3.3 A responsabilidade dos administradores das pessoas jurídicas de capital privado e a desconsideração da personalidade jurídica	103
4.2	**Limites objetivos de aplicação da teoria: a desconsideração da personalidade jurídica e outros institutos**	105
4.2.1	A desconsideração da personalidade jurídica e a responsabilidade civil	105
4.2.2	A desconsideração da personalidade jurídica e a responsabilidade tributária	109

4.2.3	A desconsideração da personalidade jurídica e a responsabilidade societária	111
4.2.4	A desconsideração da personalidade jurídica e a fraude à execução	115
4.2.5	A desconsideração da personalidade jurídica e a nulidade absoluta do negócio jurídico	118
4.2.6	A desconsideração da personalidade jurídica e a simulação	120
4.2.7	A desconsideração da personalidade jurídica e a fraude contra credores	121
4.2.8	A desconsideração da personalidade jurídica e a extensão da falência	125
4.2.9	A responsabilidade de administradores e controladores de sociedades sujeitas a intervenção e liquidação extrajudicial e a desconsideração da personalidade jurídica	130
4.3	**A diversidade de institutos previstos no art. 28 do Código de Defesa do Consumidor/CDC**	136

5. **A PRESCRIÇÃO E A DECADÊNCIA PARA A DESCONSIDERAÇÃO DA PERSONALIDADE JURÍDICA** 144

   5.1 **A prescrição e a decadência: distinção** 144
   5.2 **A prescrição e a decadência na desconsideração da personalidade jurídica** 146
   5.3 **Termos iniciais dos prazos de prescrição** 149
   5.4 **A imprescritibilidade e os prazos extintivos para a desconsideração da personalidade jurídica** 152

6. **CONCLUSÕES DA PARTE I** 157

PARTE II – O PROCESSO PARA A DESCONSIDERAÇÃO DA PERSONALIDADE JURÍDICA

7. **DESCONSIDERAÇÃO DA PERSONALIDADE JURÍDICA E RESPONSABILIDADE PATRIMONIAL**

   7.1 **Responsabilidade patrimonial** 165
   7.2 **Responsabilidade patrimonial primária e secundária** 169
   7.3 **Desconsideração da personalidade jurídica: responsabilidade secundária** 171

7.4   Desconsideração da personalidade jurídica: responsabilidade subsidiária 174

8. OS MEIOS PROCESSUAIS PARA A DESCONSIDERAÇÃO DA PERSONALIDADE JURÍDICA

   8.1   A desconsideração da personalidade jurídica no processo civil brasileiro anterior ao CPC de 2015 177

   8.2   A desconsideração da personalidade jurídica realizada de forma incidental, segundo o Código de Processo Civil de 2015 183

       8.2.1   Processos sobre os quais pode incidir o pedido de desconsideração da personalidade jurídica, segundo o Código de Processo Civil de 2015 185

       8.2.2   Aplicação do incidente de desconsideração da personalidade jurídica a qualquer procedimento 188

       8.2.3   A via incidental para a desconsideração da personalidade jurídica com o fim de responsabilização patrimonial 191

   8.3   Desconsideração da personalidade jurídica realizada por meio de processo autônomo 195

       8.3.1   A desconsideração da personalidade jurídica por meio de processo autônomo que objetiva a responsabilização prevista no art. 82 da Lei Falimentar .. 195

           8.3.1.1   A responsabilização prevista no art. 82 da Lei Falimentar como tutela de direitos individuais homogêneos 200

       8.3.2   A desconsideração da personalidade jurídica por meio de processo autônomo para a apuração de responsabilidade dos administradores de sociedades sujeitas a intervenção e liquidação extrajudicial 204

           8.3.2.1   A responsabilização dos administradores de sociedades sujeitas a intervenção e liquidação extrajudicial como tutela coletiva de direitos 205

       8.3.3   Desconsideração da personalidade jurídica por processo autônomo em outras situações 208

9. A AÇÃO E A DESCONSIDERAÇÃO DA PERSONALIDADE JURÍDICA 210

   9.1   As condições da ação na desconsideração da personalidade jurídica 211

SUMÁRIO

9.1.1	Interesse de agir	212
9.1.2	Legitimidade	216
	9.1.2.1 Legitimidade ativa para o pedido de desconsideração da personalidade jurídica nos processos coletivos	219
	9.1.2.2 A legitimidade ativa para o pedido de desconsideração da personalidade jurídica na falência	223
	9.1.2.3 A legitimidade do Ministério Público para o pedido de desconsideração da personalidade jurídica	225
	9.1.2.4 A legitimidade do Ministério Público para o pedido de desconsideração da personalidade jurídica na falência	228
	9.1.2.5 A legitimidade do Ministério Público para a demanda de responsabilização de controladores e administradores das sociedades sujeitas aos regimes de liquidação extrajudicial	230
	9.1.2.6 Legitimidade passiva	231
9.1.3	A possibilidade jurídica agora integrando o mérito da desconsideração da personalidade	235
9.2	**Elementos de identificação da demanda de desconsideração da personalidade jurídica**	239
9.2.1	Partes na desconsideração da personalidade jurídica	241
9.2.2	Causa de pedir para a desconsideração da personalidade jurídica	246
9.2.3	O pedido na demanda desconsideradora da personalidade jurídica	248
	9.2.3.1 Pedido certo ou determinável	249
	9.2.3.2 Pedido cumulado	252
	9.2.3.3 Inexistência de pedido: desconsideração da personalidade jurídica ex officio	254
9.3	**A estabilização da demanda e a desconsideração da personalidade jurídica**	256

10. O PROCESSO E O INCIDENTE PROCESSUAL PARA A DESCONSIDERAÇÃO DA PERSONALIDADE JURÍDICA

10.1	O procedimento para a desconsideração da personalidade jurídica	261

10.1.1 O procedimento incidental no Código de Processo Civil de 2015 262

10.1.2 A ausência de procedimento próprio quando a desconsideração for pleiteada com a inicial, conforme as disposições do Código de Processo Civil de 2015: possibilidade de violação à garantia constitucional 267

10.1.3 O procedimento anterior ao processo coletivo destinado à apuração de responsabilidades dos administradores e controladores de sociedades sujeitas a intervenção e liquidação extrajudicial 271

10.2 Competência 274

10.2.1 Relação entre demandas e a influência sobre a competência para a desconsideração da personalidade jurídica 276

10.2.2 Competência para a apreciação da pretensão de desconsideração da personalidade jurídica de sociedade falida 281

10.2.3 Competência: desconsideração da personalidade jurídica e arbitragem 283

10.3 O litisconsórcio 290

10.3.1 O litisconsórcio e a desconsideração da personalidade jurídica 292

10.3.2 Litisconsórcio facultativo e necessário 293

10.3.2.1 Litisconsórcio facultativo: alternativo, eventual e sucessivo 298

10.3.3 Litisconsórcio comum e unitário 302

10.3.4 Intervenção litisconsorcial voluntária 304

10.4 A desconsideração da personalidade jurídica e a intervenção de terceiros 306

10.4.1 A oposição e a desconsideração da personalidade jurídica 307

10.4.2 A denunciação da lide e a desconsideração da personalidade jurídica 308

10.4.3 O chamamento ao processo e a desconsideração da personalidade jurídica 310

10.4.4 A indicação da autoria na desconsideração da personalidade jurídica 311

10.4.5 A assistência e a desconsideração da personalidade jurídica 312

10.5 As defesas na desconsideração da personalidade jurídica 315

    10.5.1 Meios de defesa na execução quando houver desconsideração da personalidade jurídica 318

    10.5.2 Meios de defesa daquele atingido pela desconsideração da personalidade jurídica na execução quando não observado o anterior contraditório 319

    10.5.3 A amplitude de defesa daquele atingido pela desconsideração da personalidade jurídica na execução .. 322

10.6 Recursos cabíveis sobre a decisão do pedido de desconsideração da personalidade jurídica 324

    10.6.1 A extensão dos efeitos do recurso interposto sobre a decisão da ação principal quanto à pretensão de desconsideração da personalidade jurídica 327

10.7 A impugnação da decisão quanto à desconsideração da personalidade jurídica por ação rescisória 328

10.8 Verbas de sucumbência na desconsideração da personalidade jurídica

    10.8.1 O custo do processo para as partes 330

    10.8.2 A sucumbência na desconsideração da personalidade jurídica 332

    10.8.3 A sucumbência na desconsideração da personalidade pleiteada incidentalmente aos processos coletivos 336

    10.8.4 A sucumbência na desconsideração da personalidade pleiteada incidentalmente à falência 340

10.9 A coisa julgada e a desconsideração da personalidade jurídica 342

    10.9.1 O alcance da coisa julgada da decisão condenatória e a desconsideração da personalidade jurídica 344

    10.9.2 A força executiva do título judicial e a coisa julgada 346

    10.9.3 Coisa julgada e eficácia preclusiva: a situação do assistente 350

    10.9.4 O alcance da coisa julgada das decisões coletivas e a desconsideração da personalidade jurídica 351

11. TUTELAS PROVISÓRIAS NA DEMANDA DE DESCONSIDERAÇÃO DA PERSONALIDADE JURÍDICA

    11.1 *O processo e o tempo: as tutelas de urgência e de evidência* 355

11.2 A antecipação da tutela 358

    11.2.1 A antecipação da tutela condenatória e a desconsideração da personalidade jurídica 359

    11.2.2 A antecipação dos efeitos das tutelas declaratória e constitutiva e a desconsideração da personalidade jurídica 361

11.3 A tutela cautelar e a desconsideração da personalidade jurídica 363

    11.3.1 O arresto cautelar antecedente ou na pendência de pedido de desconsideração da personalidade jurídica 364

    11.3.2 A indisponibilidade dos bens particulares dos sócios e administradores da sociedade 367

    11.3.3 A indisponibilidade dos bens dos administradores e controladores de sociedades sujeitas a intervenção e liquidação extrajudicial 369

    11.3.4 A produção antecipada de provas e a desconsideração da personalidade jurídica 370

12. CONCLUSÃO DA PARTE II 374

BIBLIOGRAFIA 379

1
INTRODUÇÃO

1.1 O tema a ser desenvolvido e suas limitações. 1.2 Justificativa de escolha do tema e sua importância.

1.1 O tema a ser desenvolvido e suas limitações

O principal foco de atenção deste trabalho concentra-se na abordagem das questões processuais derivadas da aplicação da teoria da desconsideração da personalidade jurídica decorrente da fraude e do abuso da personalidade.

Tomando como pressuposto a ideia de instrumentalidade do direito processual, consubstanciada na sua verdadeira missão de servir à aplicação do direito material, bem como tendo em conta as incertezas e divergências que pairam a respeito da teoria da desconsideração da personalidade jurídica, optou-se pelo enfoque multidisciplinar ao tema, abrangendo-se na primeira parte do trabalho aspectos relacionados ao direito material, atinentes às matérias de direito civil e direito comercial, sempre objetivando a exposição das dissidências relativas ao assunto e a tomada de posições, pois delas se extraem elementos que inevitavelmente influenciam o direito processual e a aplicação de seus institutos, dado seu aludido caráter instrumental.

Numa perspectiva mais ampla, a desconsideração da personalidade encontra-se inserida no âmbito dos meios utilizados para a responsabilização, em caráter subsidiário, de membros, sócios ou administradores pelas obrigações da pessoa jurídica, podendo ser alcançado seu reconhecimento tanto no processo individual como na tutela dos interesses transindividuais. Observe-se, contudo, que a desconsideração da personalidade jurídica não se restringe à finalidade de responsabilização, constituindo também pressuposto para objetivos diversos, como teremos oportunidade de verificar.

É preciso delimitar a matéria a ser tratada – e, nesse sentido, em primeiro plano serão expostos aspectos elementares relacionados à consideração da personalidade jurídica, como o enfoque sobre o desenvolvimento histórico do instituto da pessoa jurídica, com as teorias formuladas a respeito, como também a noção e os requisitos necessários à consideração da personalidade, para o entendimento mais amplo do que representa a autonomia da pessoa jurídica e a consequente separação patrimonial, com a diminuição dos riscos empresariais, para o desenvolvimento econômico e social.

O desenvolvimento da teoria da desconsideração da personalidade jurídica partirá da abordagem dos primeiros casos nos tribunais e da introdução da doutrina no Exterior e no Brasil, o que demonstrará as bases teóricas que sustentam o tratamento diverso da matéria pelos norte-americanos, onde é conhecida por *lifting of the corporate entity*, *disregard of corporateness* ou, ainda, *cracking open the corporate shell*; pelos alemães, na teoria conhecida por *Durchgriff bei juristischen Personen*; como também pelos ingleses, como *disregard of legal entity*; ou ainda *superamento della personalità giuridica*, pelos italianos; e a *mise à l'écart de la personnalité morale*, dos franceses.

Não se restringindo o estudo do tema apenas a suas bases históricas, necessária a verificação do assunto na sua rica atualidade, com a apuração dos seus fundamentos fáticos e jurídicos, que possibilitarão o conhecimento dos limites concretos do tema.

A abordagem da delimitação da teoria da desconsideração da personalidade será feita por duas perspectivas distintas: uma subjetiva, relativa à apreciação da possibilidade de aplicação ou não do instituto conforme a espécie de pessoa jurídica a ter a sua personalidade desconsiderada; e outra objetiva, na qual se diferenciará a desconsideração da personalidade de outros institutos, como a responsabilidade civil, a responsabilidade societária, as hipóteses de nulidade absoluta dos atos jurídicos, a simulação, a fraude a credores, ou aqueles destinados a coibir a fraude à execução, assim como de extensão dos efeitos da falência e a responsabilidade de administradores de sociedades sujeitas aos regimes extrajudiciais, soluções adotadas em hipóteses distintas da desconsideração da personalidade, já que motivadas por diferentes causas, e com efeitos diversos, mas que contêm matérias sobrepostas e até coincidentes em algumas situações – o que justifica contemplar os institutos por ângulos próprios.

Esses assuntos têm influência direta para a aferição das condições da ação do pedido de desconsideração da personalidade, quer se tratando de legitimidade passiva, quer se referindo à possibilidade jurídica do pedido ou ao interesse de agir.

Com a atenção voltada ao estudo processual da aplicação da desconsideração da personalidade jurídica, releva abordar os assuntos relativos à responsabilidade patrimonial e aos meios adequados para a desconsideração, relacionando-os aos institutos fundamentais do processo, como as condições da ação, os elementos objetivos e subjetivos da demanda, a competência, o litisconsórcio, os meios de defesa possíveis à pretensão de desconsideração da personalidade e aqueles aptos à impugnação da decisão que a acolhe, a coisa julgada e as tutelas de urgência.

1.2 Justificativa de escolha do tema e sua importância

Os aspectos sociais, históricos, políticos, econômicos e culturais vivenciados pelos povos moldam os sistemas jurídicos de suas épocas; seus institutos são resultado, nessa medida, do atendimento das necessidades, que evidentemente variam conforme o tempo e o lugar; tais contextos mostram-se cada vez mais dinâmicos e complexos, exigindo soluções e instrumentos processuais adequados às profundas mutações sociais vivenciadas na Modernidade.[1]

Já na segunda metade do século passado se discutia a respeito do acesso à Justiça com vistas ao acolhimento do postulado contido no princípio da ubiquidade, para que todos pudessem submeter qualquer ameaça ou lesão a direito à apreciação do Poder Judiciário. Muito se

---

1. Consoante Augusto Cerino Canova, "il rischio di non comprendere il Diritto di oggi se non in intima connessione con quello precedente è contrabbilanciato dal rilievo che ogni teorizzazione nasce da una realtà giuridica contingente. L'organizzazione giudiziaria, la struttura del processo, i rapporti tra iniziativa di parte e potere giudiziale costituiscono oggetto di soluzioni altamente differenziate negli ordinamenti che si sono succeduti nelle diverse epoche storiche" ("La domanda giudiziale ed il suo contenuto", in *Commentario del Codice di Procedura Civile*, 1ª ed. T. I, Livro II, Turim, UTET, 1980, p. 12).

fez nas últimas décadas nesse sentido; contudo, é preciso pensar em termos de efetividade, que se expressa não apenas na possibilidade de ajuizamento de demandas, o acesso inicial, mas em todo o trajeto e no destino final ao qual se chegará. As preocupações no percurso do processo devem se voltar para a verdadeira igualdade entre as partes e o que se convencionou chamar de *devido processo legal*, com as garantias que lhe são inerentes. Por outro lado, não haverá bom resultado final se a morosidade comprometer o próprio direito subjetivo que se pretenda ver tutelado, ocasionando o chamado *dano marginal*. De nada adiantam as modificações das características do processo e do teor das decisões se não houver meios eficientes na fase ou processo de execução a garantir a efetiva aplicação do Direito.

As pessoas jurídicas, concebidas como realidade ou como criação da lei, com os seus diversos tipos, representam grande utilidade ao conferir autonomia ao ente criado; mas há excessos que devem ser coibidos. Nesse contexto, a desconsideração da personalidade jurídica, conforme lembra Dinamarco, "não é e não pretende constituir-se em fator de aniquilação de uma das mais tradicionais e arraigadas categorias jurídicas do mundo ocidental, que é a personalidade de certos entes corporativos e sua distinção da personalidade das pessoas físicas que os compõem".[2]

O mau uso da pessoa jurídica, objetivando a fraude à lei, aos contratos ou aos credores ou em virtude do abuso do direito, corriqueiramente, viola interesses individuais e metaindividuais legítimos, devendo-se, pois, não apenas garantir a possibilidade de acesso à Justiça, com as garantias constitucionais inerentes ao processo, mas também viabilizar a obtenção do resultado útil da demanda, que muitas vezes se refere à responsabilização patrimonial dos dirigentes dessas sociedades. Ressalte-se que admitir a ficção de personalidades distintas nas circunstâncias de certos casos equivale a sancionar uma fraude ou promover uma injustiça.[3]

Por outro lado, os excessos na utilização da pessoa jurídica não justificam os exageros do emprego da desconsideração da personalidade,

---

2. Cândido Rangel Dinamarco, *Fundamentos do Processo Civil Moderno*, 6ª ed., vol. I, São Paulo, Malheiros Editores, 2010, p. 531.

3. Cf. Rogério Lauria Tucci, *Direito Processual Civil e Direito Privado, Ensaios e Pareceres*, São Paulo, Saraiva, 1989, p. 163.

pois "do correto uso do instituto" – como adverte a doutrina – "depende sua própria valorização, de tal sorte que o uso indiscriminado da teoria e das normas jurídicas que a positivaram poderia produzir efeito muito diverso do que o sistema pretende".[4]

Quanto aos meios processuais para a efetivação da *disregard doctrine*, deve haver o equilíbrio entre a celeridade e a economia processual de um lado e, de outro, a segurança jurídica e a aplicação dos princípios constitucionais consubstanciados no devido processo legal,[5] para que seja alcançada a meta de efetividade e da justiça de resultados. Lembremos que as garantias do contraditório e da ampla defesa derivam do princípio de igualdade das partes, que, em última análise, constitui desdobramento do princípio da isonomia, um dos pilares sobre os quais se apoia o Estado de Direito, e que deve nortear todo e qualquer estudo em matéria processual.

A evolução da doutrina da desconsideração da personalidade jurídica em nosso País evidencia o fato de que a matéria recebeu escassa abordagem referente aos aspectos processuais, com poucas exceções, denotando a necessidade de maior exploração, já que a apreciação da matéria sob o prisma do processo tem se baseado praticamente na jurisprudência, à míngua de normas processuais sobre o tema. Além das previsões do Código de Defesa do Consumidor e de outras normas, o Código Civil de 2002 também consagrou o instituto da desconsideração da personalidade; necessário, agora, criar mecanismos para efetivá-lo ou "processualizá--lo".[6] E para atender a essa necessidade vêm em boa hora as disposições do Código de Processo Civil de 2015.

---

4. Cf. Ada Pellegrini Grinover, "Da desconsideração da personalidade jurídica (aspectos de direito material e processual)", in *O Processo: Estudos e Pareceres*, São Paulo, Perfil, 2005, p. 174.

5. Consoante explica Flávio Luiz Yarshell, "normalmente, são reconhecidos como princípios processuais o contraditório e a ampla defesa, o juiz natural, a igualdade, a publicidade e, em certo sentido, englobando todos os anteriormente mencionados, o devido processo legal. Ainda, a própria inafastabilidade é reconhecida como princípio" (*Tutela Jurisdicional e Tipicidade*, São Paulo, Atlas, 1999, p. 28).

6. Cf. Fredie Didier Jr., "Aspectos processuais da desconsideração da personalidade jurídica", in Fredie Didier Jr. e Rodrigo Mazzei (coords.), *Reflexos do Novo Código Civil no Direito Processual*, 2ª ed., Salvador, Juspodivm, 2007, p. 159.

Nesse sentido, a utilização criteriosa e o aperfeiçoamento da técnica processual[7] para a aplicação da desconsideração da personalidade jurídica representam grande avanço rumo à efetividade do processo civil.

---

7. Como lembra Ricardo de Barros Leonel, "há necessidade de implementar o ordenamento com instrumentos aptos a tornar eficazes, ou seja, efetivas e concretas, aquelas situações substanciais que vêm sendo tuteladas juridicamente. Aí entra a função do processo e, por conseguinte, do processualista" (*Manual do Processo Coletivo*, 3ª ed., São Paulo, Ed. RT, 2013, p. 31).

Parte I
DESCONSIDERAÇÃO
DA PERSONALIDADE JURÍDICA

2. *A Consideração da Personalidade Jurídica*. 3. *A Teoria da Desconsideração da Personalidade Jurídica*. 4. *Os Limites de Aplicação da Teoria da Desconsideração da Personalidade Jurídica*. 5. *A Prescrição e a Decadência para a Desconsideração da Personalidade Jurídica*. 6. *Conclusões da Parte I*.

2
A CONSIDERAÇÃO
DA PERSONALIDADE JURÍDICA

2.1 Breve histórico sobre a evolução das pessoas jurídicas e a responsabilização de seus membros. 2.2 As teorias sobre a pessoa jurídica. 2.3 Noção e requisitos da pessoa jurídica.

O reconhecimento da personalidade permite conhecer a exata orientação para a fixação de princípios que disciplinam as relações entre as pessoas jurídicas e seus sócios, como também entre estes e os terceiros, pontos fundamentais para o estudo das questões relativas à sua desconsideração e a respectiva efetivação por meio processual.

Necessário, assim, delinear os contornos da consideração da personalidade perante o Direito, abordando a evolução do instituto da pessoa jurídica e da responsabilização de seus membros, que nos sucessivos momentos históricos sofreram sensíveis modificações, para, após, enfocar a noção e os requisitos da personificação, que influenciaram a teoria da desconsideração da personalidade jurídica e fornecem subsídios ao estudo processual do tema.

2.1 Breve histórico sobre a evolução das pessoas jurídicas e a responsabilização de seus membros

Desde os primórdios da vida em sociedade formaram-se agrupamentos humanos de caráter permanente destinados à realização de fins comuns. As limitações dos homens conduziram-nos à vida em sociedade, e para a conecução de determinadas finalidades necessárias foram as associações ou corporações, que possibilitavam a realização daquilo que não seria possível individualmente, permitindo não somente a soma de esforços como também de capitais necessários à concretização de objetivos maiores, suprindo a brevidade da vida humana e a limitação de recursos. Como afirma Ferrara, na vida social existem finalidades individuais a atingir, que provêm do homem singular, e escopos coletivos e permanentes, que transcendem a esfera individual, que perduram além da vida humana e que são confiados espontaneamente à sociedade ou criados obrigatoriamente por impulso do Estado.[1]

As pessoas jurídicas[2] ou pessoas de existência ideal, pessoas morais ou, ainda, pessoas civis ou coletivas, conforme as diversas designações que lhes foram conferidas, são compostas de um conjunto de pessoas e de bens ou de uma destinação patrimonial, dotadas de unidade orgânica e oriundas do vínculo jurídico formado entre seus membros. No decorrer da História tais organizações ganharam importância e destaque ao ponto de serem consideradas institutos do Direito e de serem formuladas diversas teorias a respeito de sua natureza.

As sociedades[3] tiveram seu embrião com as primeiras manifestações do comércio.[4-5] Os romanos associavam-se nas suas operações comerciais de terra e mar, como evidencia a passagem contida no Título XXV das *Instituições* de Justiniano, formando-se sociedades com todos os bens,

1. Francesco Ferrara, *Le Persone Giuridiche*, 2ª ed., Turim, UTET, 1958, p.6.
2. Cf. José Xavier Carvalho de Mendonça, *Tratado de Direito Comercial*, 5ª ed., vol. III, Rio de Janeiro, Freitas Bastos, 1954, p. 76. O doutrinador adota a seguinte definição para *pessoa jurídica*: "é a unidade jurídica resultante da associação humana, constituída para obter, pelos meios patrimoniais, um ou mais fins, sendo distinta dos indivíduos singulares e dotada da capacidade de possuir e de exercer, *adversus omnes*, direitos patrimoniais" (p. 78).
3. Emprega-se o termo "sociedades", ao invés de "empresas", posto que representam estas, consoante as palavras de Calixto Salomão Filho, a "organização objetiva dos fatores de produção", enquanto "sociedade" se apresenta como um conceito jurídico que corresponde a "organização da exploração empresarial" (*O Novo Direito Societário*, 4ª ed., 2ª tir., São Paulo, Malheiros Editores, 2015, p. 216).
4. Cf. José Xavier Carvalho de Mendonça, *Tratado de Direito Comercial*, cit., 5ª ed., vol. III, p. 82.
5. Mas a finalidade dos agrupamentos não era restrita à mercancia, pois, como aponta S. Soares de Faria, "nos tempos e épocas diversas sempre se manifestou e fluiu o espírito de associação, para a realização de fins religiosos, morais, artísticos, ou para facilitar a obtenção de resultados materiais. No o Egito, como em Nínive e Babilônia, a despeito da escravidão dominante, os operários se reuniam em associações. Assim também na Fenícia, em Cartago e na Judeia aglutinam-se as classes trabalhadoras" (*Do Abuso da Razão Social*, 1ª ed., São Paulo, Saraiva & Cia., 1933, p. 11).

para determinadas negociações, como aquelas relativas à comercialização de escravos, trigo e vinho ou aquelas de banqueiros (*argentarii*).[6]

Contudo, não foram os romanos que formularam as teorias sobre a personalidade jurídica, o que somente ocorreria séculos após, devendo ser registrado tão somente o passo inicial para a origem da concepção de corporação (congregação de pessoas para a realização de determinadas finalidades), gerada ainda no período clássico. Some-se também, como um avanço inicial, a visão de Estado como ente abstrato, diverso dos cidadãos, ao que chamavam de *populos*, o que também ocorria com as *ciuitates* (cidades estrangeiras conquistadas que não haviam perdido inteiramente suas autonomias, cujas relações eram regidas pelo direito público) e com os *municipia* (cidades que haviam perdido a soberania e que tinham suas relações disciplinadas pelo direito privado) – o que demonstra que já havia organizações que titularizavam direitos subjetivos.[7]

Consoante aponta Moreira Alves, no período clássico chegaram os romanos à concepção de uma espécie do que no futuro se denominaria pessoa jurídica, a corporação; e no período pós-clássico surgiram verdadeiras fundações com fins religiosos (*pio causae*), hereditários ou relativos ao Fisco (que à época designava o patrimônio pessoal do *princeps*).[8]

As corporações não apresentavam nomenclatura técnica que fosse uniforme, sendo designadas como *sodalitas*, *ordo*, *societas*, *collegium*, *corpus*, *universitas*, não havendo separação perfeita entre a entidade e seus membros, mas apenas um condomínio com capacidade jurídica mais reduzida que a da pessoa física.[9] A utilização desses diversos vocábulos, e jamais da expressão "pessoa", como observa Beviláqua, demonstra que os romanos mais se preocupavam com os resultados práticos obtidos pela personificação de agrupamentos de pessoas ou coisas do que "com o rigor

---

6. Cf. Rubens Requião, "As tendências atuais da responsabilidade dos sócios de sociedades comerciais", *RT* 511/12, Ano 67, São Paulo, Ed. RT, maio/1978.

7. Cf. José Carlos Moreira Alves, *Direito Romano*, 4ª ed., vol. I, Rio de Janeiro, Forense, 1978, p. 174. No mesmo sentido colhe-se a lição de Ferrara, que acrescenta que a personalidade privada se consubstancia em dois momentos, decorrentes do fato de haver patrimônio próprio e no gozar da capacidade de estar em juízo (*Le Persone Giuridiche*, cit., 2ª ed., p. 10).

8. José Carlos Moreira Alves, *Direito Romano*, cit., 4ª ed., vol. I, p. 175.

9. Consoante magistério de Moreira Alves, a corporação exercia seus direitos por meio de um representante permanente, o *magister* ou *curator*, ou por representante especial, o *actor* ou *defensor* (*Direito Romano*, cit., 4ª ed., vol. I, p. 177).

lógico das construções jurídicas"; os modernos é que se preocupam em explicar a natureza da personalidade, formulando teorias.[10]

Por volta do século II a.c. as sociedades de publicanos eram organizadas com empregados (geralmente libertos, mas também escravos) instalados em Roma e nas cidades de província, para a cobrança de impostos, diretos e indiretos, repassando ao tesouro público (*aerarium Saturni*) quantias previamente determinadas por contrato e distribuindo dividendos aos acionistas.[11] Não havia sido concebida ainda a noção de separação de responsabilidades entre sócio e sociedade. Aliás, como aponta Cunha Gonçalves, a *societas* consistia numa reunião de pessoas mas não era uma nova unidade jurídica,[12] tanto que a responsabilidade era imputada sempre aos sócios dedicados à gestão da sociedade, que eram os efetivos proprietários do patrimônio social, ao passo que os demais sócios eram apenas investidores (*adfines societatis*), e, portanto, credores sociais.[13]

Mesmo a concepção materialista do Direito Germânico, em sua doutrina medieval, não logrou a abstração de ideias ao ponto de supor um ente distinto relativo à coletividade de indivíduos; suas entidades típicas (*Marken, Genossenschaften, Gilde* etc.) são apenas unidades relativas à pluralidade de sócios;[14] contudo, algum reconhecimento externo já era conferido às sociedades, pois, tendo cunho parental (*fraternae societa-*

---

10. Clóvis Beviláqua, *Teoria Geral do Direito Civil*, 7ª ed., Rio de Janeiro, Editora Paulo de Azevedo, 1955, p. 103.

11. Cf. Pierre Grimal, *O Império Romano*, 1ª ed. portuguesa, Lisboa, Edições 70, 2010, p. 23.

12. Luiz da Cunha Gonçalves, *Tratado de Direito Civil em Comentário ao Código Civil Português*, 1ª ed. brasileira, vol. I, t. II, São Paulo, Max Limonad, 1956, p. 900.

13. Cf. Walfrido Jorge Warde Jr., *A Crise de Limitação de Responsabilidade dos Sócios e a Teoria da Desconsideração da Personalidade Jurídica*, tese de Doutorado apresentada ao Departamento de Direito Comercial da Faculdade de Direito da USP, São Paulo, 2004, p. 17. Consoante esclarece o autor, "os sócios contratavam em nome próprio, assumindo posições ativas e passivas que integravam suas próprias esferas jurídicas. Aqueles que, por outro lado, eram meramente titulares do direito de crédito, por não terem praticado quaisquer atos que permitissem crer fossem donos do patrimônio dedicado à empresa, não assumiam responsabilidade externa pelo exercício da atividade determinante dos resultados de que eram credores". Segundo o autor, essa foi a primeira forma de limitação de responsabilidade ligada à estrutura societária de organização da empresa (pp. 26-27).

14. Cf. Luiz da Cunha Gonçalves, *Tratado de Direito Civil em Comentário ao Código Civil Português*, cit., 1ª ed. brasileira, vol. I, t. II, p. 902.

tis), o proveito era partilhado por todos os sócios e, da mesma forma, a responsabilidade era entre eles dividida.[15]

Na baixa Idade Média a expansão e a revitalização do comércio marcaram um novo período da História, evidenciando o declínio do feudalismo; decididamente, o mundo ocidental sofrera profundas mudanças que influenciariam sua história e seus institutos jurídicos. Das *societas* rudimentares deu-se a origem das sociedades em nome coletivo, ainda nesse período, como sociedades tipicamente de pessoas, que perdurariam até nossos dias e que originalmente foram concebidas pelos romanos para o prosseguimento de negócios pelos herdeiros de mercador falecido ou para a exploração em comum dos bens hereditários.[16]

Com o Renascimento e a deflagração do mercantilismo no início da Idade Moderna foram aperfeiçoadas novas formas de organização societária. A partir do contrato de comenda e do *nauticum foenus* criaram-se mecanismos jurídicos que permitiam aos capitalistas a limitação da responsabilidade, como é o caso da sociedade em comandita simples, como um tipo especial de sociedade mercantil na qual o sócio ostensivo se apresentava como administrador dos bens sociais, com responsabilidade solidária e ilimitada, enquanto o sócio comanditário detinha sua participação restrita ao capital investido. Isso também ocorreu numa espécie mais rudimentar de negócio, o contrato em conta de participação. Observe-se que a forma primitiva de sociedade mercantil não permitia a ocultação do nome daqueles impedidos de comerciar em vista das vedações canônicas ao lucro, que era equiparado à usura.[17]

O poderoso capitalismo mercantil alargou os princípios da limitação de responsabilidade nas sociedades mercantis, e por volta do século XV surgem as primeiras sociedades por ações, que tiveram sua tipicidade definida no século XVII, como as sociedades colonizadoras, utilizadas pelas potências colonialistas, como França, Inglaterra, Portugal e Espanha. Nessas sociedades havia a integração de capitais públicos e privados, com a importante limitação da responsabilidade apenas ao capital que havia sido investido e o anonimato dos investidores – motivos que levavam o Estado a acompanhar de perto as atividades dessas sociedades de eco-

---

15. Cf. Walfrido Jorge Warde Jr., *A Crise de Limitação de Responsabilidade dos Sócios e a Teoria da Desconsideração da Personalidade Jurídica*, cit., p. 39.
16. Cf. Rubens Requião, "As tendências atuais da responsabilidade dos sócios de sociedades comerciais", cit., *RT* 511/12.
17. Idem, ibidem.

nomia mista.[18] Os acionistas eram pessoalmente irresponsáveis perante terceiros, sendo, antes, credores da empresa.[19]

Consoante o magistério de Riccardo Orestano, foram os canonistas os primeiros a afirmar que *universitas est persona*, formulando a primeira teoria por obra do futuro Papa Inocenzo IV, apresentando uma consciente e concreta aplicação desta terminologia figurativa, de modo que "a metáfora literária se transformou em ficção jurídica"; mas, como ressalta o autor, a Ciência do Direito, de Roma ao século XVIII, não considerou relevantes as situações diversas do homem a quem se referem os direitos e as obrigações, o que somente viria mais tarde.[20]

A Revolução Francesa, no final do século XVIII (1789-1799), inspirada no Iluminismo e na Independência Americana (1776), deu início à Idade Contemporânea e abriu um período de grandes convulsões políticas que se estenderam pelo século XIX. Some-se a esses fatos a Revolução Industrial iniciada no Reino Unido, em meados do século XVIII, que se expandiu mundo afora no século seguinte, trazendo inovações tecnológicas, determinando uma nova relação entre capital e trabalho e o aparecimento do fenômeno da cultura de massa. Havia grande necessidade de capitais, deixada pelo espaço que antes era ocupado pelo Estado; daí a necessidade de limitação dos riscos como estímulo à captação de recursos.

Nesse contexto, no século XIX o pensamento jurídico assiste à formulação das primeiras teorias a respeito da pessoa jurídica. O nascimento do Estado de Direito no século XIX e a sujeição dos Estados a um novo direito público, diverso do *jus publicum* do Direito Romano, concederam posição destacada à vontade individual.[21] Como estímulo às associações e à decorrente concentração de recursos e esforços, o Estado vale-se da "personificação societária", afastando regras jurídicas que incidiriam se o exercício da atividade fosse feito de forma individual.[22]

A ideia de personificação justificou tecnicamente a existência do negócio jurídico relativo à transferência dos valores que eram recebidos pela sociedade, pois de um lado estavam os acionistas que aportavam o

18. Idem, ibidem.
19. Cf. Walfrido Jorge Warde Jr., *A Crise de Limitação de Responsabilidade dos Sócios e a Teoria da Desconsideração da Personalidade Jurídica*, cit., p. 63.
20. Riccardo Orestano, *Il "Problema delle Persone Giuridiche" in Diritto Romano*, vol. I, Turim, Giappichelli, 1968, pp. 11 e 16.
21. Cf. Marçal Justen Filho, *Desconsideração da Personalidade Societária no Direito Brasileiro*, São Paulo, Ed. RT, 1987, pp. 18-24.
22. Idem, pp. 49-50.

capital e de outro deveria estar quem recebesse esses valores, já que o negócio jurídico pressupõe a existência de duas partes. Desde a criação das primeiras sociedades por ações não existia sujeito a ser designado como titular de deveres e obrigações e, portanto, também de responsabilidade, já que os administradores eram meros representantes da sociedade, e os acionistas, os credores sociais.[23]

2.2 As teorias sobre a pessoa jurídica

No século XIX o ambiente propenso à formulação das teorias sobre a pessoa jurídica foi a Alemanha, que, como aponta Calixto Salomão Filho, apresentava ainda um estágio de produção pré-industrial, em que eram inexistentes o mercado nacional e o sistema bancário e creditício, gerando, "de um lado, grande necessidade de instrumentos que permitissem o agrupamento de recursos e, de outro, grande preocupação com a solvência das pequenas (e frequentemente subcapitalizadas) empresas".[24] As sociedades europeias já haviam deixado para trás o feudalismo e as estruturas corporativas como a "mão morta", mas ainda eram incipientes suas economias.

A pandectística alemã do século XIX concebeu o sistema jurídico elevando a ideia de direito subjetivo, o que demonstrava que o Direito não se reduz à norma ditada pelo Estado, funda-se nos direitos naturais de todo homem, fincados na noção de liberdade e na vontade individual. O subjetivismo evidencia que o conceito de pessoa jurídica é intimamente ligado ao de subjetividade jurídica.[25-26]

Nesse contexto, sucedem-se as teorias a respeito da natureza da pessoa jurídica, que ora propendiam a concebê-la como mera ficção abusiva criada pela doutrina ou abstração útil criada pela lei, ora se inclinavam a

---

23. Cf. Walfrido Jorge Warde Jr, *A Crise de Limitação de Responsabilidade dos Sócios e a Teoria da Desconsideração da Personalidade Jurídica*, cit., pp. 67-71. Fala o autor em "vacuidade subjetiva" para designar a ausência de sujeitos a titularizar a responsabilidade.
24. Calixto Salomão Filho, *O Novo Direito Societário*, cit., 4ª ed., 2ª tir., p. 203.
25. Cf. Fábio Konder Comparato e Calixto Salomão Filho, *O Poder de Controle na Sociedade Anônima*, 5ª ed., Rio de Janeiro, Forense, 2008, p. 320.
26. Também nesse sentido, afirma Riccardo Orestano que há uma nítida concessão do Direito como um sistema de direitos subjetivos que acaba por acolher duas orientações de pensamento diametralmente opostas, ambas de matriz subjetivista: a teoria da ficção e a teoria da realidade (*Il "Problema delle Persone Giuridiche" in Diritto Romano*, cit., vol. I, p. 20).

vê-la como realidade objetiva, para uns, ou técnica, para outros. Sucederam-se, assim, as teorias da ficção, da equiparação, da realidade objetiva (ou orgânica), dos normativistas e as da realidade técnica, entre outras.

Foi com Savigny que surgiu, pela primeira vez, uma teoria sobre a personalidade jurídica;[27] para ele, a pessoa jurídica, expressão oposta à pessoa natural – o indivíduo –, não existe como pessoa, mas somente para fins jurídicos, um "sujet du droit des biens créé artificiellement", possuindo capacidade artificial e limitada como um ente relativamente incapaz, carecendo sempre de representação em todos seus atos, já que somente o homem seria capaz de direitos e obrigações.[28]

Mas, criticamente, indaga Beviláqua: "como supor que o Estado é uma simples ficção. E se a lei é que erige essa ficção em pessoa, sendo a lei a expressão da soberania do Estado, segue-se que a lei é a emanação, a consequência, de uma ficção. Por outro lado, ou o Estado tinha uma existência real antes de se reconhecer como pessoa, e não é possível considerar fingida sua personificação, ou não tinha existência real e não poderia dotar-se com atributos jurídicos".[29] Para o jurista pátrio o reconhecimento das pessoas jurídicas pelo Estado não é ato de criação, mas antes de confirmação.[30]

A teoria da ficção, como leciona Ferrara, teve origem remota, mais precisamente na doutrina canonista, que concebia a instituição como um corpo místico, um ente ideal, tendo dominado na primeira metade século

---

27. Observe-se, entretanto, conforme aponta Orestano, que o embrião dessa teoria já se podia encontrar no trabalho do alemão Arnold Heise, que em 1807, tentando reunir sob um único conceito os sujeitos de direitos, referia-se às *juristische Personen*, tanto que suas ideias aparecem reelaboradas na escola histórica alemã de Freidrich Carl von Savigny (Riccardo Orestano, *Il "Problema delle Persone Giuridiche" in Diritto Romano*, cit., vol. I, pp. 20-21).

28. M. F. C. de Savigny, *Traité de Droit Romain*, 1ª ed., Paris, Librarie de Firmin Didot Frères, 1855, pp. 229-235. Consoante sustenta o autor, "on les appelle personnes juridiques, c'est-à-dire personnes qui n'existent que pour des fins juridiques, et ces personnes nous apparaissent à côté de l'individu, comme sujets des rapports de droit. (...) mais en restreignant aussi dans le domaine du droit privé, et notamment du droit des biens, la capacité des personnes juridiques, je ne prétends pas dire que, dans la réalité des choses, cette capacité soit leur caractère exclusif ou même dominante. Elles ont, au contraire, des buts spéciaux, solvant bien supérieurs à cette capacité, et dont celle-ci n'est que l'instrument" (pp. 230 e 234).

29. Clóvis Beviláqua, *Teoria Geral do Direito Civil*, cit., 7ª ed., p. 104.

30. Idem, ibidem.

XIX na Alemanha, França e Itália.[31] Aliás, os ideais individualistas do fim do século XVIII, na complexidade de seus motivos, influenciaram o pensamento dessa época, no sentido de comprimir as formas de comunidades intermediárias entre os direitos sacros do homem e a soberania da sociedade organizada politicamente, o que já se propugnava na Revolução Francesa; por isso, também, a negação da existência real à pessoa jurídica.[32]

Nesse sentido, e preocupando-se com o objetivo dos atos jurídicos, Ihering parte da noção de que o direito é um interesse protegido e de que a pessoa jurídica não é mais do que um instrumento técnico para corrigir a falta de determinação de sujeitos e, assim, constrói sua teoria sobre a personalidade como um instrumento de simplificação de relações, com a criação de um ente artificial, cuja existência repousa nos indivíduos que a compõem, uma vez que são eles os sujeitos e destinatários do direito, servindo o ente moral apenas para assegurar aos seus componentes um modo de fruição dos direitos fixados nos seus atos constitutivos ou estatutos.[33]

Negando personalidade às pessoas jurídicas, também a teoria da equiparação de Windscheid, Brinz, Bekker, entre outros, admite tratamento equiparado a certos patrimônios destinados a fins específicos; e, dessa forma, um patrimônio pode pertencer tanto a um indivíduo como a um fim ao qual seja destinado,[34] e certas relações podem até aparecer sem sujeito.[35] Para os que negavam a personalidade jurídica não se admitia "a existência de uma unidade na pluralidade", a pessoa coletiva era reduzida a uma relação jurídica "ou método de conceber unitariamente as relações entre os sócios ou entre os administradores do patrimônio ou os destinatários nas fundações".[36]

31. Cf. Francesco Ferrara, *Le Persone Giuridiche*, cit., 2ª ed., p. 20.
32. Cf. Riccardo Orestano, *Il "Problema delle Persone Giuridiche" in Diritto Romano*, cit., vol. I, pp. 24-25.
33. *Apud* Francesco Ferrara, *Le Persone Giuridiche*, cit., 2ª ed., p. 29. Refere-se o doutrinador à obra de Rudolf von Ihering: *Geist des römischen Rechts*, vols. III, § 46, e IV, §§ 65-68 e 70.
34. Cf. Luiz da Cunha Gonçalves, *Tratado de Direito Civil em Comentário ao Código Civil Português*, cit., 1ª ed. brasileira, vol. I, t. II, p. 906.
35. Observa Beviláqua que tal construção contraria a regra fundamental de que "o direito é uma relação que não pode existir sem os dois termos: sujeito e objeto" (*Teoria Geral do Direito Civil*, cit., 7ª ed., p. 108).
36. Cf. S. Soares de Faria, *Do Abuso da Razão Social*, cit., 1ª ed., p. 95.

Na segunda metade do século XIX a burguesia liberal já havia conquistado lugar de destaque e poder de influência na sociedade da época, repudiando a intervenção do Estado na economia (*laissez faire, laissez passer*). Nesse período inicia-se o capitalismo financeiro, que se estenderia até a crise de 1929, num cenário de alargamento dos mercados e participação ativa das instituições financeiras na economia.

Nesse tempo, as terias realistas, mudando o foco sobre a teorização da personalidade, já pregavam a realidade do ente coletivo e viam na sociedade um ente com vontade e vida próprias, distintas das de seus membros, verdadeiro organismo tão completo como as pessoas físicas.[37] Como afirma Lacerda de Almeida, os realistas não vêm mero nome, mas uma entidade ontológica, verdadeira e real.[38]

A realidade objetiva, da qual Gierke é um dos principais expoentes, admite que não apenas a pessoa do homem, mas também as pessoas jurídicas podem ser dotadas de existência real e vontade própria; e, referindo-se à fundação, entende-a como um organismo social independente, constituído pela vontade do instituidor.[39] Os aspectos da estrutura e da organização das sociedades ganham proeminência, daí o chamado organicismo, que marcou inicialmente a doutrina realista e do qual decorre o reconhecimento da existência de vontade própria da sociedade.[40]

Posteriormente, no campo do direito administrativo, Hauriou imaginou uma nova teoria da instituição, considerando as pessoas jurídicas como organizações sociais destinadas a um serviço ou a um ofício, providas de engrenagens que atuam convergentemente, consistentes nos seus órgãos, compostos de indivíduos,[41] que expressam as ideias de trabalho ou de empresa e perduram juridicamente num ambiente social,

37. Cf. Luiz da Cunha Gonçalves, *Tratado de Direito Civil em Comentário ao Código Civil Português*, cit., 1ª ed. brasileira, vol. I, t. II, p. 906.
38. Francisco de Paula Lacerda de Almeida, *Das Pessoas Jurídicas*, 1ª ed., São Paulo, Ed. RT, 1905, p. 256.
39. Cf. Clóvis Beviláqua, *Teoria Geral do Direito Civil*, cit., 7ª ed., pp. 112 e 118.
40. Cf. Riccardo Orestano, *Il "Problema delle Persone Giuridiche" in Diritto Romano*, cit., vol. I, pp. 53-55. Crítica que faz o autor a essa corrente doutrinária é o excessivo sociologismo, que opera antes com conceitos sociológicos do que com conceitos jurídicos (p. 55).
41. Maurice Hauriou, *Principes de Droit Public*, Paris, Librarie de la Société du Recueil J. B., 1910, p. 645. O doutrinador francês refere-se às pessoas jurídicas como "construins l'automate social, c'est-à-dire une institution qui marche par l'action

com existência objetiva a serviço de fins que interessam ao grupo e que fazem da pessoa jurídica uma instituição, um corpo social de existência concreta.[42] Mais tarde, expondo argumentos em favor da realidade das pessoas morais e partindo da premissa de que há distinção entre a personalidade moral e a personalidade jurídica, o jurista apura a ideia de instituição e se refere à pessoa jurídica como um expediente da técnica destinado a adaptar o ser moral às suas instituições sociais, uma máscara que fixa a fisionomia moral do homem, variável e diversa, para servir de sujeito de direitos subjetivos essencialmente estáveis.[43]

Concomitantemente, o início do século XX assistiu ao subjetivismo ceder espaço ao normativismo, e nesse contexto Kelsen expressava a *Teoria Pura do Direito* como uma "atitude objetivista-universalista" desprendida de todos os valores ético-políticos, em que os fenômenos jurídicos e cada parte do Direito são vistos como parte de um todo, uma unidade orgânica, reduzindo o dever e o direito subjetivo à norma. Assim, conforme sua visão, a pessoa jurídica é construção da ciência que descreve o Direito e não propriamente produto do Direito, que apenas "cria direitos e deveres que têm por conteúdo a conduta humana, mas não cria pessoas". O conceito estrito de pessoa jurídica para o doutrinador é um conceito auxiliar, construção da Ciência do Direito que não se traduz numa realidade social; a pessoa jurídica é apenas um ponto de imputação de direitos e obrigações.[44] Segundo os normativistas, a realidade empírica não tem nenhuma relevância para o Direito.[45]

Na Itália, Ferrara sustenta ser a pessoa coletiva produto do ordenamento jurídico, derivado do Direito do Estado, o mesmo que confere personalidade aos homens. Se o Estado eleva a sujeitos de direito os homens, não há obstáculo para que seja atribuída subjetividade jurídica a um ente não humano, uma entidade ideal que tem por substrato a organização de homens que perseguem determinados interesses; nessa ordem de ideias, a pessoa jurídica é a configuração legal de certos fenômenos

---

convergente de ses rouages, qui soit uniquement un système d'organes, lesquels soient uniquement des individus ou des groupements d'individus" (p. 645).

42. Maurice Hauriou, *Principes de Droit Public*, cit., p. 645.
43. Maurice Hauriou, *Précis de Droit Constitutionnel*, 1ª ed., Paris, Librarie du Recueil Sirey, 1923, pp. 205-206.
44. Hans Kelsen, *Teoria Pura do Direito*, 1ª ed. brasileira, São Paulo, Martins Fontes, 1985, pp. 203-204.
45. Cf. Riccardo Orestano, *Il "Problema delle Persone Giuridiche" in Diritto Romano*, cit., vol. I, p. 52.

de associação ou de organização, "produto puro do ordenamento jurídico", não uma ficção, constituindo uma realidade abstrata, ideal como os institutos de Direito.[46]

O século XX foi palco de muitos conflitos sociais e políticos; saltou-se do ideal de liberdade da vontade individual para o sentido do coletivo no Estado Social, com a consequente funcionalização do Direito e a noção de abuso, como compreensão de que há interesses coletivos que transcendem os individuais.

Esse é o contexto da teoria da realidade técnica, adotada pela maioria dos doutrinadores pátrios,[47] um meio-termo entre as distantes teorias da ficção e da realidade objetiva, que admite que a pessoa jurídica não é uma ficção e nem realidade física, é uma realidade jurídica existente entre as demais instituições. Ao lado de interesses individuais existem os interesses coletivos, que não são realizáveis sem uma cooperação estável, sem a organização de elementos econômicos e sociais.[48]

Contudo, não foram somente as teorias que aceitam a realidade da pessoa jurídica que foram sendo modificadas com o decorrer do tempo; as teorias que a concebem como um ente fictício também receberam novos contornos, ao ponto de entendê-la como "um dado de linguagem jurídica" ou, antes, "um fenômeno de linguagem comum", que representa juridicamente todos aqueles que compõem a coletividade organizada,[49] um conceito jurídico.[50]

---

46. Francesco Ferrara, *Le Persone Giuridiche*, cit., 2ª ed., pp. 32-39.
47. Dentre outros doutrinadores: José Lamartine Corrêa de Oliveira, *A Dupla Crise da Pessoa Jurídica*, São Paulo, Saraiva, 1979, p. 229.
48. Cf. Luiz da Cunha Gonçalves, *Tratado de Direito Civil em Comentário ao Código Civil Português*, cit., 1ª ed. brasileira, vol. I, t. II, p. 916.
49. Cf. Francesco Galgano, *Diritto Privato*, 15ª ed., Pádua, CEDAM, 2010, p. 86. Leciona o doutrinador italiano que "l'esistenza di altri soggetti oltre agli esseri umani è, prima che un dato del linguaggio giuridico, un fenomeno di linguaggio comune: spesso più uomini che agiscono collettivamente vengono, linguisticamente, indicati come un unico soggetto agente (si dice, ad esempio, che la folla ha chiesto, ha reclamato ecc.), oppure una collettività organizzata viene, linguisticamente, rappresentata come una sola astratta persona (se dice, ad esempio, che la Francia ha deciso, ha voluto ecc.)" (p. 86). Para o autor, esse dado de linguagem, a pessoa jurídica, é útil para substituir "uma completa disciplina normativa de relações que existem entre pessoas naturais" (tradução livre) (Francesco Galgano, "El concepto de persona jurídica", *Revista Derecho del Estado* 16/23, junho/2004).
50. Referindo-se ao Direito Alemão, afirma Ulrich Drobnig que "la personne morale n'est pas autre chose qu'un concept juridique, lequel donne aux groupes sociaux et aux valeurs patrimoniales destinées à un but la situation de sujet de droit suivant le modèle fourni par l'individu personne physique" ("Droit Allemand", in

Além dessas noções sobre a consideração da pessoa jurídica, também se modificou a concepção de responsabilidade de quem age escudado pela sociedade. A condenação das operações fraudulentas e o desenvolvimento da doutrina da desconsideração da personalidade jurídica do Direito Inglês foram logo aprimorados pelos tribunais norte-americanos, acentuando a tendência moderna de restrição ao princípio da plena limitação de responsabilidade no Direito moderno.[51] Também os fundamentos da teoria da desconsideração, como veremos, demonstram a sucessão dos modelos de problemas e soluções, uma constante evolução, movida pelo aumento da complexidade das relações humanas.

2.3 Noção e requisitos da pessoa jurídica

Quando se cuida de questões a respeito da consideração da personalidade jurídica[52] há que se ter em conta, antes de tudo, que "as pessoas jurídicas têm existência distinta da de seus membros", consoante preceituava o art. 20 do CC de 1916, e que, embora não tenha sido repetida a regra no ordenamento vigente, encontra-se implícita no sistema sua principal consequência: a autonomia patrimonial. Pode ser dito, deste modo, que a pessoa jurídica é "um ser ou fato social tomado pelo Direito como apto a ser referencial subjetivo de direitos e obrigações"[53] – ou seja: "cada sujeito de direito diverso da pessoa física".[54]

René David (coord.), *La Personnalité Morale et ses Limites. Études de Droit Comparé et de Droit International Public*, 1ª ed., Paris, LGDJ, 1960, p. 50).

51. Como ressalta Rubens Requião, o *crack* da Bolsa de Nova York e a política do Presidente Roosevelt do *New Deal* puseram em contenção a tirania das grandes empresas capitalistas para reconquistar a confiança do público. A essas medidas sucederam-se, em outros Países, diversas providências para conter, política e administrativamente, os excessos de controladores e administradores. No Brasil, décadas após, constitui-se a Comissão de Valores Mobiliários, a CVM, pela Lei 6.385/1976, como resultado dessa mesma política (cf. Rubens Requião, "As tendências atuais da responsabilidade dos sócios de sociedades comerciais", cit., *RT* 511/14).

52. A personalidade jurídica, segundo Planiol e Ripert, é "l'attribution de droits et d'obligations à des sujets autres que les êtres humains. Ces sujets de droit sont appelés personnes morales, personnes civiles, personnes juridiques, ou encore personne fictives, dénomination qui implique déjà une certaine conception de la personnalité" (Marcel Planiol e Georges Ripert, *Traité Pratique de Droit Civil Français*, 2ª ed., Paris, LGDJ, 1952, p. 80).

53. Cf. Fábio Ulhoa Coelho, "Pessoa jurídica: conceito e desconsideração", *Justitia* 137/68, janeiro-março/1987.

54. Cf. Francesco Galgano, *Diritto Privatto*, cit., 15ª ed., p. 84.

A existência da pessoa jurídica de direito privado, sob o aspecto formal, inicia-se com a inscrição do ato constitutivo no respectivo registro; caso necessário autorização ou aprovação do Poder Executivo, ela deve preceder ao registro, nos termos do que dispõe o art. 45 do CC. Não se trata da concessão de personalidade, como em outros Países, mas de seu reconhecimento pelas disposições normativas.

Mas pode haver personalidade jurídica sem o registro dos atos constitutivos da sociedade? Por outras palavras: o registro é um requisito da personalidade jurídica? Quanto às sociedades irregulares e de fato, agora chamadas de sociedades em comum,[55] constituem entes personalizados?

A doutrina divide-se na resposta a essas indagações. Embora lhes falte o registro de seus atos constitutivos, desfrutam essas sociedades de personalidade justamente porque podem ser titulares de obrigações e, inclusive, pode lhes ser decretada a falência, como reiteradamente se tem posicionado a jurisprudência brasileira. Não se pode concluir, assim, que o registro seja um requisito da personalidade jurídica. Embora parte da doutrina seja contrária ao reconhecimento da personalidade às sociedades irregulares,[56] não há explicação plausível para a capacidade de exercício de direitos e deveres, mesmo que seja ela reduzida, sem que se fale em personalidade.[57-58] Desta forma, o que é limitado é a capacidade de direito

---

55. A disciplina das sociedades em comum é regida pelo disposto nos arts. 986 a 990 do CC, sendo-lhe reconhecido, inclusive, um patrimônio especial, do qual os sócios são titulares em comum, que responde pelos atos de gestão praticados pelos sócios (CC, arts. 988 e 989).

56. Sustentam não ser dotada de personalidade jurídica a sociedade irregular: Amador Paes de Almeida (*Execução dos Bens dos Sócios: Obrigações Mercantis, Tributárias, Trabalhistas: da Desconsideração da Personalidade Jurídica (Doutrina e Jurisprudência)*, 11ª ed., São Paulo, Saraiva, 2010, p. 27), calcado nas lições de J. M. de Carvalho Santos (*Código Civil Brasileiro Interpretado*, 10ª ed., Rio de Janeiro, Freitas Bastos, 1963, p. 381) e de João Eunápio Borges (*Curso de Direito Comercial Terrestre*, 5ª ed., 3ª tir., Rio de Janeiro, Forense, 1976, p. 287).

57. Cf. José Lamartine Corrêa de Oliveira, *A Dupla Crise da Pessoa Jurídica*, cit., p. 235. Entende dessa maneira, também: Francisco Cavalcanti Pontes de Miranda, *Tratado de Direito Privado*, 1ª ed., t. I, Rio de Janeiro, Borsói, 1954, p. 356. Contra esse entendimento: Clóvis Beviláqua, *Código Civil Comentado*, 11ª ed., Rio de Janeiro, Editora Paulo de Azevedo, 1956, p. 185; Orlando Gomes, *Introdução ao Direito Civil*, 20ª ed., Rio de Janeiro, Forense, 2010.

58. Até mesmo com referência à figura relativamente moderna dos fundos de investimentos, instituída no Brasil pela Resolução do Conselho Monetário Nacional/CMN 145, de 14.4.1970, deve-se ponderar que os cotistas têm seus direitos efetiva-

dessas sociedades, pois sempre haverá pessoa jurídica quando houver capacidade de direito,[59] mesmo que seja reduzida.

As chamadas sociedades irregulares, como aponta Carvalho de Mendonça, existem e funcionam à sombra da lei, independentemente de haver o arquivamento do contrato no registro do comércio. Mas a própria lei lhes atribui capacidade patrimonial e representação em juízo, sujeita--as à falência e respeita-lhes o patrimônio próprio, para evitar confusão com o patrimônio social. E – finaliza o autor – "as sociedades regulares ou irregulares produzem os mesmos efeitos jurídicos, salvo as limitações legais que a estas se impõem. Estas restrições, se, na verdade, colocam as sociedades irregulares em plano de inferioridade econômica, não lhes prejudicam a personalidade".[60]

Aliás, o próprio Código de Processo Civil de 2015 prevê que as sociedades irregulares – e entre elas as sociedades de fato e as que ainda não se regularizaram, que inclui entre os entes "sem personalidade jurídica" – podem figurar nos polos ativo e passivo do processo, devendo ser representadas pela pessoa a quem couber a administração de seus bens.[61]

Note-se que a sociedade em formação, assim como a sociedade de fato,

---

mente limitados em virtude do estado temporário de indivisão do patrimônio investido; e, nesse sentido, o exercício de alguns direitos se dá por obra da administração do próprio fundo. Somem-se à limitação dos direitos dos investidores os aspectos da complexidade da estrutura organizacional dos fundos; a possibilidade de fusão, cisão ou incorporação por outros fundos, sob a fiscalização da Comissão de Valores Mobiliários/CVM; o fato de que a propriedade do investidor incide sobre as cotas escriturais, e não diretamente sobre o patrimônio do fundo; a possibilidade de o fundo influir na gestão de companhia que recebeu seus investimentos, se estes recaírem sobre ações que integram o bloco de controle – tudo a indicar, embora funcionem sob a forma de condomínio aberto, que se amoldam à figura das sociedades, consoante previstas no art. 981 do CC, e que, por se constituírem posições jurídicas subjetivas, nada os diferencia das demais pessoas jurídicas.

59. Cf. José Lamartine Corrêa de Oliveira, *A Dupla Crise da Pessoa Jurídica*, cit., p. 249.

60. José Xavier Carvalho de Mendonça, *Tratado de Direito Comercial*, cit., 5ª ed., vol. III, pp. 88-92. Completa o doutrinador: "se o Código declara que a sociedade irregular existe com todos os efeitos da sociedade regular relativamente a terceiros com que trata, estes não a podem desconhecer para acionar os sócios. A sociedade existe aos olhos da lei, não deixa de existir o arbítrio dos interessados" (p. 90). Conclui o autor que ter personalidade jurídica significa ter autonomia patrimonial e, portanto, entende que a sociedade irregular desfruta de personalidade jurídica.

61. Cf. CPC/2015, art. 75, IX.

pode demandar ou ser demandada, respondendo seus bens sociais pelos atos praticados por qualquer dos sócios.

Essa noção é muito importante ao tema da consideração da pessoa jurídica, mas também relativamente à desconsideração da personalidade, já que não há propósito, vale dizer, interesse de agir, para pleitear o desconhecimento da autonomia subjetiva de determinada sociedade de fato ou irregular (em comum) que, embora exista, não tenha conquistado a autonomia patrimonial, porque não foram cumpridos os aspectos formais de sua constituição, que se consubstanciam, desse modo, apenas em ônus para a fruição da almejada separação de patrimônios.

Assim, apesar da opção da lei civil, ao prever a existência de sociedades não personificadas, pode-se concluir que o registro da sociedade é apenas pressuposto para a capacidade plena, não para a personalidade,[62] ainda que se fale em personalidade anômala.[63] Veja-se que esse fato não é relevante para a desconsideração da personalidade jurídica para fins de responsabilidade, posto que aos entes tidos como não personalizados desnecessário é o emprego da *disregard doctrine*; contudo, se o objetivo for diverso da responsabilização, pode haver interesse na consideração da personalidade ou na sua desconsideração, para atingir ou não tomar em conta a atividade daqueles que agem por trás do aparato social.

E, tomando por base o sistema da livre formação da pessoa jurídica, que se opõe à ideia de concessão estatal da personalidade jurídica, o ordenamento estabelece limites de duas categorias para seu reconhecimento: uma estrutural, que se refere aos requisitos formais estabelecidos pela lei; e outra relativa aos limites éticos, que incidem sobre o objeto e os fins.[64]

Observe-se que até mesmo em termos processuais a capacidade de ser parte exige a personalidade jurídica, ou seja: para ser parte deve o sujeito ser capaz de ser titular de direitos e obrigações. Então, o que diríamos da massa falida, do espólio e da herança jacente, seriam pessoas jurídicas?

Tratando dos bens em liquidação judicial, Ferrara anota que não deixa de ser proprietário dos bens colocados em execução forçada o seu titular

---

62. Cf. José Lamartine Corrêa de Oliveira, *A Dupla Crise da Pessoa Jurídica*, cit., p. 251.

63. Maria Helena Diniz afirma que alguns entes seriam despersonalizados, embora conclua terem "personificação anômala" (*Curso de Direito Civil Brasileiro*, 29ª ed., vol. 1, São Paulo, Saraiva, 2012, p. 334).

64. Cf. Maria Helena Diniz, *Curso de Direito Civil Brasileiro*, cit., 29ª ed., vol. 1, p. 22.

senão no momento da venda, quando perde a faculdade de deles dispor. E tanto é verdade que, se o procedimento se interromper, os bens do devedor tornam-se livres e disponíveis, o que demonstra que não deixaram de lhe pertencer.[65] O mesmo se pode dizer em relação à massa falida, o que demonstra que a pessoa jurídica não deixa de existir com a falência para dar nascimento à massa falida;[66] a extinção da pessoa jurídica na hipótese de falência somente se dá com a extinção das obrigações da sociedade, porque a partir daí não será mais titular de direitos e obrigações.

Assim, quando a lei falimentar diz que a massa será representada em juízo (art. 22, III, "n", da Lei 11.101/2005), é a sociedade falida que titulariza essa posição; na oportunidade em que a mesma norma estabelece a existência de encargos e dívidas da massa (art. 84 da Lei 11.101/2005), está apenas criando critérios de preferências, porque, em última análise, todas as dívidas serão suportadas pelo mesmo patrimônio, que somente deixará de pertencer à sociedade falida no momento em que forem alienados os bens na execução concursal.

Em nosso sistema jurídico a massa falida,[67] o espólio e a herança jacente não são titulares de direitos,[68] mas, antes, objetos de direito, verdadeiras universalidades, complexos de relações jurídicas dotadas de valor econômico (CC, art. 91); os titulares da relação jurídica material, as partes em sentido substancial, e até mesmo as partes em sentido processual, serão outras pessoas, como a sociedade falida, os herdeiros ou o inventariante.

65. Cf. Francesco Ferrara, *Le Persone Giuridiche*, cit., 2ª ed., p. 109.
66. Como exemplificava Carvalho de Mendonça, com base no Direito anterior, caso encerrado o processo de falência, quer por acordo com os credores, quer por concordata suspensiva (como previa o Decreto-lei 7.661/1945), retornavam à sua livre administração todo aquele complexo de ativos e até as obrigações remanescentes, que faziam parte da massa falida – o que demonstra que a pessoa jurídica não deixa de existir para dar nascimento à massa falida (José Xavier Carvalho de Mendonça, *Tratado de Direito Comercial*, cit., 5ª ed., vol. III, pp. 375-378).
67. Quanto à massa falida, de modo diverso já sustentava Lacerda de Almeida, afirmando que "é, incontestavelmente, pessoa jurídica no sentido amplo da palavra", já que tem interesses distintos e às vezes opostos aos dos credores do falido, tem credores e devedores próprios e é representada ativa e passivamente em juízo (*Das Pessoas Jurídicas*, cit., 1ª ed., p. 34).
68. Em sentido contrário: Fábio Ulhoa Coelho ("Pessoa jurídica: conceito e desconsideração", cit., *Justitia* 137/73). O autor afirma que "nem todo sujeito de direito é uma pessoa"; assim, conclui que são sujeitos de direitos, embora sem personalidade jurídica, a massa falida e o espólio, entre outros entes.

Lamartine, constatando a dicotomia dos sistemas jurídicos em termos de Direito Comparado sobre as exigências de ordem ontológica-estrutural para o reconhecimento da personalidade jurídica, esclarece haver sistemas mais rígidos, a que chama de maximalistas, como os sistemas alemão, italiano e português; e outros, os minimalistas, nos quais a ordem jurídica é mais tolerante para reconhecer a personificação, do qual seriam exemplos o Brasil, a França e a Espanha. No ordenamento alemão somente há o reconhecimento da personalidade quando haja separação patrimonial e de responsabilidade entre a sociedade e seus membros,[69] o que não ocorre exatamente em nosso Direito, pelo qual nem sempre a personalidade vem acompanhada da separação de responsabilidades.[70]

No Direito Brasileiro prevalece a noção de pessoa jurídica como realidade técnica e com exigências mínimas para o reconhecimento formal da personalidade; mas é importante ter em mente que, seja como ficção ou realidade técnica, tanto em sistemas maximalistas como minimalistas é possível a aplicação da teoria da *disregard doctrine*,[71] posto que a personalidade jurídica e o princípio da separação patrimonial não foram constituídos como categoria abstrata, mas como meio de realização de valores eleitos pela ordem jurídica.[72]

---

69. Consoante aponta Ulrich Drobnig, "les sociétés de personnes du droit commercial constituent donc dans le Droit Allemand une espèce *sui generis* de personnes morales incomplètement développées, laquelle se situe à mi-chemin entre la réunion, en dehors de tout lien, de plusieurs individus, et la société dont le droit reconnaît l'indépendance. Ce type intermédiaire fournit la preuve qu'il n'existe pas dans le Droit Allemand une alternative nette entre deux sortes de groupements: ceux qui auraient la personnalité et ceux qui ne l'auraient pas" ("Droit Allemand", cit., in René David (coord.), *La Personalité Morale et ses Limites. Études de Droit Comparé et de Droit International Public*, 1ª ed., p. 30).
70. Cf. José Lamartine Corrêa de Oliveira, *A Dupla Crise da Pessoa Jurídica*, cit., p. 40.
71. Cf. Alexandre Couto Silva, "Desconsideração da personalidade jurídica: limites para sua aplicação", *RT* 780/48, São Paulo, Ed. RT, outubro/2000.
72. Cf. João Baptista Villela, "Sobre desconsideração da personalidade jurídica no Código de Defesa do Consumidor", *Boletim IOB de Jurisprudência* 11/233, 1991 (3/5611).

3
A TEORIA DA DESCONSIDERAÇÃO DA PERSONALIDADE JURÍDICA

3.1 Os primeiros casos nos tribunais. 3.2 A concepção inicial da teoria na doutrina estrangeira: 3.2.1 A sistematização das hipóteses de aplicação da teoria por Rolf Serick – 3.2.2 A comparação dos sistemas da common law *e da* civil law *pela doutrina de Piero Verrucoli. 3.3 A doutrina nacional: 3.3.1 A introdução da teoria da desconsideração da personalidade jurídica no Brasil por Rubens Requião – 3.3.2 A contribuição de José Lamartine Corrêa de Oliveira – 3.3.3 O desenvolvimento atual da doutrina nacional sobre o tema. 3.4 Fundamentos fáticos da desconsideração da personalidade jurídica: 3.4.1 A confusão de esferas – 3.4.2 A subcapitalização – 3.4.3 A simples inadimplência a certas espécies de obrigações – 3.4.4 Fundamentos fáticos da desconsideração da personalidade jurídica para fins diversos da responsabilização. 3.5 Os fundamentos jurídicos da desconsideração da personalidade jurídica: 3.5.1 Fundamentos jurídicos: o abuso de direito – 3.5.2 Fundamentos jurídicos: a fraude.*

3.1 Os primeiros casos nos tribunais

A pessoa jurídica enquanto instituto do Direito ganhou relevância, tornando-se presente nos sistemas normativos modernos, por viabilizar o desenvolvimento das relações sociais e econômicas; contudo, a separação de patrimônios e a limitação de responsabilidade, apesar de incentivarem a captação de capitais, externalizaram grande parte dos custos dos empreendimentos, decorrentes dos riscos que qualquer atividade econômica enfrenta, evidenciando, com o passar do tempo, a profunda crise funcional da limitação da responsabilidade,[1] por um lado, e, por outro, a crise da

---

1. Cf. Walfrido Jorge Warde Jr., *A Crise de Limitação de Responsabilidade dos Sócios e a Teoria da Desconsideração da Personalidade Jurídica*, tese de Doutorado apresentada ao Departamento de Direito Comercial da Faculdade de Direito da USP, São Paulo, 2004, p. 119. Como destaca o autor, "definir se e quando os benefícios são

própria função da pessoa jurídica,[2] haja vista o uso indevido do "escudo" da personalidade em casos concretos.

Nesse rumo, demonstrando a sucessão e a evolução de ideias, sensíveis modificações alcançaram a noção de responsabilidade dos sócios e dos gestores, partindo, no período inicial, durante toda a Antiguidade e a Idade Média, da responsabilidade total dos empreendedores à sua limitação absoluta em algumas espécies societárias durante as épocas do mercantilismo e do capitalismo financeiro. Chegou-se à crise do reconhecimento indistinto do princípio da separação de esferas entre sócio e sociedade, evidenciando-se a anomalia do sistema causada pela aplicação indistinta do princípio da responsabilidade limitada.

E, se a limitação da responsabilidade era vista como estímulo para a captação de recursos necessários à empresa, deve-se ponderar que ela leva inevitavelmente à exteriorização dos riscos, que são em boa parte pulverizados entre os credores sociais, impondo, como aponta Warde Jr., custos sociais indesejados.[3] Nesse contexto, em meio à crise da limitação da responsabilidade e, para muitos, da função da própria pessoa jurídica, surge a teoria da desconsideração da personalidade, para hipóteses restritas, em que o reconhecimento do princípio da separação de esferas levaria a soluções gravemente injustas e que contrariam os valores da ordem jurídica.

Do mesmo modo como fora a vida em sociedade a verdadeira formadora dos contornos característicos da pessoa jurídica, também a

preferíveis aos custos é tarefa do legislador. A adequação ética de sua decisão deverá ser, em regimes democráticos, julgada pela sociedade e pela história" (p. 127). O autor atribui o surgimento da *disregard doctrine* exclusivamente à crise de limitação de responsabilidade (p. 136), diferentemente de José Lamartine Corrêa de Oliveira e outros autores, que ligam a teoria da desconsideração à crise funcional da pessoa jurídica. Nesse outro sentido, v.: José Lamartine Corrêa de Oliveira, *A Dupla Crise da Pessoa Jurídica*, São Paulo, Saraiva, 1979.

2. Observação importante faz Nadia Zorzi, apontando que "la condizione giuridica delle organizzazioni prive di personalità (es., associazione non riconosciute e società personali) non appare sempre coerente con l'idea che esse si risolvano nella pluralità dei soci, e, parallelamente, la condizione propria delle organizzazioni dotate di personalità (in particolare ad esempio quella delle società di capitali) non è sempre coerente con l'idea che la società sia terza rispetto ai soci" ("Il superamento della personalità giuridica nella giurisprudenza di merito", in *Contratto e Impresa*, 3, Pádua, CEDAM, 1994, p. 1.073).

3. Walfrido Jorge Warde Jr., *A Crise de Limitação de Responsabilidade dos Sócios e a Teoria da Desconsideração da Personalidade Jurídica*, cit., p. 112.

prática deu origem à teoria da desconsideração da personalidade, tanto no Exterior como no Brasil, já que não se originou das disposições legislativas ou da teorização acadêmica, mas da atividade cotidiana dos tribunais, aos quais chegavam as primeiras questões relativas às distorções da atuação de determinadas sociedades. Assim, tendo a teoria da desconsideração origem anglo-saxônica, ela é fruto da jurisprudência dos tribunais ingleses e norte-americanos;[4] e, nesse sentido, como proclama a doutrina,[5] o precursor da *disregard doctrine* foi "Salomon *versus* Salomon & Co.", ocorrido em 1897 em Londres, na Inglaterra, ao qual se atribui ser, verdadeiramente, o primeiro caso da desconsideração da personalidade jurídica.[6]

Salomon era um comerciante de couro na Inglaterra que constituiu uma sociedade por ações, juntamente com sua mulher e filhos, ficando ele com 20.000 ações e os demais membros da família com uma ação cada. Com a criação da sociedade Salomon transferiu a ela seus negócios, juntamente com os estoques e a carteira de clientes, e, em vista da integralização do valor do aporte, cujo importância por ele atribuída

4. Por influência da pandectística germânica, a dogmática jurídica vale-se do raciocínio sistemático, que parte do genérico e abstrato para o individual e concreto; mas há outra forma de pensar o "fenômeno jurídico", chamada "problemática", inerente às concepções romana e anglo-saxônica, pelas quais, inversamente, por raciocínio indutivo, parte-se de precedentes concretos para extrair regras gerais, tal como ocorreu em relação à *disregard doctrine* (cf. Marçal Justen Filho, *Desconsideração da Personalidade Societária no Direito Brasileiro*, São Paulo, Ed. RT, 1987, pp. 52-54).
5. Os doutrinadores apontam também outro caso apreciado pelos tribunais como sendo um dos embriões da *disregard doctrine*, ocorrido em 1809 nos Estados Unidos, o caso "Bank of United States *versus* Deveux", que, segundo I. Maurice Wormser, embora não fosse um *leading case*, foi o primeiro caso em que se olhou além da pessoa jurídica e considerou as características individuais dos sócios (*Disregard of Corporate Fiction and Allied Corporation Problems*, Washington, Beard Books, 2000, p. 45).
6. Cf.: Piero Verrucoli, *Il Superamento della Personalità Giuridica delle Società di Capitali nella Common Law e nella Civil Law*, Milão, Giuffrè, 1964, pp. 91-93; Rubens Requião, "Abuso de direito e fraude através da personalidade jurídica (*disregard doctrine*)", *RT* 410/18, São Paulo, Ed. RT, dezembro/1969; Rachel Sztajn, "Desconsideração da personalidade jurídica", *Revista de Direito do Consumidor* 2/70, São Paulo, Ed. RT, 1992; Alexandre Couto Silva, "Desconsideração da personalidade jurídica: limites para sua aplicação", *RT* 780/49, São Paulo, Ed. RT, outubro/2000; Irineu Mariani, "Desconsideração da pessoa jurídica: contribuição para seu estudo", *RT* 622/51, São Paulo, Ed. RT, 1987; Alexandre Alberto Teodoro da Silva, *A Desconsideração da Personalidade Jurídica no Direito Tributário*, São Paulo, Quartier Latin, 2007, pp. 63-66.

seria superior à das ações subscritas, Aaron Salomon recebeu obrigações garantidas no valor de 10 mil Libras Esterlinas. Após um ano a companhia tornou-se insolvente, entrando em liquidação, sendo que o ativo era insuficiente para o pagamento dos credores quirografários, posto que eles receberiam após o sócio majoritário, credor, então, com garantias prestadas pela companhia.[7]

O liquidante de Salomon & Co., agindo no interesse dos credores quirografários, sustentou que a atividade da sociedade era, na realidade, a atividade individual de Salomon, que desejava unicamente limitar sua própria responsabilidade. Pioneiramente, em primeira instância e pela Corte de Apelação, foi aplicada a teoria da desconsideração da personalidade jurídica; entretanto, acolhendo o recurso de Salomon, a decisão foi reformada pela Casa dos Lordes, no sentido de se reconhecer o direito de crédito preferencial de Salomon, com base na distinção entre a pessoa do sócio e a sociedade.[8]

Embora se refira Verrucoli aos efeitos negativos da decisão final do caso Salomon, que teria condicionado ainda por muito tempo a jurisprudência inglesa no sentido de respeitar a distinção entre sócios e sociedade,[9] deve-se ressaltar que nesse *leading case* foram semeados os pressupostos que norteiam a teoria da desconsideração da personalidade e que permanecem até a atualidade.

Apesar de esse primeiro caso realmente emblemático ter ocorrido na Inglaterra, a teoria da desconsideração da personalidade encontrou seu terreno mais fértil na jurisprudência norte-americana, que apresenta decisões em todas as modalidades da teoria, como é o exemplo fornecido por Serick correspondente à hipótese de fraude à lei, que data de 1910, no caso "United States *versus* Lehigh R. R. Co.", versando sobre fraude ao *Hepburn Act*, de 1906, que proibia o transporte de carvão de um Estado para o outro por estrada de ferro pertencente à sociedade ferroviária que fosse proprietária de mina da qual fosse extraído o minério a ser transportado. A sociedade ferroviária era titular de todas as ações da sociedade mineradora, o que levou o Tribunal a entender que as duas sociedades

---

7. Cf. Rachel Sztajn, "Desconsideração da personalidade jurídica", *Revista de Direito do Consumidor* 2/70.
8. Cf. Rubens Requião, "Abuso de direito e fraude através da personalidade jurídica (*disregard doctrine*)", cit., *RT* 410/18.
9. Piero Verrucoli, *Il Superamento della Personalità Giuridica delle Società di Capitali nella **Common Law** e nella **Civil Law***, cit., p. 93.

eram apenas uma, já que uma delas era economicamente dominada pela outra.[10]

Não se restringiu a jurisprudência norte-americana aos casos de fraude à lei, abrangendo inúmeros casos de fraudes contra credores ou, mais genericamente, às obrigações contratuais, como é o caso "Booth *versus* Bunce", de 1865, em que os sócios de uma *partnership* que se encontrava em dificuldades financeiras transferiram seu patrimônio inteiro a uma sociedade de capitais. O conflito instaurou-se entre dois credores, um de cada sociedade, tendo o Tribunal autorizado o credor da *partnership* a iniciar um procedimento executivo sobre os bens da sociedade de capitais.[11]

Na parte continental da Europa, mais especificamente na Alemanha, o problema da superação da personalidade surgiu com o êxito das sociedades por quotas, criadas pela intervenção do legislador germânico em 1892. Apesar da democratização da responsabilidade limitada, originada pela criação dessa espécie societária, bem como da tendência do *Reichsgericht* ao respeito às personalidades jurídicas distintas, consoante aponta Menezes Cordeiro, a jurisprudência após a I Guerra, no início da década de 1920, introduziu o *Durchgriff* no Tribunal do *Reich* em decisões relacionadas a sociedades unipessoais, com fundamentos de que "o juiz deve levar em conta as realidades da vida e o poder dos fatos mais do que as construções jurídicas" ou de que "a coisa deveria prevalecer sobre a forma" em matéria que envolva as sociedades, sob pena de se encobertarem injustiças.[12]

Já na década de 1930 na Alemanha as decisões relativas à responsabilidade por via da penetração, *Durchgriffshaftung*, incorporaram a invocação do § 242 do *BGB*, que dispõe que o devedor realizará a prestação devida de acordo com o princípio da boa-fé. Com a ascensão do Nazismo a retórica "moralizante", contrária ao capital anônimo, deu ocasião a decisões que falavam em "pureza e sinceridade das relações jurídicas", versando sobre casos de sociedades unipessoais e de sociedades subcapitalizadas.[13]

---

10. Rolf Serick, *Forma e Realtà della Persona Giuridica*, trad. de Marco Vitale, Milão, Giuffrè, 1966, p. 97.

11. Idem, pp. 274-275.

12. António Menezes Cordeiro, *Tratado de Direito Civil Português*, 1ª ed., vol. I, t. III, Coimbra, Livraria Almedina, 2004, pp. 619-620. A jurisprudência mencionada: RG 22-JUN-1920, RGZ 99 (1920), 232-235 (234).

13. Cf. José Lamartine Corrêa de Oliveira, *A Dupla Crise da Pessoa Jurídica*, cit., pp. 283-285.

Na França um expressivo exemplo de superação da personalidade relatado por Pierre Coulombel é o caso julgado pela Corte de Cassação no qual duas sociedades estavam intimamente ligadas por contrato que assegurava a uma a distribuição dos produtos fabricados pela outra. A certa altura, uma sociedade concorrente da fabricante adquiriu o controle da sociedade distribuidora, de modo que a controladora poderia sabotar a difusão de produtos da fabricante; esta, não conformada, pleiteou junto ao Tribunal do Comércio a anulação desse contrato. Essa pretensão seria insustentável perante a concessão clássica da personalidade moral, mas o Tribunal determinou a anulação do contrato, reconhecendo que a unidade jurídica da sociedade não deveria impedir de tomar em consideração a qualidade dos membros que a compõem. Posteriormente a Corte de Apelação de Paris e a Corte de Cassação confirmaram a solução dada à causa.[14]

No Brasil também antes do desenvolvimento da doutrina a desconsideração da personalidade começou a ser aplicada por nossos tribunais,[15] e o primeiro caso fora julgado pelo TACivSP no ano de 1955, em recurso relatado pelo então Juiz Edgard de Moura Bittencourt. Tratava-se de recurso de apelação interposto pela credora Saraiva S/A ao qual foi dado provimento para julgar improcedentes embargos de terceiros opostos pelo Hospital Coração de Jesus S/A. No caso, foram penhorados bens

14. Cf. Pierre Coulombel, "Lo spirito del attuale Diritto Francese dinanzi alle persone morale private", *Nuova Riv. Dir. Comm.* 1955, I, p. 247.
15. Consoante Osmar Brina Corrêa Lima, o primeiro caso ocorrido no Brasil já havia sido julgado pelo STF, tratando-se do AgPet 10.029, julgado pelo Plenário em 10.9.1942, do qual consta no voto do Min. Philadelpho Azevedo: "Por outro lado, e apesar da independência teórica das personalidades física e jurídica, hoje muito atenuada diante dos processos capitalísticos especialmente na constituição das sociedades *holdings*, ou nas chamadas de família, conforme já repercutiu em nossa legislação relativa ao trabalho e, até, à renovação de contratos de locação, nada impede que sejam apreciadas as circunstâncias inteiramente alheias a esse velho postulado (...)" (Osmar Brina Corrêa Lima, *Sociedade Anônima*, 2ª ed., Belo Horizonte, Del Rey, 2003, pp. 376-378). Contudo, observamos que no julgado mencionado, embora a solução tenha sido no sentido de atingir o patrimônio de determinado administrador pelas dívidas da sociedade – especificamente pelas custas do processo, porque o principal já havia sido objeto de acordo com a instituição financeira credora –, não há nesse aresto propriamente o emprego da teoria da desconsideração da personalidade jurídica; veja-se que o único fundamento para a solução adotada é o fato de que o diretor, cujo patrimônio foi atingido com a penhora de uma máquina impressora, teria tido ciência do acordo feito nos autos dos embargos de terceiro entre o devedor, que ele representava, e a instituição bancária credora.

encontrados na residência do executado (ex-sócio), que alegava o terceiro embargante que eram de sua propriedade; mas, como se reconheceu a completa confusão patrimonial havida entre o ex-sócio e o Hospital, decidiu-se que, apesar de não dever ser confundida a sociedade com a pessoa de seus sócios, não se pode formar "um tabu a entravar a ação do Estado na realização da boa justiça, que outra não é a atitude do juiz procurando esclarecer os fatos para ajustá-los ao Direito".[16]

Outra decisão, anos após, em 1962, embora em voto vencido do Des. Oswaldo Aranha Bandeira de Mello, do TJSP, reconheceu que a embargante daquele caso, a Cia. Agrícola Guaricanga, não passava de mera projeção do executado, seu ex-diretor e acionista, que fazia "jogo dúbio" com seus credores, posto que "ora se apresentava em frente deles como pessoa natural, ora como pessoa jurídica", motivo que justificaria não somente a penhora de ações da referida companhia, mas também de área de terras que estava registrada em nome da sociedade e que, portanto, deveria suportar a responsabilidade por dívidas contraídas em nome do sócio.[17]

Novas decisões surgiram pelos tribunais de todo o País, escassas no início, mas que se multiplicaram à medida que a realidade exigia respostas aos empecilhos à aplicação da lei como forma de proteção aos credores e terceiros lesados pela atuação desvirtuada da pessoa jurídica, havendo vasta jurisprudência nacional sobre o tema da desconsideração da personalidade na atualidade.

3.2 A concepção inicial da teoria na doutrina estrangeira

Embora tenha sido o autor norte-americano Isaac Maurice Wormser[18] um dos primeiros a tratar da *disregard doctrine*, foi na doutrina

---

16. TACivSP, 4ª Câmara, ACi 9.247, comarca da Capital, rel. Edgard de Moura Bittencourt, j. 11.4.1955, v.u. (*RT* 238/393).

17. TJSP, 4ª Câmara Cível, ACi 105.835, comarca de Pirajuí, rel. Des. Ulisses Dória, j. 29.3.1962, m.v. (*RT* 343/181).

18. Relevante o estudo, ainda que em linhas gerais, do precursor trabalho de Isaac Maurice Wormser contido na obra *Piercing the Veil of Corporate Entity*, Colúmbia, Columbia Law Review, 1912. Sua importância se destaca pelo pioneirismo e pela apresentação da casuística baseada na jurisprudência norte-americana do início do século passado, a demonstrar que não haveria suporte lógico e nem legal a sustentar a preservação da ficção relativa à personalização diante de situações manifestamente injustas. Contudo, como consequência provável do desinteresse pelo problema teórico a respeito da personalidade jurídica nos Estados Unidos, no passado e na atualidade,

europeia, depois da II Guerra Mundial, que se descortinou horizonte de maior amplitude, consolidando-se a orientação geral que demonstrou a relatividade do conceito de pessoa jurídica e a possibilidade de superar sua forma, levantando-se o "véu" da sociedade, para considerar a real situação econômica escondida no "diafragma social". Essa solução, consoante aponta Morello, aparecia ditada pela exigência de afirmar a validade de uma perspectiva contra a difusa tendência formalística dos Países da *Civil Law*, formulando-se regras e princípios idôneos a regular a matéria e consentir a previsibilidade das decisões dos tribunais.[19]

Assim, anos antes da obra pioneira de Rolf Serick alguns doutrinadores europeus já preconizavam soluções para os abusos cometidos por meio da pessoa jurídica, que consistiam em soluções que implicavam o desconhecimento de sua autonomia, embora não empregassem as designações que mais tarde receberia a teoria.

Nesse sentido, o autor francês Pierre Coulombel, partindo da premissa de que o ente moral é uma realidade diversa da existência individual,[20]

não há na doutrina norte-americana maiores justificações para a existência da pessoa jurídica, como se pode constatar. V. também, embora com concentração em problemas societários, do mesmo autor: *Disregard of Corporate Fiction and Allied Corporation Problems*, cit.

19. Cf. Umberto Morello, *Frode alla Legge*, 1ª ed., Milão, Giuffrè, 1969, pp. 107-108. O desenvolvimento da doutrina europeia continental, conforme referido pelo autor, deu-se por obra dos doutrinadores que menciona, como Rolf Serick, Piero Verrucoli, Wolfran Müller-Freienfels, Pierre Coulombel, dentre outros, cujas doutrinas serão abordadas neste trabalho.

20. Investigando o que chama de "espírito do Direito Francês das pessoas morais privadas", parte Coulombel das grandes teorias do século XIX, em especial da teoria da ficção, acolhida genericamente pela doutrina da época em seu País, para a qual a pessoa moral seria pura técnica jurídica de caráter fictício, que levava a algumas características lógicas, derivadas da atitude restritiva em relação às pessoas morais. Como expõe o autor, a aquisição da personalidade jurídica na época poderia se dar dentro de dois sistemas, um deles hoje mais comum, por simples regulamento, e outro por autorização pública, sendo que este é que vigia no sistema francês no século XIX e representava a forma mais restritiva em relação às pessoas morais, ou seja, qualquer modesta associação necessitava de um decreto e do parecer do Conselho de Estado para ser reconhecida como existente. Essa visão traduzia o "individualismo liberal da sociedade de agora e o seu pensamento de uma completa igualdade civil dos sujeitos de direito", com uma "hostilidade instintiva em relação à comunidade secundária, que desejava circundar o indivíduo", interpondo-se entre ele e o Estado, conforme ideais prolongados da Revolução Francesa em relação aos "corpos intermediários". E essa ideia de igualdade, derivada dos ideais da Revolução, tornou, inclusive, mais difícil admitir a existência de um Código Comercial ao lado do Código Civil; os doutrinado-

põe em evidência os membros que o compõem, mencionando hipóteses de aferição da nacionalidade de pessoas morais, importantes em tempos de guerra, e, também, casos de obrigações contratadas pelas sociedades que não deveriam se referir a outro sujeito, mas que em raras situações os tribunais as atribuíam aos membros da pessoa jurídica. Como exemplo o autor cita também a jurisprudência da Corte de Cassação daquele País que estendeu a falência da sociedade ao sócio que a utilizava como "coisa sua" e que acabou por inspirar a Lei de 8.8.1935 que modificava o art. 438 do *Code de Commerce* para determinar a extensão da falência aos sócios por desenvolverem atos do comércio em nome da pessoa jurídica mas no seu interesse pessoal.[21]

Em outro trabalho (1949) o Professor francês refere-se aos abusos cometidos pela pessoa jurídica e pelos "comitês de empresas" apreciados na jurisprudência *du controle*, enfatizando a característica principal da teoria que posteriormente viria a ser chamada de desconsideração da personalidade, posto que, apesar do respeito que se deve em relação às personalidades distintas, a desconsideração reafirma o ente moral como centro de imputação de direitos e de obrigações diverso do dos sócios e se apoia em técnicas clássicas abordadas na jurisprudência francesa relativas à simulação, à teoria da aparência e à interposição de pessoas.[22]

---

res viam o Código Comercial como um desvio da lei comum, "um restabelecimento de privilégios", que se daria em favor dos comerciantes em desrespeito ao princípio da igualdade absoluta diante da lei civil. Mas, como adverte o autor, com base nas ideias de Ripert, seria em nome da igualdade social, com o escopo de levar remédio às desigualdades sociais, que o Direito moderno hoje repudia o princípio da igualdade civil. Da atitude restritiva em relação às pessoas morais sucedeu-se a crescente importância do instituto, afirmando-se também a originalidade jurídica desses entes, com suas particulares características no Direito Francês. Foi a transição das ideias ficcionistas para aquelas de cunho realista reflexo da redescoberta dos grupos e da vida coletiva, depois de um século de individualismo. Nesse rumo de ideias, antes de tudo é admitida com mais facilidade a existência das pessoas morais, tanto pelo legislador como pela jurisprudência, como é o caso das sociedades de fato, reconhecidas como distintas das pessoas de seus sócios, que necessitavam, inclusive, ser liquidadas como se fossem regulares em caso de falência. Atenuava-se o regime de severidade e de suspeita que pesava sobre a pessoa jurídica (Pierre Coulombel, "Lo spirito del attuale Diritto Francese dinanzi alle persone morale private", cit., *Nuova Riv. Dir. Comm.* 1955, I, pp. 239-246).

21. Cf. Pierre Coulombel, "Lo spirito del attuale diritto francese dinanzi alle persone morale private", *Nuova Riv. Dir. Comm.* 1955, I, p. 247.

22. *Apud* José Lamartine Corrêa de Oliveira, *A Dupla Crise da Pessoa Jurídica*, cit., pp. 464-465 e 468. A obra referida por Lamartine: Pierre Coulombel, Le

A jurisprudência francesa da simulação refere-se às situações nas quais há contribuição fictícia para o capital social (total ou parcialmente) ou quando há relação entre simulação e fraude à lei ou aos credores que viabilizam a um sócio ou a uma sociedade desfrutar de proveitos não previstos pelo sistema jurídico. Para contrabalancear alguns dos efeitos negativos do reconhecimento de simulação nesses casos a teoria da aparência poderia ser alegada em favor dos credores de boa-fé dessas sociedades simuladas, "por força invencível das aparências". A ideia de interposição de pessoas, também empregada pela jurisprudência francesa, refere-se à utilização das figuras do mandato, da delegação e de "testas de ferro", quando uma das sociedades é mero instrumento de outra sociedade ou de seu sócio, ou seja, quando não há colaboração econômica em pé de igualdade, mas domínio total e absoluto que exclui a ideia de *affectio societatis*.[23]

Em Portugal o professor Ferrer Correia aborda a questão das sociedades fictícias e unipessoais também alguns anos antes da obra de Serick, voltando a atenção para as sociedades comerciais que estão sob o domínio e o controle de uma só pessoa. O doutrinador vê o ente moral como "uma construção jurídica, um simples processo de exprimir em forma abreviada, também de justificar dogmaticamente, um certo conjunto de soluções ou de normas que a lei sanciona";[24] e, como tal, sugere que nos libertemos da ideia de que a existência de personalização da sociedade impede, em absoluto, a concepção de relações diretas entre sócios e terceiros; pela jurisprudência de interesses, podem ser imputadas aos sócios as obrigações, por exemplo, de uma sociedade nula.[25]

Trata o doutrinador das sociedades simuladas, entre elas as que tiveram seu contrato social simulado, como também as fictícias,[26] *v.g.*, aque-

---

Particularisme de la Condition Juridique des Persones Morales de Droit Privé, tese, Nancy, 1950, p. 183.

23. *Apud* José Lamartine Corrêa de Oliveira, *A Dupla Crise da Pessoa Jurídica*, cit., pp. 464-465 e 468. A obra referida por Lamartine: Pierre Coulombel, *Le Particularisme de la Condition Juridique des Personnes Morales de Droit Privé*, tese, Nancy, 1950, pp. 62-63, 96-97 e 184.

24. António de Arruda Ferrer Correia, *Sociedades Fictícias e Unipessoais*, Coimbra, Atlântida, 1948, pp. 79-80.

25. Idem, p. 80.

26. Nesse ponto Ferrer Correia se opõe às ideias de Tullio Ascarelli, para quem as sociedades chamadas fictícias constituem típicos casos de negócio jurídico indireto, posto que não há divergência entre a vontade dos subscritores do negócio e a vontade

las em que um ou alguns dos sócios emprestam seu nome para compor o quadro social, e, por último, das sociedades que se tornaram unipessoais.[27]

Foi, entretanto, discorrendo sobre a proteção de terceiros de boa-fé que Ferrer Correia chegou à importante conclusão de que, "tendo o único acionista gerido a empresa por tal maneira como se ela não constituísse um património separado e estritamente vinculado a cumprir os seus fins – usando da firma social nos seus negócios particulares, desviando abusivamente elementos desse património para fins diferentes dos estatutários, desfalcando, em suma, graças a uma administração irregular, o fundo de garantia dos credores da sociedade –, à responsabilidade do patrimônio social viria acrescer, em via subsidiária, a sua responsabilidade pessoal e ilimitada".[28] E – acrescenta o ilustre jurista – o "fundamento da sua responsabilidade pessoal e subsidiária pelas obrigações da sociedade seria puramente objetivo: o não cumprimento do preceito que impõe às sociedades manterem a rígida separação de seu património em face dos bens particulares dos sócios, a sua afectação exclusiva aos fins da empresa".[29]

Embora restrito o enfoque do tema tratado às sociedades fictícias e às sociedades que se tornaram unipessoais, é de se observar que é justamente o fundamento dado por Ferrer Correia para a proteção de terceiros de boa-fé que contrataram com essas sociedades o mesmo sobre o qual se apoia a responsabilidade do que mais tarde se chamaria de teoria da desconsideração da personalidade jurídica; e mais: não apenas restrita a uma visão subjetiva, como preconizaria posteriormente a teoria de Serick, mas com os elementos nitidamente objetivos.[30]

manifestada, apenas a finalidade é outra, diversa da finalidade comum do negócio realizado (António de Arruda Ferrer Correia, *Sociedades Fictícias e Unipessoais*, cit., pp. 147-173).

27. Conclui o autor, com relação a esses entes, que haverá um desvio na forma jurídica do contrato de constituição societária, que poderá, entretanto, não determinar sua nulidade, exceto no caso em que o fim atípico visado seja ilícito, para fraudar a lei ou causar prejuízo a terceiros (António de Arruda Ferrer Correia, *Sociedades Fictícias e Unipessoais*, cit., p. 190).

28. António de Arruda Ferrer Correia, *Sociedades Fictícias e Unipessoais*, cit., p. 266.

29. Idem, p. 267.

30. Ao trabalho de Ferrer Correia, na atualidade, seguiram-se os de outros doutrinadores portugueses que se dedicaram ao estudo do tema em monografias, embora apenas recentemente os tribunais daquele País tenham começado a abordar expressamente a questão da desconsideração da personalidade jurídica. Os trabalhos, dentre outros, de Pedro Cordeiro (*A Desconsideração da Personalidade Jurídica*

3.2.1 A sistematização das hipóteses de aplicação da teoria por Rolf Serick

O fundador da moderna teoria do *Durchgriff*, Rolf Serick, tomando por base a constatação de que o respeito incondicionado à forma da pessoa jurídica pode em algumas situações levar a resultados não equitativos e que a ausência de limites ao desconhecimento da personalidade causa o esvaziamento do importante instituto da pessoa jurídica, empenhou-se em formular, com base em precedentes alemães e norte-americanos, a classificação dos casos em que ocorre a desconsideração da autonomia subjetiva da pessoa jurídica, com o intuito de extrair princípios básicos voltados à sua aplicação.[31]

Assim, extraindo exemplos da jurisprudência, aponta o Professor as categorias genéricas em que pode ocorrer o desconhecimento da autonomia subjetiva da pessoa coletiva: (1) determinado quando há intento dos sócios para eludir a aplicação da lei; (2) quando há intenção de violar disposições contratuais; (3) em outros casos de danos fraudulentos a terceiros através de uma pessoa jurídica; (4) quando a desconsideração é justificada para a garantia de normas do direito societário.

O verbo "eludir" significa "evitar com destreza",[32] e do próprio significado dessa palavra é possível antever o caráter subjetivista da doutrina de Serick, que dá relevo à intenção do sócio, exceto apenas em

---

das *Sociedades Comerciais*, Lisboa, AAFDL, 1989), António Menezes Cordeiro (*O Levantamento da Personalidade Coletiva no Direito Civil e Comercial*, Coimbra, Livraria Almedina, 2000), Ana Filipa Morais Antunes ("O abuso da personalidade jurídica coletiva no direito das sociedades comerciais. Breve contributo para a temática da responsabilidade civil", in VV.AA., *Novas Tendências da Responsabilidade Civil*, Coimbra, Livraria Almedina, 2007) e o trabalho de extensa e profunda pesquisa de Maria de Fátima Ribeiro (*A Tutela dos Credores da Sociedade por Quotas e a "Desconsideração da Personalidade Jurídica"*, 1ª ed., Coimbra, Livraria Almedina, 2012).

31. Parte Serick da ideia de que a pessoa jurídica não é um fenômeno preexistente, demonstrando nítida influência do pensamento de Kelsen quando afirma ser esta obra da criação do ordenamento jurídico, para escopos determinados, sem se ater a problemas particulares de sua essência. O autor constata, entretanto, que não representa a pessoa jurídica uma realidade unívoca e que seu estudo aprofundado pressupõe um exame da "relativa base sociológica", o que contraria, nesse aspecto, o pensamento positivista (Rolf Serick, *Forma e Realtà della Persona Giuridica*, cit., pp. 1-3).

32. Cf. Aurélio Buarque de Holanda Ferreira, *Dicionário Aurélio Básico da Língua Portuguesa*, 1ª ed., Rio de Janeiro, Nova Fronteira, 1988, p. 237.

uma hipótese: quando se trata da garantia de aplicação das normas de direito societário. Quando o comando ou a disposição de uma norma é formalmente violado por seu destinatário por meio da pessoa jurídica, não deve esta ser respeitada, devendo ser atingidas as pessoas que estão por trás da sociedade, para não se permitir que desfrutem escopos contrários aos da lei.[33]

Assim, as funções do ente coletivo podem ser realizadas apenas quando há nítida distinção entre a sociedade e seus membros, entre o patrimônio social e os dos singulares sócios, não podendo arbitrariamente o juiz deixar de lado a forma da pessoa jurídica porque de outro modo não atingiria um resultado equitativo; é preciso, para a aplicação da teoria, segundo entende Serick, que exista a vontade de eludir a aplicação de uma disposição legislativa ou de um contrato[34] ou causar danos fraudulentamente a terceiros, como, por exemplo, o sócio que constitui uma sociedade com capital muito inferior ao que seria necessário e que concede um empréstimo a essa sociedade, reservando-se, no caso de insucesso comercial, a posição de credor social, juntamente com os demais credores.[35] Nessas situações não há que se considerar a autonomia sub-

33. Cita o doutrinador, dentre outros exemplos, a hipótese na qual um sujeito adquira um bem por meio de compra e venda feita junto a uma pessoa jurídica com dinheiro proveniente de empréstimo obtido perante outra sociedade, a qual, do ponto de vista econômico, identifica-se com a sociedade vendedora, com o intento de subtrair o negócio jurídico realizado à aplicação das regras sobre a compra e venda parcelada. Observe-se que na Alemanha a compra e venda de bens imóveis de forma parcelada recebia à época tratamento diverso daquele dispensado aos demais negócios jurídicos. Nessa situação, não há como negar que, pela identidade econômica entre as pessoas jurídicas, as duas sociedades se tratam de um sujeito único; e, presente o intento de eludir a aplicação da lei, deve haver o desconhecimento de suas personalidades distintas, para que o escopo da norma seja atingido (cf. Rolf Serick, *Forma e Realtà della Persona Giuridica*, cit., pp. 26 e 32-33).

34. Nessa hipótese cita o autor, dentre outros exemplos, a situação de duas pessoas que se empenham, frente a um terceiro, em não realizar determinada ação, como a proibição de concorrência; posteriormente constituem os dois sujeitos uma sociedade com a finalidade daquela prática proibida contratualmente, com o escopo de eludir a aplicação das disposições contratuais estipuladas com o terceiro. Nessa situação, embora seja distinta a pessoa jurídica da dos membros que a constituem, deve-se atentar para o elemento subjetivo, que para o doutrinador tem uma importância determinante para o desconhecimento da forma da pessoa jurídica (Rolf Serick, *Forma e Realtà della Persona Giuridica*, cit., p. 44).

35. Ainda, nessa categoria poderia se inserir o caso no qual os sócios de uma sociedade que se encontra em precária situação financeira fundam outra sociedade,

jetiva do ente coletivo, para que se evitem os danos a terceiros, causados fraudulentamente.[36]

Na última das categorias elencadas estaria aquela em que a desconsideração da personalidade jurídica é levada a efeito para garantir a aplicação de normas do direito societário. Nessa categoria, o elemento subjetivo, consistente na verdadeira intenção dos sócios, é deixado de lado, em vista da importância atribuída às regras societárias, que não devem admitir, nem mesmo indiretamente, nenhuma violação ou limitação.[37]

Exemplifica o doutrinador essa categoria com hipóteses como a da sociedade dominante que desenvolve atividades que lhe são proibidas por meio de uma sociedade que lhe seja dependente; da sociedade dependente desfrutada por sociedade dominante para escopos ilícitos ou, ainda, a violação de norma que proíbe o direito de voto a sócio em assembleia de sociedade por ações ou limitada, se na referida assembleia se delibera sobre liberação da responsabilidade desse sócio por determinada obrigação. Para esses casos não seria necessário o exame do elemento subjetivo que anima a conduta do sócio.

Considerando que o ordenamento conhece dois tipos de sujeitos – as pessoas físicas e as jurídicas – e que muitas normas pressupõem a existência de uma pessoa física, por se referirem às características que lhes são próprias, Serick estuda a possibilidade de tais normas serem aplicadas às pessoas jurídicas, concluindo positivamente em muitas situações, caso se faça referência às pessoas físicas que agem valendo-se do ente moral.[38]

---

transferindo-lhe os bens da primeira, para evitar a ação dos credores (cf. Rolf Serick, *Forma e Realtà della Persona Giuridica*, cit., pp. 61 e 106).
    36. Cf. Rolf Serick, *Forma e Realtà della Persona Giuridica*, cit., p. 106.
    37. Idem, p. 157.
    38. É o caso da aplicação de algumas normas, como as que se referem à cidadania das pessoas jurídicas em vários ordenamentos e o modo como reagem contra a excessiva penetração estrangeira em pessoas jurídicas nacionais; tais medidas representam, segundo o autor, uma violação da autonomia subjetiva da pessoa jurídica, em função de uma direta referência aos sujeitos que agem por meio dela. Assim, a atribuição do *status* de inimigo, em tempos de guerra, a determinadas pessoas jurídicas, consideradas assim em virtude da nacionalidade de seus sócios, bem como outras situações nas quais a aplicação de normas pressupõe a existência de características humanas seriam verdadeiras hipóteses de desconsideração da personalidade jurídica. Refere-se o autor também aos casos de titularidade, em via original, de direitos autorais, entre outros problemas que não nos parecem ligados diretamente à desconsideração da personalidade, mas restritos ao âmbito de interpretação e aplicação das

Assim, com o estudo sistemático dos precedentes alemães e norte-americanos, nas categorias aqui referidas, Serick chega à enunciação de quatro princípios que norteariam a aplicação da teoria:

(1) "Caso se abuse da forma da pessoa jurídica, o juiz pode, com o fim de impedir que venha atingido o escopo ilícito perseguido, não respeitar tal forma, distanciando-se, portanto, do princípio da nítida distinção entre sócio e pessoa jurídica. Existe abuso quando, através do instrumento da pessoa jurídica, procura-se eludir uma lei ou subtrair-se a obrigações contratuais ou prejudicar fraudulentamente terceiros".[39]

(2) "Não é possível desconhecer a autonomia subjetiva da pessoa jurídica somente porque de outro modo não se realizaria o escopo de uma norma ou a causa objetiva de um negócio jurídico. Este princípio pode, porém, admitir exceções de normas de direito societário, cujas funções são tão fundamentais que não admitem uma, nem mesmo indireta, limitação da própria eficácia".[40]

(3) "Também as normas baseadas sobre atributos, capacidade ou valores humanos podem encontrar aplicações nos confrontos de uma pessoa jurídica quando não haja contradição entre o escopo destas normas e a função da pessoa jurídica. Neste caso, se necessário, é possível, para determinar os pressupostos normativos, fazer referência às pessoas físicas que agem através da pessoa jurídica".[41]

(4) "Se por meio da forma da pessoa jurídica se esconde o fato de que as partes de determinado negócio são, na realidade, o mesmo sujeito, é possível desconhecer a autonomia subjetiva da pessoa jurídica, quando se deve aplicar uma norma baseada sobre a efetiva e não somente jurídico-formal diferenciação ou identidade das partes do negócio jurídico".[42]

Na Alemanha, autores posteriores a Serick, como Rudolf Reinhardt e Peter Erlinghagen, entre outros,[43] contrariamente, sustentam posição

disposições normativas (cf. Rolf Serick, *Forma e Realtà della Persona Giuridica*, cit., p. 180).
39. Rolf Serick, *Forma e Realtà della Persona Giuridica*, cit., p. 275 (tradução livre).
40. Idem, p. 281 (tradução livre).
41. Idem, p. 287 (tradução livre).
42. Idem, pp. 292-293 (tradução livre).
43. *Apud* José Lamartine Corrêa de Oliveira, *A Dupla Crise da Pessoa Jurídica*, cit., pp. 294-455. As obras dos autores alemães aqui mencionados e referidos na obra de José Lamartine Corrêa de Oliveira são: Rudolf Reihardt, *Gedanken zum Identitäts-*

nitidamente objetivista, no sentido de que a teoria da desconsideração deve ser aplicada quando a sociedade é utilizada para finalidades contrárias à ordem jurídica, independentemente do elemento intencional, não devendo ser tolerada a extrapolação de limites, quer sejam intencionais ou não, focando-se, desta maneira, nos resultados contrários às disposições legais ou, mesmo, contratuais.[44]

3.2.2 A comparação dos sistemas da common law e da civil law pela doutrina de Piero Verrucoli

Em trabalho doutrinário sobre o tema da superação da personalidade, em especial da sociedade por ações, Piero Verrucoli enfoca a teoria ora considerada nas hipóteses em que o ente moral é utilizado para fins diversos daqueles tipicamente considerados pelo legislador, tomando como primeira constatação a de que é possível a aplicação da solução do *lifting the corporate veil* independentemente do acolhimento de uma das teorias sobre a pessoa jurídica, especialmente aquelas da ficção ou da realidade.[45]

---

problem bei der Einmanngesellschaft, in Festschrift für H. Lehman, vol. II, Berlim, De Gruyter & Co., 1956, e outras editoras; e Peter Erlinghagen, *Der Organschaftsvertrag mit Ergebnisausschluss-Klausel im Aktienrecht*, Marburg, 1960, pp. 72-78.

44. Ainda na Alemanha, o professor Wolfram Müller-Freienfels lançou artigo de revista tratando do *Durchgriff* por perspectiva diversa da problemática enfocada por Serick; partiu da consideração da pessoa jurídica como imagem de representação, conceito apenas técnico-jurídico, criticando a equiparação entre pessoa natural e pessoa jurídica feita por Serick, bem como o unitarismo de sua teoria, sem dar conta das peculiaridades das várias espécies de pessoas jurídicas. Tomando por base o abuso de direito e a fraude à lei, conclui o doutrinador que não há fórmula ou regra preestabelecida para que se exija ou não a prova da intenção para a configuração da fraude à lei; trata-se, antes, de perquirir sobre a valoração de interesses da ordem jurídica e econômica da norma violada, para conhecer os limites de seu alcance e verificar se é o caso de aplicação da *Durchgriff*. Serick sustentava que a responsabilidade decorrente da desconsideração da personalidade jurídica seria sempre subsidiária, mas Müller-Freienfels lembra aquelas hipóteses de fraude cometidas por ex-sócios na época em que integravam a sociedade, o que levaria a uma situação injusta caso se mantivesse a responsabilidade principal da sociedade após a mudança dos sócios (*apud* José Lamartine Corrêa de Oliveira, *A Dupla Crise da Pessoa Jurídica*, cit., pp. 357-368. A obra referida por José Lamartine Corrêa de Oliveira: Wolfran Müller-Freienfels, "Zur Lehre Vom sogenannten Durchgriff bei juristischen Personen in Privatrecht", in *Archiv für die zivilistische Praxis* 156/522-543, Tübingen, Mohr (Siebeck), 1957).

45. Embora a existência de grupos como unidades de fato seja historicamente anterior ao reconhecimento de privilégios pelo "Poder Central", lembra o autor que é

De início expõe Verrucoli sobre o desenvolvimento do direito das corporações nos Estados Unidos, desde a colonização, como também na Inglaterra, constatando não haver grande apego às diversas teorias sobre a personalidade (embora preponde a teoria da ficção); e conclui que no sistema da *Common Law* a personalidade jurídica das corporações configura-se historicamente em privilégio levado a termo por meio da *incorporation*, sem a qual também não se pode falar em limitação de responsabilidade.

Diversamente, no sistema continental (europeu) este caráter de privilégio não esteve presente, em todo seu valor, no sentido histórico de criação de unidade de grupo, e, por isso, como também pela generalidade ou incerteza, ou lentidão e dificuldade de construções teóricas, especialmente na França e na Alemanha, a doutrina da superação da personalidade seja aplicada mais agilmente nos Países de *Common Law*.[46]

Para a verificação da amplitude da teoria o doutrinador empreende o estudo comparado da casuística empregada para as sociedades de capital nos sistemas de *Common Law* e de *Civil Law* (sistema europeu continental), tomando em conta a experiência das práticas norte-americana, inglesa e de Países da Europa Continental, como Alemanha, Itália e França, em situações de anormalidade dos fins justificativos do uso da personalidade jurídica, objetivando a extração de critérios para a teoria da desconsideração nesses sistemas.

A primeira constatação é a de que o sistema continental tende ao maior respeito à personalidade jurídica que os Países do sistema de *Com-*

---

somente mais tarde, com a criação das grandes companhias, que a limitação de responsabilidade dos sócios vem autorizada pelos Poderes Estaduais, o que se pode observar com os exemplos ingleses e americanos no período da colonização, consistentes nas *corporations*, que, com o decorrer do tempo e com o desenvolvimento da atividade mercantil, acabaram tendo uso generalizado, com a adoção da responsabilidade limitada dos sócios (cf. Piero Verrucoli, *Il Superamento della Personalità Giuridica delle Società di Capitali nella* **Common Law** *e nella* **Civil Law**, cit., pp. 6 e 30-31).

46. Com um posicionamento moderado, Verrucoli sustenta que a pessoa jurídica não é ficção ou realidade material, mas realidade jurídica, "fruto de um expediente técnico voltado a combinar interesses individuais através da ação coletiva, porque não é considerada em si e de per si a realidade social situada por baixo (ou pré-normativa), mas a particular qualificação jurídica desta realidade" (tradução livre). Dessa forma, não pode a realidade jurídica ser levada ao extremo de causar prejuízo aos interesses que o legislador pretende tutelar (Piero Verrucoli, *Il Superamento della Personalità Giuridica delle Società di Capitali nella* **Common Law** *e nella* **Civil Law**, cit., p. 78).

mon Law; e, no contexto deste, o sistema inglês é mais conservador e tende mais a respeitar o peso da tradição do que o sistema norte-americano, muito mais "elástico" e aderente à evolução da realidade, sem apegos a rigorismos conceituais, regras e princípios semelhantes.[47]

No tocante à superação jurisprudencial da personalidade na Inglaterra, Verrucoli cita casos de relação de *agency* ou *trusteeship* entre sociedades, em que há dominação ou completa sujeição de uma pessoa jurídica por outra; situações nas quais a desconsideração se dá por um interesse público, relativo à determinação da nacionalidade de uma empresa ou de um produto, e a identificação da qualidade de uma sociedade como inimiga em tempos de guerra, situações em que deve ser levada em conta a identificação da localização do controle efetivo da companhia; hipóteses de fraude à lei que ocorrem pela utilização, por sociedades efetivas, de sociedades de etiqueta (*prestanomi*) – entre outras hipóteses.[48]

Sobre a experiência dos Estados Unidos, revelando-se a importância da *equity*, o problema consiste em dimensionar os limites da superação da personalidade, podendo-se considerar, em linha de princípio, que são tidas como distintas as personalidades se não houver motivos ou razões suficientes para se entender o contrário, como nas hipóteses de contrariedade a um interesse público, a perpetuação de uma fraude ou de um crime – ou seja: razões de justiça substancial, sem preocupação com a qualificação jurídica do meio técnico seguido.[49]

47. Piero Verrucoli, *Il Superamento della Personalità Giuridica delle Società di Capitali nella* **Common Law** *e nella* **Civil Law**, cit., pp. 85 e 89.
48. Sobre as hipóteses de superação da personalidade na Inglaterra o autor deu enfoque às vias legislativa e jurisprudencial. Com relação à primeira, referiu-se à superação legislativa da personalidade em matéria tributária e às hipóteses diversas do direito fiscal, como a disposição legal que determina a não consideração da personalidade em caso de redução do quadro social a apenas um sócio (situação em que este se torna ilimitadamente responsável pelas obrigações da companhia) ou a norma que impõe responsabilidades aos sócios de companhia em liquidação se apurada fraude (Piero Verrucoli, *Il Superamento della Personalità Giuridica delle Società di Capitali nella* **Common Law** *e nella* **Civil Law**, cit., pp. 94-117).
49. Nesse sentido, refere-se o autor a casos ocorridos nos Estados Unidos nos quais a desconsideração da personalidade se dá por exigências do interesse público diante de condutas absolutamente lícitas, no campo do direito público e do direito privado, como a identificação da nacionalidade de uma sociedade; casos de superação da personalidade em vista de fins de política governativa, como os expedientes da lei *antitruste* e as disposições legislativas para combater a evasão fiscal; situações de perpetuação de fraude para o cumprimento de obrigações contratuais; hipóteses de

Do estudo da casuística sobre a desconsideração da personalidade nos Países de *Common Law* extrai o doutrinador algumas características: a importância da *equity*; maiores poderes das Cortes e suas responsabilidades normativas para a fixação de regras e princípios ou de criação de Direito; a importância da ideia de *agency*, pelo controle acionário, e a inspiração do *trust* como grupo de controle, bem como a amplitude da noção de fraude.[50]

Já, a casuística no sistema continental evidenciou a existência de situações de superação da personalidade jurídica no campo legislativo, tanto em matéria tributária como em outros ramos do Direito, como os casos de extensão da falência a outras pessoas determinada pelas disposições, à época, do art. 437 do *Code de Commerce* francês como também do art. 2.497 do CC italiano.[51]

Revela o autor formulações do pensamento jurídico continental a dar suporte à superação da personalidade com base em várias teorias, como: a teoria das sociedades coligadas;[52] a teoria da soberania de Hausmann;[53] a teoria da simulação;[54] a teoria de construção francesa de Despax e

iniquidade originadas pela subcapitalização e outras causas; desconsideração para reparar uma situação injusta em relação a um acionista ou grupo de acionistas que não detém o controle da companhia, bem como a terceiros, como, por exemplo, a autorização para um acionista minoritário pleitear em nome da companhia os danos sofridos por esta desde que não haja, por parte da administração, a tomada de medidas necessárias. Da experiência norte-americana Verrucoli também abordou casos de *disregard* empregada para a aferição da competência judicial de causas que envolvem uma *corporation* (Piero Verrucoli, *Il Superamento della Personalità Giuridica delle Società di Capitali nella* **Common Law** *e nella* **Civil Law**, cit., pp. 122-146).

50. Piero Verrucoli, *Il Superamento della Personalità Giuridica delle Società di Capitali nella* **Common Law** *e nella* **Civil Law**, cit., p. 152.

51. Idem, pp. 157-159.

52. Essa teoria tomava por base o desdobramento de sociedades-filhas a partir do patrimônio da sociedade-mãe e alcançava resultados extremos, porque admitia a ideia de que a criação de outras sociedades, a partir de uma primeira, representava necessariamente o desdobramento fictício da personalidade (cf. Piero Verrucoli, *Il Superamento della Personalità Giuridica delle Società di Capitali nella* **Common Law** *e nella* **Civil Law**, cit., pp. 163-193).

53. Tal teoria não se fundamentava em normas expressas contidas no ordenamento jurídico, mas, antes, na necessidade de disposição nesse sentido, não tendo chegado, entretanto, a ter grande repercussão (cf. Piero Verrucoli, *Il Superamento della Personalità Giuridica delle Società di Capitali nella* **Common Law** *e nella* **Civil Law**, cit., pp. 163-193).

54. A teoria da simulação encontrou grande acolhida na jurisprudência francesa. Contudo, também se mostrava de posição extrema, por acolher a noção de simulação

outros doutrinadores;[55] a teoria do empreendedor oculto, elaborada pelo doutrinador italiano Bigiavi;[56] além dos trabalhos de Rolf Serick e Müller-Freienfels.[57]

Conclui o jurista italiano que o estudo da doutrina e a casuística sobre a superação da personalidade jurídica nos sistemas de *Common Law* e de *Civil Law*, apesar da variação de ordenamento para ordenamento, permitem extrair as seguintes hipóteses de superação em função: (1) da direta relação de interesses do próprio Estado; (2) de repressão a fraude à lei e à fraude contratual; e (3) da realização de interesses de terceiros e de sócios *uti singuli*.

Segundo o doutrinador, somente não dependeriam do elemento intencional as hipóteses ditadas para proteger os interesses do Estado e o de terceiros, para as quais basta o fato considerado objetivamente.[58]

Verrucoli chegou, deste modo, à importante conclusão de que variam a amplitude e as técnicas para prevenir a superação da personalidade nos diversos sistemas estudados, e que para os Países do sistema continental o emprego da teoria se faz com base em princípios precisos – exigência

absoluta do negócio relativo à criação da sociedade-filha e, via de consequência, a inexistência de um autônomo sujeito de direito (cf. Piero Verrucoli, *Il Superamento della Personalità Giuridica delle Società di Capitali nella* **Common Law** *e nella* **Civil Law**, cit., pp. 163-193).

55. Para fundamentar a superação da personalidade, a teoria de Despax recorria à aparência jurídica, justificando a imputação a um sujeito dos atos praticados por outros, em assunção de responsabilidade, como ocorre no caso de delegação, e chegava a fazer distinção entre sujeito de direito real e sujeito de direito formal (cf. Piero Verrucoli, *Il Superamento della Personalità Giuridica delle Società di Capitali nella* **Common Law** *e nella* **Civil Law**, cit., pp. 163-193).

56. Versa a teoria de Bigiavi sobre os problemas de fundo do domínio ou controle sobre a empresa, que seria suficiente para legitimar a imputação a tal sujeito, especialmente nos casos de um único acionista ou de controlador que se vale de sócio *prestanomi*, para a degradação da sociedade a mero instrumento de realização de escopos pessoais. Menciona o autor também outra teoria de origem italiana que faz recurso à figura de uma sociedade de fato, com base nas relações entre os sócios e a sociedade, ou entre a sociedade-mãe e a sociedade-filha, ou entre *holding* e outras sociedades, não exclusivamente sobre a relação de domínio, mas sobre a multiplicidade de relações que podem intercorrer entre os sujeitos, que evidenciam a existência de um verdadeiro e próprio vínculo societário de fato pelo exercício de uma atividade econômica comum (cf. Piero Verrucoli, *Il Superamento della Personalità Giuridica delle Società di Capitali nella* **Common Law** *e nella* **Civil Law**, cit., pp. 163-193).

57. Cf. Piero Verrucoli, *Il Superamento della Personalità Giuridica delle Società di Capitali nella* **Common Law** *e nella* **Civil Law**, cit., pp. 163-193.

58. Idem, p. 195.

que é sensivelmente menor na Inglaterra e quase inexistente nos Estados Unidos. Isto permite reconhecer, por outro lado, que nos Estados Unidos a possibilidade de se adequar às mutáveis exigências e circunstâncias é bem maior, enquanto no sistema continental há maior necessidade de intervenção do legislador para a tutela dessas novas situações.[59]

3.3 A doutrina nacional

3.3.1 A introdução da teoria da desconsideração da personalidade jurídica no Brasil por Rubens Requião

Em termos de doutrina nacional, foi Rubens Requião quem trouxe para o País a teoria da desconsideração da personalidade jurídica, com o artigo intitulado "Abuso do direito e fraude através da personalidade jurídica (*disregard doctrine*)", publicado em 1969. A preocupação com a utilização da pessoa jurídica para fins condenáveis moveu o ilustre doutrinador pátrio no sentido de buscar na teoria da desconsideração da personalidade meio hábil a coibir a fraude e o abuso de direito com o descerramento do véu corporativo, para alcançar pessoas que se escondem atrás da sociedade.

É de nítida concepção subjetivista a teoria esposada por Requião quando se trata da verificação da fraude, que deve ser vista pelo seu aspecto anímico,[60] abrindo exceção apenas às hipóteses de abuso do direito, que se configuraria independentemente do propósito de prejudicar outrem.[61] Toma o doutrinador como ponto de partida a ideia de que a pessoa jurídica é uma realidade que se passa no mundo jurídico, e não na "vida sensível", que tem na sua concessão, como uma das principais consequências, a autonomia patrimonial. Nesse contexto, a desconsideração nega o absolutismo do direito de personalidade jurídica, posto que a teoria é vista como declaração de sua ineficácia para certos efeitos, permanecendo, contudo, "incólume para outros fins legítimos".[62]

---

59. Idem, pp. 197-203.
60. Cf. Alexandre Couto Silva, "Desconsideração da personalidade jurídica: limites para sua aplicação", cit., RT 780/53. Conforme comenta o autor, em contraposto, em termos de doutrina nacional, temos a concepção objetiva, apresentada por Fábio Konder Comparato, que se baseia na separação patrimonial, conforme negócios *interna* e *externa corporis* da companhia.
61. Cf. Rubens Requião, "Abuso de direito e fraude através da personalidade jurídica (*disregard doctrine*)", cit., *RT* 410/16.
62. Rubens Requião, "Abuso de direito e fraude através da personalidade jurídica (*disregard doctrine*)", cit., *RT* 410/14. No mencionado artigo Requião refere-

Prega o doutrinador a inserção da teoria da desconsideração nas decisões das questões submetidas ao Judiciário se diante das hipóteses de desvirtuamento da pessoa jurídica, afirmando que tem "o juiz brasileiro o direito de indagar, em seu livre convencimento, se há de consagrar a fraude ou o abuso do direito, ou se deve desprezar a personalidade jurídica para, penetrando em seu âmago, alcançar as pessoas e bens que dentro dela se escondem para fins ilícitos e abusivos".[63] Afirma que, se a personalidade é uma concessão do Estado, com vistas a determinados fins, "nada mais procedente do que se reconhecer ao Estado, através de sua Justiça, a faculdade de verificar se o direito concedido está sendo adequadamente usado";[64] conforme a ampla visão do doutrinador, ao jurista cabe a função criadora do Direito, sempre atenta à realidade em permanente evolução, com "função propulsiva capaz de tornar o direito positivo sempre mais conforme às necessidades concretas da sociedade", e, valendo-se da lição de Gény, lembra que "o Direito não existe fora de sua interpretação, mas apenas como é continuamente interpretado e reconstruído".[65]

3.3.2 A contribuição de José Lamartine Corrêa de Oliveira

Em obra específica sobre o tema da desconsideração da personalidade, intitulada *A Dupla Crise da Pessoa Jurídica*, José Lamartine Corrêa de Oliveira parte da concepção de pessoa jurídica como realidade pré-normativa, entendendo que o legislador criou a pessoa jurídica das realidades existentes no plano fático, os entes análogos às pessoas humanas, demonstrando que na apreciação do tema da desconsideração da personalidade não é viável a adoção de uma visão unitarista, devendo-se, antes, ter em consideração as diferentes realidades dos diversos tipos

-se às doutrinas precursoras em outros Países para, após, mencionar as hipóteses já existentes no Direito nacional que contemplam a desconsideração da personalidade ao disporem sobre a responsabilidade subsidiária dos sócios e administradores em matéria de direito do trabalho, bem como na legislação relativa à sociedade por cotas e à sociedade anônima. Refere-se o autor também aos primeiros casos na jurisprudência brasileira propugnando uma doutrina nacional e sua efetiva aplicação sem exageros, para que não se acabe por destruir "o instituto da pessoa jurídica, construído através de séculos pelo talento dos juristas dos povos civilizados (...)" (p. 24).

63. Rubens Requião, "Abuso de direito e fraude através da personalidade jurídica (*disregard doctrine*)", cit., *RT* 410/14.

64. Idem, p. 15.

65. Idem, p. 16.

de pessoas jurídicas e a atenção especial que se deve dar às sociedades unipessoais e aos grupos de sociedades, espécies nas quais são mais frequentes as hipóteses de superação da personalidade.

Fruto de extensa e valiosa pesquisa, a obra de José Lamartine Corrêa de Oliveira aborda o quadro de pessoas jurídicas em diversos Países, como Alemanha, Itália, Portugal e outros sistemas; os primeiros casos da jurisprudência estrangeira sobre a desconsideração da personalidade, bem como a doutrina de diversos países europeus, com especial atenção para a produção doutrinária alemã, referindo-se à fundamental obra de Serick e outros autores subjetivistas e objetivistas.

Sustenta o autor que nos verdadeiros casos de desconsideração a responsabilidade é determinada pelo princípio da subsidiariedade, já que relativa à responsabilidade por dívida alheia, diferentemente de outros remédios da "terapêutica clássica", como nos casos de imputação, em que a responsabilidade se dá por ato próprio.[66]

José Lamartine Corrêa de Oliveira aborda a evolução da jurisprudência de conceitos e as iniquidades que levavam à aplicação "quase matemática" do princípio da separação entre pessoa jurídica e pessoa-membro, suplantada aos poucos pelo aparecimento da teoria da desconsideração da personalidade, e o aparecimento gradual da jurisprudência de interesses, que exige do interprete da norma a solução dos conflitos com vistas a identificar qual dos interesses fora protegido pelo legislador – o que abriu espaço para um terceiro movimento, o da jurisprudência de valores, pelo qual se buscam os limites do "ser e do valor", aos quais se deve submeter o próprio legislador.[67]

Aponta o Professor para a dupla crise da pessoa jurídica, que, por uma perspectiva, revela a qualificação inadequada do "ser" que a ordem jurídica regula, pois entidades que não são legalmente qualificadas como pessoas jurídicas na verdade são sujeitos de direitos, apesar da gradação da capacidade; e, por outro ângulo, evidencia-se a crise de função, partindo da premissa de que a ordem jurídica deve ser orientada por determinados valores de dignidade e igualdade da pessoa humana e que a pessoa jurídica é uma realidade que tem funções que devem ser mas nem sempre são observadas. O doutrinador refere-se às funções de

66. José Lamartine Corrêa de Oliveira, *A Dupla Crise da Pessoa Jurídica*, cit., pp. 610-611.
67. Cf. Rubens Requião, "Abuso de direito e fraude através da personalidade jurídica (*disregard doctrine*)", cit., *RT* 410/605-611.

tornar possível a soma de esforços e recursos, de limitação dos riscos empresariais e outras socialmente relevantes, que, se não constituírem as finalidades últimas da atividade societária, demonstrado estará o mau uso do instituto.

3.3.3 O desenvolvimento atual da doutrina nacional sobre o tema

Após a introdução da *disregard doctrine* no Brasil por Rubens Requião e a obra de José Lamartine Corrêa de Oliveira sobre a dupla crise pela qual passa a pessoa jurídica, em termos de direito material, o tema foi objeto de consideráveis discussões em sede doutrinária, que contribuíram para seu desenvolvimento e se refletiram na jurisprudência pátria, que dela faz uso rotineiro, embora nem sempre justificado.

Nesse sentido, conforme a lição de Comparato, a disfunção societária é o critério teórico para a aplicação da teoria da desconsideração da personalidade, posto que à pessoa jurídica atribuem-se funções gerais, consistentes na formação de um centro de interesses autônomo, e funções específicas, que variam de acordo com a categoria, os atos constitutivos, os estatutos ou contratos sociais. Assim, embora a desconsideração resulte quase sempre do abuso ou da fraude, pode resultar também de um ato lícito.[68]

Toma o doutrinador como premissa que a desconsideração é feita em função do poder de controle societário (direito-função), tanto na sociedade isolada como no grupo econômico, que constitui em si mesmo uma sociedade de segundo grau, independentemente do reconhecimento legal. Desta maneira, existindo convenção grupal, a transferência de patrimônio pode ser prevista e legalizada, ao passo que no grupo econômico de fato qualquer subordinação ao interesse de outra sociedade é ilegal e abusiva, com base no disposto no art. 117, § 1º, "a", da Lei 6.404/1976.[69]

Calixto Salomão Filho, complementando a obra de Comparato e analisando a casuística da desconsideração da personalidade jurídica,

---

68. Fábio Konder Comparato e Calixto Salomão Filho, *O Poder de Controle na Sociedade Anônima*, 5ª ed., Rio de Janeiro, Forense, 2008, pp. 354-356.
69. Idem, pp. 360-361.

divide as espécies em três categorias: desconsideração atributiva,[70] desconsideração para fins de responsabilidade[71] e a desconsideração inversa.[72]

Importante salientar, conforme a doutrina preconizada por Calixto Salomão Filho, a distinção entre credores profissionais ou institucionais, para os quais é possível pressupor a existência de livre mercado e de livre negociação de riscos, e credores aos quais não se podem aplicar as regras de concorrência perfeita, como trabalhadores, fornecedores, empregados e vítimas de delito. Para os primeiros credores deve-se sustentar uma aplicação mais restritiva da teoria da desconsideração, pois têm eles a possibilidade de verificar a situação econômica do devedor e até de negociar eventual taxa de risco, negando-se a eles, por exemplo, a

---

70. A *desconsideração atributiva* ocorre de forma mais frequente quando as características do sócio podem ser atribuídas à sociedade (erro essencial quanto à pessoa); ou quando seu comportamento pode ser atribuído à pessoa jurídica; ou na hipótese dos conhecimentos dos sócios que podem ser atribuídos, em determinadas situações, à sociedade; ou, ainda, quando proibições aos sócios podem ser impostas à pessoa jurídica (cf. Fábio Konder Comparato e Calixto Salomão Filho, *O Poder de Controle na Sociedade Anônima*, cit., 5ª ed., pp. 460-461).

71. A *desconsideração para fins de responsabilidade*, segundo o doutrinador, ocorreria de forma mais paradigmática quando houvesse confusão de esferas, subcapitalização e abuso de forma. A confusão de esferas pode se manifestar quanto à denominação social, à organização societária ou ao patrimônio da sociedade, que não se distinguem nitidamente da pessoa do sócio – hipótese próxima à teoria da aparência. A subcapitalização, que não se confunde com a falta de integralização do capital, consiste no provimento insuficiente de capital para a atividade social; pode ser simples ou qualificada, conforme seja ou não evidente a falta de capital para o cumprimento dos objetivos. Por sua vez, ocorreria abuso de forma quando há o objetivo específico de causar prejuízo a outrem e somente o prejudicado teria legitimidade para pleitear a desconsideração (abuso individual) ou quando, ao invés de se referir a determinado ato, relaciona-se a atividade social (abuso institucional), situação que enseja a desconsideração a pedido de qualquer credor (cf. Fábio Konder Comparato e Calixto Salomão Filho, *O Poder de Controle na Sociedade Anônima*, cit., 5ª ed., pp. 462-464).

72. Calixto Salomão Filho conclui, ainda, haver a hipótese de *desconsideração inversa* quando há transferência de patrimônio do sócio para a sociedade, mas não apenas nas sociedades unipessoais, posto que nas situações em que existem outros sócios deveria haver a contrapartida pela obrigação, em vista do benefício auferido pela sociedade, o que justifica a desconsideração (cf. Fábio Konder Comparato e Calixto Salomão Filho, *O Poder de Controle na Sociedade Anônima*, cit., 5ª ed., pp. 464-467).

desconsideração com base no argumento objetivo da subcapitalização; ao passo que com relação aos credores da outra categoria a desconsideração pode ser pleiteada com qualquer dos fundamentos, dada a sua incapacidade de conhecer ou negociar riscos.[73]

Marçal Justen Filho, por sua vez, define a desconsideração da personalidade jurídica como "a ignorância, para casos concretos e sem retirar a validade de ato jurídico específico, dos efeitos da personificação jurídica validamente reconhecida a uma ou mais sociedades, a fim de evitar um resultado incompatível com a função da pessoa jurídica".[74]

Parte o doutrinador da concepção de pessoa jurídica não como conceito absoluto e unitário, assumindo sua relatividade e sua multiplicidade na medida em que variam as espécies de pessoas jurídicas e os ramos do Direito que se valem dessa construção. Pessoa jurídica para o autor é instrumento técnico-jurídico que se traduz em "mera expressão vocabular que indica uma forma de organização das relações jurídicas, alterando o regime jurídico usual", e que opera ao nível de imputabilidade de atos e dos efeitos jurídicos; diversa, portanto, da orientação realista de José Lamartine Corrêa de Oliveira. Essa diferente visão da pessoa jurídica opera consequências nos contornos da teoria da desconsideração da personalidade, tornando-a mais ampla, fazendo com que nela se classifiquem os ditos fenômenos de imputabilidade de atos e efeitos jurídicos que não têm lugar na *disregard doctrine* preconizada pelos realistas.

A desconsideração da personalidade leva em conta o "descompasso entre a função vislumbrada pelo ordenamento jurídico para a pessoa jurídica e aquela atuação desenvolvida concretamente por (através de) uma sociedade personificada", que implica a irrelevância do elemento volitivo e a valorização dos resultados da atuação da sociedade.[75] Há princípios e normas próprios de cada ramo do Direito que fazem com que a desconsideração apresente contornos diferentes nas diversas áreas; e, nessa ordem de ideias, sustenta Justen Filho a noção de abuso do direito como dependente, na realidade, da valoração do direito que se tutela em relação aos interesses que se protegem com a consagração da personificação societária.

---

73. Fábio Konder Comparato e Calixto Salomão Filho, *O Poder de Controle na Sociedade Anônima*, cit., 5ª ed., pp. 490-493.

74. Marçal Justen Filho, *Desconsideração da Personalidade Societária no Direito Brasileiro*, cit., p. 57.

75. Idem, p. 96.

Propõe o autor a classificação da desconsideração conforme sua intensidade[76] e sua extensão,[77] fornecendo exemplos das diversas categorias, como a hipótese da cláusula de não restabelecimento, em que alguém assume pessoalmente a obrigação de não fazer e se vale de sociedade personificada para a burla à proibição; nessa situação, necessária a desconsideração da personalidade da sociedade de forma intensa, imputando-se diretamente ao sócio as obrigações resultantes dos atos indevidamente praticados[78] e se aplicando, com relação à extensão, a desconsideração para todos os atos que violem a cláusula de não restabelecimento. Estaríamos, neste caso, diante de desconsideração da personificação total e genérica.[79]

No Brasil alguns autores defendem a concepção subjetivista da teoria do desconhecimento da personalidade, como Fábio Ulhoa Coelho, para quem a teoria tem "caráter sancionador", merecendo especial atenção a intenção do agente para a verificação da fraude ou do abuso de direito.[80]

76. A intensidade varia entre total, média ou mínima, conforme a medida a ser aplicada ao caso concreto. Assim, na intensidade total a desconsideração consistiria na ignorância da existência da personalidade jurídica, imputando-se os atos e relações jurídicas diretamente aos sócios; na intensidade média reconhece-se a existência de sócios e sociedade, mas ambos devem compartilhar os deveres e responsabilidades; e na desconsideração mínima também se diferenciam o sócio e sociedade, mas há responsabilidade subsidiária dos sócios pelos efeitos dos atos praticados pela sociedade (cf. Marçal Justen Filho, *Desconsideração da Personalidade Societária no Direito Brasileiro*, cit., p. 61).

77. Em extensão, segundo o mencionado doutrinador, distingue-se a desconsideração da personalidade conforme deva incidir sobre todos os atos da sociedade, uma série de atos ou determinado ato jurídico ocorridos dentro de certo período, pelo quê se diz que a desconsideração é genérica, seriada ou unitária (cf. Marçal Justen Filho, *Desconsideração da Personalidade Societária no Direito Brasileiro*, cit., pp. 62-63).

78. José Lamartine Corrêa de Oliveira oferece conceito distinto, que não engloba as situações nas quais o ato jurídico deve ser imputado a sujeito diverso da pessoa jurídica; para ele a desconsideração da personalidade gera a responsabilidade subsidiária por dívida alheia (*A Dupla Crise da Pessoa Jurídica*, cit., pp. 610-611).

79. Conforme Justen Filho, da combinação de critérios de intensidade e extensão resultam nove espécies distintas de desconsideração: total e genérica; total e seriada; total e unitária; média e genérica; média e seriada; média e unitária; mínima e genérica; mínima e seriada; e mínima e unitária (*Desconsideração da Personalidade Societária no Direito Brasileiro*, cit., p. 64).

80. Fábio Ulhoa Coelho, *Desconsideração da Personalidade Jurídica*, São Paulo, Ed. RT, 1989, p. 54. E também, do mesmo autor: "Pessoa jurídica: conceito e desconsideração", *Justitia* 137/78, janeiro-março/1987.

Sob enfoque diverso, a doutrina de Luciano Amaro preconiza que não seriam casos de desconsideração da personalidade jurídica as hipóteses do art. 2º, § 2º, da CLT, que versam sobre a responsabilidade de sociedades integrantes do grupo econômico por débitos trabalhistas; as disposições contidas nos arts. 115, 117 e 233 da Lei das Sociedades Anônimas/LSA, no interesse de sócios minoritários ou de terceiros; as regras contidas na Lei do Sistema Financeiro que vedam certas operações de instituições financeiras com seus administradores (Lei 4.595/1964, art. 34; e art. 17 da Lei 7.492/1986); a norma contida no art. 135 do CTN – enfim, todas as situações em que a lei imputa aos sócios determinada responsabilidade. Segundo o doutrinador, "se a solução equânime, justa, axiologicamente adequada, corresponde ao ditame do preceito legal (ou à convenção das partes), não há lacuna jurídica, nem lacuna axiológica, pois o próprio Direito já fornece um meio legal que previne o abuso e a fraude". E, arrematando, diz que, quando a própria norma já estipula a responsabilidade solidária, subsidiária ou pessoal dos sócios por obrigações da pessoa jurídica, ou proíbe ou veda determinadas operações aos seus membros, não é preciso desconsiderar a personalidade para imputar as obrigações aos sócios, pois, "mesmo considerando a pessoa jurídica, a implicação ou responsabilidade do sócio já decorre do preceito legal".[81]

No mesmo sentido é a doutrina de Alexandre Couto Silva, que não inclui os casos de responsabilidade subsidiária dos sócios por certas e determinadas obrigações entre as hipóteses de desconsideração da personalidade jurídica, não vendo o autor, nesse aspecto, o abuso de direito a ser coibido com o levantamento do véu da personalidade.[82] O doutrinador, dentre outros pontos, distingue a desconsideração da personalidade dos típicos casos de responsabilidade por ato próprio dispostos na legislação brasileira, tanto na Lei de Sociedades por Ações, para os controladores e administradores das sociedades anônimas, como aquelas previsões do Código Civil, para as sociedades em geral e em especial para as sociedades por quotas, instituindo a responsabilidade dos membros da sociedade diretamente perante terceiros.[83]

81. Luciano Amaro, "Desconsideração da pessoa jurídica no Código de Defesa do Consumidor", *Revista de Direito do Consumidor* 5/171-172, São Paulo, Ed. RT, 1993.
82. Alexandre Couto Silva, *Aplicação da Desconsideração da Personalidade Jurídica no Direito Brasileiro*, 2ª ed., Rio de Janeiro, Forense, 2009, p. 272.
83. Idem, p. 273.

Centrando o foco nos grupos de empresas, Suzy Koury observa que este é âmbito no qual a *disregard doctrine* há de ser aplicada com maior intensidade e propriedade – especialmente em relação aos grupos de subordinação, caracterizados pela unidade de controle e direção, com a possibilidade do "exercício da dominação, de controle de atividade da subordinada" e interesses comuns existentes entre as empresas componentes do grupo –, para a solução dos problemas daí advindos.[84]

A observação do caráter excepcional da teoria da desconsideração também é dada por Elizabeth Freitas, que vê na superação "uma espécie de suspensão de vigência do princípio da separação entre a pessoa jurídica e a pessoa-membro, para determinado caso concreto", posto que a questão do afastamento da personalidade decorre da "necessidade social em função principalmente da multiplicação dos grupos econômicos" – realidade atual que impõe que não se veja a personalidade jurídica das sociedades isoladas como um "princípio intangível", sob pena de se comprometer a efetividade do Direito.[85] Sob esse prisma, pondera que a aplicação da teoria é indicada para a hipótese em que a obrigação é imputada à sociedade oculta. Assim, não considerada a pessoa da sociedade, "pode-se atribuir a mesma obrigação ao sócio ou administrador (que, por assim dizer, se escondiam atrás dela) e, em decorrência, caracteriza-se o ilícito. Em síntese, a desconsideração é utilizada como instrumento para responsabilizar sócio por dívida formalmente imputada à sociedade".[86]

Em termos de direito material, ainda outros importantes trabalhos podem ser referidos,[87] o que demonstra a vasta produção da doutrina

---

84. Suzy Elizabeth Cavalcante Koury, *A Desconsideração da Personalidade Jurídica (Disregard Doctrine) e os Grupos de Empresas*, 2ª ed., Rio de Janeiro, Forense, 1998, pp. XII, 59 e 300.
85. Elizabeth Cristina Campos Martins de Freitas, *Desconsideração da Personalidade Jurídica*, 2ª ed., São Paulo, Atlas, 2004, p. 283. Centra a doutrinadora o foco do seu estudo sobre a desconsideração da personalidade jurídica no Código de Defesa do Consumidor e no próprio Código Civil.
86. Elizabeth Cristina Campos Martins de Freitas, *Desconsideração da Personalidade Jurídica*, 2ª ed., p. 283.
87. Podem ser mencionadas, dentre outras, as seguintes monografias: Edmar Oliveira Andrade Filho, *Desconsideração da Personalidade Jurídica no Novo Código Civil*, 1ª ed., São Paulo, MP Editora, 2005; Rolf Madaleno, *A Desconsideração Judicial da Pessoa Jurídica e da Interposta Pessoa Física no Direito de Família e no Direito de Sucessões*, 1ª ed., Rio de Janeiro, Forense, 2009; Márcio Tadeu Guimarães Nunes, *Desconstruindo a Desconsideração da Personalidade Jurídica*, 1ª ed., São

brasileira sobre o tema. Contudo, sob o enfoque processual poucas e pioneiras obras foram escritas no Brasil sobre a desconsideração da personalidade jurídica, como as de Flávia Lefrève Guimarães,[88] Gilberto Gomes Bruschi,[89] André Pagani de Souza[90] e Pedro Henrique Torres Bianqui,[91] que serão oportunamente citadas nos diversos tópicos da Parte II desta obra.

3.4 Fundamentos fáticos da desconsideração da personalidade jurídica

Considerando a trajetória percorrida pela teoria da desconsideração da personalidade nas referidas bases doutrinária e jurisprudencial sobre as quais se assenta, é preciso verificar a casuística conforme o sistema jurídico brasileiro atual, formulando classificação que, embora extraída do direito material, auxilie, na medida do possível, a solucionar questões que serão enfrentadas referentes à matéria processual.

Desta maneira, com base nas previsões abstratas do nosso sistema jurídico, classificamos as hipóteses fáticas de incidência da teoria da desconsideração da personalidade nos seguintes grupos:

(1) Desconsideração da personalidade jurídica para fins de responsabilidade, que pode ser derivada da: (a) confusão de esferas; (b) subcapitalização; e (c) simples inadimplência a certas e determinadas espécies de obrigações.

(2) desconsideração da personalidade jurídica para fins diversos da responsabilização.

Paulo, Quartier Latin, 2010; Leonardo Netto Parentoni, *Reconsideração da Personalidade Jurídica*, tese de Doutorado apresentada ao Departamento de Direito Comercial da Faculdade de Direito da USP, São Paulo, 2012; Alexandre Alberto Teodoro da Silva, *A Desconsideração da Personalidade Jurídica no Direito Tributário*, cit., 2007; Walfrido Jorge Warde Jr., *A Crise de Limitação de Responsabilidade dos Sócios e a Teoria da Desconsideração da Personalidade Jurídica*, cit., 2004.

88. Flávia Lefèvre Guimarães, *Desconsideração da Personalidade Jurídica no Código do Consumidor – Aspectos Processuais*, São Paulo, Max Limonad, 1998.

89. Gilberto Gomes Bruschi, *Aspectos Processuais da Desconsideração da Personalidade Jurídica*, 2ª ed., 2ª tir., São Paulo, Saraiva, 2009.

90. André Pagani de Souza, *Desconsideração da Personalidade Jurídica – Aspectos Processuais*, 1ª ed., São Paulo, Saraiva, 2009.

91. Pedro Henrique Torres Bianqui, *Desconsideração da Personalidade Jurídica no Processo Civil*, 1ª ed., São Paulo, Saraiva, 2011.

3.4.1 A confusão de esferas

A confusão de esferas envolve os elementos da empresa que deveriam se distinguir de forma precisa daqueles relativos aos seus sócios, sejam eles pessoas físicas ou outras pessoas jurídicas.[92] De uma forma geral, a confusão de personalidades pode se revelar tanto sob o aspecto interno, com relação a elementos específicos da empresa, quanto externamente, com relação à imagem que a pessoa jurídica projeta perante terceiros.[93]

A confusão patrimonial, que é a forma mais comum de confusão de esferas sob o aspecto interno, dá lugar à unidade econômica[94] entre duas ou mais sociedades, mas pode se manifestar também entre a sociedade e pessoas físicas, como controladores ou administradores.

A constituição de uma sociedade, independentemente do tipo societário adotado, e o desenvolvimento de uma atividade econômica apresentam algum risco de insolvência; a limitação da responsabilidade do sócio ao capital utilizado para sua constituição demarca a divisão dos riscos a serem suportados, uma vez que o eventual prejuízo do sócio se restringe aos recursos empregados para a formação do capital social. Há o que se chama de exteriorização do risco, que, porém, não deve significar a absoluta "isenção de responsabilidade".[95]

A confusão ou mistura de patrimônios diminui a restrita garantia dos credores, já que se verifica quando não há a observância da separação que deve existir entre o patrimônio dos sócios e/ou administradores e o da sociedade, implicando sua diminuição substancial, de forma a tornar a sociedade incapaz de responder pelas respectivas obrigações. Promover a confusão patrimonial ou simplesmente desviar bens que a ela pertencem e ao exercício da empresa deveriam se destinar, muitas vezes em operações não individualizadas contabilmente,[96] caso levem a sociedade

---

92. Cf. Calixto Salomão Filho, *O Novo Direito Societário*, 4ª ed., 2ª tir., São Paulo, Malheiros Editores, 2015, p. 246.
93. Cf. Suzy Elizabeth Cavalcante Koury, *A Desconsideração da Personalidade Jurídica (Disregard Doctrine) e os Grupos de Empresas*, cit., 2ª ed., p. 106.
94. Cf. Juan M. Dobson, *El Abuso de la Personalidad Jurídica (en el Derecho Privado)*, 2ª ed., Buenos Aires, Depalma, 1991, p. 598.
95. Cf. Maria de Fátima Ribeiro, *A Tutela dos Credores da Sociedade por Quotas e a "Desconsideração da Personalidade Jurídica"*, cit., 1ª ed., p. 55.
96. A clareza da contabilidade é algo que se deixa de lado quando há efetivamente confusão patrimonial; contudo, pode haver clareza da contabilidade mas suas informações não serem propriamente verídicas.

à insolvência, inviabilizam a atuação da pessoa jurídica e a impedem de realizar seus fins maiores, econômicos e sociais.

Excluídos os casos em que a cisão, a fusão ou a incorporação de empresas se dão dentro do contexto da legalidade, inclusive quanto aos seus normais objetivos, por vezes a confusão patrimonial já se manifesta desde a constituição da sociedade, como é a hipótese da criação de uma nova pessoa jurídica para "fracionar uma entidade subjetivamente e substancialmente unitária", que constitui, na realidade, uma única sociedade, revelando que o ente criado é "pura ficção formal", que tem por finalidade o abuso da autonomia subjetiva.[97] Nessas situações a unidade econômica entre sociedades diversas não se manifesta somente no desenvolvimento das mesmas atividades, sob o mesmo comando, mas também no estado de mistura de patrimônios, tanto em relação aos ativos como aos passivos.

Nesta sede amoldam-se hipóteses como a do pagamento de despesas pessoais do sócio pela sociedade ou as retiradas de valores não identificados contabilmente; contudo, neste fundamento não se encontram somente as vantagens indevidas diretamente extraídas pelo sócio/administrador em prejuízo da sociedade, mas também aquelas vantagens indiretas, como a contratação do próprio sócio ou de sociedade da qual faça parte para a realização de determinada prestação de serviços por valor superior ao que se pratica efetivamente no mercado ou, ainda, a situação contrária, a prestação de serviços pela sociedade ao sócio por valor ínfimo. Para coibir a realização desses fins por parte dos próprios sócios ou administradores deve-se autorizar que a eles se imponha a responsabilidade pelas obrigações que não encontram lastro no patrimônio da pessoa jurídica.

Se as operações que implicam diminuição patrimonial da sociedade são individualizáveis, sendo identificáveis os bens dela subtraídos, abrem-se outras alternativas aos sócios lesados, que encontram fundamento na responsabilidade societária, e aos credores, com base no direito civil, referente ao reconhecimento de fraude a credores, ou, ainda, no processo civil, quando se trata de fraude à execução, conforme abordaremos oportunamente.[98]

97. Cf. Francesco Galgano, *Diritto Commerciale. Le Società*, 15ª ed., Bolonha, Zanichelli, 2009. p. 197. Esclarece Galgano que a sistemática confusão ou "osmose de patrimônios" se revela em sociedades diversas quando têm os mesmos sócios, administradores, objeto social, a mesma sede, atividade produtiva, desenvolvida no mesmo estabelecimento (p. 198).

98. V. Capítulo 4.

No caso da chamada desconsideração inversa[99] os fundamentos são os mesmos aqui narrados, porém em situação contrária, já que ativos pertencentes ao sócio (pessoa física ou jurídica) se encontram indevidamente misturados ao patrimônio social. Não há contrapartida pela entrada de tais bens no patrimônio da sociedade, e é exatamente o valor da transferência indevida que deve ser tomado como base para a responsabilização direta da sociedade pelas obrigações pessoais do sócio.[100] Como bem adverte Calixto Salomão Filho, a penhora das quotas sociais pode não substituir a responsabilização via desconsideração inversa, porque o interesse do credor volta-se ao recebimento de seu crédito, e não propriamente à participação ou venda das quotas sociais, além do fato de que a sociedade pode apresentar patrimônio líquido negativo.[101-102]

Ainda sob o aspecto interno, a confusão entre organizações societárias é relevante e se manifesta por diversas formas, como, v.g., o desen-

99. A aplicação da desconsideração inversa é possível por ausência de proibição genérica em nosso ordenamento, sendo largamente utilizada no direito de família e sucessões em hipóteses de dissolução do vínculo conjugal ou da sociedade de fato, em casos de dívidas de alimentos ou, ainda, nos casos de fraude contra a reserva da legítima aos herdeiros necessários – situações nas quais os bens do sócio encontram-se indevidamente inseridos no patrimônio da sociedade, dando ensejo à desconsideração da personalidade jurídica, para permitir a satisfação do direito de crédito. Todavia, não é restrita a aplicação da desconsideração inversa à responsabilidade patrimonial desencadeada pelo descumprimento de obrigações no campo do direito de família, pois inúmeros casos relativos ao inadimplemento de obrigações civis e comerciais têm autorizado na jurisprudência a utilização da teoria em sua modalidade inversa para responsabilizar a pessoa jurídica por obrigações de seus sócios ou administradores, não encontrando óbice sequer no valor das quotas do capital pertencentes ao sócio devedor.
100. Nesse sentido: TJSP, 23ª Câmara de Direito Privado, AI 0264330-42.2011.8.26.0000, comarca de São Paulo, rel. Des. José Benedito Franco de Godoi, j. 29.2.2012, v.u., d. reg. 3.3.2012; TJSP, 13ª Câmara de Direito Privado, AI 0067225-57.2011.8.26.0000, comarca de São Paulo, rel. Des. Heraldo de Oliveira, j. 17.8.2011, v, u., d. reg. 13.9.2011.
101. Calixto Salomão Filho, *O Novo Direito Societário*, cit., 4ª ed., 2ª tir., p. 246.
102. Consoante já decidiu o TJSP: "O instituto da desconsideração da personalidade jurídica autoriza a penhora dos bens que sejam suficientes ao cumprimento da obrigação, não estando limitada à constrição das respectivas cotas sociais dos sócios. Cabe ainda pontuar a incidência na hipótese vertente da chamada 'desconsideração da personalidade jurídica inversa', em que se autoriza que os bens de outra pessoa jurídica sejam afetados; no caso em tela, das demais empresas do mesmo grupo econômico" (23ª Câmara de Direito Privado, AI 2012.0000275997, comarca de São Paulo, rel. Des. Sérgio Shimura, j. 13.6.2012, v.u.).

volvimento de atividades no mesmo local; o aproveitamento da mesma estrutura administrativa e até a identidade de administradores; quando são emitidos orçamentos ou recibos ora com o uso do nome de uma das sociedades, ora com o nome de outra do mesmo grupo econômico etc.

No tocante à confusão de esferas sob o aspecto externo, ela normalmente ocorre com a apresentação da pessoa jurídica como se fosse um departamento da sociedade principal ou por meio de confusão relativa à denominação de duas ou mais sociedades, possibilitada pela semelhança de nomes ou pelo uso de propaganda que veicule o nome de mais de uma sociedade. A confusão de personalidade sob o aspecto externo demonstra que o aparato social pode ser indutor de confusão, levando terceiros a erro quanto às qualidades de quem negocia.

Em suma: se a confusão de esferas, seja relativa à denominação, à organização ou ao patrimônio, for aliada à insolvência da sociedade, deverá justificar a não observância da autonomia entre as sociedades envolvidas, para permitir a responsabilização patrimonial.

3.4.2 A subcapitalização

Empreender atividades para as quais a sociedade se encontra subcapitalizada, se a levar à insolvência, inviabiliza sua atuação e a impede de realizar seus fins maiores, econômicos e sociais; é uma das formas de abuso do direito relativo à personificação. Mas há que se distinguir a subcapitalização simples da qualificada; diz-se qualificada quando evidentemente diminuta diante do volume de negócios a serem realizados, evidenciando a grande desproporção entre o ativo e o passivo; será simples quando não for evidente a subcapitalização e resultar de pequena diferença entre as obrigações e os haveres da sociedade.

A subcapitalização pode se dar logo no início da constituição da pessoa jurídica ou ocorrer no decurso de sua atividade, pelo aumento do volume dos negócios, para os quais ela não ostenta efetivamente recursos. Observe-se que na subcapitalização nominal o capital social se mostra inadequado porque é necessário o recurso a empréstimos, que acabam por compor o montante necessário para o exercício da empresa; já, na subcapitalização material esses recursos de terceiros ou não existem ou, existindo, não são suficientes para o normal exercício da empresa, não havendo meios de produção suficientes.[103]

103. Cf. Walfrido Jorge Warde Jr., *A Crise de Limitação de Responsabilidade dos Sócios e a Teoria da Desconsideração da Personalidade Jurídica*, cit., p. 222.

No Brasil a jurisprudência não tem dado a devida atenção ao tema, deixando de fundamentar a responsabilização dos sócios com base na capitalização deficitária da sociedade. Pode ser feita alguma relação entre o fundamento da subcapitalização e as decisões que, infelizmente, reconhecem a desconsideração da personalidade jurídica pela simples inadimplência de qualquer espécie de obrigação, no caso de insolvabilidade, embora sequer a jurisprudência mencione esse argumento.[104] Veja-se que, diante da insolvabilidade da sociedade devedora e da inexistência de ativos para suportar a responsabilidade patrimonial, em algumas oportunidades tem se valido a jurisprudência da teoria da desconsideração da personalidade jurídica. Deve ser considerado, contudo, que a utilização da teoria em questão sempre que não forem suficientes os bens da sociedade para garantir o adimplemento de suas obrigações – não de obrigações de certas espécies, mas de obrigação de qualquer espécie – conduziria à responsabilidade ilimitada dos sócios[105] e à ausência de sentido à separação de patrimônios.

No ordenamento jurídico nacional a regra é a ausência de especificação de valor mínimo de capital social, salvo poucas exceções.[106] Como regra geral,[107] também não existe em nosso sistema o que se chama de "coeficiente de solvência",[108] a garantir o desenvolvimento da atividade

104. Nesse sentido: TJSP, 28ª Câmara de Direito Privado, AI 0045390-76.2012.8.26.0000, comarca de São Paulo, rel. Des. Mello Pinto, j. 19.6.2012, v.u., e AI 0056881-80.2012.8.26. 0000, comarca de São Paulo, rel. Des. Mauro Conti Machado, j. 21.5.2012, v.u.

105. Cf. Raul Ventura, "Apontamentos para a reforma das sociedades por quotas de responsabilidade limitada", "Separata" do *Boletim do Ministério da Justiça* 182, Lisboa, 1969, p. 120. O autor, tratando da responsabilidade dos sócios das sociedades por quotas em Portugal, afirma que "o legislador pressupõe, portanto, que a fixação do capital não seja arbitrária, mas mantenha uma relação com o objeto social, pois de outra forma teria de se admitir que o legislador permite, pela atribuição da personalidade colectiva, a possibilidade de empresas com meios financeiros insuficientes para a realização dos seus fins e a consequente descarga do risco empresarial sobre os credores da sociedade" (p. 123).

106. Dentre as exceções, para as quais se exige capital social mínimo no Brasil, podem ser citadas as instituições financeiras (com valores mínimos de capital social e patrimônio líquido fixado pela Resolução BACEN-002099), as seguradoras (Resolução CNSP-08/1989) e a empresa individual de responsabilidade limitada/ EIRELI (CC, art. 980-A).

107. Como exceção pode-se citar o caso das seguradoras, para as quais é fixada margem de solvência pela Resolução CNSP-08/1989.

108. Em alguns sistemas norte-americanos, como enfatiza Maria de Fátima Ribeiro, "é estabelecido um chamado 'coeficiente de solvência', ou seja, um equilíbrio

empresarial com vistas ao equilíbrio de suas contas, para evitar o superendividamento, preservar os interesses dos credores sociais e baixar o custo econômico da limitação de responsabilidade.[109] Sequer há sanção para quando não se requer a autofalência quando a empresa se mostra inviável diante do nível de endividamento, o que já ocorria também no sistema anterior (Decreto-lei 7.661/1945, art. 8º, *caput*).

Para que se concluísse que toda e qualquer subcapitalização pudesse levar à responsabilização de sócios e administradores pelas dívidas da sociedade seria necessária a fixação de critérios objetivos a dimensionar a suficiência do capital social, como já vem sendo feito em outros Países,[110] ainda que variem diante dos diversos tipos de sociedades ou mesmo das atividades a serem desenvolvidas para que se possa concluir se há

entre os capitais próprios e os capitais alheios, que visa a evitar que o capital social seja manifestamente baixo em relação ao passivo da sociedade – o que ameaçaria a tutela dos credores sociais – , ou que o valor do capital social ultrapasse significativamente o valor desse passivo – caso em que estariam ameaçados os interesses dos próprios sócios, que dificilmente teriam a possibilidade de receber lucros, uma vez que seu apuramento na sociedade é referido ao valor do capital social nominal". No sistema europeu, como lembra a doutrinadora, há um esquema de reação à perda do capital social, como, por exemplo, no Direito Francês, que obriga à convocação de assembleia-geral para decidir sobre a liquidação antecipada da sociedade ou a redução do capital social caso seu patrimônio social seja equivalente apenas à metade do capital social; não realizada a assembleia, fica autorizado o requerimento de dissolução judicial da sociedade, por qualquer interessado, consoante o art. L225-248, para as sociedades anônimas, ou L223-42, para as sociedades por quotas (Maria de Fátima Ribeiro, *A Tutela dos Credores da Sociedade por Quotas e a "Desconsideração da Personalidade Jurídica"*, cit., 1ª ed., pp. 179 e 194).

109. Na Alemanha, por exemplo, às sociedades de responsabilidade limitada e às sociedades por ações impõem-se exigências que objetivam a adequada integralização e a preservação do capital social; tanto à *GmbHG* como à *AKtG* dedicam-se normas para que não seja esgotado o patrimônio social, como se pode ver dos §§ 30 e 31 da *GmbH* e 57, 62, 71 e 93 da *AktG* (cf. Walfrido Jorge Warde Jr., *A Crise de Limitação de Responsabilidade dos Sócios e a Teoria da Desconsideração da Personalidade Jurídica*, cit., p. 159).

110. Deixar de apresentar a *GmbH* à insolvência, dentro do prazo fixado pelo legislador, sendo verificada a incapacidade de solvência, implica responsabilidade delitual, tornando-o responsável, nos termos do disposto no § 64 da *GmbHG* e do § 823, II, do *BGB*. No Direito Italiano, verificada a situação de insolvência, os administradores têm o dever de limitar a gestão à prática de atos de conservação do valor do patrimônio social (cf. Maria de Fátima Ribeiro, *A Tutela dos Credores da Sociedade por Quotas e a "Desconsideração da Personalidade Jurídica"*, cit., 1ª ed., pp. 219 e 226).

ou não, em cada caso concreto em que se manifestem a inadimplência, a insolvência e a insolvabilidade, a presença do abuso da limitação de responsabilidade. Mas essa é tarefa do legislador, a quem cabe verificar a conveniência da fixação e do dimensionamento do capital social mínimo e de eventual coeficiente de solvência.

À mingua desses critérios em nosso ordenamento, não se pode admitir a responsabilidade dos sócios pelas dívidas da sociedade, a menos que haja enorme desproporção entre o ativo e o passivo da sociedade, a chamada subcapitalização material ou nominal qualificada, ou quando o fundamento da subcapitalização deva ser utilizado em favor de credores involuntários,[111] que efetivamente não escolheram manter qualquer espécie de relação com a pessoa jurídica e não puderam verificar, antes de se constituírem seus créditos, se a sociedade estava suficientemente amparada para assumir responsabilidades.[112] Em todo caso, esse assunto ainda merece maior exploração por parte do legislador e da jurisprudência brasileira.[113]

3.4.3 A simples inadimplência a certas espécies de obrigações

Nesta espécie de fundamento amolda-se a responsabilidade objetiva dos sócios por certas e determinadas obrigações. O tema é controvertido, entendendo alguns doutrinadores que a responsabilização objetiva dos membros da sociedade não implica desconsideração da personalidade jurídica.[114]

111. Nesse sentido: Fábio Konder Comparato e Calixto Salomão Filho, *O Poder de Controle na Sociedade Anônima*, cit., 5ª ed., pp. 490-493.
112. Nesse sentido também Carmen Boldó Roda, que aponta que "más sentido tendría, en cambio, la sanción de la privación del privilegio de la responsabilidad limitada a consecuencia de la infracapitalización material en el caso de otro tipo de acreedores, los no contractuales – extracontractuales, cuasicontractuales y legales – y de los pequeños acreedores (acreedores comerciales y trabajadores), que carecen de las posibilidades de los anteriores para protegerse contra los riesgos de la infracapitalización" (*Levantamiento del Velo y Persona Jurídica en el Derecho Privado Español*, 2ª ed., Navarra, Aranzadi, 1997, p. 424).
113. Consoante observa Alexandre Couto Silva, no Direito Norte-Americano as Cortes aplicam a *disregard doctrine* com base na infracapitalização com maior frequência para garantir o adimplemento de credores involuntários do que com relação aos credores que negociam com a sociedade de maneira voluntária (*Aplicação da Desconsideração da Personalidade Jurídica no Direito Brasileiro*, cit., 2ª ed., p. 119).
114. Nesse sentido: Walfrido Jorge Warde Jr., *A Crise de Limitação de Responsabilidade dos Sócios e a Teoria da Desconsideração da Personalidade Jurídica*,

Contudo, em que pese as respeitáveis opiniões em contrário, aqui também se trata de uma forma de responsabilização em vista do abuso de direito, levando, portanto, à desconsideração da personalidade jurídica da sociedade devedora. Constitui forma de abuso a produção de certos resultados negativos que a ordem jurídica não tolera. A inadimplência em caso de insolvência, por regra, é tolerada, por se tratar de risco da atividade comercial. Todavia, nem sempre isso ocorre; há hipóteses nas quais o ordenamento coíbe a inadimplência de obrigações específicas mesmo em caso de insolvabilidade da pessoa jurídica e desconsidera a personalidade no sentido de não observar a separação patrimonial existente entre a pessoa jurídica e seus sócios.

É o caso, por exemplo, das disposições contidas no § 2º do art. 2º da CLT, que impõem a responsabilidade das empresas do mesmo grupo econômico pelas obrigações decorrentes das relações de trabalho;[115] das obrigações oriundas das relações de consumo (CDC, art. 28, § 5º);[116] como, também, as obrigações decorrentes dos prejuízos causados à qualidade do meio ambiente (art. 4º da Lei 9.605/1998)[117] ou à ordem econômica (art. 34 da Lei 12.529/2011). São essas, também, formas de abuso de direito, porque não admite o ordenamento jurídico a inadimplência sobre essas modalidades de créditos havendo no patrimônio dos sócios recursos suficientes para suportar a responsabilização.

Em outras palavras: o sistema elege determinados valores que seriam superiores aos que são protegidos pelo reconhecimento da perso-

---

cit., p. 202; Alexandre Couto Silva, *Aplicação da Desconsideração da Personalidade Jurídica no Direito Brasileiro*, cit., 2ª ed., pp. 136-137.

115. Cf. Marçal Justen Filho, *Desconsideração da Personalidade Societária no Direito Brasileiro*, cit., 1987. Nesses casos "poderíamos reputar a regra da desconsideração como uma norma em branco, que remete a outras regras" (p. 128). Nesse sentido, também: Cândido Rangel Dinamarco, *Fundamentos do Processo Civil Moderno*, 6ª ed., vol. I, São Paulo, Malheiros Editores, 2010, p. 425; Luiz Roldão de Freitas Gomes, "Desconsideração da personalidade jurídica", "Separata" da revista *O Direito*, Ano 122, I, janeiro-março/1990. p. 34; Elizabeth Cristina Campos Martins de Freitas, *Desconsideração da Personalidade Jurídica*, cit., 2ª ed., p. 67; Suzy Elizabeth Cavalcante Koury, *A Desconsideração da Personalidade Jurídica (**Disregard Doctrine**) e os Grupos de Empresas*, cit., 2ª ed., p. 176.

116. Nesse sentido: Zelmo Denari, *Código Brasileiro de Defesa do Consumidor Comentado pelos Autores do Anteprojeto*, 10ª ed., vol. 1, Rio de Janeiro, Forense, 2011, p. 255; Cândido Rangel Dinamarco, *Fundamentos do Processo Civil Moderno*, cit., 6ª ed., vol. I, p. 425.

117. Nesse sentido: Luís Felipe Salomão e Paulo Penalva Santos, *Recuperação Judicial, Extrajudicial e Falência*, 1ª ed., Rio de Janeiro, Forense, 2012. p. 102.

nificação[118] ou presume a vulnerabilidade de uma das partes da relação material,[119] transferindo os riscos da atividade empresarial, que, no caso de insolvência da pessoa jurídica, recairiam sobre determinadas pessoas que estão em situação de desvantagem para se defender ou suportar os prejuízos resultantes dessa relação.

Observe-se que a existência da pessoa jurídica, se admitida a respectiva separação patrimonial, já pressupõe a eventual frustração de um crédito diante da insolvabilidade do devedor, situação que é admissível e não tida propriamente como abuso do direito de personalidade. Como leciona Justen Filho, "o credor que negocia com a sociedade tem ciência (e consciência) dos limites de suas futuras pretensões".[120] Certos direitos são sacrificáveis; outros, entretanto, não podem ser violados. A situação deve ser vista como uma escolha de valores, a eleição de interesses preponderantes. Não havendo lugar para a valorização da personalidade jurídica diante de certos direitos, incide a desconsideração da personalidade, posto que nessas situações foi alcançado um resultado incompatível com aqueles previstos no ordenamento.

Nessas situações entende a lei não ser apenas mero descumprimento do mandamento legal o inadimplemento de obrigações resultantes, por

---

118. Consoante leciona Marçal Justen Filho, "quando o interesse ameaçado é valorado pelo Direito como mais desejável e menos sacrificável do que o interesse colimado através da personificação societária, abrir-se-á oportunidade para a desconsideração"; assim, por exemplo, "no caso do direito do trabalho, onde o interesse do trabalhador é colocado acima do interesse do empregador. Exclui-se, então, a utilização da pessoa jurídica como instrumento para sacrifício de qualquer faculdade assegurada ao empregado" (*Desconsideração da Personalidade Societária no Direito Brasileiro*, cit., p. 124).

119. Cf. Leonardo Netto Parentoni, *Reconsideração da Personalidade Jurídica*, cit., p. 14. O autor, constatando a realidade brasileira, nomeia essas hipóteses como "desconsideração contemporânea", ponderando que no direito do trabalho, no direito do consumidor e no direito ambiental "a desconsideração funciona como cláusula geral de extensão de responsabilidade, assegurando que eventuais prejuízos não sejam suportados pela parte vulnerável. De mera providência subsidiária, cabível em casos restritos, essa teoria ampliou seu alcance para atuar como instrumento de realocação de riscos" (p. 116). Conforme a pesquisa empreendida por Leonardo Netto Parentoni, esses casos de desconsideração correspondem, estatisticamente, a 45% dos casos em que é aplicada pelos tribunais brasileiros pesquisados (pp. 123 e 153). O mencionado autor alinha argumentos de ordem econômica contra a chamada desconsideração contemporânea e, em termos jurídicos, afirma que ela se distancia dos pressupostos da clássica teoria da desconsideração da personalidade (pp. 152-162).

120. Marçal Justen Filho, *Desconsideração da Personalidade Societária no Direito Brasileiro*, cit., p. 122.

exemplo, de contratos de trabalho, mas verdadeiro abuso do direito de personalidade, tanto que nessa situação restringe a eficácia do ato jurídico relativo à separação patrimonial decorrente da personalização, para permitir a responsabilização de outras pessoas jurídicas do mesmo grupo. Os valores desrespeitados são menos sacrificáveis do que aqueles que permitem a personalização e a separação patrimonial.

Trata-se de uma forma de abuso de direito da personalidade jurídica, embora possa a responsabilização não decorrer da conduta culposa ou dolosa dos sócios. Veja-se que nas referidas situações a responsabilização não corresponde à conduta do sócio na direção da sociedade, posto que a inadimplência pode até decorrer de caso fortuito ou de força maior. Nesses casos estamos diante de responsabilidade objetiva.[121]

*3.4.4 Fundamentos fáticos da desconsideração
da personalidade jurídica para fins diversos
da responsabilização*

A desconsideração da personalidade também possibilita perseguir finalidades diversas da responsabilização, mais especificamente voltadas à aplicação de certas normas de acordo com a finalidade prevista pelo legislador, os ditos casos de imputação das normas ou, como é conhecida na Alemanha, a *Zurechnungsdurchgriff*.[122]

Os casos típicos da desconsideração atributiva referem-se às situações nas quais se pode atribuir características pessoais dos sócios, seus comportamentos, conhecimentos ou proibições à sociedade, e vice-versa.[123]

Imagine-se a situação do sócio (pessoa física ou jurídica) que é impedido de participar de concorrência pública e que viola as disposições legais por meio de outra sociedade, não impedida de exercitar atividade

---

121. Nas hipóteses do § 2º do art. 28 do CDC, por exemplo, as obrigações imputadas às sociedades integrantes do mesmo grupo econômico também não decorrem de uma conduta faltosa dessas sociedades ou de seus dirigentes; não se perquire o dolo ou a culpa, tão somente a inadimplência de obrigações decorrentes de relações de consumo e a existência de grupo econômico de fato ou de direito, para resultar na responsabilidade patrimonial subsidiária na hipótese de insolvência da devedora.
122. Cf. Calixto Salomão Filho, *O Novo Direito Societário*, cit., 4ª ed., 2ª tir., p. 244.
123. Cf.: I. Maurice Wormser, *Piercing the Veil of Corporate Entity*, cit., p. 49; Calixto Salomão Filho, *O Novo Direito Societário*, cit., 4ª ed., 2ª tir., pp. 244-245.

concorrencial,[124] ou o do sócio que pretende não cumprir cláusula contratual de não concorrência a determinada pessoa jurídica e constitui uma sociedade para essa finalidade;[125] ou, ainda, as proibições que são impostas a determinadas sociedades e que podem ou devem ser estendidas às sociedades do mesmo grupo econômico.

Em um caso, por exemplo, de incêndio provocado pelo maior credor e controlador de fato de uma sociedade anônima haveria fundamento para o desconhecimento da autonomia subjetiva da pessoa jurídica e, em consequência, ser negada a indenização pela seguradora à pessoa jurídica atingida pelo sinistro.[126] Nessa hipótese os comportamentos do sócio podem ser tomados como comportamentos da sociedade e não se destinam à formação de responsabilidade da pessoa jurídica, mas, de forma mais genérica, à atribuição de atos e efeitos jurídicos.

Amolda-se a esse grupo de hipóteses, por exemplo, o caso "Bank of United States *versus* Deveaux" (1809), frequentemente citado pela doutrina, no qual foram levadas em conta as características pessoais dos sócios para determinar a competência das Cortes Federais norte-americanas, limitada, à época, a lides entre cidadãos residentes em diferentes Estados.

Se, para fins de responsabilização, a lei, de forma objetiva, elenca hipóteses de desconsideração da personalidade jurídica, também para fins diversos da responsabilização há que se ter em conta que a própria norma, em determinadas situações, ignora a existência de pessoas distintas – sócio e sociedade –, desconsiderando a personalidade, ao tomar como sendo da sociedade as características relativas aos seus integrantes.

A essas situações, que se podem chamar de desconsideração legal,[127] se amolda, por exemplo, a previsão contida no § 1º do art. 222 da CF, que dispõe sobre a propriedade de empresa jornalística e de radiodifusão, possibilitando-a somente a brasileiros ou a empresas brasileiras, levando

---

124. Cf. Francesco Galgano, *Diritto Commerciale. Le Società*, cit., 15ª ed., p. 200.

125. Cf. Jorge Manuel Coutinho de Abreu, *A Empresarialidade (As Empresas no Direito)*, 1ª ed., reimpr., Coimbra, Livraria Almedina, 1999, p. 208.

126. Cf. Fábio Konder Comparato e Calixto Salomão Filho, *O Poder de Controle na Sociedade Anônima*, cit., 5ª ed., p. 464. Contudo, os autores classificam o presente caso como hipótese de desconsideração para fins de responsabilização.

127. A expressão "desconsideração legal" é utilizada pelo jurista português Pedro Pais Vasconcelos para os casos em que a desconsideração da personalidade resulta de regimes jurídicos estatuídos na lei (*Teoria Geral do Direito Civil*, 3ª ed., Coimbra, Livraria Almedina, 2005, p. 183).

em consideração que pelo menos 70% do capital votante deverá pertencer, direta ou indiretamente, a brasileiros e que estes deverão gerir a sociedade e estabelecer o conteúdo de suas programações. Vê-se, aí, que a norma leva em conta, para a fixação da nacionalidade de determinada sociedade, características particulares dos sócios (a nacionalidade destes), apesar de se restringir ao fim específico por ela mencionado.[128]

Na desconsideração para fins diversos da responsabilidade não se amoldam apenas os casos de desconsideração atributiva, não ao menos como ela é tradicionalmente concebida – ou seja, para atribuir características pessoais dos sócios, seus comportamentos, conhecimentos ou proibições à sociedade e vice-versa –, mas também certas situações em que a lei prevê solução que desconsidera a existência de personalidade jurídica de uma sociedade para, por exemplo, combater a prática do monopólio do mercado, como previsto na lei que rege a matéria no Direito Brasileiro.

As concentrações verticais e horizontais de empresas, como pondera Suzy Koury, "podem conduzir a restrições da concorrência que prejudiquem os interesses da coletividade e contrariem o ordenamento jurídico, caracterizando, assim, a prática de abusos do poder econômico".[129] Nessas situações a lei identifica, apesar de haver entes formalmente distintos, a existência ou a possível formação de um ente economicamente único, que levará à dominação do mercado e à eliminação prática da livre concorrência. Há, para fins diversos da responsabilização, o reconhecimento, de certa forma, da possível confusão de esferas entre sociedades, que acabará por contrariar a própria Constituição Federal brasileira, que prevê deva ser reprimido o abuso econômico (CF, art. 173).

O direito regulatório objetiva o combate ao controle de mercado, a manipulação de preços (*dumping*), a eliminação da concorrência e a formação de monopólios e cartéis. Com esses objetivos a desconsideração da personalidade pode ser utilizada não apenas para realização da responsabilidade patrimonial a pessoa diversa daquela obrigada, no caso

128. Também, no Direito Alemão as qualidades dos associados são levadas em consideração em relação à sociedade. E, nesse sentido, aponta Ulrich Drobnig que "les qualités et le statut des associés ont, d'après diverses prescriptions, une influence sur le statut de la société. C'est ainsi que diverses règles relatives à la condition des étrangers font dépendre la nationalité des associes" ("Droit Allemand", in René David (coord.), *La Personnalité Morale et ses Limites. Études de Droit Comparé et de Droit International Public*, 1ª ed., Paris, LGDJ, 1960, p. 42).

129. Suzy Elizabeth Cavalcante Koury, *A Desconsideração da Personalidade Jurídica (Disregard Doctrine) e os Grupos de Empresas*, cit., 2ª ed., p. 180.

de aplicação de sanções pecuniárias, mas também como um dos instrumentos que permitem revelar a unidade econômica apesar da diversidade jurídica, que pode ser aplicado no âmbito administrativo ou judicial, a fim de impedir a prática de atos que contrariem a livre concorrência, eixo central da economia de mercado.

Nesse sentido, há pontos de contato entre os sistemas societário e regulatório, que, como pondera Calixto Salomão Filho, compartilham a preocupação sobre "unidades empresariais juridicamente distintas, mas economicamente dependentes", que se expressa na apuração da "realidade das formas". Como pondera o comercialista, "a tradução societária dessa preocupação ocorre sobretudo através da aplicação da teoria da desconsideração da personalidade jurídica. É por meio das diferentes formas de desconsideração, que vão muito além da atribuição de responsabilidade, que doutrina e jurisprudência procuram atribuir realidade às formas societárias".[130] Há, por certo, no direito concorrencial a utilização de ideias mais amplas, apoiadas em conceitos econômicos, mas é inegável a mesma preocupação com a realidade das formas e a utilização, dentre outras, da ferramenta da superação da personalidade e suas estruturas formais para a identificação da influência relevante sob o aspecto concorrencial e consecução dos objetivos do sistema regulatório.

3.5 Os fundamentos jurídicos da desconsideração da personalidade jurídica

O reconhecimento gradativo da personalidade jurídica tal qual se dá na atualidade, inclusive com a nítida separação de patrimônios e responsabilidades, fora antes uma necessidade para atrair capitais, limitando os riscos inerentes à atividade comercial. A função econômica do instituto evidencia-se, assim, como mola propulsora para a produção de riquezas e geração de empregos; é o que lhe dá sentido e torna inimaginável a vida moderna sem esse importante instituto ou outro que tenha por fim a mesma função econômica.

Contudo, a relevante função econômica do instituto não deve obscurecer sua função social; a pessoa jurídica deve ser gerida não apenas com vistas aos objetivos particulares, mas também aos interesses determinados pela ordem jurídica. Justificar a desconsideração da personalidade

---

130. Fábio Konder Comparato e Calixto Salomão Filho, *O Poder de Controle na Sociedade Anônima*, cit., 5ª ed., pp. 530-531.

é reconhecer que sua função social não vem sendo desempenhada, e, nesse sentido, interessante questão a ser enfrentada é se a função social da empresa é o único fundamento jurídico sobre o qual se apoia a teoria da desconsideração da personalidade jurídica ou se seu alicerce se encontra edificado também sobre outros importantes fundamentos jurídicos.

A função social da empresa deriva, em última análise, da função social da propriedade, prevista nos arts. 5º, XXIII, e 170, III, ambos da CF.[131] Note-se, contudo, que a Lei Maior não diz qual é a função social da empresa e nem mesmo da pessoa jurídica,[132] o que, por si, já levaria à impossibilidade de sustentar que o descumprimento de tal função social é o suporte único à teoria que desconsidera a personalidade.

A denominada função social, tanto da propriedade, em gênero, como da empresa, em espécie, assim, é cláusula aberta, que carece de preenchimento, a ser feito por importantes valores reconhecidos tanto no plano constitucional[133] quanto nas demais normas que compõem o sistema jurídico.

A observância dos fins sociais e das exigências do bem comum na aplicação da lei – regra preconizada no art. 5º da Lei de Introdução às Normas do Direito Brasileiro – vincula a atuação da pessoa jurídica na ordem econômica, que deve estar sempre comprometida com o respeito a importantes bens jurídicos protegidos pelo ordenamento, norteando o que venha a ser abuso do direito de personalidade, para o fim de sua desconsideração.

Tratando-se de sociedades anônimas, é importante lembrar que o controlador deve "usar o poder com o fim de fazer a companhia realizar o seu objeto e cumprir sua função social, e tem deveres e responsabilidades para com os demais acionistas da empresa, os que nela trabalham e para

---

131. Cf. Fredie Didier Jr., "Aspectos processuais da desconsideração da personalidade jurídica", in Fredie Didier Jr. e Rodrigo Mazzei (coords.), *Reflexos do Novo Código Civil no Direito Processual*, 2ª ed., Salvador, Juspodivm, 2007, p. 160.

132. A pessoa jurídica não se confunde com a empresa. E, nesse sentido, Rubens Requião esclarece "que a empresa, no sentido econômico, é, em síntese, a organização dos fatores de produção" ("A função social da empresa no Estado de Direito", *Revista da Faculdade de Direito da UFPR* 19/265, n. 0, 1979).

133. Embora a Constituição não descreva qual especificamente venha a ser a função social da empresa, deve ser levado em conta que todos os princípios gerais da atividade econômica devem se fundar na valorização do trabalho humano e na livre iniciativa, nos termos do que dispõe a Constituição Federal (art. 170).

com a comunidade em que atua, cujos direitos e interesses deve lealmente respeitar e atender".[134]

Não se trata de combater o simples prejuízo material, inerente ao risco da atividade comercial. É o abuso, o excesso, a fraude à lei ou ao contrato que desvinculam a atuação da pessoa jurídica de sua função social, produzindo a violação de direito que o ordenamento jurídico reputa mais valioso do que aquele relativo à personificação, sendo ele indisponível ou até mesmo disponível. Nesse sentido, não haveria que se considerar a personificação, mormente para se reconhecer a limitação de responsabilidade, quando a empresa viola, por exemplo, normas de proteção ao meio ambiente ou ao consumidor.

Assim, para completar a ideia inicial de função social, há que se socorrer dos demais valores protegidos pelo ordenamento jurídico, como aqueles relativos à relação de consumo, de proteção ao meio ambiente ou às relações de trabalho e – por que não? – ao próprio direito de propriedade, pois, lembremos, não são somente os sócios ou os administradores são possíveis titulares desses direitos, também o são os credores da pessoa jurídica.

A função social da empresa, por se constituir cláusula aberta, carente de preenchimento, não pode ser tomada como fundamento jurídico único a embasar a desconsideração da personalidade; não é seu fundamento único, mas o fundamento que congrega, que sintetiza, os diversos valores protegidos pelo sistema jurídico e que devem ser observados na atividade societária. A violação desses valores representa o descumprimento da função social da pessoa jurídica, que na maioria das vezes se dá por abuso de direito ou por fraude, mas não se restringe a essas hipóteses, podendo ocorrer o desvio da finalidade atribuída pelo Direito à personalização em outras situações, como naquelas poucas hipóteses em que a teoria pode ser empregada a favor do sócio.[135]

134. Cf. parágrafo único do art. 116 da Lei 6.404/1976.
135. Seriam exemplos de desconsideração em favor do sócio – consoante, respectivamente, Comparato e João Casillo – as hipóteses de retomada de prédio pertencente ao sócio para uso da sociedade e a declaração de não caducidade de uma marca quando esta é utilizada antes de sua extinção por outra sociedade do mesmo grupo econômico (cf., respectivamente: Fábio Konder Comparato e Calixto Salomão Filho, *O Poder de Controle na Sociedade Anônima*, cit., 5ª ed., 2008; e João Casillo, "Desconsideração da pessoa jurídica", *RT* 528/24, São Paulo, Ed. RT, outubro/1979).

3.5.1 Fundamentos jurídicos: o abuso de direito

Entre o abuso de direito e o abuso da personalidade jurídica há uma relação entre gênero e espécie.[136] As disposições legais que consagram a personalidade resvalam seus limites na função social prevista em sede constitucional;[137] e, nesse sentido, as normas infraconstitucionais que tratam do abuso do direito de personalidade e da fraude cometida por meio das pessoas jurídicas, como as disposições dos arts. 50 do CC e 28 do CDC, entre outras, encontram coerência e correspondência de finalidades com a norma de hierarquia superior no sistema jurídico. Como sustenta Serick, "o conteúdo de cada direito vem determinado ou pelo menos encontra os seus limites imanentes na sua função ético-jurídica e social. O exercício de um direito de modo contrário a esta sua função exorbita do seu conteúdo. Isto significa distanciar-se do direito, transpor os limites a ele imanentes, de modo que subsiste só aparentemente o exercício de um direito, enquanto na realidade se trata simplesmente de um agir fora do direito".[138]

Os romanos diziam "que quem exerce um direito não comete falta e não está sujeito a nenhuma responsabilidade". Modernamente, entretanto, os direitos nos são concedidos com uma função social a cumprir, da qual não devem se distanciar.[139]

Tanto com relação ao abuso de direito como em relação à fraude há concepções subjetivas e objetivas. A concepção objetiva, que aqui se adota, leva em consideração os fins sociais e econômicos almejados pelo ordenamento, e não propriamente a intenção de seu titular no momento do exercício desses direitos. Assim, para o exercício do direito subjetivo, se houver a extrapolação ou invasão da esfera jurídica alheia, mesmo sem o elemento volitivo de prejudicar outrem, haverá o abuso, que deve ser

---

136. Cf. Nadia Zorzi, "El abuso de la personalidad jurídica", *Revista Derecho del Estado* 16/29, Bogotá, junho/2004. Consoante ressalta a doutrinadora, essa espécie de abuso de direito "impone la desaplicación de aquellas normas a quienes hayan abusado de los beneficios correspondientes, con la consiguiente pérdida de su aprovechamiento, lo que conlleva a asumir una responsabilidad ilimitada y la sujeción personal a la quiebra en caso de insolvencia de la persona jurídica" (p. 29).

137. Cf. CF, art 170, III.

138. Rolf Serick, *Forma e Realtà della Persona Giuridica*, cit., p. 33 (tradução livre).

139. Cf. Louis Josserand, "Evolução da responsabilidade civil", trad. de Raul Lima, *RF* 86/56, n. 454, Rio de Janeiro, Forense, junho/1941.

coibido. Há que se considerar também a dificuldade prática da realização da prova do elemento subjetivo, que, se exigida, viria em benefício daquele que age dolosamente.[140]

A boa-fé que deve nortear as relações contratuais, sob o ponto de vista subjetivo, individual, pode ser definida como o estado anímico de ignorância do sujeito sobre a antijuridicidade de uma conduta; já, sob o aspecto objetivo, consiste no dever de lealdade, de retidão, de uma pessoa comum diante de determinada situação.[141]

O elemento subjetivo da conduta do sócio é fundamental para a apreciação da validade e, via de consequência, até da eficácia dos atos praticados; mas para a desconsideração da personalidade o que se observa é o enfoque funcional da atuação da pessoa jurídica; se atingiu ou não os fins almejados pela norma para os atos jurídicos, produzindo o sacrifício de interesses disponíveis ou indisponíveis.[142-143] Deve ser voltada atenção, portanto, aos resultados da atuação da pessoa jurídica e de seus órgãos, bem como à conformidade desses resultados com aqueles almejados pelo legislador.

140. Consoante observa Maria de Fátima Ribeiro, deve-se considerar "uma utilização objectivamente ilícita do instituto pessoa coletiva (...)", como se evidencia na jurisprudência alemã e dos demais Países europeus, para que não se comprometa a solução de desconsideração da personalidade jurídica, em vista da dificuldade da realização da prova do elemento subjetivo (Maria de Fátima Ribeiro, *A Tutela dos Credores da Sociedade por Quotas e a "Desconsideração da Personalidade Jurídica"*, cit., 1ª ed., p. 107).
141. O *BGB* alemão de 1900 já previa que a execução do contrato deve se dar conforme a boa-fé. O nosso CC de 1916 previa a boa-fé em dois artigos: o art. 875, sobre a obrigação de dar coisa incerta, nem a melhor, nem a pior; e o art. 1.443, que tratava do dever de informação no contrato de seguro. O atual CC de 2002 prevê diretamente a boa-fé em três artigos: o art. 113, que diz respeito à função interpretativa da boa-fé; o art. 187, que se refere à boa-fé em relação ao exercício dos direitos; e, por fim, o art. 422, que trata da boa-fé na conclusão e execução dos contratos.
142. Cf. Marçal Justen Filho, *Desconsideração da Personalidade Societária no Direito Brasileiro*, cit., p. 141.
143. Referindo-se à evolução da teoria na Alemanha, Friedrich Kübler esclarece que "antes se exigía la intención fraudulenta – y por tanto una conducta contraria a la moral según el § 826 BGB –, mientras que actualmente se entiende que basta una utilización de la persona jurídica que se aparte objetivamente del fin natural de ésta, es decir, el abuso institucional sin voluntad dolosa" (*Derecho de Sociedades*, 5ª ed., Madri, Fundación Cultura del Notariado, 2001, trad. espanhola do original *Gesellschaftsrecht*, 1998, p. 514).

3.5.2 Fundamentos jurídicos: a fraude

Diferente do abuso de direito é a fraude; enquanto no abuso o que ocorre é uma conduta de ir além do próprio direito e atingir a esfera jurídica de outrem, violando-se o quanto disposto na lei, na fraude a conduta aparentemente lícita resulta em uma violação ao espírito da lei, à sua vontade ou à vontade das partes expressa em um contrato. Ambas as figuras, abuso de direito e fraude à lei ou ao contrato, levam-nos a concluir que desaguam no desvio de função da pessoa jurídica a nortear sua atuação.

A fraude, entendida no sentido amplo, como a descreve Beviláqua, é vista como "o artifício malicioso para prejudicar terceiro, de *persona ad personam*"; e para o doutrinador compõem a fraude o elemento anímico da má-fé e o ânimo de prejudicar terceiros.[144] Como diz Yussef Said Cahali, o dolo, a fraude e a simulação fraudulenta representam, *in genere*, a negação da boa-fé que deve presidir a celebração dos negócios jurídicos[145] e deve orientar de maneira geral a atividade da pessoa jurídica. Modernamente, porém, o elemento subjetivo não ostenta o mesmo valor.[146] Pontes de Miranda refere-se a "fraudar" como violar indiretamente, independentemente de qualquer elemento subjetivo, pois "quem frauda frustra"; "se o sistema jurídico exige algum elemento subjetivo, esse é à parte".[147] Também para a *disregard doctrine* a fraude é qualificável como a violação indireta da lei, que causa o resultado negativo, extraído *a contrario sensu* do ordenamento jurídico. A concepção da fraude na modalidade objetiva

---

144. Clóvis Beviláqua, *Teoria Geral do Direito Civil*, 7ª ed., Rio de Janeiro, Editora Paulo de Azevedo, 1955, p. 241. Esclarece Beviláqua que o vocábulo "fraude" trouxe "uma certa vacilação de significado, que passou para o Direito francês e o pátrio", posto que os romanos por vezes "designavam por *fraus* qualquer ardil ou embuste empregado no intuito de enganar; outras vezes, *fraus* equivalia à simulação, como na frase *fraudem legi facere*" (pp. 241-242).

145. Yussef Said Cahali, *Fraude Contra Credores*, 1ª ed., São Paulo, Ed. RT, 1989, p. 44.

146. Alvino Lima, embora seja adepto da teoria subjetiva, expõe que para a teoria objetiva são elementos integrantes da fraude à lei: a frustração de uma regra obrigatória e o emprego de meio eficaz à frustração da referida regra, que constitui o elemento material. Sendo assim, não seria diverso em sua essência o ato em fraude à lei do ato contrário à lei; a diferença residiria no modo como se daria a frustração da lei: direto, se contrário à lei; indireto, se em fraude à lei (Alvino Lima, *A Fraude no Direito Civil*, 1ª ed., São Paulo, Saraiva, 1965, p. 293).

147. Francisco Cavalcanti Pontes de Miranda, *Tratado de Direito Privado – Parte Geral*, 3ª ed., t. IV, São Paulo, Ed. RT, 1980, p. 145.

facilita a aplicação da desconsideração da personalidade jurídica e lhe confere "sólida" fundamentação.[148]

Note-se que, de uma maneira geral, toda fraude "abre espaço à fraude à lei"; qualquer artifício que gera proveito indevido burla a proibição legal, o comando da norma, debaixo da aparência de legalidade.[149] Entretanto, a fraude à lei, tecnicamente, deve ser vista sob o prisma específico da manobra indireta que tangencia o preceito legal proibitivo ou imperativo, independentemente de objetivar o prejuízo alheio, embora leve, de alguma forma, ao proveito próprio ou de terceiros.[150] Quando a norma imperativa é violada direta e frontalmente ocorre a prática de ato *contra legem*; no entanto, se a violação é disfarçada, embora real e oculta, ocorre a fraude contra a lei.[151] Qualquer que seja a fraude, há o emprego de meios lícitos que resultam em consequências não permitidas em lei, podendo atingir direitos subjetivos ou apenas preceitos de ordem pública.[152]

Embora a fraude, em todas as suas modalidades, justifique o emprego de outras técnicas sancionatórias, dependendo do caso concreto, também constitui, em certas situações, fundamento para o desconhecimento da autonomia subjetiva da pessoa jurídica.

---

148. Cf. Pedro Pais Vasconcelos, *Teoria Geral do Direito Civil*, cit., 3ª ed., p. 185.
149. Cf. Washington de Barros Monteiro, *Curso de Direito Civil*, 25ª ed., 1º vol., São Paulo, Saraiva, 1985, p. 217.
150. Cf. Yussef Said Cahali, *Fraude Contra Credores*, cit., 1ª ed., p. 57.
151. Cf. Orozimbo Nonato, *Fraude Contra Credores*, 1ª ed., Rio de Janeiro, Editora Jurídica e Universitária, 1969, p. 9.
152. Cf. Alvino Lima, *A Fraude no Direito Civil*, cit., 1ª ed., p. 24. Como leciona o autor, não parece possível "fraudar os credores, ou frustrar a aplicação da lei, por simples omissão fraudulenta, a não ser em casos especiais previstos em lei" (p. 29).

4
OS LIMITES DE APLICAÇÃO DA TEORIA DA DESCONSIDERAÇÃO DA PERSONALIDADE JURÍDICA

4.1 Os limites subjetivos de aplicação da desconsideração da personalidade jurídica: 4.1.1 A responsabilização do Poder Público e a desconsideração da personalidade jurídica – 4.1.2 A responsabilização dos gestores das pessoas jurídicas de direito público e de empresas estatais e a desconsideração da personalidade jurídica – 4.1.3 A responsabilidade das pessoas jurídicas de capital privado e a desconsideração da personalidade jurídica: 4.1.3.1 A responsabilidade dos sócios das pessoas jurídicas de capital privado e a desconsideração da personalidade jurídica – 4.1.3.2 A responsabilidade dos sócios ocultos e de terceiros e a desconsideração da personalidade jurídica – 4.1.3.3 A responsabilidade dos administradores das pessoas jurídicas de capital privado e a desconsideração da personalidade jurídica. 4.2 Limites objetivos de aplicação da teoria: a desconsideração da personalidade jurídica e outros institutos: 4.2.1 A desconsideração da personalidade jurídica e a responsabilidade civil – 4.2.2 A desconsideração da personalidade jurídica e a responsabilidade tributária – 4.2.3 A desconsideração da personalidade jurídica e a responsabilidade societária – 4.2.4 A desconsideração da personalidade jurídica e a fraude à execução – 4.2.5 A desconsideração da personalidade jurídica e a nulidade absoluta do negócio jurídico – 4.2.6 A desconsideração da personalidade jurídica e a simulação – 4.2.7 A desconsideração da personalidade jurídica e a fraude contra credores – 4.2.8 A desconsideração da personalidade jurídica e a extensão da falência – 4.2.9 A responsabilidade de administradores e controladores de sociedades sujeitas à intervenção e liquidação extrajudicial e a desconsideração da personalidade jurídica. 4.3 A diversidade de institutos previstos no art. 28 do Código de Defesa do Consumidor/CDC.

Os limites de aplicação da teoria de desconsideração da personalidade jurídica serão vistos, neste capítulo, por duas perspectivas: uma subjetiva, relativa aos sujeitos que podem ser atingidos pela desconsideração da personalidade; e outra objetiva, referente às situações de direito material que podem ensejar a aplicação de outras técnicas sancionatórias que, embora próximas à desconsideração da personalidade, divergem em relação às suas causas e, principalmente, em suas consequências.

4.1 Os limites subjetivos de aplicação da desconsideração da personalidade jurídica

4.1.1 A responsabilização do Poder Público e a desconsideração da personalidade jurídica

Pode surgir dúvida quanto à possibilidade de ser atingido o Poder Público, em termos de responsabilização patrimonial, pela desconsideração da personalidade jurídica, em vista da atividade desenvolvida pelas fundações públicas,[1] autarquias,[2] empresas públicas[3] e sociedades

1. Apesar de viverem as fundações no domínio do direito privado no passado, hoje, consoante a doutrina, há fundações também na seara do direito público. Assim, as fundações instituídas pelo Poder Público podem ser pessoas jurídicas de direito privado ainda que se destinem ao desenvolvimento de atividades de interesse coletivo (educação, cultura, pesquisa científica etc.), como também podem ser sujeitas ao direito público, conforme seu objeto de atuação. As fundações públicas de direito público têm natureza de autarquias e estão sujeitas ao regime jurídico público, ao passo que as fundações instituídas pelo Poder Público com personalidade de direito privado estão sujeitas à lei civil e também aos princípios norteadores da Administração Pública (art. 37 da CF) (cf.: José Antônio Remédio, *Curso de Direito Administrativo*, 1ª ed., São Paulo, Verbatim, 2012, p. 110; Hely Lopes Meirelles, *Direito Administrativo Brasileiro*, 41ª ed., São Paulo, Malheiros Editores, 2015, pp. 444-445; Alexandre Mazza, *Manual de Direito Administrativo*, 2ª ed., São Paulo, Saraiva, 2012, p. 160).

2. As autarquias são pessoas jurídicas de direito público interno, integrantes da Administração indireta, que devem ser criadas e extintas por leis específicas (CF, art. 37, XIX), destacando-se que, se, ao invés de desenvolverem serviço publico, explorarem atividade econômica, deverão se submeter ao regime jurídico de direito privado.

3. As empresas estatais, sejam elas empresas públicas ou sociedades de economia mista, estão sujeitas ao direito privado e podem ter por objeto a prestação de serviços públicos ou a exploração de atividade econômica. Essas espécies de sociedades têm sua instituição autorizada por lei (CF, art. 37, XIX); entretanto, deve-se ter presente que a lei não cria a empresa pública ou a sociedade de economia mista, tão somente autoriza sua criação (cf.: José Antônio Remédio, *Curso de Direito Administrativo*, cit., 1ª ed., p. 120; Hely Lopes Meirelles, *Direito Administrativo Brasileiro*, cit., 41ª ed., p. 448-449).

de economia mista,[4] considerando haver manifestações doutrinárias no sentido de sua possibilidade.[5]

A regra, entretanto, é que não serve a *disregard doctrine* para atingir o Poder Público. O Estado já é responsável subsidiariamente pelas dívidas das empresas estatais, autarquias e fundações públicas,[6] e essa responsabilidade subsidiária não se insere no contexto da desconsideração da personalidade jurídica.[7]

Para se falar em desconsideração da personalidade é necessário haver absoluta separação de patrimônios e responsabilidades entre a pessoa jurídica a ser desconsiderada e a pessoa que se pretende atingir. No caso das autarquias, fundações e empresas estatais, embora existam personalidades distintas, do instituidor e do ente estatal instituído, o patrimônio deste não deixa de ser público, o que demonstra que essa separação não é absoluta, tanto que, se for extinto, seus patrimônios devem retornar à pessoa jurídica instituidora; isso sem falar que a inadimplência por parte dessas entidades, que pode se referir a toda e qualquer dívida, independentemente da natureza do crédito, na grande maioria dos casos, não pode ser classificada como derivada da fraude ou do abuso de direito, para que se

---

4. O que distingue a empresa pública da sociedade de economia mista é a composição do capital e a forma societária adotada, pois, enquanto a empresa pública apresenta capital exclusivamente público e é constituída por qualquer forma de organização empresarial, a sociedade de economia mista é composta de capitais público e privado, constituindo-se, em geral, como sociedade anônima (cf.: José Antônio Remédio, *Curso de Direito Administrativo*, cit., 1ª ed., p. 129; Hely Lopes Meirelles, *Direito Administrativo Brasileiro*, cit., 41ª ed., pp. 454-455).
5. Entendendo que pode o Poder Público ser atingido pela desconsideração da personalidade jurídica: Pedro Henrique Torres Bianqui, *Desconsideração da Personalidade Jurídica no Processo Civil*, 1ª ed., São Paulo, Saraiva, 2011, pp. 79-80; Leonardo Netto Parentoni, *Reconsideração da Personalidade Jurídica*, tese de Doutorado apresentada ao Departamento de Direito Comercial da Faculdade de Direito da USP, São Paulo, 2012, p. 65.
6. Nesse sentido: STJ, 2ª Turma, REsp 1.137.950, rel. Min. Humberto Martins, j. 8.3.2010, v.u., *DJU* 30.3.2010; STJ, 2ª Turma, REsp 1.135.927, rel. Min. Castro Meira, j. 28.9.2011, v.u., *DJU* 10.8. 2010; STJ, 2ª Turma, REsp 738.026-RJ, rela. Min. Eliana Calmon, j. 26.6.2007, m.v., *DJU* 22.8.2007, p. 452.
7. Em acórdão proferido pelo TJSP se desfez a confusão conceitual entre a desconsideração da personalidade jurídica e a responsabilidade subsidiária do Poder Público: 9ª Câmara de Direito Privado, ACi 320.208-4/8-00, comarca de Serra Negra, rel. Des. João Carlos Garcia, j. 7.3.2003, v.u. (número atual: 9130596-17.2003.8.26.000).

possa justificar o emprego da desconsideração da personalidade, e, ainda que ocorra algum desvio de gestão dessas entidades, faltará interesse de agir ao credor para pleitear a desconsideração, porque o Estado já é subsidiariamente responsável em tais situações.

Note-se que a responsabilidade subsidiária do Poder Público nesses casos fundamenta-se na isonomia e, como leciona Arnoldo Wald, na teoria da igualdade dos encargos (inspirada na doutrina francesa de Léon Duguit, dentre outros doutrinadores), posto que a atividade do Estado é exercida no interesse da coletividade, e, desse modo, seus ônus não devem pesar mais sobre uns e menos sobre outros. Assim, "se da intervenção do Estado resulta prejuízo para alguns, a coletividade deve repará-lo".[8] Nesse sentido, se não houvesse a responsabilidade subsidiária estatal em relação aos débitos dessas empresas, seus credores sofreriam mais as consequências do insucesso que os demais cidadãos.

E a responsabilidade subsidiária do Estado, consoante leciona Maria Sylvia Zanella Di Pietro, não se restringe às sociedades de economia mista prestadoras de serviços públicos; aplica-se às outras entidades em que "o capital é inteiramente público ou em que o objetivo institucional é a prestação do serviço público".[9]

Somente não haverá a responsabilidade subsidiária do Poder Público nas hipóteses de empresas estatais destinadas à atividade econômica, para as quais, inclusive, é cabível a decretação de falência[10] – o que demonstra

---

8. Arnoldo Wald, "A definição do controlador na liquidação extrajudicial e em processos análogos", *Revista de Direito Mercantil, Industrial, Econômico e Financeiro/RDM* 104/45, Nova Série, Ano XXXV, São Paulo, Ed. RT, outubro-dezembro/1996.

9. Maria Sylvia Zanella Di Pietro, *Direito Administrativo*, 25ª ed., São Paulo, Atlas, 2012, p. 516.

10. Essa não é uma posição unânime. Porém, embora a Lei 11.101/2005 vede a decretação de falência de empresas públicas e sociedades de economia mista de forma geral, como aponta a doutrina, "hão de ser distinguidas, aqui, as empresas exploradoras de atividade econômica das que prestam serviço público. As primeiras, quer sejam empresas públicas, quer sociedades de economia mista, ficam sujeitas a falência, pois é preceito constitucional sua submissão ao regime jurídico próprio das empresas privadas, inclusive quanto aos *direitos e obrigações civis e comerciais* (CF, art. 173, § 1º, inciso II). De igual modo, não responde a entidade criadora, nem mesmo subsidiariamente, pelas obrigações da sociedade falida" (Hely Lopes Meirelles, *Direito Administrativo Brasileiro*, cit., 41ª ed., p. 451). No mesmo sentido é a lição de Celso Antônio Bandeira de Mello (*Curso de Direito Administrativo*, 32ª ed., São Paulo, Malheiros Editores, 2015, p. 210). Em sentido contrário, sem fazer a referida distinção: José Antônio Remédio, *Curso de Direito Administrativo*, cit., 1ª ed., p. 126.

que a separação de patrimônios e de responsabilidade dessas empresas em relação ao Estado é absoluta.[11] Lembremos que as empresas públicas que explorem atividade econômica devem se submeter ao regime jurídico das empresas privadas, nos termos do que dispõe a Constituição Federal (art. 173, § 1º, II).

Por isso, não há que se falar em responsabilidade subsidiária do Estado quanto a sociedades que exploram atividade econômica; e, embora seja hipótese incomum, pode ser desconsiderada a personalidade jurídica dessas espécies de empresas estatais, para atingir o patrimônio do sócio, o Poder Público, desde que presentes os pressupostos da *disregard doctrine*. Afirmamos que a hipótese é incomum, mas não impossível; basta imaginarmos o caso de empresa pública voltada à atividade econômica instituída pelo Estado com evidente subcapitalização, levando-se em conta o objeto a que se destina e as obrigações que terá de assumir, ficando patente que o ente criado jamais conseguirá desempenhar suas funções econômicas e sociais – o que autoriza, em tese, a aplicação da *disregard doctrine*.

Contudo, cumpre ressaltar que a jurisprudência não tem diferenciado os casos de responsabilidade subsidiária do Estado, colocando-a, muitas vezes, dentre as hipóteses de desconsideração da personalidade jurídica para atingir o Poder Público.[12]

4.1.2 A responsabilização dos gestores das pessoas jurídicas de direito público e de empresas estatais e a desconsideração da personalidade jurídica

E para atingir o patrimônio dos administradores de autarquias, fundações públicas, empresas estatais e pessoas jurídicas de direito público no geral, é possível falar em desconsideração da personalidade jurídica?

---

11. Conforme leciona Araken de Assis, "em relação às sociedades de economia mista, que exploram atividade privada (art. 173, § 1º, da CF/1988), e às empresas públicas, a regra é a penhorabilidade" de seus bens (*Manual da Execução*, 13ª ed., São Paulo, Ed. RT, 2010, p. 238). Entretanto, para as autarquias prevalece a regra da inalienabilidade, imprescritibilidade e impenhorabilidade, posto que seus patrimônios são considerados públicos (cf. José Antônio Remédio, *Curso de Direito Administrativo*, cit., 1ª ed., p. 101).

12. V., nesse sentido: TST, 3ª Turma, AI/RR 135100-18.1997.5.01, j. 20.6.2012, rel. Min. Maurício Godinho Delgado, v.u.

Os servidores públicos, por regra, estão sujeitos a regime próprio de responsabilização indireta, por via de regresso. As hipóteses de responsabilidade civil das pessoas jurídicas de direito público[13] têm por premissa geral a regra disposta no § 6º do art. 37 da CF e também no art. 43 do CC, que tratam da responsabilidade das pessoas jurídicas de direito público e das de direito privado prestadoras de serviços públicos[14] pelos danos causados por atos de seus agentes no exercício de suas funções, que se configuram de forma objetiva; e, na ocorrência de dolo ou culpa por parte do agente, é reconhecido o direito de regresso do Estado,[15]

13. O Estado, como organização política e administrativa, ganhou proeminência após a Idade Média, e por muito tempo permaneceu sem ser responsabilizado por seus atos, num período de verdadeira irresponsabilidade estatal. No século XIX, entretanto, tomou destaque a teoria civilista, pela qual os atos do Estado eram classificados em atos de gestão e atos de império; pelos atos de gestão, os atos administrativos comuns, o Estado passou a ser responsabilizado pelas regras do direito civil em vários Países; pelos atos de império, que significavam a manifestação de soberania, não era o Estado responsabilizado. Já no século passado o período civilista dá lugar a aquele conhecido como publicista, no qual as regras de responsabilidade civil do Estado passam a ser regidas pelo direito administrativo; iniciava-se naquele momento a responsabilização estatal com base na teoria da falta do serviço, que não avaliava a existência do elemento subjetivo do agente público para ser atribuído o direito ao ressarcimento ao lesado, mas o binômio "falta do serviço – culpa da Administração". Atualmente, sucedendo a mencionada teoria da falta do serviço destaca-se a teoria do risco administrativo, pela qual é prescindível o elemento subjetivo dolo ou culpa para a responsabilização, bastando a ocorrência de dano e do nexo causal com a conduta do agente do Estado, no exercício de suas funções. Observe-se, contudo, que é permitida pela mencionada teoria a demonstração da culpa da vítima para "excluir ou atenuar a indenização" (cf. Hely Lopes Meirelles, *Direito Administrativo Brasileiro*, cit., 41ª ed., pp. 763-765).

14. Consoante Hely Lopes Meirelles, também são regidas por essa forma de responsabilidade as pessoas físicas e jurídicas que exercem funções públicas delegadas, relativas ao serviço público, em caráter permanente ou transitório (*Direito Administrativo Brasileiro*, cit., 41ª ed., p. 768).

15. Todavia, essa não é uma opinião absolutamente unânime. Vicente de Paula Maciel Jr. vislumbra exceção a essa regra na hipótese de contratação de pessoal feita de forma irregular, situação pela qual, segundo o doutrinador, deverá a autoridade responder pelos débitos trabalhistas de forma direta, com invocação da teoria da desconsideração da personalidade jurídica. O autor fundamenta sua posição com base nas disposições do texto constitucional que impõem a necessidade da realização de concurso público de provas ou de provas e títulos para investidura em cargo ou emprego público (CF, art. 37, II), bem como na regra que fulmina de nulidade o ato de contratação e determina a responsabilização da autoridade que praticar irregularidade (§ 2º do art. 37 da CF). Tais disposições abririam, segundo o autor, exceção à regra

que deve ser buscado por processo autônomo ou mesmo por denunciação da lide.[16]

Como dissemos, acreditamos que seja possível a aplicação da desconsideração da personalidade de sociedades que apresentem capital total ou parcialmente público se voltadas à atividade econômica, e, por consequência, seja atingido o patrimônio do Estado; contudo, a desconsideração da personalidade jurídica não serve para alcançar seus agentes, em vista do regime especial de responsabilização previsto na Constituição Federal (art. 37, § 6º). A única exceção a essa regra advém também daquelas hipóteses em que certas empresas estatais (empresas públicas, sociedades de economia mista e outras) não prestem serviço público[17] mas tenham por objeto a exploração de atividade econômica.

Repare-se que a responsabilidade objetiva do Estado é aplicável apenas às empresas estatais prestadoras de serviços públicos, não se referindo o § 6º do art. 37 da CF aos danos causados por empregados das empresas

geral contida no § 6º do art. 37 da CF, que determina que as pessoas jurídicas de direito público e as de direito privado prestadoras de serviço público responderão pelos danos causados pelos seus agentes (Vicente de Paula Maciel Jr., "A desconsideração da personalidade jurídica com a pessoa de direito público", *Revista LTr* 64/468-472, n. 4). Em que pese às louváveis preocupações com a moralidade e a legalidade da Administração Pública, como também sobre a defesa dos direitos dos trabalhadores, mesmo que contratados de forma irregular, com a devida vênia, o entendimento encontra-se apoiado em bases equivocadas, implicando igualar a responsabilidade civil à desconsideração da personalidade jurídica, além de permitir a compensação entre créditos desiguais, pois eventual condenação trabalhista que deixasse de atingir o Estado não compensaria o Poder Público por perdas e danos experimentados. O prejuízo do ente público é outro, e não corresponde a essas verbas.

16. A jurisprudência do STJ é pacífica no sentido de que é cabível a denunciação da lide a servidor público ao qual se atribua a autoria do dano pelo qual deva responder o Estado, embora tenha se orientado no sentido de não ser obrigatória, já que pode o Estado, por meio de processo específico, exercer seu direito de regresso. V. STJ, 2ª T.: EREsp 313.886-RN, rela. Min. Eliana Calmon, v.u., *DJU* 22.3.2004 e REsp 147.739-SP, rel. Min. João Otávio de Noronha, v.u., *DJU* 9.2.2005.

17. Hely Lopes Meirelles define *serviço público* como sendo "todo aquele prestado pela Administração Pública ou por seus delegados, sob normas e controles estatais, para satisfazer necessidades essenciais ou secundárias da coletividade ou simples conveniências do Estado"; e, com relação à *atividade econômica*, como serviço impróprio do Estado, somente pode ela ser desenvolvida quando necessária aos imperativos da segurança nacional ou relevante interesse coletivo, conforme definidos em lei, nos termos do disposto no art. 173 da CF (Hely Lopes Meirelles, *Direito Administrativo Brasileiro*, cit., 41ª ed., pp. 408 e 411-412).

estatais exploradoras de atividade econômica.[18] Assim, se o administrador de empresa estatal exploradora de atividade econômica praticar atos que implicam confusão patrimonial da qual resulte a impossibilidade de cumprimento das obrigações sociais, não incidirá a responsabilidade objetiva do Estado, podendo ser aplicada, nesse caso, a desconsideração da personalidade jurídica, para responsabilizá-lo patrimonialmente.

Ora, o que impede a responsabilização dos agentes públicos por meio do emprego da teoria da desconsideração da personalidade é justamente o regime especial de responsabilização previsto na Constituição Federal (art. 37, § 6º), decorrente da responsabilidade subsidiária do Estado; se não é esse regime aplicável às empresas estatais que desenvolvem atividade econômica (ao invés de serviço público), somente se pode concluir no sentido de serem eles passíveis de responsabilização pela *disregard doctrine*.

Observe-se, por fim, que não serve a desconsideração da personalidade para as hipóteses de responsabilidade civil, pois seus pressupostos e suas consequências jurídicas são diversos, conforme teremos oportunidade de verificar.[19]

4.1.3 *A responsabilidade das pessoas jurídicas de capital privado e a desconsideração da personalidade jurídica*

Entrando na esfera do direito privado, haveria propósito para a pretensão de desconsideração da personalidade jurídica de toda e qualquer pessoa jurídica?

No tocante às sociedades de capital exclusivamente privado é necessário estar constituída formalmente a personalidade jurídica para que seja necessária sua desconsideração. Quanto às sociedades irregulares e as de fato, agora chamadas de sociedades em comum, o Código Civil[20] dispõe serem seus sócios solidária e ilimitadamente responsáveis pelas obrigações sociais, sem nem mesmo o benefício de ordem a proteger o devedor, pelo quê se conclui ser desnecessária a desconsideração da personalidade para a responsabilização patrimonial dos sócios.

18. Nesse sentido: José Antônio Remédio, *Curso de Direito Administrativo*, cit., 1ª ed., p. 558. E, no mesmo sentido: Alexandre Mazza, *Manual de Direito Administrativo*, cit., 2ª ed., p. 159; Maria Sylvia Zanella Di Pietro, *Direito Administrativo*, cit., 25ª ed., p. 704.
19. V. item 4.2.1.
20. Cf. CC, art. 990.

Nas situações em que se permite alcançar os bens dos componentes das sociedades regulares, de responsabilidade limitada, deve-se entender que essa responsabilidade é apenas subsidiária, devendo ser excutidos primeiramente os bens da sociedade, para após serem executados os bens dos sócios[21] – assunto que será abordado oportunamente.[22]

Dentro da categoria de pessoas jurídicas de direito privado não há sentido em falar em desconsideração da personalidade jurídica para atingir sócios que já respondem ilimitadamente pelo passivo da sociedade, como na sociedade em nome coletivo;[23] na sociedade em comandita simples;[24] na comandita por ações,[25] em relação ao sócio comanditado; na sociedade simples, se estiver determinado no contrato social que o sócio deva responder ilimitadamente;[26] e nas sociedades em conta de participação, em relação ao sócio ostensivo.[27]

Regularmente constituída a pessoa jurídica, somente na sociedade por cotas de responsabilidade limitada e na sociedade por ações não respondem os sócios pelo passivo da sociedade,[28] exceto se o capital social não estiver devidamente integralizado, situação na qual se determina a responsabilidade dos membros pelo real preenchimento do capital social.[29] Em caso de falência a falta de integralização do capital social deve levar à responsabilização do sócio, que se faz mediante processo específico[30] ou mesmo em sede de execução singular proposta por qualquer credor, como sustenta Modesto Carvalhosa[31] – o que não implica

21. Cf. disposições expressas do art. 790, II, do novo CPC, e art. 1.024 do CC – regras que já constavam do Código Comercial (art. 350) e do Código Civil de 1916 (art. 1.396).
22. V. item 7.4.
23. Cf. CC, art. 1.039.
24. Cf. CC, art. 1.045.
25. Cf. Lei 6.404/1976, art. 281, e CC, art. 1.091.
26. Cf. inciso VIII do art. 997 do CC.
27. Cf. parágrafo único do art. 991 do CC.
28. Cf. art. 1.052 do CC e art. 1º da Lei 6.404/1976.
29. Em vista da falta de integralização do capital social, cabível a aplicação do disposto no § 1º do art. 1.055 e no art. 1.059, ambos do CC, para a sociedade limitada; ou, no caso de sociedade anônima, o disposto no § 6º do art. 8º e no art. 10, ambos da Lei 6.024/1976.
30. O processo específico encontra fundamento legal no art. 50 do Decreto-lei 7.661/1945 ou no art. 82 da Lei 11.101/2005.
31. Cf. Modesto Carvalhosa, *Comentários ao Código Civil – Parte Especial: Direito de Empresa*, vol. 13, São Paulo, Saraiva, 2003, pp. 13-15.

desconsideração da personalidade, uma vez que se trata de responsabilidade que deriva do descumprimento de obrigação do sócio. Havendo sócios solidários, conforme o tipo de sociedade, a quebra também lhes acarreta a falência, consoante dispõe a Lei Falimentar.[32]

4.1.3.1 A responsabilidade dos sócios das pessoas jurídicas de capital privado e a desconsideração da personalidade jurídica

Sob o aspecto interno, qualquer pessoa física ou jurídica que faça parte da sociedade pode ser atingida pela desconsideração da personalidade?

Determina a lei civil que as obrigações dos sócios começam com a celebração do contrato da sociedade,[33] repetindo regra que já constava da legislação comercial,[34] e terminam apenas quando liquidada a sociedade.[35]

Há de se verificar quem tem poder efetivo de direção no seio da sociedade, para se identificar quem deverá ser atingido pela desconsideração da personalidade; e, nesse sentido, podem ser responsabilizados os sócios, pessoas físicas ou jurídicas, ou os administradores da sociedade. Mas se a *disregard doctrine* funciona como técnica sancionatória, não há sentido em se falar em responsabilização de quem não tem poder de gestão algum, como o simples acionista ou o sócio de responsabilidade limitada que não exerça poder de gerência.[36]

Com relação aos grupos de sociedades, de fato e de direito, mesmo considerando-se, tanto em nosso sistema como em outros Países, que não constituem pessoas jurídicas, pode haver sujeição da controlada à

---

32. Cf. art. 81 da Lei 11.101/2005.
33. Cf. art. 1.001 do CC.
34. Cf. art. 329 do CComercial, revogado pela Lei 10.406, de 10.1.2002.
35. Veja-se que, consoante dispõe o parágrafo único do art. 1.003 do CC, até dois anos depois de averbada a saída do sócio responde o cedente solidariamente com o cessionário perante a sociedade e terceiros pelas obrigações que tinha como sócio. De forma mais específica dispõe a Lei de Falências (§ 1º do art. 81), que determina a responsabilidade do sócio, desde que solidário, pelo prazo de até dois anos após sua saída, pelas obrigações existentes no período em que permaneceu na sociedade. Conclui-se, assim, que as obrigações assumidas após a saída do sócio não são de sua responsabilidade.
36. Cf. Elizabeth Cristina Campos Martins de Freitas, *Desconsideração da Personalidade Jurídica*, 2ª ed., São Paulo, Atlas, 2004, p. 130.

controladora de forma a contrariar os interesses da pessoa jurídica controlada (dominada), devendo ser coibidos eventuais abusos propiciados pelo poder de direção. Mesmo que não haja propriamente manipulação da pessoa jurídica para finalidades não previstas no sistema, pode eventualmente ocorrer a desconsideração em face de outra sociedade pertencente ao mesmo grupo econômico, como, por exemplo, dispõe a lei trabalhista ao determinar a responsabilidade solidária entre empresas do mesmo grupo.[37]

Outro exemplo a demonstrar a responsabilidade que pode ser estendida a outras empresas do mesmo grupo econômico, que implica a desconsideração da personalidade jurídica, vem contido na Lei 6.024/1974, que dispõe sobre a intervenção e a liquidação de instituições financeiras, que prevê, no art. 51, a extensão dos regimes que disciplina a outras instituições que tenham integração de atividade ou de vínculo de interesses.

4.1.3.2 *A responsabilidade dos sócios ocultos e de terceiros e a desconsideração da personalidade jurídica*

Questão também relevante é a da posição de terceiros que, agindo em conjunto com membros da sociedade, contribuem para que esta seja desviada da finalidade para a qual fora constituída. A desconsideração da personalidade, como dissemos, tem emprego para atingir os membros da sociedade que tenham poder de direção, quer se trate de sócios, quer sejam administradores. Poderá, nesse sentido, ser dirigida a desconsideração da personalidade de determinada sociedade para atingir sócios ocultos, que não façam parte do quadro social.

Imagine-se a hipótese de confusão patrimonial entre sociedades que, embora não tenham participação formal em seus capitais sociais, formem um grupo econômico de fato,[38] que desenvolvam suas existências para

---

37. Segundo o disposto no § 2º do art. 2º da CLT: "Sempre que uma, ou mais empresas, tendo cada uma delas personalidade jurídica própria, estiverem sob a direção, controle ou administração de outra, constituindo grupo industrial, comercial ou de qualquer outra atividade econômica, serão, para o efeito das relações de emprego, solidariamente responsáveis a empresa principal e cada uma das subordinadas".

38. Nesse sentido: STJ, 3ª Turma, REsp 1.266.666-SP, rela. Min. Nancy Andrighi, j. 9.8.2011, v.u., *DJU* 25.8.2011. Como observado pela Relatora, "a verificação da existência da coligação entre sociedades pode ser feita com base em elementos fáticos que demonstrem a efetiva influência de um grupo societário nas decisões do outro, independentemente de se constatar a existência de participação no capital

uma relação de dominação, que impeça seja atingido o normal desenvolvimento das atividades de pelo menos uma das sociedades envolvidas. Nessa hipótese haverá grupo de fato não por coordenação de esforços, mas por subordinação de interesses, cuja constituição poderá afetar quem negocia com a sociedade que se sujeita à dominação.

Contudo, em termos de responsabilização de terceiros, se estes forem absolutamente estranhos à sociedade e não se constituírem nem ao menos seus sócios ocultos ou sociedades do mesmo grupo (de fato ou de direito), a responsabilização deve ser obtida por outras formas, que, como veremos, não implicam a desconsideração da personalidade, porque, apesar da prática ilícita ter envolvido os membros da pessoa jurídica, os terceiros não se escondem atrás do aparato social, nem sequer se constituem seus sócios (ocultos ou não) ou administradores; as técnicas sancionatórias a serem empregadas devem ser outras, conforme a hipótese concreta.

4.1.3.3 *A responsabilidade dos administradores das pessoas jurídicas de capital privado e a desconsideração da personalidade jurídica*

Destaque-se também que, em termos de desconsideração da personalidade, a responsabilidade do administrador profissional, ou seja, daquele que não faz parte do quadro societário, é mais restrita do que a do sócio. Assim, admitindo-se que as hipóteses de responsabilização objetiva por certas espécies de obrigações se insiram dentre os casos de desconsideração da personalidade, não há sentido em se estender a sujeição patrimonial ao administrador profissional, eis que as normas que instituem essa espécie de responsabilidade sequer se referem aos administradores que não sejam sócios.

Contudo, diferente é a situação quando se trata de responsabilidade subjetiva, para a qual se deve perquirir sobre a conduta dos administradores na condução da sociedade, para se averiguar, diante do caso concreto, se deverá ou não incidir a responsabilidade patrimonial do administrador pelas obrigações que originariamente têm por sujeito passivo a pessoa jurídica.

social". Pelas peculiaridades do caso concreto (caso "Petroforte"), parece-nos que, mais do que coligação entre sociedades, há verdadeiro grupo de fato.

Quanto aos administradores das pessoas jurídicas que não ostentam fins lucrativos, mais especificamente das fundações privadas, embora não haja disposições legais específicas no tocante à sua responsabilidade e à dos seus dirigentes, deve incidir a analogia, aplicando-se-lhes o quanto disposto para as sociedades anônimas, por possuírem estrutura interna similar.[39]

Da mesma forma deve se dar em relação às associações, pois, embora tenham vida própria em relação aos seus associados, inclusive com patrimônio distinto, e não objetivem fins lucrativos, elas são espécie do gênero sociedade (*lato sensu*) e, por isso, submetidas ao mesmo regime normativo.[40] Note-se, consoante tem apontado a jurisprudência, que o funcionamento da associação se dá pelo comando de sua diretoria, e, nesse sentido, a desconsideração da personalidade não deve atingir seus associados, mas seus administradores, que a representam na forma de seus estatutos.[41]

Como teremos oportunidade de verificar nos itens que seguem, em que pese às respeitáveis vozes em sentido contrário,[42] a responsabilidade do administrador não se restringe à responsabilidade civil perante terceiros que podem ser atingidos por sua conduta culposa ou dolosa, como também não se esgota na responsabilidade societária, diante da sociedade ou dos sócios considerados individualmente.

39. Cf. Airton Grazzioli, *Fundações Privadas: das Relações de Poder à Responsabilidade dos Dirigentes*, 1ª ed., São Paulo, Atlas, 2011, p. 129. Expõe o autor que deve ser aplicado às fundações privadas e seus dirigentes, por analogia, o disposto no art. 158 da Lei 6.404/1976.
40. Conforme esclarece Maria Helena Diniz, "a sociedade *lato sensu* seria o gênero, que compreenderia as espécies, isto é, a sociedade *stricto sensu* e a associação, estando, por isso, submetida ao mesmo regime normativo, com a ressalva do art. 61, §§ 1º e 2º, do CC, atinentes aos bens da associação" (*Curso de Direito Civil Brasileiro*, 29ª ed., vol. 1, São Paulo, Saraiva, 2012, p. 279).
41. Nesse sentido: TJSP, 20ª Câmara de Direito Privado, AI 7281690300, comarca de São Paulo, rel. Des. Álvaro Torres Jr., j. 3.11.2008, v.u.
42. Para Alexandre Alberto Teodoro da Silva com a desconsideração da personalidade não se pode atingir o administrador, eis que, para o autor, esse personagem já tem disciplina própria de responsabilidade (*A Desconsideração da Personalidade Jurídica no Direito Tributário*, São Paulo, Quartier Latin, 2007, p. 204). Respeitosamente, discordamos do ilustre doutrinador, já que a disciplina própria do administrador se refere à responsabilidade pessoal por atos contrários à lei, ao estatuto ou ao limite de seus poderes, o que é diverso da desconsideração da personalidade, que, dessa maneira, também lhe pode ser aplicada, caso presentes seus pressupostos.

4.2 Limites objetivos de aplicação da teoria: a desconsideração da personalidade jurídica e outros institutos

Existem outros institutos que, embora também se apliquem à responsabilização dos membros de uma sociedade, quer sejam sócios ou mesmo administradores, não implicam solução que desconsidere a personalidade jurídica. Nesse sentido, ainda com o objetivo de traçar limites de aplicação da *disregard doctrine*, passaremos agora a diferenciá-la desses outros institutos, que podem parecer próximos à desconsideração da personalidade mas que, em realidade, dela se distinguem nas suas causas e nos seus efeitos.

4.2.1 A desconsideração da personalidade jurídica e a responsabilidade civil

De uma forma geral, a atividade dos sócios e administradores na condução da atividade da pessoa jurídica fora da normalidade pode violar diretamente os interesses de terceiros, atingindo suas esferas jurídicas ou, por via indireta, prejudicando a própria sociedade, levando-a ao estado de insolvência, de forma a impossibilitar o adimplemento de suas obrigações.

Havendo infringência do contrato social ou da lei, mesmo na sociedade de responsabilidade limitada, tornam-se o sócio e/ou o administrador responsáveis pelas obrigações que derivam desses atos.[43] Embora haja alguma divergência,[44] prevalece na doutrina o entendimento de que quando os atos dos sócios violam diretamente o direito de terceiros ocorrem os fenômenos que ensejam a responsabilidade por ato próprio ou, mais especificamente, hipóteses de responsabilidade civil, que incluem situações de comportamento doloso ou culposo de dirigentes da sociedade, violadoras de disposições de lei, que não justificam propriamente a desconsideração da personalidade da sociedade, mas a mera e direta responsabilização dos

---

43. Cf. arts. 1.016 e 1.080 do CC.
44. Em sentido diverso é a opinião de Marçal Justen Filho, para quem os fenômenos de imputação de atos e efeitos jurídicos podem ser inseridos no contexto da teoria da desconsideração da personalidade jurídica. Aliás, para o doutrinador a desconsideração corresponde a "uma simples alteração na imputação de atos e efeitos jurídicos" que normalmente são atribuíveis somente à pessoa jurídica (Marçal Justen Filho, *Desconsideração da Personalidade Societária no Direito Brasileiro*, São Paulo, Ed. RT, 1987, p. 60).

sócios, pelas regras gerais de direito civil,[45] pois não há, nessas situações, violação ao chamado *Trennungsprinzip* (princípio da separação da pessoa coletiva e dos seus membros).[46-47]

A sociedade responde diretamente perante o terceiro, porque é por meio do seu aparato social que a atividade ilícita é praticada. Note-se que a vontade infringente da lei é aquela de seus sócios ou administradores, e, por tal motivo, na insuficiência do patrimônio social, podem eles responder diretamente perante terceiros, sem que para isso seja necessário "levantar o véu" da personalidade jurídica.[48]

José Lamartine Corrêa de Oliveira esclarece que nas hipóteses em que o diretor ou gerente agiu em desobediência às normas legais ou estatutárias, com culpa ou dolo, até quando pratique ato ilícito, responde por ato seu, por fato próprio, não havendo que se cogitar da aplicação da teoria da desconsideração da personalidade jurídica.[49]

45. Consoante aponta a jurista portuguesa Maria de Fátima Ribeiro, assiste-se, "com frequência, a situações em que a doutrina cede à tentação de qualificar como 'desconsideração da personalidade jurídica' toda e qualquer situação em que se chegue a uma situação de responsabilização do sócio, solução que se chegaria sempre através de recurso aos mecanismos gerais de direito civil" (*A Tutela dos Credores da Sociedade por Quotas e a "Desconsideração da Personalidade Jurídica"*, 1ª ed., Coimbra, Livraria Almedina, 2012, pp. 102-103).

46. Como esclarece Pedro Pais Vasconcelos, "as pessoas coletivas são juridicamente autônomas em relação às pessoas dos seus instituidores ou membros. São sujeitos de direitos diferentes. Assim, os actos e situações jurídicas imputados às pessoas coletivas não podem ser imputados aos seus instituidores ou membros e, vice-versa, os actos e situações jurídicas imputados aos instituidores e membros das pessoas coletivas não podem a estas ser imputados" (*Teoria Geral do Direito Civil*, 3ª ed., Coimbra, Livraria Almedina, 2005, p. 180).

47. Esclarece Friedrich Kübler que "en el epicentro de la teoría del levantamiento del velo se encuentra el principio de separación, esencial para la sociedad de capital moderna, que se explica ilustrativamente como un velo o escudo que separa la esfera de la sociedad respecto de la de los socios, principio del que solo cabe apartarse cuando concurran circunstancias excepcionales" (*Derecho de Sociedades*, 5ª ed., Madri, Fundación Cultura del Notariado, 2001, trad. espanhola do original *Gesellschaftsrecht*, 1998, p. 520).

48. Cf. Walfrido Jorge Warde Jr., *A Crise de Limitação de Responsabilidade dos Sócios e a Teoria da Desconsideração da Personalidade Jurídica*, tese de Doutorado apresentada ao Departamento de Direito Comercial da Faculdade de Direito da USP, São Paulo, 2004, p. 207.

49. José Lamartine Corrêa de Oliveira, *A Dupla Crise da Pessoa Jurídica*, São Paulo, Saraiva, 1979, p. 520. No mesmo sentido: André Pagani Souza, *Desconside-*

A responsabilização por ato próprio é técnica que objetiva responsabilizar quem dirige a sociedade, consoante regras do direito comum, sem pôr em questão o próprio conceito de personalidade jurídica; atinge a sociedade e seus dirigentes sem levantar o véu corporativo.[50] Essa forma de responsabilização tem em comum com a desconsideração da personalidade jurídica o fato de ambas terem como fato gerador a prática de um ato ou atividade por meio do aparato social que gera consequências negativas na esfera jurídica de terceiros estranhos à sociedade.

Quando ocorre afronta aos interesses de terceiros, como no caso dos credores da sociedade, é importante destacar, se estamos diante de hipótese de desconsideração da personalidade, que a superação da autonomia subjetiva da pessoa jurídica permite que tais interesses, consubstanciados na integridade do patrimônio social, fundamentem a responsabilidade patrimonial, que poderá ser exercida em face dos dirigentes da sociedade, sócios e administradores, por obrigações que têm por sujeito passivo original a pessoa jurídica. Caso não houvesse a alternativa de desconsiderar a personalidade não haveria legitimidade, no sentido material e mesmo processual, para agir diante dos membros da sociedade; somente a pessoa jurídica poderia agir diante destes; e, na ausência de sua reação, estariam os credores de mãos atadas.

E nesse aspecto reside a diferença com a responsabilidade civil, porque a responsabilidade patrimonial que dela deriva corresponde a um direito do credor que fora violado diretamente pelo sócio ou administrador da pessoa jurídica e, em vista desse fato, estes são sujeitos passivos da própria obrigação que se formou em virtude de suas condutas; vale dizer: a obrigação na hipótese de responsabilidade civil dos membros da sociedade tem por sujeitos passivos originários a pessoa jurídica e seus dirigentes.

ração da Personalidade Jurídica – Aspectos Processuais, 1ª ed., São Paulo, Saraiva, 2009. p. 45. Para o doutrinador, se não houver obstáculo para a responsabilização dos sócios pela conduta ilícita não há que se falar em desconsideração da personalidade jurídica (p. 45).

50. Observa Nadia Zorzi que "otras técnicas se proponen alcanzar el mismo objetivo sin poner en discusión el concepto de persona jurídica y sin proponerse levantar el velo corporativo" ("El abuso de la personalidad jurídica", *Revista Derecho del Estado* 16/30, Bogotá, junho/2004). No mesmo sentido: Suzy Elizabeth Cavalcante Koury, *A Desconsideração da Personalidade Jurídica (**Disregard Doctrine**) e os Grupos de Empresas*, 2ª ed., Rio de Janeiro, Forense, 1998, p. 191.

Assim, haverá apenas responsabilidade civil dos sócios ou administradores da sociedade, sem necessidade de se desconsiderar a personalidade, por exemplo, quando os dirigentes de determinada sociedade levam a cabo um projeto que prevê o aterro de um mangue, área cuja flora e cuja fauna são protegidas por lei, cometendo um ilícito pelo qual terceiros (no caso, a inteira coletividade, por ser um direito difuso) são atingidos diretamente e, por via indireta, a própria pessoa jurídica, já que também será responsabilizada e receberá as sanções econômicas respectivas.

No caso de dirigentes que, *v.g.*, esvaziaram o patrimônio social, típico caso para ser desconsiderada a personalidade jurídica, ocorre de forma contrária àquela acima referida, pois o direito da sociedade (manter íntegro seu patrimônio) foi violado diretamente e, por via indireta, são atingidos terceiros, os credores sociais, que veem no patrimônio social a garantia para o recebimento de seus créditos.

O *Durchigriff* refere-se ao desvirtuamento da pessoa jurídica nas hipóteses em que "a própria entidade é que foi desviada da rota traçada pela lei ou pelo contrato",[51] por meio do abuso do direito de personalidade ou por fraude, evidenciando o desvio de finalidade da pessoa jurídica.

Agindo a sociedade sempre por seus membros,[52] as pessoas físicas, sendo utilizado o aparato social, pela aplicação natural da separação de responsabilidades, a sanção recairá naturalmente sobre a sociedade, porque é responsável perante terceiros. Se o ato contrário à lei é cometido sem a utilização do aparato social responde o indivíduo apenas; mas, se utilizou de qualquer forma da estrutura da pessoa jurídica e o patrimônio desta é insuficiente, deve com ela responder pelas obrigações geradas pelos ilícitos, também porque, direta ou indiretamente, se beneficiou da atividade desenvolvida. É o que se chama de imputação de atos e efeitos jurídicos, aplicável pela conduta de sócios e administradores na condução da sociedade, que não deve ser tomada como hipótese de desconsideração da personalidade jurídica, mas como simples caso de responsabilidade por ato próprio.[53]

51. Cf. João Casillo, "Desconsideração da pessoa jurídica", *RT* 528/35, São Paulo, Ed. RT, outubro/1979.
52. Cf. Francesco Galgano, *Diritto Privatto*, 15ª ed., Pádua, CEDAM, 2010, p. 84.
53. Quanto à distinção entre situações de responsabilidade derivada de mera imputação e de desconsideração da personalidade jurídica, sugere José Lamartine Corrêa de Oliveira que se faça a seguinte indagação: "no caso em exame, foi realmente

Embora a aplicação da teoria da desconsideração também leve à sanção pela prática de um ilícito,[54] ela tem como pressupostos, nos casos de responsabilização, o abuso do direito de personalidade ou a fraude à lei ou ao contrato, que autorizam a restrição às características de autonomia da pessoa jurídica em relação aos seus sócios e a consequente separação patrimonial.

4.2.2 A desconsideração da personalidade jurídica e a responsabilidade tributária

Mesmo em outros campos do direito material também são confundidos os fundamentos das responsabilidades pessoais dos membros da sociedade com a desconsideração da personalidade jurídica. A hipótese prevista pelo art. 135, III, do CTN, que atribui responsabilidade por obrigações tributárias aos administradores por atos praticados com excesso de poderes[55] ou infração à lei ao contrato social ou estatutos, não constitui propriamente caso de desconsideração da personalidade jurídica, mas de responsabilidade pessoal do dirigente,[56-57] por ter algum vínculo com o fato gerador da obrigação tributária;[58] tanto que sua responsabilidade vem

---

a pessoa jurídica quem agiu, ou foi ela mero instrumento nas mãos de outras pessoas, físicas ou jurídicas?". Conclui o autor que seu posicionamento deriva de uma postura de realismo moderado quanto à essência do entendimento sobre a pessoa jurídica, repudiando as versões ficcionistas, normativistas ou nominalistas (José Lamartine Corrêa de Oliveira, *A Dupla Crise da Pessoa Jurídica*, cit., pp. 610-613).

54. Cf. Fredie Didier Jr., "Aspectos processuais da desconsideração da personalidade jurídica". in Fredie Didier Jr. e Rodrigo Mazzei (coords.), *Reflexos do Novo Código Civil no Direito Processual*, 2ª ed., Salvador, Juspodivm, 2007, p. 163.

55. Em termos de obrigação oriunda do excesso de poder nas sociedades anônimas deve-se distinguir a participação no capital e o exercício direto da administração, posto que nem sempre são coincidentes, já que não necessariamente o titular do poder de controle exerce cargos de direção, podendo nomear os administradores.

56. Nesse sentido, também: Alexandre Couto Silva, *Aplicação da Desconsideração da Personalidade Jurídica no Direito Brasileiro*, 2ª ed., Rio de Janeiro, Forense, 2009, p. 137; Alexandre Alberto Teodoro da Silva, *A Desconsideração da Personalidade Jurídica no Direito Tributário*, cit., pp. 28-29.

57. Em sentido contrário, entendendo essas hipóteses como casos de desconsideração da personalidade jurídica: Elizabeth Cristina Campos Martins de Freitas, *Desconsideração da Personalidade Jurídica*, cit., 2ª ed., p. 67.

58. Cf. Alexandre Alberto Teodoro da Silva, *A Desconsideração da Personalidade Jurídica no Direito Tributário*, cit., p. 100. Como observa o autor, até mesmo a hipótese de dissolução irregular da sociedade, típico caso de presunção *ope legis* de

a substituir, em algumas situações, a responsabilidade da sociedade, ou seja, pode se tratar até de responsabilidade por substituição.[59]

Em outras situações confundem-se casos de simulação de atos e negócios jurídicos praticados no intuito de "dissimular a ocorrência de fato gerador do tributo ou a natureza dos elementos constitutivos da obrigação tributária" com hipóteses de desconsideração da personalidade jurídica, ocorrências que levam, consoante preconiza a norma tributária (art. 116 do CTN), à desconsideração de tais atos pela autoridade administrativa ou à respectiva invalidade, que pode ser declarada em juízo.

Essas constatações não levam a concluir, entretanto, que não se possa aplicar a desconsideração da personalidade jurídica no campo do direito tributário sob o argumento de que essa matéria deva ser regida exclusivamente por lei complementar, conforme dispõe a Constituição Federal (art. 146, III), e a desconsideração somente é prevista na legislação ordinária, como é o caso do Código Civil (art. 50).[60]

Veja-se que o mencionado dispositivo constitucional, o art. 146, III, em suas alíneas, descreve qual conteúdo da matéria de legislação tributária deve ser disciplinado por lei complementar e, dentre outros assuntos, refere-se à obrigação, o que inclui, obviamente, seus elementos, especialmente o sujeito passivo, que é o contribuinte ou o responsável tributário, que, embora não tenha vínculo direto com o fato gerador, é obrigado por disposição legal (CTN, art. 121, I e II).

Diferem, contudo, a responsabilidade tributária (responsabilidade primária) e a responsabilidade exclusivamente patrimonial, que é secundária; a primeira tem por base os fatores ligados por uma maneira ou outra à obrigação tributária (referentes ao fato gerador ou à disposição da lei tributária), enquanto a segunda, conforme aprofundaremos mais adiante,[61] refere-se aos casos de responsabilidade sem débito, que deflagram o vínculo de direito público, consistente na sujeição dos bens do devedor à

culpa do administrador, consistente em uma infração à lei (art. 135, III, do CTN), é confundida com a desconsideração da personalidade jurídica (pp. 108-109).
59. Cf. Hamilton Dias de Souza e Hugo Funaro, "A desconsideração da personalidade jurídica e a responsabilidade tributária dos sócios e administradores", *Revista Dialética de Direito Tributário/RDDT* 137/54, São Paulo, Dialética, fevereiro/2007.
60. V.: Hamilton Dias de Souza e Hugo Funaro, "A desconsideração da personalidade jurídica e a responsabilidade tributária dos sócios e administradores", cit., *RDDT* 137/48-49.
61. V. Capítulo 7, sobre a responsabilidade patrimonial.

sanção patrimonial a ser aplicada pelo Judiciário. Essa responsabilidade (*Haftung*) não se confunde com o débito (*Shuld*) relativo à obrigação tributária e seus elementos.

Nesse sentido, se houver confusão patrimonial entre a pessoa jurídica e seus sócios ou administradores ou subcapitalização qualificada, de forma a que a pessoa jurídica não possa cumprir suas obrigações tributárias, nada impede que, por responsabilização secundária, sejam atingidos seus dirigentes.

Não é o caso de se impor aos membros da sociedade a responsabilidade primária em matéria tributária, decorrente da aplicação da lei ordinária; trata-se, na realidade, de responsabilidade secundária, decorrente da desconsideração da personalidade jurídica da sociedade devedora, ensejada por motivos outros que não os correspondentes aos fatos que deram origem à obrigação tributária.

4.2.3 A desconsideração da personalidade jurídica e a responsabilidade societária

Quando um administrador age, "é a própria sociedade que age".[62] E, por isso, a responsabilidade do administrador frente à sociedade tem como pressupostos os deveres de obediência, diligência e lealdade.[63] A obediência se deve à lei e ao estatuto social; a lealdade não se restringe em manter reserva sobre os negócios da sociedade, incluindo também o dever de não sobrepor os interesses próprios aos interesses sociais; a diligência é extraída, *a contraio sensu*, das noções de culpa ou dolo na gestão dos negócios sociais.

Pelo assentado princípio *societas distat a singulus*, os administradores da sociedade anônima não respondem pessoalmente pelo ato regular de gestão, mas respondem frente à companhia e aos sócios por culpa ou dolo no exercício de suas funções ou em caso de violação da lei ou

---

62. Como adverte S. Soares de Faria, "o administrador é a própria pessoa jurídica. Não lhe podem ser aplicadas as regras do mandato. Todos os atos que a lei não lhe vedar pode o administrador praticar, circunscrito apenas ao círculo do objeto social. Porque quando um administrador age é a sociedade que age pelo órgão das pessoas físicas, que, para a administração, constituíram os associados" (*Do Abuso da Razão Social*, 1ª ed., São Paulo, Saraiva & Cia., 1933, p. 221).

63. Cf. Osmar Brina Corrêa Lima, *Responsabilidade Civil dos Administradores de Sociedade Anônima*, 1ª ed., Rio de Janeiro, Aide, 1989, p. 56.

do estatuto, posto terem deveres e limites de atuação. Como limites ao desempenho de suas funções devem os administradores das sociedades anônimas exercer as atribuições que a lei e o estatuto lhes conferem, objetivando os fins da sociedade, "satisfeitas as exigências do bem público e da função social da empresa".[64]

Obviamente, o não cumprimento dos deveres ou a extrapolação de limites ditados à atuação do administrador o sujeitam à responsabilidade a ser apurada em processo próprio.[65] Contudo, não somente os administradores têm responsabilidade frente à sociedade, também seus sócios, especialmente os controladores nas sociedades anônimas e os sócios-cotistas que exercem poderes de gerência da empresa devem pautar sua conduta de forma ética. Na realidade, como salienta Osmar Brina Corrêa Lima, não existe uma ética empresarial específica a nortear a conduta de quem gere a sociedade, "a ética empresarial é a mesma ética humana, comum, geral, desejada e desejável pelo ser humano em todas as suas relações sociais, empresariais ou não".[66]

Até mesmo o acionista que não detenha o controle, e ainda que tenha integralizado suas ações, responde pelo voto abusivo cuja finalidade tenha sido causar dano à companhia ou a outros acionistas ou, mesmo, obter vantagem indevida para si ou para outrem, em prejuízo da companhia ou dos demais acionistas.[67]

Não é raro encontrar na doutrina alguma confusão entre a disciplina de responsabilidade dos sócios e administradores e o emprego da desconsideração da personalidade jurídica.[68] Quanto aos comportamentos de sócios e administradores que prejudicam diretamente a sociedade e, por via oblíqua, terceiros – os credores sociais –, normalmente a legislação que rege a matéria societária sobre cada tipo específico de sociedade confere poderes para que esta se volte em face do sócio ou administrador faltoso, de forma a responsabilizá-lo pelo prejuízo causado à pessoa jurídica.

É o caso, por exemplo, da chamada "ação social" (*ut universi*), prevista pela Lei de Sociedades Anônimas brasileira,[69] que tem como

64. Cf. art. 154 da Lei 6.404/1976.
65. Cf. art. 159 da Lei 6.404/1976.
66. Cf. Osmar Brina Corrêa Lima, *Responsabilidade Civil dos Administradores de Sociedade Anônima*, cit., 1ª ed., p. 74.
67. Cf. art. 115 da Lei 6.404/1976.
68. Cf. Walfrido Jorge Warde Jr., *A Crise de Limitação de Responsabilidade dos Sócios e a Teoria da Desconsideração da Personalidade Jurídica*, cit., p. 198.
69. Lei 6.404/1976, art. 159.

objeto a responsabilização dos administradores pelos prejuízos causados à sociedade, e para a qual somente têm legitimidade, no Direito nacional, a própria companhia ou seus acionistas, se não proposta no prazo de três meses da deliberação assemblear,[70] seguindo uma tendência contrária à das legislações de outros Países, nos quais legitima-se o terceiro credor no caso de quebra da integridade do patrimônio social.[71] Observe-se, por outro lado, que a "ação individual" (*ut singuli*) somente tem cabimento para a reparação de danos individuais diretos causados aos acionistas ou terceiros, e não para os danos indiretos, que decorrem do prejuízo sofrido pela companhia e que atingem por via reflexa seus credores sociais, na medida em que causam diminuição à garantia de seus créditos. Não estamos, nesses casos, diante das hipóteses de desconsideração da personalidade jurídica.[72]

Em algumas hipóteses as leis brasileiras impõem aos sócios a responsabilidade por débitos sociais, referindo-se à causa de má administração, que levam a sociedade à insolvência, encerramento ou inatividade da pessoa jurídica (como, por exemplo, o disposto no *caput* do art. 28 do CDC) – hipóteses, entretanto, que não se confundem com a desconsideração da personalidade jurídica.[73] Na realidade, há sub-rogação ao credor dos direitos da sociedade em face do sócio, que tem por pano de fundo a responsabilidade societária.

A responsabilidade do sócio controlador por abuso de poder, fixada no art. 117, *caput*, da LSA (Lei 6.404/1976), trata, como lembra Comparato, "de uma norma de responsabilidade interna, aplicável aos interesses internamente reconhecidos, e não uma norma de responsabilidade *externa*

---

70. Nesse sentido: Modesto Carvalhosa, *Comentários à Lei de Sociedades Anônimas*, 5ª ed., São Paulo, Saraiva, 2010, pp. 477-478; Alfredo Sérgio Lazzareschi Neto, *Lei das Sociedades por Ações Anotada*, 3ª ed., São Paulo, Saraiva, 2010, pp. 392-393.

71. Cf. Modesto Carvalhosa, *Comentários à Lei de Sociedades Anônimas*, cit., 5ª ed., p. 478.

72. Como observa Paulo Fernando Campos Salles de Toledo, "não seria demais enfatizar que, por motivo de má administração da sociedade empresária, não há como desconsiderar sua personalidade jurídica para atingir o patrimônio de seu controlador" ("A desconsideração da personalidade jurídica na falência", *RDM* 134/233, Nova Série, Ano XLIII, São Paulo, Malheiros Editores, abril-junho/2004). Nesse sentido, também: Suzy Elizabeth Cavalcante Koury, *A Desconsideração da Personalidade Jurídica (Disregard Doctrine) e os Grupos de Empresas*, cit., 2ª ed., p. 88.

73. Cf. Suzy Elizabeth Cavalcante Koury, *A Desconsideração da Personalidade Jurídica (Disregard Doctrine) e os Grupos de Empresas*, cit., 2ª ed., p. 88.

corporis, isto é, aplicável a interesses não reconhecidos como internos. Uma interpretação extensiva do art. 117, que procure atribuir aos credores legitimidade, não encontra fundamento no direito positivo" brasileiro,[74] pois a demanda destinada à reparação pela infração do quanto disposto nos arts. 116 e 117 da Lei 6.404/1976 cabe aos acionistas, e não aos credores.

Na Alemanha os comportamentos que põem em risco a própria existência da sociedade deram lugar à criação da chamada *Existenzvernichtungshaftung*, construída com base em decisões do *BGH*, como ocorreu nos casos "Bremer Vulkan" (2001) e "KBV" (2002),[75-76] como uma nova modalidade de casos a justificar a responsabilização direta dos sócios pelas obrigações sociais (no caso, *GmbH*), desde que lhes representem uma vantagem indevida em prejuízo da sociedade. Contudo, na Alemanha a *Existenzvernichtungshaftung* deixa de ser na atualidade entendida com um dos típicos casos de desconsideração da personalidade para ser vista como espécie de responsabilidade delitual (§ 826 do *BGB* – comportamento doloso e contrário aos bons costumes) em face da própria sociedade, impedindo que os sócios respondam diretamente frente aos credores, restringindo-se, portanto, à responsabilidade interna da sociedade,[77] a menos que esses atos se refiram à confusão de patrimônios e não haja contabilização suficiente para demonstrar que não houve mistura de elementos patrimoniais.

A "má administração", na modalidade de culpa grave ou, mesmo, de dolo, fundamenta a responsabilização do sócio perante a sociedade e, por sub-rogação, perante o terceiro credor da sociedade (em poucas hipóteses no Direito Brasileiro), não pressupondo, em regra, solução que desconsidere a personalidade jurídica. A má administração que gera responsabilidade societária atribuível aos dirigentes da pessoa jurídica, todavia, deve ser vista dentro de certos limites, adstritos à culpa ou ao

---

74. Fábio Konder Comparato e Calixto Salomão Filho, *O Poder de Controle na Sociedade Anônima*, 5ª ed., Rio de Janeiro, Forense, 2008, pp. 529-530.

75. Consoante as decisões do *BGH*, respectivamente, de 17.9.2001, in *ZIP*, 2001, pp. 1.874-1.881, e de 24.6.2002, in *ZIP*, 2002, pp. 1.578-1.580 (cf. Maria de Fátima Ribeiro, *A Tutela dos Credores da Sociedade por Quotas e a "Desconsideração da Personalidade Jurídica"*, cit., 1ª ed., pp. 270-271).

76. Cf. Walfrido Jorge Warde Jr., *A Crise de Limitação de Responsabilidade dos Sócios e a Teoria da Desconsideração da Personalidade Jurídica*, cit., p. 164.

77. Cf. Maria de Fátima Ribeiro, *A Tutela dos Credores da Sociedade por Quotas e a "Desconsideração da Personalidade Jurídica"*, cit., 1ª ed., pp. 293-294.

dolo, que extrapolem o dever normal de diligência. Há, assim, uma álea de discricionariedade, que é restrita, entretanto, aos deveres de obediência, diligência e lealdade do gestor da sociedade.[78]

Os típicos casos de desconsideração da personalidade para fins de responsabilidade, como a confusão patrimonial ou a subcapitalização, constituem hipóteses também de faltas dos sócios ou administradores para com a sociedade, podendo-se cogitar, desse modo, da responsabilidade societária; mas não é sob o ponto de vista interno da sociedade que se vê a responsabilização de tais pessoas pelos débitos da pessoa jurídica; é sob o ângulo do credor social, e, portanto, externo à sociedade, que se encontra o fundamento para a desconsideração da personalidade jurídica, pois terceiros estranhos aos quadros social e administrativo foram indiretamente prejudicados, em vista da diminuição ou da total perda da garantia dos seus créditos.

4.2.4 A desconsideração da personalidade jurídica e a fraude à execução

A fraude à execução, como espécie do gênero fraude, ocorre por meio de ato de alienação ou oneração que irá frustrar o direito creditório quando pendente um processo, reduzindo o devedor à insolvência. A fraude apresenta-se ainda mais grave quando a alienação tem por objeto um bem já penhorado, pois o ato do devedor não afronta apenas o credor, mas atenta contra a autoridade do juiz que determinou a constrição do bem.[79]

Tem a fraude à execução como requisitos, assim, a existência de ato de alienação ou oneração de bens que irá ocasionar a frustração dos meios de execução e a pendência de um processo.[80] Note-se que a fraude à execução não exige o *consilium fraudis*, como na fraude contra credores;[81] mas, por outro lado, é necessário que a alienação seja feita na pendência de um processo, o que não ocorre na fraude contra credores.

78. Como ressalta Osmar Brina Corrêa Lima, mencionando a decisão do Juiz Learned Hand no caso "Barnes *versus* Andrews", "nenhum homem de bom-senso aceitaria ser administrador de uma companhia se a lei lhe impingisse a obrigatoriedade do sucesso geral do empreendimento" (*Responsabilidade Civil dos Administradores de Sociedade Anônima*, cit., 1ª ed., p. 69).
79. Cf. Frederico F. S. Cais, *Fraude de Execução*, 1ª ed., São Paulo, Saraiva, 2005, pp. 67-68.
80. Idem, pp. 67 e 71.
81. Na fraude contra credores também não se irá exigir o *consilium fraudis* se o bem foi onerado a título gratuito.

Como esclarece Theodoro Jr. ao tratar da insolvência civil, no caso de fraude contra credores "apenas o interesse dos credores foi lesado, tudo fica no plano privado da conveniência dos prejudicados, a quem cabe utilizar, se assim o entenderem, a ação pauliana prevista nos arts. 158 e 159 do CC"; se, porém, a hipótese se deu após a insolvência, "não há necessidade de ação alguma", posto que a fraude, nesse caso, foi contra a execução, e não apenas contra os credores; "daí a reação enérgica da ordem jurídica, negando eficácia ao ato e sujeitando o bem à responsabilidade patrimonial, mesmo em poder ou em domínio de terceiro".[82]

Veem-se, portanto, características bem diversas entre a fraude contra credores[83] e a fraude à execução, embora se refiram, sob o prisma do terceiro adquirente, à responsabilidade patrimonial por obrigação alheia e se destinem à proteção dos credores contra os atos de dilapidação do patrimônio do devedor, com a declaração de ineficácia, relativamente ao credor, do negócio realizado.

E as diferenças entre os institutos se justificam pelo caráter público da fraude à execução, que se dá quando já em exercício a prestação jurisdicional, que se tornaria inócua caso não fosse reconhecida a ineficácia do negócio. Há o interesse público em revestir a atividade jurisdicional de meios de efetividade, como é o caso da desnecessidade de qualquer processo específico para permitir a efetivação da constrição judicial do bem indevidamente alienado.

Observe-se, como aponta Theodoro Jr., que não há no rol dos casos de fraude à execução do Código de Processo Civil de 1973 a hipótese de disposição do bem penhorado, como também não há, pode-se acrescentar, no CPC de 2015; mas, como o ato de constrição tem por efeito natural vincular o bem constrito à execução, disso decorre que o ato de dispo-

---

82. Humberto Theodoro Jr., *Insolvência Civil*, 6ª ed., Rio de janeiro, Forense, 2009, p. 215. Esclarece o doutrinador, mencionando inúmeros julgados, que a tendência atual da jurisprudência com relação à fraude à execução sobre bem penhorado é a seguinte: (a) havendo penhora ou outro gravame, é desnecessário comprovar a insolvência do devedor; (b) se, porém, não houver registro da constrição, deve o credor provar que o terceiro tinha ciência da demanda em curso (pp. 216-217).

83. Como esclarece Yussef Said Cahali, são requisitos para o reconhecimento da fraude contra credores – e, portanto, para a chamada "ação pauliana": a existência de um crédito; o *eventus damni*, representado pelo prejuízo do credor; e o *consilium fraudis*, que se satisfaz com o simples conhecimento do estado de insolvência do devedor por parte do adquirente (*Fraude contra Credores*, São Paulo, Ed. RT, 1989, pp. 109, 151 e 183).

sição não prejudica o vínculo à penhora e cria "um gravame processual real".[84] Dupla é a ofensa quando ocorre a alienação de bem penhorado: por um lado, viola-se o direito individual e privado do credor; por outro, frustra-se o direito público consistente na atuação eficaz da jurisdição.

Haveria possibilidade de a fraude à execução justificar o pedido de desconsideração da personalidade jurídica em face de atos de disposição dos bens sociais pelos sócios?

As situações previstas no art. 792 do CPC/2015, relativas à fraude à execução, têm em comum com a desconsideração da personalidade jurídica o fato de não implicarem a invalidade dos atos ou negócios levados a termo, restringindo-se à declaração de ineficácia; na fraude a ineficácia se dirige ao negócio jurídico realizado, enquanto na desconsideração a ineficácia incide sobre a personalidade jurídica e seu atributo de separação patrimonial; na desconsideração os eventuais atos ou negócios jurídicos permanecem válidos e eficazes, mas a personificação societária é ignorada, para a responsabilização patrimonial dos sócios pelos débitos sociais.

A natureza pública da fraude à execução e a consequente agilidade que se conferiu ao meio para combatê-la pelo sistema jurídico justificam a impossibilidade de se reclamar a desconsideração da personalidade jurídica em casos de fraude à execução. Os credores têm meio eficaz contra o ato de disposição, que permite a direta constrição de bens do devedor, consistente na solução prevista em lei, da qual não se abre outra alternativa.

Mas, no caso de não ser identificado o paradeiro do bem alienado em fraude à execução, é possível pleitear a desconsideração da personalidade jurídica da sociedade devedora, para atingir seus sócios?

Imaginando a hipótese de alienação de bem penhorado pertencente à pessoa jurídica, não havendo outros bens a suportar a responsabilidade, a dupla violação alcançará o resultado negativo se o bem, antes constrito, agora sequer for localizado. A nítida contrariedade da atuação da pessoa jurídica, originada pelo comando de seus sócios e administradores, tem feito a jurisprudência brasileira concluir ser possível na hipótese mencionada a aplicação da desconsideração da personalidade, para assegurar

---

84. Cf. Humberto Theodoro Jr., "Tutela jurisdicional dos direitos em matéria de responsabilidade civil – Execução – Penhora e questões polêmicas", *RJTAMG* 78/41, janeiro-março/2000.

a eficácia do processo de execução.[85] Contudo, a sanção processual não leva propriamente ao levantamento do véu corporativo, mas, especificamente, à responsabilização por ato próprio, em vista da prática do ilícito, que tem por sujeitos passivos diretos o credor e o próprio Estado, em vista da ineficácia da jurisdição. Veja-se que, nessa hipótese, a violação dos direitos do credor e do Estado se dá de forma direta pela atividade lesiva do sócio ou administrador.

4.2.5 A desconsideração da personalidade jurídica e a nulidade absoluta do negócio jurídico

Haveria alguma hipótese apta a gerar o reconhecimento de nulidade absoluta do negócio jurídico que possa dar ensejo à aplicação da *disregard doctrine*?

O negócio jurídico é uma categoria dos fatos jurídicos em sentido amplo, que consiste em "toda manifestação de vontade que visa a um fim prático que é tutelado pela ordem jurídica"; e, para que ele exista, basta haver parte (ou partes), a manifestação de vontade e o objeto.[86] Existindo, para que seja válido, deve o negócio ostentar parte capaz e legitimada; a manifestação de vontade deve ser isenta de vícios e seu objeto deve ser lícito, possível, determinado ou determinável.[87]

A nulidade corresponde à sanção determinada pela norma, que determina a privação de efeitos jurídicos ao ato nas hipóteses em que é praticado em afronta às disposições legais. Se o ato for praticado por sujeito absolutamente incapaz e não houver a representação apropriada; se o objeto do negócio for ilícito, incerto ou indeterminado; ou se a forma não for a prevista em lei, quando essencial ao ato, entre outras hipóteses, será o caso de nulidade absoluta – defeito tão grave que não convalesce.

Mas, se existir o ato e for válido, não significa que o negócio jurídico seja eficaz; para que isso ocorra devem estar presentes os fatores

---

85. Nesse sentido: STJ, 4ª Turma, REsp 476.713-DF, rel. Min. Sálvio de Figueiredo, j. 20.3.2003, v.u., *DJU* 1.3.2004, p. 186; TJSP, 13ª Câmara de Direito Privado, AI 0262134-02.2011.8.26.0000, comarca de Guarulhos, rel. Des. Heraldo de Oliveira, j. 23.11.2011, v.u., d. reg. 25.11.2011.

86. Cf. José Carlos Moreira Alves, *Direito Romano*, 4ª ed., vol. I, Rio de Janeiro, Forense, 1978, p. 200.

87. José Carlos Moreira Alves, *Direito Romano*, cit., 4ª ed., vol. I, p. 208. Leciona o autor, quanto à forma, que ela somente é elemento essencial do ato jurídico nos negócios solenes (p. 209).

de eficácia, algo que, como leciona Antônio Junqueira de Azevedo, não participa do negócio jurídico, "que não o integra, mas que contribui para a obtenção do resultado visado", como, por exemplo, o implemento de condição suspensiva ou a ratificação do mandante, quando o mandatário age fora de seus poderes.[88]

Conforme sintetiza Ricardo de Barros Leonel, com vistas aos diversos planos do ordenamento jurídico, deve-se constatar se o evento ocorreu; existindo, deve ser verificado se o negócio é válido; e, em caso positivo, "a análise seguinte será quanto à produção de efeitos típicos".[89]

É corrente a opinião, conforme leciona Rachel Sztajn, como técnica para superar a barreira criada pela separação patrimonial, oriunda da personificação das organizações coletivas, no sentido de que "a desconsideração deve ser empregada somente nos casos em que o sistema jurídico não preveja outros remédios para superar iniquidades cometidas com ou através de uma criação do Direito".[90]

A desconsideração da personalidade deve ser empregada quando, em regra, não há divergência entre a vontade e sua manifestação; tem lugar a *disregard doctrine* quando há defeito de funcionalidade na atuação da pessoa jurídica, ou seja, quando sua atuação produz consequências que conflitam com a função que lhe atribui determinado sistema jurídico.

Nesse sentido, inexistindo a declaração de vontade ou sendo grave a divergência entre a vontade real e a vontade manifestada, de forma a gerar nulidade absoluta, excluída estará a aplicação da teoria da desconsideração da personalidade jurídica.[91] Observe-se, como diz Clóvis Beviláqua, que "as nulidades são de ordem pública, e tiram todo o valor do ato. Por isso podem ser alegadas independentemente de prova de prejuízo" e, inclusive, podem ser reconhecidas *ex officio*.[92] Havendo defeito na estrutura do ato, será ele nulo, e não se poderá convalidar; e, porque não pode ser

---

88. Antônio Junqueira de Azevedo, *Negócio Jurídico: Existência, Validade e Eficácia*, 4ª ed., 6ª tir., São Paulo, Saraiva, 2008, p. 55.
89. Ricardo de Barros Leonel, *Causa de Pedir e Pedido. O Direito Superveniente*, 1ª ed., São Paulo, Método, 2006, p. 151.
90. Rachel Sztajn, "Desconsideração da personalidade jurídica", *Revista de Direito do Consumidor* 2/69, São Paulo, Ed. RT, 1992.
91. Cf. Marçal Justen Filho, *Desconsideração da Personalidade Societária no Direito Brasileiro*, cit., pp. 68-70.
92. Clóvis Beviláqua, *Teoria Geral do Direito Civil*, 7ª ed., Rio de Janeiro, Editora Paulo de Azevedo, 1955, p. 281.

ratificado, não haverá outro caminho para a correção do injusto que o da declaração de nulidade do ato jurídico.

4.2.6 A desconsideração da personalidade jurídica e a simulação

Nas hipóteses de vícios de simulação a macular o negócio jurídico, haveria suporte para a aplicação da *disregard doctrine*? Deve-se indagar se pode o prejudicado escolher entre a via que reconhece a invalidade do negócio jurídico ou a responsabilização dos sócios ou administradores por meio da desconsideração da personalidade jurídica, tomando por fundamento fático a simulação ou a fraude.

Observe-se que há tratamento diverso pela ordem jurídica diante da simulação e da fraude no Direito Brasileiro. O atual Código Civil alterou substancialmente o enfoque da simulação, colocando-a entre as causas de invalidade do negócio jurídico, vale dizer, dentre as hipóteses de nulidade absoluta; diversamente do Código de 1916, que a classificava como motivo de anulabilidade. Assim, somente sobrevive a simulação que seja relativa[93] se for válida na substância e na forma, se "não ofender a lei nem causar prejuízos a terceiros".[94]

Assim, por regra (art. 167 do CC), é nulo o negócio simulado celebrado sob a égide do atual Código Civil, não podendo se convalidar e não havendo, por consequência, outra forma de se corrigir a situação injusta que não seja o reconhecimento da nulidade do negócio celebrado.

Todavia, como aponta Yarshell, a simulação e a fraude são fenômenos bastante próximos, relativos a atos de má-fé, cujas "diferenças apresentadas pela doutrina nem sempre convencem porque, ainda que distintos os fenômenos, a simulação acaba frequentemente figurando como instrumento para a fraude". Como esclarece o doutrinador, na si-

---

93. Conforme leciona Caio Mário da Silva Pereira, a simulação pode ser absoluta ou relativa. É absoluta quando "o ato encerra confissão, declaração, condição ou cláusula não verdadeira, realizando-se para não ter eficácia nenhuma". Será relativa (dissimulação) "quando o ato tem por objeto encobrir outro de natureza diversa (*e.g.*, uma compra e venda para dissimular uma doação), ou quando aparenta conferir ou transmitir direitos a pessoas diversas das a que realmente se conferem e transmitem (*e.g.*, venda realizada a um terceiro para que este transmita a coisa a um descendente do alienante, a quem este, na verdade, tencionava desde logo transferi-la)" (Caio Mário da Silva Pereira, *Instituições de Direito Civil*, 8ª ed., vol. 1, Rio de Janeiro, Forense, 1984, p. 367).

94. Cf. Maria Helena Diniz, *Curso de Direito Civil Brasileiro*, cit., 29ª ed., vol. 1, p. 531.

mulação "as partes – embora não almejem propriamente os efeitos do ato – buscam a respectiva forma, inclusive como instrumento indispensável para atingir os efeitos realmente desejados".[95]

Conforme o magistério de Alvino Lima, na simulação as partes não querem o negócio, apenas sua aparência, sendo o ato vazio de conteúdo; ao contrário, na fraude almeja-se o negócio como foi efetivado e são esperados os efeitos que lhe são próprios, "é um meio lícito em si mesmo, para um fim ilícito".[96]

Conforme leciona Justen Filho, a desconsideração é uma categoria ampla, que abrange inúmeras hipóteses, muitas das quais não se referem à simulação ou à fraude contra credores, mas verificam-se casos que correspondem, simultaneamente, a ambas as hipóteses.[97]

Entretanto, consoante o Direito Brasileiro atual, acreditamos que, pelo tratamento que confere o Código Civil de 2002 à simulação, o negócio jurídico simulado não convalesce (art. 167 do CC), e a única solução a corrigir a situação injusta que envolva essa espécie de vício é a declaração de nulidade do negócio simulado, porque diante de hipótese de nulidade absoluta, solução única que exclui, portanto, a cogitação quanto à possibilidade de desconsideração da personalidade jurídica.

4.2.7 A desconsideração da personalidade jurídica e a fraude contra credores

Outro tratamento, no entanto, é dispensado à fraude contra credores, que, conforme o Código Civil vigente, constitui motivo que induz a anulabilidade do negócio jurídico.

95. Flávio Luiz Yarshell, "Simulação e processo de execução", in Tereza Arruda Alvim Wambier (coord.), *Processo de Execução e Assuntos Afins*, São Paulo, Ed. RT, 1998, pp. 229-230.
96. Alvino Lima, *A Fraude no Direito Civil*, 1ª ed., São Paulo:, Saraiva, 1965, p. 31.
97. Marçal Justen Filho, *Desconsideração da Personalidade Societária no Direito Brasileiro*, cit., pp. 78 e 81. No caso de serem aplicáveis tanto a regra da invalidade como a da desconsideração, conclui o mencionado autor que prevaleceria a invalidade, pois "se o ato é inválido não se pode chegar à desconsideração"; mas admite que, tratando-se de anulabilidade, cuja pronúncia depende da vontade do interessado, "poder-se-ia cogitar, então, de o prejudicado escolher entre provocar ou a decretação da anulação ou a aplicação da teoria da desconsideração". E – prossegue o autor – "a liberdade de escolha dependerá essencialmente do direito positivo" (ob. cit., p. 83). Nesse sentido, também: Elizabeth Cristina Campos Martins de Freitas, *Desconsideração da Personalidade Jurídica*, cit., 2ª ed., pp. 245-247.

Há divergência na doutrina com relação aos atos cometidos em fraude contra credores, entendendo alguns doutrinadores que a chamada "ação revocatória" objetiva a ineficácia do ato viciado, inoponível ao credor fraudado, devendo a sentença pauliana apenas sujeitar o bem à excussão judicial.[98] Em sentido oposto, entendem outros que são anuláveis os atos viciados por fraude contra credores, pelo quê atribuem à sentença natureza desconstitutiva do negócio realizado, com base nas disposições literais do Código Civil (de 1916 e 2002).[99]

Parece correto concluir, contudo, que a sentença da chamada "ação pauliana" não determina a anulação do ato de alienação do bem e nem o faz integrar novamente o patrimônio do devedor, apenas o sujeita à execução; do contrário, como aponta Dinamarco, graves efeitos sofreria o adquirente e benefícios injustos agraciariam o devedor, como, por exemplo, na hipótese de haver saldo na venda do bem, situação em que deveria esse saldo ser direcionado ao executado, e não ao adquirente, posto que o valor excedente deve ser devolvido ao proprietário do bem constrito e vendido (CPC/2015, art. 907).[100]

Diante da prática de fraude contra credores por determinada sociedade e havendo a possibilidade de se desconsiderar a personalidade jurídica, em vista do fato de não haver bens suficientes no seu patrimônio para suportar a responsabilidade, ou buscar-se a ineficácia do ato (ou invalidade, para alguns doutrinadores), caberá ao interessado a escolha do caminho a ser seguido,[101] que, porém, levará a resultados diversos.

98. Nesse sentido: Alvino Lima, *A Fraude no Direito Civil*, cit., 1ª ed., p. 22; Yussef Said Cahali, *Fraude contra Credores*, cit., pp. 313-323; Cândido Rangel Dinamarco, *Fundamentos do Processo Civil Moderno*, 6ª ed., vol. II, São Paulo, Malheiros Editores, 2010, pp. 1.479-1.482; Francesco Carnelutti, *Processo di Esecuzione*, 1ª ed., vol. I, Pádua, CEDAM, 1932, p. 214.

99. Nesse sentido, dentre outros: Washington de Barros Monteiro, *Curso de Direito Civil*, 25ª ed., 1º vol., São Paulo, Saraiva, 1985, p. 221; Maria Helena Diniz, *Curso de Direito Civil Brasileiro*, cit., 29ª ed., vol. 1, p. 537.

100. Cf. Cândido Rangel Dinamarco, *Fundamentos do Processo Civil Moderno*, cit., 6ª ed., vol. II, pp. 1.479-1.482.

101. Em sentido contrário, entendendo que a situação deve ser resolvida mediante o reconhecimento da fraude contra credores: Elizabeth Cristina Campos Martins de Freitas, *Desconsideração da Personalidade Jurídica*, cit., 2ª ed., p. 115. Ressalve-se, contudo, como admite a própria autora, que "haverá hipóteses que encontrarão correspondência nos casos de superação e de vícios sociais" (p. 245), tornando-se possível, então, visualizar situações "que, de forma simultânea, correspondem aos dois casos" (p. 246); e exemplifica com a hipótese do sócio que transfere bens pessoais para a sociedade para obstar à satisfação de seus credores particulares (p. 246).

Essa orientação, inclusive, não contraria o princípio da conservação dos negócios jurídicos. Como bem lembra Antônio Junqueira de Azevedo, conservar tudo que é possível no negócio jurídico não implica "manter, considerando existente, válido e produzindo efeitos, negócios ou aparência de negócios nos quais o ordenamento jurídico, *expressamente*, nega à vontade a possibilidade de criar regras jurídicas concretas".[102]

Não havendo determinação expressa no sentido de ser a correção buscada pela declaração de invalidade do negócio jurídico, como ocorre com os negócios nulos, e tratando-se de fraude contra credores, hipótese apenas de ineficácia relativa ao credor, nada obsta a que o caminho a ser seguido se faça pela livre escolha do prejudicado, que pode optar entre pleitear a ineficácia do negócio ou a ineficácia da autonomia patrimonial da pessoa jurídica. Na jurisprudência brasileira colhem-se diversos exemplos nos quais se admite a desconsideração da personalidade de pessoa jurídica devedora, para atingir o patrimônio dos sócios, com fundamento fático relativo à fraude contra credores,[103] evidenciando a possibilidade de escolha aqui sustentada, a ser feita pelos lesados, quanto ao caminho a ser trilhado para a reparação da situação injusta.

Algumas observações, contudo, devem ser feitas. E a primeira é a de que a ineficácia da autonomia patrimonial entre duas sociedades do mesmo grupo econômico ou entre uma sociedade e o sócio é mais ampla e pode ocasionar, na situação concreta, a ineficácia de negócios jurídicos

102. Antônio Junqueira de Azevedo, *Negócio Jurídico: Existência, Validade e Eficácia*, cit., 4ª ed., 6ª tir., p. 67. Diz, ainda, o ilustre Professor, sobre o princípio da conservação dos negócios jurídicos, que inúmeras são as suas aplicações, e exemplifica com hipóteses contidas no ordenamento, como a que confere a possibilidade de conversão do negócio jurídico, com o aproveitamento de seus elementos "prestantes" (a conversão substancial); ou a própria separação em categorias de atos nulos e anuláveis, que abre a possibilidade de confirmação destes últimos; ou a disposição que determina que a nulidade de uma cláusula do contrato não leva à nulidade do negócio; a tendência legislativa a admitir as "correções" dos negócios jurídicos em caso de erro e de lesão etc. (pp. 67-71).

103. Nesse sentido: STJ, 3ª Turma, REsp 1.266.666-SP, rela. Min. Nancy Andrighi, j. 9.8.2011, v.u., *DJU* 25.8.2011; STJ, 2ª Turma, REsp 1.180.714-RJ, rel. Min. Luís Felipe Salomão, j. 5.4.2011, v.u., *DJU* 6.5.2011; STJ, 4ª Turma, REsp 418.385-SP, rel. Min. Aldir Passarinho, j. 19.6.2007, v.u., *DJU* 19.6.2007; TJSP, 23ª Câmara de Direito Privado, AI 0264330-42.2011.8.26.0000, comarca de São Paulo, rel. Des. José Benedito Franco de Godoi, j. 29.2.2012, v.u., d. reg. 3.3.2012; TJSP, 13ª Câmara de Direito Privado, AI 0067225-57.2011.8.26.0000, comarca de São Paulo, rel. Des. Heraldo de Oliveira, j. 17.8.2011, v.u., d. reg. 13.9.2011.

de transferência de ativos anteriormente realizados entre elas.[104] É essa uma conclusão lógica que decorre da remoção da barreira que separa os patrimônios da pessoa jurídica e dos seus membros, quer sejam sócios, ocultos ou não, ou administradores.

Outra observação importante é a de que não serve a desconsideração da personalidade jurídica para atingir terceiros absolutamente estranhos à pessoa jurídica, como abordado. Se uma das partes envolvidas no negócio fraudulento não se tratar de membro da pessoa jurídica, nem ao menos na posição de sócio oculto ou sociedade do mesmo grupo, a técnica sancionatória a ser aplicada deve ser outra, devendo-se buscar a ineficácia do negócio fraudulento realizado.[105] E nesse aspecto é passível de crítica o CPC/2015, que prevê em seu art. 137 que, "acolhido o pedido de desconsideração, a alienação ou a oneração de bens, havida em fraude de execução, será ineficaz em relação ao requerente".

O que pode ocorrer, havendo desconsideração da personalidade, é que a barreira da separação patrimonial deixará de existir, para que se alcancem os bens dos sócios e administradores. E isso implica eventualmente a ineficácia de eventuais transferências patrimoniais, se os bens que suportarão a responsabilidade forem os mesmos que tiverem sido desviados da pessoa jurídica e que agora se encontram no patrimônio dos membros da sociedade. Observe-se, conforme pondera Salles de Toledo, que os negócios que levam à confusão patrimonial continuam válidos, não sendo nulos nem anuláveis; "apenas não geram efeitos em relação aos credores, por eles prejudicados", eis que, "para estes, é como se os negócios não tivessem sido praticados".[106]

Contudo, envolvendo a fraude terceiras pessoas que não sejam membros, nem mesmo ocultos, da sociedade, a desconsideração da per-

---

104. Há que se ponderar, ainda, quando se opta pela desconsideração da personalidade com base em um específico negócio jurídico realizado em fraude a credores, que o valor da responsabilização deve se cingir ao real valor do bem, ainda que seja maior a dívida que se pretenda cobrar, a menos que haja outro motivo para a desconsideração da personalidade no caso concreto. Nesse aspecto, estamos diante de situação diversa daquela em que há mistura de patrimônios, a chamada confusão patrimonial, em que não há como distinguir os bens e os valores que foram subtraídos da sociedade.

105. Nesse sentido, também: Edmar Oliveira Andrade Filho, *Desconsideração da Personalidade Jurídica no Novo Código Civil*, 1ª ed., São Paulo, MP Editora, 2005, p. 106.

106. Paulo Fernando Campos Salles de Toledo, "A desconsideração da personalidade jurídica na falência", cit., *RDM* 134/225.

sonalidade não os alcança, e para que as transferências feitas a seu favor sejam declaradas ineficazes necessário será o meio específico para essa finalidade, para ser reconhecida a fraude a credores ou a fraude à execução.

4.2.8 A desconsideração da personalidade jurídica e a extensão da falência

Com base no ordenamento brasileiro, que prevê a hipótese de extensão da falência aos sócios de responsabilidade ilimitada (Lei 11.101/2005, art. 81), é de se indagar se os fatos ensejadores da desconsideração da personalidade jurídica, que contribuem para que a sociedade se torne insolvente, permitem, diante do nosso sistema jurídico, estender a falência aos sócios ou administradores da sociedade.

Em outros Países, como a França e a Argentina, são possíveis juridicamente os objetivos de extensão da falência aos sócios, pessoas físicas ou jurídicas, sejam limitadas ou ilimitadas suas responsabilidades.

Na França, hipóteses de *fautes du gestion*, como o prosseguimento da exploração da atividade deficitária que leve à cessação de pagamentos, o desvio ou a dissimulação do ativo da pessoa jurídica, o aumento fraudulento do passivo, além de outras condutas (arts. L653-3 e 653-4 do *Code de Commerce*), resultam na declaração da falência da pessoa do sócio ou dirigente, que implicará, inclusive, a proibição de direção ou exploração de outra atividade econômica.[107]

Além da declaração da falência pessoal, há também a possibilidade de extensão dos procedimentos coletivos (*sauvegarde*, *redressement* e *liquidation*) de uma para outra sociedade, havendo confusão patrimonial (CC, art. L621-2), hipótese que constitui consequência da aplicação da desconsideração da personalidade jurídica, pois a extensão se dá a qualquer pessoa cujo patrimônio seja confundido, constituindo na realidade uma empresa única, que deve se sujeitar, portanto, à *action en extension*.

Na Argentina a *Ley de Concursos y Quiebras* (arts. 160 e 161), além de estabelecer a extensão da falência ao sócio de responsabilidade ilimi-

---

107. Cf. Maria de Fátima Ribeiro, *A Tutela dos Credores da Sociedade por Quotas e a "Desconsideração da Personalidade Jurídica"*, cit., 1ª ed., pp. 493-494. A chamada *action en responsabilité pour insuffisance d'actif*, fundada nas faltas de gestão das quais se tenha originado a insolvência da sociedade (art. L651-2 do *Code de Commerce*), é utilizada para a apuração da responsabilidade dos administradores de direito ou de fato pela insuficiência do ativo (p. 494).

tada, prevê outras hipóteses de extensão: (1) atuação no interesse pessoal e fraude a credores; (2) abuso do poder do controlador; (3) confusão patrimonial.[108] Estas três hipóteses amoldam-se à desconsideração da personalidade jurídica, já que oriundas do levantamento do véu corporativo, decorrente do abuso da personificação ou da fraude.

Como salienta Dobson, no direito concursal argentino encontra-se o meio mais frequente de aplicação do que se convencionou chamar de "doutrina da penetração" naquele País; não quando trata de extensão da falência aos sócios de responsabilidade ilimitada, até mesmo porque pode não ter sido levada a sociedade à situação de confusão patrimonial – hipótese em que se formam duas massas distintas, oriundas de duas quebras: da sociedade e do sócio –, mas quando a extensão se dá via sanção.[109] Veja-se que a lei argentina, inclusive, não restringe a extensão da falência ao sócio, podendo ser alcançada qualquer pessoa física ou jurídica que haja praticado as condutas descritas hipoteticamente na norma.[110]

Objeto de alteração pela reforma legislativa de 2006, o art. 147 da *Legge Fallimentare* italiana prevê a extensão da falência aos sócios de reponsabilidade ilimitada, tal qual a lei brasileira, ou seja, a responsabilidade que deriva do modelo societário eleito no momento da constituição da sociedade. Anteriormente à reforma de 2006 a disposição do art. 147, *comma* 3º, da *Legge Falimentare* previa a extensão da falência aos sócios em outras hipóteses de desvirtuamento da pessoa jurídica.

No sistema jurídico brasileiro, entretanto, o ponto de partida é o estudo da sucessão das Leis de Falências, a partir do século passado. A Lei 2.024/1908 e o Decreto 5.746/1929 previam que a falência da sociedade acarretava a falência dos sócios de responsabilidade ilimitada, mesmo que dela houvessem saído há menos de dois anos,[111] mas não em outras hipóteses, ainda que relacionadas ao abuso da personalidade jurídica.

A anterior Lei de Quebras brasileira, o Decreto-lei 7.661/1945, em seu art. 5º, de forma um pouco diversa, previa a extensão dos efeitos da

---

108. Cf. Paulo Fernando Campos Salles de Toledo, "Extensão da falência a sócios ou controladores de sociedades falidas", *Revista do Advogado* 105/153-154, Ano XXIX, setembro/2009.

109. Juan M. Dobson, *El Abuso de la Personalidad Jurídica (en el Derecho Privado)*, 2ª ed., Buenos Aires, Depalma, 1991, pp. 521, 542 e 545. Esclarece o autor que a lei argentina determina a extensão da falência, com base no velho texto da lei francesa, nas hipóteses de atuação em interesse pessoal do sócio.

110. Cf. art. 161 da *Ley de Concursos y Quiebras* de 1995.

111. Cf. José da Silva Pacheco, *Processo de Falência e Concordata*, 5ª ed., Rio de Janeiro, Forense, 1988, p. 179.

falência, e não da própria falência, ao sócio de responsabilidade ilimitada, também restringindo sua aplicação, eis que autorizava a extensão aos "sócios solidária e ilimitadamente responsáveis pelas obrigações sociais" (art. 5º, *caput*).

A atual Lei de Falências e Recuperações Judiciais, Lei 11.101/2005, é restritiva quanto à hipótese de extensão da falência, já que menciona que ela pode ser estendida aos sócios de responsabilidade ilimitada,[112] o que equivale, a nosso ver, à possibilidade restrita àqueles tipos societários para os quais já é prevista a responsabilidade ilimitada dos sócios,[113] para as sociedades de fato e para as poucas hipóteses remanescentes nas quais o legislador instituiu a responsabilidade objetiva do sócio controlador por todo o passivo a descoberto, que é o caso das sociedades sujeitas a liquidação extrajudicial.

Nesta última hipótese, das sociedades sujeitas aos regimes extrajudiciais, a lei criou um regime de responsabilidade patrimonial próprio, atribuindo aos administradores e ao sócio controlador responsabilidade por todo o passivo não honrado da sociedade. Note-se, contudo, que a Lei 11.101/2005 cogita da extensão da falência aos sócios de responsabilidade ilimitada (art. 81), não se referindo aos administradores, o que efetivamente exclui a possibilidade de estender a falência aos administradores, apesar de poderem ser responsabilizados por outros meios específicos. Contudo, admitindo-se que os sócios controladores de sociedades sujeitas ao regime de liquidação extrajudicial devem responder amplamente, embora de forma subsidiária, a conclusão aponta para a constatação de que, independentemente do tipo societário, terão esses sócios responsabilidade ilimitada,[114] e, portanto, estão sujeitos à falência, nos termos da lei (art. 81 da Lei 11.101/2005).

---

112. Como observa Paulo Fernando Campos Salles de Toledo, a natureza da composição societária faz com que os sócios respondam pelas obrigações sociais e, vindo a sociedade a falir, os bens dos sócios também responderão pelas dívidas, na medida da insuficiência do ativo da falida ("Extensão da falência a sócios ou controladores de sociedades falidas", cit., *Revista do Advogado* 105/153).

113. Sociedades em comum, desde que empresárias; sociedades em conta de participação, para o sócio ostensivo; sociedades em comandita simples, para os comanditados; sociedades em nome coletivo e sociedades de fato, para as quais, ante a ausência de formalização da personalidade, não há separação patrimonial e limitação de responsabilidades.

114. Esse argumento consta do parecer do representante do Ministério Público de primeira instância, subscrito pelo Promotor de Justiça Alberto Camiña Moreira, no agravo de instrumento que interpôs contra decisão de primeira instância que negou o pedido de extensão dos efeitos da falência ao sócio controlador no rumoroso caso

No mais, restringindo a atual Lei de Quebras brasileira a extensão da falência aos sócios de responsabilidade ilimitada, não há suporte legal para a extensão em outras hipóteses. A extensão da falência, como salienta Dobson, deve ser expressamente prevista pela lei, mesmo quando se trata de sanção à conduta irregular dos sócios (como no caso da lei argentina), porque esta, quando a lei não impõe aos sócios a quebra, segue apenas os lineamentos próprios da responsabilidade civil, pela qual cada um responde na medida dos prejuízos causados.[115] Vale dizer: os atos irregulares dos sócios geram responsabilidade específica, relativa ao ato irregular praticado, "por certas e determinadas obrigações" (CC, art. 50), e não a responsabilidade ilimitada, que decorre do tipo societário e que autoriza, em nosso sistema jurídico, a extensão da quebra ao sócio por todo o passivo da sociedade.

A jurisprudência brasileira mostra-se dividida na atualidade entre estender os efeitos da falência em decorrência do abuso da personalidade jurídica[116] ou determinar tão somente a extensão dos efeitos das obrigações aos sócios e gestores da sociedade nas mesmas hipóteses.[117]

No primeiro grupo de decisões, que estende a falência com fundamento no abuso da personalidade, encontramos algumas, inclusive, que estendem a falência a outras empresas do mesmo grupo econômico sem que haja, propriamente, uma relação de domínio entre as sociedades ou até mesmo de "influência significativa" de uma pessoa jurídica a outra – o que pode levar, como adverte Jorge Lobo, à punição pela extensão da falência a uma sociedade investidora, que não a controla, não a domina

---

do Banco Santos S/A. Narra o Promotor de Justiça, além de inúmeras irregularidades atribuídas ao controlador, que justificariam a desconsideração da personalidade jurídica, a ocorrência de hipótese em que a responsabilidade do controlador é ilimitada, por expressa disposição legal, que instituiu a chamada responsabilidade objetiva (TJSP, Câmara Especial de Falências e Recuperações Judiciais, AI 521.791.4/2-00 e 553.068.4/2-00, comarca de São Paulo, rel. Des. Romeu Ricupero, j. 27.8.2008, m.v.).

115. Juan M. Dobson, *El Abuso de la Personalidad Jurídica (en el Derecho Privado)*, cit., 2ª ed., p. 548.

116. Nesse sentido: STJ, 3ª Turma, REsp 1.259.020-SP, rela. Min. Nancy Andrighi, j. 9.8.2011, m.v.; STJ, 4ª Turma, REsp 331.921-SP, rel. Min. Luís Felipe Salomão, j. 17.11.2009, m.v.; STJ, 4ª Turma, REsp 63.652-SP, rel. Min. Barros Monteiro, j. 13.6.2000, m.v.; STJ, 3ª Turma, REsp 228.357-SP, rel. Min. Castro Filho, j. 5.4.2005, m.v.

117. Nesse sentido: TJSP, Câmara Especial de Falências e Recuperações Judiciais, AI 521.791.4/2-00 e 553.068.4/2-00, comarca de São Paulo, rel. Des. Romeu Ricupero, j. 27.8.2008, m.v.

e nem a comanda, direta ou indiretamente,[118] o que, certamente, não leva a um resultado que se possa almejar, porque pode punir aqueles que não têm poder de direção algum e não agiram de forma contrária ao Direito.

No atual estágio do direito empresarial, conforme leciona Rachel Sztajn, "a tendência nos diversos sistemas jurídicos é facilitar a continuação da empresa em crise – leia-se em estado falimentar, pré-falimentar ou de insolvência – de forma a garantir empregos e a manutenção da atividade. Ademais, a falência ou insolvência nem sempre são resultantes de má administração".[119] É preciso dizer que o princípio da preservação da empresa foi acolhido pela Lei 11.101/2005, que lhe deu uma nova característica, erigindo o interesse que antes era reconhecido apenas ao sócio ao plano do interesse público, em vista da preservação da unidade produtiva de riquezas e geradora de empregos.[120]

A insolvência do devedor, como pondera Paulo Fernando Campos Salles de Toledo, "é pressuposto objetivo da falência em nosso sistema legal"[121] e – acrescentamos –, caso seja estendida com base na *disregard doctrine*, eventualmente podem ser atingidas outras sociedades que, embora tenham problemas de liquidez, ou seja, constituam-se em empresas em crise, podem não ser propriamente insolváveis.[122]

Também não é de se concluir que a extensão da quebra leva ao mesmo regime jurídico da extensão dos efeitos de certas e determinadas

---

118. Como adverte Jorge Lobo, a extensão da falência entre sociedades do mesmo grupo econômico "faz tábula rasa da personificação da sociedade empresária"; "contraria a doutrina da desconsideração da personalidade, cuja finalidade é, única e exclusivamente, responsabilizar civilmente o controlador do grupo econômico, que agiu de má-fé em fraude à lei e em prejuízo da companhia, suas controladas, sócios ou acionistas e terceiros"; ofende "o princípio de preservação da empresa"; atenta "contra a exegese restrita que se impõe na interpretação do art. 81 da Lei 11.101/2005" ("Falências de empresas coligadas", *Valor Econômico (Legislação e Tributos)* 6.3.2013).

119. Rachel Sztajn, "Desconsideração da personalidade jurídica", cit., *Revista de Direito do Consumidor* 2/73.

120. Cf. Alexandre Alves Lazzarini, "Reflexões sobre a recuperação judicial de empresas", in Newton de Lucca e Alessandra de Azevedo Domingues (coords.), *Direito Recuperacional. Aspectos Teóricos*, 1ª ed., São Paulo, Quartier Latin, 2009, pp. 124-125.

121. Paulo Fernando Campos Salles de Toledo, "Extensão da falência a sócios ou controladores de sociedades falidas", cit., *Revista do Advogado* 105/158.

122. Como leciona Francesco Galgano, a insolvência não coincide com o desequilíbrio patrimonial, pois pode haver uma empresa com balanço deficitário mas que não seja propriamente insolvente (*Diritto Privato*, cit., 15ª ed., p. 941).

obrigações, resultante da aplicação da desconsideração da personalidade jurídica. A extensão da falência leva ao regime de uma execução concursal, que incide sobre todos os bens daquele atingido por sua declaração; retira aos seus membros a possibilidade de administração da sociedade; sujeita-os a eventual responsabilização penal, principalmente daquelas condutas que têm como pressuposto a decretação da falência; obriga-os ao cumprimento de deveres previstos na Lei Falimentar; produz o vencimento antecipado das obrigações e, principalmente, leva-os à quebra, com todas as consequências práticas que desse fato resultam, mormente tratando-se de outras sociedades, que, ainda que continuem em funcionamento, terão seus créditos severamente limitados diante da situação.

A desconsideração da personalidade jurídica, tão somente com a extensão dos efeitos sobre as obrigações reconhecidas no quadro geral de credores da falência, aplicada durante o processo falimentar, aumenta a probabilidade de recebimento por parte dos credores e, de certa forma, melhora as chances de eventual recuperação econômica da sociedade falida, se ainda estiver em funcionamento, apesar da falência, hipótese prevista na lei (art. 75 da Lei 11.101/2005). Dando à teoria maior amplitude, vemos que a desconsideração pode ser aplicada em favor do espírito que inspirou o legislador ao tratar especialmente da atual Lei de Falências, mirando sua função social e, portanto, a conservação da empresa, quando conveniente socialmente.

4.2.9 A responsabilidade de administradores e controladores de sociedades sujeitas a intervenção e liquidação extrajudicial e a desconsideração da personalidade jurídica

Algumas pessoas jurídicas, em virtude da importância que apresentam para a sociedade e a economia de um País, desempenham atividades que, pelas suas naturezas e dimensões, não atingem apenas interesses privados, de forma que o Estado não pode desconhecer suas peculiaridades. Da insolvência dessas empresas derivam enormes repercussões nos contextos social e econômico da comunidade, e exatamente essas peculiaridades justificam um procedimento específico para proceder à liquidação dessas sociedades.[123]

123. Nossa história já apontava para essa evidência, consoante narra Rubens Requião, no episódio referente à falência da Casa Bancária de J. A. Souto & Cia.,

O modo peculiar de proceder a liquidação de algumas pessoas jurídicas no Brasil faz-se pela via administrativa, por ato administrativo vinculado, posto ser cabível apenas nas hipóteses relacionadas na lei.[124] A intervenção no domínio econômico, para o saneamento ou para a liquidação de determinadas pessoas jurídicas, pode ocorrer por meio de três regimes: a administração especial temporária/RAET, a intervenção e a liquidação extrajudicial.[125]

Exemplos dessas empresas são as instituições financeiras não federais,[126] as que integram o sistema de distribuição de títulos e valores mobiliários, as corretoras de valores e de câmbio,[127] as companhias de seguro,[128] as sociedades de capitalização,[129] as entidades de previdência privada,[130] as cooperativas[131] – dentre outras sociedades, cuja intervenção e liquidação são regidas por leis específicas.

Os arts. 39 e 40 da Lei 6.024/1974 dispõem sobre a responsabilidade dos administradores e membros do conselho fiscal das instituições que estão sujeitas aos regimes extrajudiciais, sendo aplicáveis também aos controladores, conforme previsões do Decreto-lei 2.321/1987[132] e da Lei

ocorrida em 1864, levando a "uma reação em cadeia, lançando à falência muitas outras empresas, causando pânico geral. Em face do esfacelamento do crédito na Corte, o Governo Imperial imediatamente interveio e, pelo Decreto 3.308, de 17.9.1864, mandou textualmente 'observar diversas disposições extraordinárias durante a crise comercial em que se acha a praça do Rio de Janeiro'" (*Curso de Direito Falimentar*, 14ª ed., 2º vol., São Paulo, Saraiva, 1995, p. 204).
124. Nesse sentido: Werter R. Faria, *Liquidação Extrajudicial, Intervenção e Responsabilidade Civil dos Administradores das Instituições Financeiras*, 1ª ed., Porto Alegre, Sérgio Antônio Fabris Editor, 1985, p. 16; Fábio Ulhoa Coelho, *Manual de Direito Comercial*, 22ª ed., São Paulo, Saraiva, 2010, p. 400.
125. Cf. Ricardo Negrão, *Manual de Direito Comercial e de Empresa*, 1ª ed., vol. 3, São Paulo, Saraiva, 2004, pp. 655 e 658.
126. O art. 17 da Lei 4.595/1964, dispondo sobre o Sistema Financeiro Nacional, define as instituições financeiras como "as pessoas jurídicas, públicas ou privadas, que tenham como atividade principal ou acessória a coleta, intermediação ou aplicação de recursos financeiros próprios ou de terceiros, em moeda nacional ou estrangeira, e a custódia de valor de propriedade de terceiros".
127. Regidas pela Lei 6.024/1974.
128. Regidas pelo Decreto-lei 73/1966 e também pela Lei 10.190/2001.
129. Regidas pelo Decreto 22.256/1933 e também pela Lei 10.190/2001.
130. Cf. art. 3º da Lei 10.190/2001.
131. Regidas pela Lei 5.764/1971.
132. Decreto-lei 2.321/1987: "Art. 15. Decretado o regime de administração especial temporária, respondem solidariamente com os ex-administradores da institui-

9.447/1997,[133] e a eventuais terceiros que tenham agido conjuntamente com essas pessoas e cuja atividade tenha contribuído para a decretação do regime extrajudicial.

Há divergência na doutrina quanto à natureza da responsabilidade de tais pessoas, entendendo alguns doutrinadores que se trata de responsabilidade apenas subjetiva, que é deflagrada somente nas hipóteses em que tenham elas agido com dolo ou culpa;[134] outros sustentam ser disciplinada a responsabilidade de natureza subjetiva no art. 39 da Lei 6.024/1974, enquanto o art. 40 da mesma norma trata de responsabilidade objetiva pelos prejuízos ocorridos;[135] e, ainda, uma posição intermediária, que vê

ção, pelas obrigações por esta assumidas, as pessoas naturais ou jurídicas que com ela mantenham vínculo de controle, independentemente da apuração de dolo ou culpa".
133. Lei 9.447/1997: "Art. 1º. A responsabilidade solidária dos controladores de instituições financeiras estabelecida no art. 15 do Decreto-lei n. 2.321, de 25 de fevereiro de 1987, aplica-se, também, aos regimes de intervenção e liquidação extrajudicial de que trata a Lei n. 6.024, de 13 de março de 1974".
134. Nesse sentido: Fábio Ulhoa Coelho, *Manual de Direito Comercial*, cit., 22ª ed., pp. 407-408 – embora ressalte o autor que podem resultar também na responsabilização os atos de má administração; Arnoldo Wald e Alexandre de Mendonça Wald, "O descabimento da indisponibilidade dos bens dos ex-administradores de instituição financeira em liquidação extrajudicial", *Revista de Direito Bancário e do Mercado de Capitais* 38/354-368, outubro-dezembro/2007; Ana Maria Goffi Flaquer Scartezzini, "A responsabilidade na liquidação extrajudicial da Lei 6.024/1974", *Revista de Direito Bancário, do Mercado de Capitais e da Arbitragem* 10/50-55, outubro-dezembro/2000.
135. Nesse sentido: Ricardo Negrão, *Manual de Direito Comercial e de Empresa*, cit., 1ª ed., vol. 3, p. 686; Wilson do Egito Coelho, "Da responsabilidade dos administradores das sociedades por ações em face da nova Lei 6.024/1974", in *Doutrinas Essenciais. Direito Empresarial*, vol. VI, São Paulo, Ed. RT, 2011, p. 1.254 (originalmente in *RDM* 40/44, São Paulo, Ed. RT, janeiro-março/1981); Gian Maria Tosetti, "Das intervenções nas instituições financeiras sob a égide da Lei 6.024/1974", *RDM* 41/87, São Paulo, Ed. RT, 1981; Paulo Fernando Campos Salles de Toledo, "Liquidação extrajudicial de instituições financeiras: alguns aspectos polêmicos", *RDM* 59/34-35, São Paulo, Ed. RT, julho-setembro/1985; Modesto Carvalhosa, "Responsabilidade civil dos administradores de companhias abertas", *RDM* 49/20, São Paulo, Ed. RT, 1983; Sérgio Seiji Shimura, "O Ministério Público nos processos de falência e concordata e nas liquidações extrajudiciais de instituições financeiras", in *Funções Institucionais do Ministério Público*, 1ª ed., São Paulo, Saraiva, 2001, p. 247; Haroldo Malheiros Duclerc Verçosa, *Responsabilidade Civil Especial nas Instituições Financeiras e nos Consórcios em Liquidação Extrajudicial*, 1ª ed., São Paulo, Ed. RT, 1993, p. 45; Rubens Requião, *Curso de Direito Falimentar*, cit., 14ª ed., 2º vol., p. 221.

nesta hipótese típica situação de culpa presumida, que admitiria prova em contrário quanto à má administração.[136]

Entendemos que as responsabilidades regidas pelos arts. 39 e 40 da Lei 6.024/1974 assumem diferentes sentidos, posto que esses dispositivos não disciplinam somente a responsabilidade dos administradores, membros do conselho fiscal e controladores das sociedades sujeitas aos regimes extrajudiciais, por seus atos e omissões, em caso de dolo, culpa ou, mais estritamente, de má administração, mas também a responsabilidade que decorre do risco criado, a responsabilidade objetiva, tal qual ocorre com os prejuízos decorrentes da utilização de energia nuclear, os danos causados a terceiros por aeronaves ou a própria responsabilidade objetiva do Estado, para a qual devem ser comprovados apenas o dano e o respectivo nexo causal com a atividade desenvolvida.

Com a devida vênia, não haveria em sentido tratar o mesmo tema, sob a mesma perspectiva, em dois artigos separados da mesma lei. Como salienta Paulo Fernando Campos Salles de Toledo, um artigo repetiria o outro e "um deles seria inegavelmente inútil, e palavras inúteis é de presumir (ainda que se entenda que a presunção é *juris tantum*) que a lei não contenha".[137]

Cabe, agora, indagar em qual medida a responsabilidade subjetiva imposta aos administradores, membros do conselho fiscal e controladores "pelos *[atos]* que tiverem praticado ou omissões em que tiverem incorrido" (responsabilidade subjetiva – art. 39 da Lei 6.024/1974) e a responsabilidade objetiva (art. 40 da Lei 6.024/1974) dessas pessoas frente ao prejuízo sofrido pelos credores podem se relacionar com a desconsideração da personalidade jurídica.

O âmbito de matérias que fundamentam a responsabilidade dos administradores dessas sociedades é abrangente e inclui causas variadas, e dentre elas podemos afirmar que algumas se referem à desconsideração da personalidade jurídica.

Observe-se que justificam a intervenção, a administração temporária e a liquidação extrajudicial as situações críticas das entidades que

---

136. Nesse sentido: Waldírio Bulgarelli, "Apontamentos sobre a responsabilidade dos administradores da companhia", *Justitia* 120/41, janeiro-março/1983; Werter R. Faria, *Liquidação Extrajudicial, Intervenção e Responsabilidade Civil dos Administradores das Instituições Financeiras*, cit., 1ª ed., p. 61.

137. Paulo Fernando Campos Salles de Toledo, "Liquidação extrajudicial de instituições financeiras: alguns aspectos polêmicos", cit., *RDM* 59/34.

evidenciam a anormalidade dos seus negócios sociais. Nesse sentido, a norma dispõe que será determinada a intervenção quando a entidade sofrer prejuízo que sujeite a risco seus credores; quando forem reiteradas as infrações aos dispositivos da legislação bancária; ou quando houver a prática de atos de falência (arts. 1º e 2º da anterior Lei de Quebras).[138] Para o regime de administração temporária, além dessas causas, acrescentou o legislador: a gestão temerária ou fraudulenta; a prática reiterada de operações contrárias às diretrizes de política econômica ou financeira traçada em lei; e, finalmente, a desobediência às normas referentes à conta de reservas bancárias.[139] No tocante à liquidação extrajudicial as causas justificadoras estão previstas na Lei 6.024/1974 (art. 15) e se relacionam às mesmas hipóteses, porém em situações de maior gravidade, quando se dá a liquidação por ato administrativo *ex officio* ou por requerimento dos próprios administradores da instituição.

O prejuízo reiterado compromete a situação econômica e financeira da sociedade e evidencia a possibilidade de subsunção à doutrina da desconsideração da personalidade jurídica. A violação indireta aos direitos dos credores com a prática de atos fraudulentos revela operações anormais e reprováveis, que darão ensejo, certamente, aos regimes extrajudiciais e, na oportunidade para a responsabilização, podem implicar desconhecimento da autonomia subjetiva da pessoa jurídica, para atribuir aos seus dirigentes os efeitos de certas e determinadas obrigações, o que ocorrerá com a sentença condenatória no processo em que se apura a responsabilidade.

Nesse contexto, a apropriação de elementos do patrimônio da sociedade pela chamada confusão ou mistura de patrimônios de pessoas jurídicas diversas ou entre o patrimônio dos sócios ou dos administradores e da sociedade, a subcapitalização qualificada, que revela a capitalização inadequada frente à dimensão das atividades sociais e os riscos delas provenientes, entre outras situações, certamente impedem a normalidade dos negócios e são pressupostos de aplicação da *disregard doctrine*, que, na norma respectiva, vem regulada sob a responsabilidade subjetiva dos administradores (art. 39 da Lei 6.024/1974).

Como já afirmado, a responsabilidade por atos ou omissões dos administradores e controladores dessas instituições não se restringe às hipóteses de desconsideração da personalidade jurídica, posto que pode se

---

138. Cf. art. 2º da Lei 6.024/1974.
139. Cf. art. 1º da Lei 2.321/1987.

referir também a atos ilícitos frente a terceiros, atos *ultra vires*,[140] falta de integralização do capital, violação de deveres previstos na legislação específica, como aqueles elencados no art. 117 da LSA, ou outras hipóteses previstas na legislação civil, como aquelas do § 3º do art. 1.010 ou a do § 2º do art. 1.013, ambos do CC, entre outras. A "ação de responsabilidade" nessas hipóteses substitui a chamada "ação social da companhia" (*ut universi*) e a "ação social dos acionistas" (*ut singuli*),[141] além dos processos ou incidentes para a desconsideração da personalidade jurídica – matéria que será abordada oportunamente.[142]

Em suma, os atos e omissões dos gestores e controladores podem ser violadores de direitos da sociedade, dos seus credores ou, ainda, de ambos, caso levem a sociedade à insolvência. Dentre esses atos que levam à responsabilidade dos dirigentes das sociedades sujeitas aos regimes extrajudiciais podem ser classificados como atos ensejadores da desconsideração da personalidade aqueles que violem indiretamente os interesses dos credores, em vista da diminuição injustificada do patrimônio social.

Já, a responsabilidade objetiva, regulada pelo art. 40 da mesma lei, refere-se ao prejuízo havido durante o período das gestões dos administradores, ou seja, a parte das obrigações não coberta pela realização dos ativos dessas instituições, independentemente de terem agido com culpa ou dolo. Nesta situação não estamos diante de hipótese de desconsideração da personalidade jurídica, vez que não há para as espécies de pessoas jurídicas sujeitas aos regimes extrajudiciais separação absoluta entre os patrimônios da sociedade e dos sócios. Ou, como leciona Requião, o preceito do art. 40 da Lei 6.024/1974 excluiu "os efeitos da limitação de responsabilidade dos administradores pelas obrigações sociais".[143] Como já afirmamos anteriormente, para que haja sentido em falar em desconsideração da personalidade jurídica há que ser reconhecida para aquela espécie de pessoa jurídica a absoluta separação de patrimônios,

---

140. Pela teoria *ultra vires* devem ser declarados nulos os atos praticados com violação do estatuto social, que estejam, portanto, excluídos do objeto social da empresa, devendo os administradores responder frente a terceiros e perante a companhia pelos prejuízos causados. Tratando-se de sociedade por ações, em nosso Direito responde o administrador frente a terceiros, conforme o disposto no art. 158, II, e perante a companhia, consoante o art. 159, ambos da Lei 6.404/1976.

141. Cf. Werter R. Faria, *Liquidação Extrajudicial, Intervenção e Responsabilidade Civil dos Administradores das Instituições Financeiras*, cit., 1ª ed., p. 56.

142. V. item 8.3.2.

143. Rubens Requião, *Curso de Direito Falimentar*, cit., 14ª ed., 2º vol., p. 252.

pois do contrário, apesar das disposições da lei destinadas àquele tipo societário que reconhecem genericamente a limitação de responsabilidade dos gestores da sociedade, limitação de responsabilidade não há, porque determinada objetivamente a responsabilidade subsidiária para todo e qualquer débito em caso de insolvência.

As obrigações que inicialmente têm como sujeito passivo, *v.g.*, a instituição financeira passam, subsidiariamente, aos seus sócios controladores e administradores no caso de essas sociedades se encontrarem em estado de insolvência – o que leva a concluir que o legislador impõe a ilimitação da responsabilidade para aquela espécie de pessoa jurídica. É como se dissesse que a limitação de responsabilidade para as instituições financeiras e outras sociedades sujeitas aos regimes extrajudiciais é válida, mas tão somente se estas não chegarem ao estado de insolvência. Por isso, é inadequado cogitar da *disregard doctrine* no caso de sociedades cujos dirigentes já sejam subsidiária e ilimitadamente responsáveis pelas obrigações de qualquer espécie da pessoa jurídica de forma objetiva; não é preciso levantar o véu corporativo para atingir seus membros pelos débitos sociais.

A responsabilização dos gestores, sócios controladores das entidades sujeitas aos regimes extrajudiciais e terceiros envolvidos, seja derivada de fatos ensejadores da desconsideração da personalidade jurídica ou de fatos a elas estranhos (descumprimento de obrigações perante a sociedade, responsabilidade objetiva etc.), se faz por via específica, a chamada "ação civil pública de responsabilidade", que será objeto de abordagem neste trabalho, em diversos itens da parte destinada ao direito processual.

4.3 A diversidade de institutos previstos no art. 28 do Código de Defesa do Consumidor/CDC

Em termos de legislação nacional sobre a desconsideração da personalidade jurídica o pioneirismo coube ao Código de Defesa do Consumidor, cujas regras foram parcialmente transcritas e estendidas a outras relações materiais. Vejam-se, por exemplo, as disposições relativas às infrações da ordem econômica pela lei anterior (Lei 8.884/1994) e pela atual (Lei 12.529/2011), nas quais houve reprodução parcial do teor do art. 28 da Lei 8.078/1990.

Posteriormente acolheu-se a desconsideração em relação às lesões ao meio ambiente (Lei 9.605/1998), também reproduzindo, em seu art.

4º, o teor do disposto no art. 28, § 5º, do CDC. Nestes termos, com referência ao direito positivo, a análise a ser feita deve se basear no Código de Defesa do Consumidor,[144] tanto no campo do direito material como em relação ao processo coletivo.[145]

Consoante disciplina o art. 28, *caput*, do CDC, "o juiz poderá desconsiderar a personalidade jurídica da sociedade quando, em detrimento do consumidor, houver abuso do direito, excesso de poder, infração da lei, fato ou ato ilícito ou violação dos estatutos ou contrato social. A desconsideração também será efetivada quando houver falência, estado de insolvência, encerramento ou inatividade da pessoa jurídica provocados por má administração".

Evidencia o mencionado dispositivo importante iniciativa do legislador no que se refere à desconsideração da personalidade jurídica na área da defesa do consumidor; e, apesar da crítica pertinente, sob o argumento de que se distancia da *disregard doctrine*, contemplando outras técnicas sancionatórias no mesmo dispositivo legal e até mesmo pela vaga e subjetiva expressão "má administração", entendemos que o dispositivo representou um avanço para a efetividade do processo na disciplina dos interesses difusos, coletivos e individuais homogêneos.

Das várias condutas mencionadas, ressaltamos que a infração à lei e a existência de fato ou ato ilícito constituem hipóteses que a doutrina chama de casos de imputação, para as quais se aplica a responsabilidade civil,[146] que, como vimos, não resulta no levantamento do véu corporativo, tão somente na sanção derivada da prática de ato ilícito, a responsabilidade por ato próprio.

O excesso de poder manifesta-se tanto em situações nas quais os atos inicialmente estão de acordo com os estatutos ou contrato social e

---

144. Cf. Marlon Tomazette, "A desconsideração da personalidade jurídica: a teoria, o Código de Defesa do Consumidor e o novo Código Civil", *RT* 794/88, São Paulo, Ed. RT, 2001.

145. Tratando-se de ações que almejam provimentos condenatórios, necessária a execução do julgado para a aplicação da tutela concedida;. Entretanto, por vezes há óbice instransponível consistente na insuficiência de patrimônio do devedor, e, nesse sentido, a desconsideração da personalidade jurídica é fenômeno que pode garantir a efetividade da tutela jurisdicional, se estiverem presentes seus pressupostos.

146. Nesse sentido, também: Alexandre Couto Silva, *Aplicação da Desconsideração da Personalidade Jurídica no Direito Brasileiro*, cit., 2ª ed., p. 167; Alexandre Alberto Teodoro da Silva, *A Desconsideração da Personalidade Jurídica no Direito Tributário*, cit., p. 117.

acabam por extrapolá-los até nas hipóteses em que os atos sejam *ultra vires*[147] ou seja, absolutamente fora do objeto da sociedade. Numa hipótese e noutra, embora a doutrina dos atos *ultra vires* não se confunda com a teoria da desconsideração,[148] determinou o legislador que possam haver o desconhecimento da autonomia da pessoa jurídica e a responsabilização subsidiária dos sócios. Se o ato for apenas *ultra vires* deve haver apenas responsabilização daquele que desviou a empresa dos estatutos, extrapolando suas finalidades específicas, vale dizer, seu objeto social, excluindo-se a responsabilidade da sociedade – no que difere da desconsideração da personalidade.[149]

Também não se referem à *disregard doctrine* as hipóteses de falência, insolvência, encerramento e inatividade da pessoa jurídica, previstas ainda no *caput* do art. 28 do CDC. Necessária a comprovação de que essas situações se deram por má administração, hipótese que, nos parece, se restringe à responsabilidade societária, sub-rogada, no entanto,

147. A teoria *ultra vires societatis* surgiu na Inglaterra no século XIX, mais precisamente com o *Joint Stock Companies Act*, de 1844, pelo qual o ato constitutivo da sociedade deveria conter entre seus elementos essenciais a descrição do objeto social (art. 7º), que limitava a capacidade da sociedade (art. 12). Com base nesse ato, a Câmara dos *Lords*, em 1875, acabou por firmar o princípio por meio do qual o objeto social determina a capacidade da sociedade, sendo nulos os atos de administração que não se enquadravam dentro do objeto social (cf. Waldírio Bulgarelli, "Teoria *ultra vires societatis* perante a Lei das Sociedades por Ações", *RDM* 39/112, São Paulo, Ed. RT, julho-setembro/1980). O Direito Norte-Americano amenizou o rigor dessa doutrina por meio da jurisprudência, desenvolvendo a teoria dos poderes implícitos dos administradores, que levava em conta os "acessórios" ao objeto social, relativos àquelas atividades que, embora não contidas no objeto principal, são necessárias para sua realização (cf. Rubens Requião, *Curso de Direito Comercial*, 29ª ed., 2º vol., São Paulo, Saraiva, 2012, p. 285).

148. Os atos *ultra vires* levam à invalidade do ato e à responsabilidade pessoal do administrador, o que não ocorre em termos de desconsideração da personalidade jurídica, que não objetiva a invalidade de qualquer negócio jurídico, mas tão somente a ineficácia da personalidade – mais especificamente, do respectivo atributo de separação patrimonial. Bem como a desconsideração não leva à responsabilização patrimonial única e exclusiva do administrador, mas, via de regra, à responsabilidade subsidiária pelas obrigações da sociedade.

149. Consoante disciplina o Código Civil, a responsabilidade da sociedade fica excluída frente a terceiros nas hipóteses em que o ato for evidentemente estranho ao objeto da sociedade; ou naquelas em que o terceiro que contratou com a sociedade estava ciente de que o ato praticado era estranho ao seu objeto; ou, ainda, na situação na qual o objeto da sociedade se ache descrito em seus estatutos devidamente registrados (CC, art. 1.015, I, II e III).

aos credores sociais por dívidas oriundas das relações de consumo, pela referida disposição legal. Quanto à expressão "encerramento da pessoa jurídica", evidentemente que seu conteúdo semântico indica que se trata de extinção da pessoa jurídica;[150] tanto a extinção como o encerramento devem se dar também em virtude da "má administração" para que haja responsabilização direta dos sócios por dívidas da sociedade.

Ainda a respeito desse dispositivo, Rachel Sztajn faz importante indagação: "má administração será aquela ruinosa, que leva à incapacidade de permanecer no mercado, ou será também a que, por razões conjunturais, independentemente da capacidade dos administradores, não é bem-sucedida?".[151] Em resposta a essa questão, pode-se afirmar, com arrimo nas palavras de João Batista Villela, que "nem sempre o excesso de mandato pode ser reconduzido à má administração, e mesmo quando for pode não ter sido a causa da falência. Reversamente, pode haver má administração sem que tenha havido excesso de mandato".[152]

Não obstante essa dificuldade, a má administração, aquela que leva a sociedade à ruína, pela inobservância de determinados cuidados, deve ser comprovada pelo consumidor ou sua ausência demonstrada pela parte contrária, caso haja a inversão do ônus da prova, nos termos do art. 6º, VIII, do CDC.[153]

Se houver falência ou recuperação judicial nada obsta a que se colham provas nos autos daqueles processos, como prova emprestada, para a defesa dos interesses do consumidor, como as declarações dos próprios sócios, o parecer contábil e o relatório do administrador judicial sobre as causas da falência, ao qual alude o art. 22, III, "e", da Lei 11.101/2005.

150. Cf. João Batista Villela, "Sobre desconsideração da personalidade jurídica no Código de Defesa do Consumidor", *Boletim IOB de Jurisprudência* 11/228, 1991 (3/5611).
151. Rachel Sztajn, "Desconsideração da personalidade jurídica", cit., *Revista de Direito do Consumidor* 2/72-73.
152. João Batista Villela, "Sobre desconsideração da personalidade jurídica no Código de Defesa do Consumidor", cit., *Boletim IOB de Jurisprudência* 11/230.
153. Conforme ressalta Flávia Lefèvre Guimarães (*Desconsideração da Personalidade Jurídica no Código do Consumidor – Aspectos Processuais*, São Paulo, Max Limonad, 1998, p. 53), "esse dispositivo introduziu ônus probatório muito pesado para o consumidor" quanto à prova da má administração, que é difícil até para quem está dentro da empresa, participando de suas atividades, que dirá para quem negociou com empresa que se encontra encerrada. Parece-nos, também, imprescindível, nessa hipótese, a inversão do ônus probatório.

Havendo liquidação extrajudicial, as investigações procedidas pelo Banco Central ou pela Agência Nacional de Saúde/ANS ou, ainda, pela Superintendência de Seguros Privados/SUSEP, levadas a termo no inquérito instaurado com fundamento no disposto no *caput* do art. 41 da Lei 6.024/1974 ou na correlata norma que rege a matéria, para a apuração das causas que levaram a sociedade àquela situação, podem fornecer subsídios importantes para demonstrar a má administração.

Estabelece *o art. 28, § 2º, do CDC que* as "sociedades integrantes dos grupos societários e as sociedades controladas são subsidiariamente responsáveis pelas obrigações decorrentes deste Código". Repare-se que essa responsabilidade decorre de disposição legal, e alguns doutrinadores sustentam que, por ser independente da ocorrência de fraude ou abuso de direito, não se refere à desconsideração da personalidade jurídica da sociedade, mas tão somente à responsabilidade subsidiária derivada de disposição legal.[154]

Respeitosamente, discordamos desse entendimento, posto que a constituição de grupos de direito e a não proibição à formação dos grupos de fato esbarram, nesse aspecto, em uma limitação, qual seja, a de adimplemento das obrigações frente a determinadas espécies de créditos, dentre eles aqueles relativos às relações de consumo, consoante a lei brasileira. Entendeu o legislador que o não cumprimento desses deveres constitui situação que vai além do direito de constituir as chamadas "sociedades de sociedades" ou grupos societários, consubstancia-se no abuso desse direito, e, portanto, teoricamente estamos diante de um caso de desconsideração da personalidade jurídica.

Note-se, ainda, que o § 2º do art. 28 do CDC não faz distinção entre grupos de direito e de fato, pelo quê se aplica também a responsabilidade subsidiária aos grupos de fato, ou seja, quando o grupo não for constituído por convenção.[155]

154. Cf.: Alexandre Couto Silva, *Aplicação da Desconsideração da Personalidade Jurídica no Direito Brasileiro*, cit., 2ª ed., p. 167; Elizabeth Cristina Campos Martins de Freitas, *Desconsideração da Personalidade Jurídica*, cit., 2ª ed., p. 209; Suzy Elizabeth Cavalcante Koury, *A Desconsideração da Personalidade Jurídica* **(Disregard Doctrine)** *e os Grupos de Empresas*, cit., 2ª ed., p. 192; Alexandre Alberto Teodoro da Silva, *A Desconsideração da Personalidade Jurídica no Direito Tributário*, cit., p. 119.

155. Nesse sentido, também: Flávia Lefèvre Guimarães, *Desconsideração da Personalidade Jurídica no Código do Consumidor – Aspectos Processuais*, cit., p. 76.

Determina o *art. 28, § 3º, do CDC* que "as sociedades consorciadas são solidariamente responsáveis pelas obrigações decorrentes deste Código". O consórcio é a combinação de esforços e recursos para a consecução de determinado empreendimento, sem personalidade jurídica; nele não há, em regra, presunção de solidariedade, nos termos do que dispõe o § 1º do art. 278 da LSA – norma que, no entanto, é contrariada pela disposição do § 3º do art. 28 do CDC. Todavia, é preciso ter em mente que a responsabilidade se restringe às obrigações resultantes da atividade desenvolvida pelo consórcio, não por qualquer obrigação. Aqui não se está desconsiderando a personalidade para atingir alguém que se esconde atrás da pessoa jurídica; está se impondo a responsabilidade solidária a outra pessoa jurídica absolutamente distinta, não se tratando, portanto, de aplicação da *disregard doctrine*.[156]

Conforme dispõe *o art. 28, § 4º, do CDC*, "as sociedades coligadas só responderão por culpa". A coligação é fenômeno pelo qual, consoante disposição contida no art. 243, § 1º, da Lei 6.404/1976, a sociedade investidora tenha influência significativa sobre outra.

A responsabilidade da empresa coligada trata-se, antes, de responsabilidade por ato próprio, posto que cada uma das sociedades utiliza sua própria estrutura, agindo com culpa; assim, deve ter sua responsabilidade disciplinada conforme já dispõe a lei civil, que não leva, propriamente, à desconsideração da personalidade jurídica.[157] Não é demais lembrar que a responsabilidade nessa hipótese, por ser subjetiva, é solidária, e não subsidiária.

O § 5º do art. 28 do CDC dispõe que "também poderá ser desconsiderada a pessoa jurídica sempre que sua personalidade for de alguma forma obstáculo ao ressarcimento de prejuízo causado aos consumidores".

---

156. Cf.: Elizabeth Cristina Campos Martins de Freitas, *Desconsideração da Personalidade Jurídica*, cit., 2ª ed., p. 209; Suzy Elizabeth Cavalcante Koury, *A Desconsideração da Personalidade Jurídica (Disregard Doctrine) e os Grupos de Empresas*, cit., 2ª ed., p. 192.

157. Nesse sentido, também: Flávia Lefèvre Guimarães, *Desconsideração da Personalidade Jurídica no Código do Consumidor – Aspectos Processuais*, cit., p. 76; Genaceia da Silva Alberton, "A desconsideração da pessoa jurídica no Código do Consumidor – Aspectos processuais", *Revista de Direito do Consumidor* 7, São Paulo, Ed. RT, 1993; Elizabeth Cristina Campos Martins de Freitas, *Desconsideração da Personalidade Jurídica*, cit., 2ª ed., p. 209; Suzy Elizabeth Cavalcante Koury, *A Desconsideração da Personalidade Jurídica (Disregard Doctrine) e os Grupos de Empresas*, cit., 2ª ed., p. 192.

Esse dispositivo, em sua interpretação literal, leva à completa ausência de autonomia patrimonial da sociedade na hipótese de o direito de crédito se originar de uma relação de consumo, estabelecendo verdadeira responsabilidade objetiva do sócio.[158]

Há grande divergência na doutrina, entendendo alguns doutrinadores que as disposições do § 5º do art. 28 do CDC são realmente claras no estabelecimento da responsabilidade subsidiária dos sócios, não havendo qualquer obstáculo ao recebimento do crédito quando este for oriundo de relação de consumo,[159] e outros que consideram essas disposições contrárias à teoria da desconsideração da personalidade jurídica[160] e, mais do que isso, contrária à ideia de pessoa jurídica, pois sua interpretação literal levaria à extinção da personalidade jurídica quando se trate de matéria de direitos do consumidor.

Zelmo Denari menciona que, "por um equívoco remissivo, o veto recaiu sobre o § 1º quando, de modo coerente, deveria versar seu § 5º, que – desprezando os pressupostos da fraude e do abuso de direito previstos no *caput* do art. 28 – desconsidera a pessoa jurídica 'sempre que sua personalidade for, de alguma forma, obstáculo ao ressarcimento de prejuízos causados aos consumidores'". Conclui o autor, contudo, apesar do provável equívoco, que a melhor interpretação é aquela que reconhece o dispositivo do § 5º do art. 28 do CDC, porque o legislador acolheu, sem reservas, a tese do "amplo espectro" da desconsideração da personalidade

---

158. Nesse sentido: João Batista Villela, "Sobre desconsideração da personalidade jurídica no código de defesa do consumidor", cit., *Boletim IOB de Jurisprudência* 11/227.

159. Nesse sentido: Luiz Antônio Rizzato Nunes, *Comentários ao Código de Defesa do Consumidor: Parte Material*, São Paulo, Saraiva, 2000, pp. 357-358; Guilherme Fernandes Neto, *Abuso do Direito no Código de Defesa do Consumidor: Cláusulas, Práticas e Publicidades Abusivas*, Brasília, Brasília Jurídica, 1999, pp. 187-188; Suzy Elizabeth Cavalcante Koury, *A Desconsideração da Personalidade Jurídica (Disregard Doctrine) e os Grupos de Empresas*, cit., 2ª ed., p. 192.

160. Nesse sentido: Eduardo Arruda Alvim e Daniel Willian Granado, "Aspectos processuais da desconsideração da personalidade jurídica", in Gilberto Gomes Bruschi, Mônica Bonetti Couto, Ruth Maria Junqueira de A. Pereira e Silva e Thomaz Henrique Junqueira de A. Pereira (orgs.), *Direito Processual Empresarial*, 1ª ed., São Paulo, Campus, 2012, pp. 223-224; Genaceia da Silva Alberton, "A desconsideração da pessoa jurídica no Código do Consumidor – Aspectos processuais", cit., *Revista de Direito do Consumidor* 7/21; Moutari Ciocchetti de Souza, *Interesses Difusos em Espécie*, 1ª ed., São Paulo, Saraiva, 2000, p. 223.

jurídica sempre que a personalidade for obstáculo ao ressarcimento do consumidor.[161]

Engloba o mencionado dispositivo legal o que a doutrina chama de "teoria menor da desconsideração da personalidade", que simplesmente torna ineficaz qualquer separação patrimonial entre sócio e sociedade diante da inadimplência e insolvência do devedor, sem que para isso seja preciso demonstrar a existência de qualquer outro pressuposto. Em vista da ausência de outros fundamentos, é chamada de "teoria menor", como exceção à regra geral do sistema jurídico brasileiro.[162]

Nesse rumo tem se orientado a jurisprudência, exigindo apenas a insolvência da pessoa jurídica, desde que as obrigações sejam oriundas de relações de consumo, não sendo necessário o desvio de finalidade ou mesmo a confusão patrimonial, para a aplicação da chamada "teoria menor".[163]

---

161. Zelmo Denari, *Código Brasileiro de Defesa do Consumidor Anotado pelos Autores do Anteprojeto*, 10ª ed., vol. 1, Rio de Janeiro, Forense, 2011, pp. 255 e 258. Segundo o autor, "não há referibilidade alguma entre as razões do veto e a disposição contida no parágrafo vetado, que se limita a indicar quais administradores deverão ser pessoalmente responsabilizados na hipótese de acolhimento de desconsideração" (p. 257).

162. Como enfatiza a Min. Nancy Andrighi: "A teoria maior da desconsideração, regra geral do sistema jurídico brasileiro, não pode ser aplicada com a mera demonstração de estar a pessoa jurídica insolvente para o cumprimento de suas obrigações. Exige-se, aqui, para além da prova da insolvência, ou a demonstração do desvio de finalidade (teoria subjetiva da desconsideração) ou a demonstração da confusão patrimonial (teoria objetiva da desconsideração). A teoria menor da desconsideração, acolhida em nosso ordenamento jurídico excepcionalmente no direito do consumidor e no direito ambiental, incide com a mera prova de insolvência da pessoa jurídica para o pagamento de suas obrigações, independentemente da existência de desvio de finalidade ou confusão patrimonial. Para a teoria menor o risco empresarial normal às atividades econômicas não pode ser suportado pelo terceiro que contratou com a pessoa jurídica, mas pelos sócios e/ou administradores desta, ainda que estes demonstrem conduta administrativa proba, isto é, mesmo que não exista qualquer prova capaz de identificar conduta culposa ou dolosa por parte dos sócios e/ou administradores da pessoa jurídica" (STJ, 3ª Turma, REsp 279.273-SP, rela. Min. Nancy Andrighi, j. 4.12.2003, não conheceram dos recursos, m.v., *DJU* 29.3.2004, p. 230).

163. Nesse sentido: STJ, 3ª Turma, REsp 279.273-SP, rel. Min. Ari Pargendler, j. 4.12.2003, *DJU* 29.3.2004; STJ, 3ª Turma, REsp 970.635-SP, rela. Min. Nancy Andrighi, j. 10.11.2009, *DJU* 1.12.2009; TJSP, 10ª Câmara de Direito Privado, ACi 2012.0000094562, comarca de São Paulo, rel. Des. Élcio Trujillo, j. 13.3.2012, v.u.

5
A PRESCRIÇÃO E A DECADÊNCIA PARA A DESCONSIDERAÇÃO DA PERSONALIDADE JURÍDICA

5.1 A prescrição e a decadência: distinção. 5.2 A prescrição e a decadência na desconsideração da personalidade jurídica. 5.3 Termos iniciais dos prazos de prescrição. 5.4 A imprescritibilidade e os prazos extintivos para a desconsideração da personalidade jurídica.

Apesar de a disciplina normativa dos prazos extintivos do direito também interessar ao direito processual, porque é no processo e por meio de atos processuais que é declarada a extinção, trazendo-lhe inegáveis consequências,[1] a prescrição e a decadência não deixam de ser exceções, e, nesse sentido, integram o direito material. Por tal motivo, será o tema em foco estudado nesta primeira parte do trabalho.

5.1 A prescrição e a decadência: distinção

O instituto da prescrição remonta à prática pretoriana do Direito Romano[2] e continuou a ter sede nas legislações modernas com o mesmo objetivo de pôr fim à incerteza jurídica, dando estabilidade a uma situa-

---

1. Seja quanto à forma como são declaradas a prescrição e a decadência, seja com relação à eficácia, como lembra Yussef Said Cahali, incumbe ao direito processual "naturalmente marcar a oportunidade processual para que o juiz aprecie a causa, atribuindo o qualificativo técnico ao provimento judicial que irá ser prestado, com os recursos admissíveis" (*Prescrição e Decadência*, 2ª ed., São Paulo, Ed. RT, 2012, p. 21).

2. Como esclarece Agnelo Amorim Filho, a origem romana da prescrição não é propriamente do período pré-clássico, pois a essa época as ações eram perpétuas, mas do direito pretoriano, que introduziu a fixação de prazos para o exercício de algumas

ção contrária ao Direito em virtude do decurso do tempo, ao fazer com que seu titular perca "o poder de mudar o estado de fato ou de direito defeituoso".[3]

Sob esse aspecto não diferem a prescrição e a decadência, porque consistem na extinção de um direito por ausência do seu exercício em determinado tempo.[4] Para distinguir a prescrição da decadência *a priori*, quanto aos seus conteúdos ou aos objetos sobre os quais incidem, é necessário atentar para a classificação moderna dos direitos subjetivos proposta por Chiovenda,[5] que prevê duas espécies de direitos: os *direitos a uma prestação*, que pode ser positiva ou negativa, como, por exemplo, o direito de crédito; e os *direitos potestativos*, aos quais não se pode opor, já que em relação a eles cabe apenas a sujeição de outrem, como, *v.g.*, o direito de pleitear a dissolução de uma sociedade ou do matrimônio.[6]

Nesse sentido, o direito à prestação corresponde ao que a doutrina germânica chamou *anspruch* ("pretensão"), que se refere ao direito a determinado comportamento (ativo ou omissivo) destinado à sua satisfação; ao passo que os direitos postestativos ou formadores se realizam independentemente da colaboração do sujeito passivo.[7]

ações ("Critério científico para distinguir a prescrição da decadência e para identificar as ações imprescritíveis", *RT* 836/750, Ano 94, São Paulo, Ed. RT, junho/2005).

3. Cf. Giuseppe Chiovenda, *Instituições de Direito Processual Civil*, 2ª ed., vol. I, trad. brasileira, São Paulo, Saraiva, 1965, p. 30.

4. Cf. Francesco Galgano, *Diritto Privatto*, 15ª ed., Pádua, CEDAM, 2010, p. 936.

5. Consoante critério proposto por Giuseppe Chiovenda, os direitos, de uma maneira geral, dividem-se em duas grandes categorias: "os direitos tendentes a um bem da vida a conseguir-se, antes de tudo, mediante prestação positiva ou negativa de outros (direitos a uma prestação); e direitos tendentes à modificação do estado jurídico existente (direitos potestativos)" (*Instituições de Direito Processual Civil*, cit., 2ª ed., vol. I, p. 11).

6. Cf. Agnelo Amorim Filho, "Critério científico para distinguir a prescrição da decadência e para identificar as ações imprescritíveis", cit., *RT* 836/736-738. Esclarece o ilustre Jurista que os direitos potestativos podem ser divididos em três categorias: (1) aqueles que se exercem por simples opção do seu titular, como, por exemplo, a aceitação de uma herança; (2) aqueles que, caso haja oposição por parte de quem deveria se sujeitar, necessária é a propositura de ação para o seu exercício, como, por exemplo, a dissolução de sociedade, a resolução de um contrato etc.; (3) por último, aqueles que somente se exercem mediante a propositura da ação correspondente, como é o caso da negatória de paternidade.

7. Cf. Fábio Konder Comparato, "Natureza do prazo extintivo da ação de nulidade de registro de marcas", *RDM* 77/57-64, São Paulo, Ed. RT, janeiro-março/1990.

As ações que ensejam decisões condenatórias referem-se aos direitos que correspondem a uma prestação, estando, portanto, sujeitas à prescrição, como é o caso da execução ou de demanda destinada à cobrança de crédito. As ações das quais derivam provimentos constitutivos, que visam a criar, modificar ou extinguir direitos, referem-se aos direitos potestativos, que não se originam da violação de um direito, não estando sujeitos à prescrição, tão somente à decadência. Assim, embora ambas, prescrição e decadência, sejam prazos extintivos, têm traços nítidos que as distinguem.[8]

As demandas que objetivam provimentos apenas declaratórios não visam à prestação, criação, modificação ou extinção de um direito; almejam seja declarada a certeza jurídica sobre determinada situação, e, por isso, não estão sujeitas à prescrição ou à decadência.[9] Observe-se, no entanto, que se o direito sobre o qual se busca a certeza jurídica já fora atingido diretamente pela decadência ou pela prescrição, embora a ação que objetive a tutela declaratória não esteja sujeita a esses prazos extintivos, faltará interesse de agir ao autor para ir a juízo.[10]

5.2 A prescrição e a decadência na desconsideração da personalidade jurídica

Cabe, agora, indagar se a desconsideração da personalidade jurídica se sujeita a prescrição ou a decadência. E para essa resposta é preciso discernir, como veremos, entre os casos em que a *disregard doctrine* é utilizada para fins de responsabilização ou para outras finalidades. Veja-se que as disciplinas da prescrição e da decadência são diversas, posto não se aplicarem à decadência as normas que impedem, suspendem ou interrom-

---

8. Acrescente-se que a decadência pode ser legal ou convencional; se legal, é irrenunciável, não sofre impedimento, interrupção ou suspensão, a menos que suas causas sejam previstas pela lei especificamente (CC, art. 207), e pode ser declarada de ofício; já, a prescrição é renunciável, caso consumada, sofre interrupção e suspensão e também pode ser declarada de ofício, nos termos do que dispõe o art. 487, inciso II, do CPC de 2015.

9. Cf. Agnelo Amorim Filho, "Critério científico para distinguir a prescrição da decadência e para identificar as ações imprescritíveis", cit., *RT* 836/741-742.

10. Cf. Agnelo Amorim Filho, "Critério científico para distinguir a prescrição da decadência e para identificar as ações imprescritíveis", cit., *RT* 836/750-752. As ações perpétuas, como acentuado por Agnelo Amorim Filho, são aquelas não sujeitas a prazos extintivos, e se referem às ações declaratórias e a algumas das ações constitutivas, para as quais a lei não fixa prazo para sua propositura.

pem a prescrição (art. 207 do CC),[11] salvo disposição em contrário ou se for contra o incapaz,[12] além de outras diferenças fundamentais, tornando relevante discernir entre a aplicação de um ou de outro regime jurídico.

Em expressivo precedente da jurisprudência brasileira já se decidiu que, tratando-se de desconsideração para fins de responsabilização, o que se objetiva é a ineficácia relativa da própria pessoa jurídica frente aos credores, cujos direitos não foram satisfeitos em virtude da autonomia patrimonial, e, nesse sentido, o credor estaria exercendo um "direito potestativo de ingerência na esfera jurídica de terceiros", reclamando o pedido, portanto, uma tutela constitutiva positiva. Tais constatações poderiam conduzir, segundo se decidiu, "à conclusão de que tal pedido estaria, em tese, sujeito a prazo decadencial", que não ocorreria, todavia, porque não há prazo decadencial previsto na legislação para a desconsideração da personalidade jurídica, acarretando a impossibilidade da extinção de tal direito pelo decurso do tempo.[13]

Não nos parece, com a devida vênia, seja adequado o entendimento contido no mencionado aresto. Apesar de ser relevante a observação de que o objetivo da desconsideração se volta à ineficácia relativa da autonomia patrimonial da sociedade devedora, é preciso notar que a finalidade última almejada pelo credor é o adimplemento de obrigação não cumprida – e, portanto, tal direito corresponde a uma prestação.

Com efeito, consoante a lição de Chiovenda, a referência à lesão de direito liga-se somente aos direitos a uma prestação, pois somente estes podem ser lesados; os direitos potestativos "não se dirigem contra uma

11. Quanto às causas impeditivas e suspensivas o Código Civil de 2002 pouco inovou em relação ao de 1916. Como novidade pode ser citado o fato de que, enquanto pender discussão no juízo criminal relativamente a determinada questão, em relação a ela não transcorre, no juízo cível, o prazo prescricional. O atual Código Civil mais inovou a respeito da interrupção do prazo prescricional, que agora pode se dar uma única vez, diferentemente do Código anterior. O protesto cambial também interrompe a prescrição, enquanto pelo Código anterior somente o protesto judicial tinha este efeito. Novidade proeminente, trazida pelo Código Civil em vigor, foi a disposição que determina que o despacho que ordena a citação interrompe a prescrição, o que foi mantido pelo CPC de 2015 (art. 240, § 1º).
12. Cf. CC, arts. 198, I, e 208.
13. Cf.: STJ, 4ª Turma, REsp 1.180.714-RJ, rel. Min. Luís Felipe Salomão, j. 5.4.2011, v.u., *DJU* 6.5.2011. Nesse sentido, também: TJRS, 6ª Câmara Cível, AI 700411189291-2011, comarca de Lajeado, rel. Des. Antônio Corrêa Palmeiro da Fontoura, j. 22.9.2011, v.u.

obrigação", consubstanciam-se apenas no poder de determinar a produção de efeito jurídico específico, e seu exercício se dá mediante a declaração de vontade do titular, "com ou sem o concurso da sentença judicial", conforme o caso, "não podendo ser lesados por ninguém".[14]

Veja-se que toda decisão de mérito, seja de procedência ou improcedência da ação, tem uma carga declaratória, positiva ou negativa. E não é diferente quando se trata de desconsideração da personalidade, porque, quando se dispõe não incidir a distinção de responsabilidades do sócio e da sociedade, mais não se faz do que declarar a ineficácia da separação patrimonial; nada se constitui ou desconstitui, nem se restabelece. Mas, além da declaração mencionada, na decisão de desconsideração da personalidade há o reconhecimento da responsabilidade do sócio ou administrador, consubstanciado em comando para que se cumpra determinada obrigação, da qual é sujeito passivo a pessoa jurídica, caso não seja adimplida pela devedora originária.

Não há que se falar, portanto, em decadência na hipótese de desconsideração da personalidade jurídica para fins de responsabilização, justamente porque essa providência corresponde à reação à lesão de um direito.[15] E nem poderia ser diferente, porque a tutela que se pleiteia necessita ser cumprida pela parte contrária, não se bastando à satisfação do direito.

Se a hipótese concreta de desconsideração da personalidade jurídica não se referir à responsabilização, objetivando finalidades diversas, poderá estar sujeita a prazos decadenciais. Imagine-se o exemplo da efetivação de cláusula de não concorrência, pela qual os sócios de determinada pessoa jurídica se obrigam, na venda do fundo de comércio, a não se estabelecer em determinada região pelo prazo que convencionaram, e, burlando o avençado, constituem outra sociedade para essa finalidade. Nesse caso o direito de pleitear que essa nova pessoa jurídica não exerça a atividade vedada convencionalmente se constitui em direito a uma prestação ou, mais propriamente, a uma abstenção, e, portanto, sujeito a prazo prescricional; contudo, se o objeto da demanda é extinguir o contrato anterior, no qual fora estabelecida a referida cláusula, ou se objetivar o reconhecimento de invalidade da nova pessoa jurídica criada pelos sócios, estaremos, nesses

---

14. Giuseppe Chiovenda, *Instituições de Direito Processual Civil*, cit., 2ª ed., vol. I, p. 20.

15. Deve-se lembrar que "não há prescrição sem violação de um dever jurídico, isto é, sem ilícito" (Yussef Said Cahali, *Prescrição e Decadência*, cit., 2ª ed., p. 40).

casos, diante de direitos potestativos, aos quais não corresponde prestação alguma, tão somente a sujeição da parte contrária, e, portanto, sujeitos aos respectivos prazos decadenciais. Porém, note-se, eventuais perdas e danos decorrentes dessa situação lesiva, como direitos correspondentes a uma prestação, sujeitam-se a prazo prescricional.

5.3 Termos iniciais dos prazos de prescrição

Há opinião corrente na doutrina[16] e na jurisprudência[17] que aponta que a interrupção da prescrição em face da sociedade deve ocasionar a interrupção da prescrição em relação ao sócio, seja na fase de conhecimento ou no processo de execução. Assim, tratando-se, por exemplo, de execução fiscal, o chamado "redirecionamento" ao sócio deveria ser feito dentro do prazo de cinco anos, contados a partir da citação da sociedade devedora.[18]

Todavia, com a devida vênia, diversos são os marcos iniciais para o decurso da prescrição em relação ao sócio e à sociedade. Enquanto para a pessoa jurídica o decurso do prazo prescricional tem origem na data em que se tem o inadimplemento da obrigação, interrompendo-se com o despacho que ordena a citação do devedor (CPC/2015, art. 240, § 1º), não é exatamente esse o momento do termo inicial da prescrição para a responsabilização patrimonial do sócio ou do administrador da sociedade.

Lembremos que a desconsideração da personalidade, quando voltada para fins de responsabilização, refere-se à responsabilidade subsidiária, que deve ser aplicada quando se constata que a pessoa jurídica não tem meios para o exigido adimplemento.

16. Afirma Pedro Bianchi que haveria "mais efeitos substanciais que a pendência de uma demanda em face da sociedade traz ao sócio, como a interrupção da prescrição. Por coerência com o entendimento defendido de que esses efeitos substanciais se estendem ao sócio, mantém-se agora a mesma posição". E cita, a título exemplificativo, na jurisprudência: "STJ, 2ª Turma, AgR no REsp 242.301-SP, rel. Min. Franciulli Netto, j. 18.18.2005, v.u., *DJU* 20.2.2006; STJ, 2ª Turma, REsp 851.410-RS, rel. Min. Castro Meira, j. 19.9.2006, v.u., *DJU* 25.9.2006" (Pedro Henrique Torres Bianqui, *Desconsideração da Personalidade Jurídica no Processo Civil*, 1ª ed., São Paulo, Saraiva, 2011, p. 167).

17. Nesse sentido: STJ, 2ª Turma, REsp 914.916-RS, rela. Min. Eliana Calmon, *DJe* 16.4.2009; STJ, 2ª Turma, AgR no REsp 958.846-RS, rel. Min. Humberto Martins, *DJe* 30.9.2009; STJ, 1ª Turma, AgR no REsp 761.488-SC, rel. Min. Hamilton Carvalhido, *DJe* 7.12.2009.

18. Cf. Pedro Henrique Torres Bianqui, *Desconsideração da Personalidade Jurídica no Processo Civil*, cit., 1ª ed., p. 167.

Por outro lado, também não se podem tomar por termo inicial do prazo prescricional aos sócios e administradores as datas de ocorrência dos fatos que dão ensejo à aplicação da *disregard doctrine*, como, *v.g.*, aquelas da prática de atos de confusão patrimonial ou da celebração de negócios para os quais a sociedade não se encontra efetivamente capitalizada, posto que somente a ocorrência desses fatos pode não justificar a desconsideração da personalidade jurídica, pois não levam, necessariamente, à impossibilidade de cumprimento da específica obrigação exigida pelo credor.

Essa constatação não implica concluir, ainda, que podem ser fixadas como termos iniciais da prescrição para os sócios e administradores da pessoa jurídica as datas em que se venceram as obrigações para a sociedade, porque os atos que dão ensejo à desconsideração da personalidade jurídica podem ser posteriores. Se o termo inicial da prescrição para sócio e sociedade fosse o mesmo, na hipótese aventada, teríamos que o prazo prescricional em relação aos sócios e administradores teria início antes mesmo que houvesse pretensão a ser exercida em face de tais pessoas.

De uma maneira geral, com relação ao início do prazo prescricional, considera-se que é a partir do momento da violação do direito que nasce a pretensão; a exigibilidade do direito subjetivo marca o início do prazo extintivo.[19]

Registre-se, contudo, que há forte tendência em considerar como termo inicial do prazo prescricional o momento em que o titular do direito violado vem a tomar conhecimento da violação – tendência que, inclusive, é reconhecida pela jurisprudência em algumas situações[20] e até mesmo em alguns dispositivos legais, como, por exemplo, o art. 27 do CDC, que fixa como termo inicial para contagem do prazo prescricional da pretensão à reparação de danos por fato do produto ou serviço o momento em que passam a ser conhecidos o dano e sua autoria .

Aderindo a essa orientação, cremos que é somente na oportunidade da execução,[21] e a partir do momento específico no qual ela se mostra

19. Nesse sentido: Yussef Said Cahali, *Prescrição e Decadência*, cit., 2ª ed., p. 39; Roberto Senise Lisboa, "A extinção do direito de defesa dos interesses difusos e coletivos", *RF* 406/247, Ano 105, Rio de Janeiro, Forense, 2009.
20. Há, inclusive, súmula do STJ nesse sentido: "O termo inicial do prazo prescricional, na ação de indenização, é a data em que o segurado teve ciência inequívoca da incapacidade laboral" (STJ, Súmula 278, 14.5.2003, *DJU* 16.6.2003).
21. Concordamos com Pedro Henrique Torres Bianchi ao sustentar que "contra o sócio essa interrupção tem de acontecer na fase executiva, porque é somente nessa

frustrada, no todo ou em parte, que terá início o prazo prescricional em face dos gestores da sociedade, sócio ou administrador, como responsáveis secundários. Desta maneira, não há que se reconhecer o decurso da prescrição para a responsabilização de sócios e administradores antes que sejam esgotadas as diligências pelas quais é pesquisada a existência de bens pertencentes à pessoa jurídica devedora, após a oportunidade para indicação ou nomeação de bens à penhora.

Não constituem o termo inicial da prescrição para a responsabilidade secundária do sócio ou do administrador, assim, o momento em que vencera a obrigação e nem aquele em que se efetivou a citação da pessoa jurídica na fase de conhecimento ou no processo de execução, apesar de ser esse último o entendimento predominante na jurisprudência,[22] a menos que se demonstre que o credor sabia, após vencida a dívida, da existência de fatos que justificassem o emprego da *disregard doctrine* e que a sociedade não dispunha de meios próprios para cumprir a obrigação.

Considerando-se que a desconsideração da personalidade jurídica se refere à responsabilidade subsidiária, é preciso verificar a ciência sobre o último fato deflagrador da responsabilidade secundária. E, nesse sentido, discordamos da posição jurisprudencial dominante, porque o exercício da ação, como bem aponta Antônio Luís da Câmara Leal, "ignorando a violação que lhe dá origem, é racionalmente impossível, e antijurídico seria responsabilizar o seu titular por uma inércia que não lhe pode ser imputada".[23]

seara que a responsabilidade patrimonial torna-se possível de ser exercida contra ele" (*Desconsideração da Personalidade Jurídica no Processo Civil*, cit., 1ª ed., p. 167). Não nos parece, contudo, que se trata de hipótese de interrupção da prescrição, mas, sim, do marco inicial para sua contagem para o sócio ou administrador, que ocorre no momento da execução.
22. Nesse sentido: STJ, 2ª Turma, REsp 1.100.777-RS, rela. Min. Eliana Calmon, j. 2.4.2009, v.u.; STJ, REsp 702.211-RS, rela. Min. Denise Arruda, j. 22.5.2007, v.u.; TJSP, 6ª Câmara de Direito Público, AI 0114084-63.2013.8.26.0000, comarca de Campinas, rel. Des. Sidney Romano dos Reis, j. 12.8.2013, v.u.
23. Antônio Luís da Câmara Leal, *Da Prescrição e da Decadência. Teoria Geral do Direito Civil*, 2ª ed., Rio de Janeiro, Forense, 1959, p. 37. Acentua o autor que não parece "racional admitir-se que a prescrição comece a correr sem que o titular do direito violado tenha ciência da violação. Se a prescrição é um castigo à negligência do titular – *cum contra desides homines, et sui juris contentores, odiosae exceptiones oppositae sunt* –, não se compreende a prescrição sem a negligência, e esta, certamente, não se dá quando a inércia do titular decorre da ignorância da violação" (p. 37).

Mas – é de se reconhecer – a discussão sobre o termo inicial da prescrição na maioria das hipóteses aplicáveis à responsabilização patrimonial pela desconsideração pode ser inócua, porque se trata de responsabilidade secundária, e, desse modo, ainda que o termo inicial seja posterior àquele aplicável ao responsável primário, seu termo final será o mesmo, pois não haverá sentido em pleitear a desconsideração depois de prescrita a pretensão em face da pessoa jurídica; não haverá, nessa situação, responsabilidade a ser estendida.

5.4 A imprescritibilidade e os prazos extintivos para a desconsideração da personalidade jurídica

Considerando a vasta aplicabilidade da desconsideração da personalidade jurídica, que serve à efetividade de direitos difusos, coletivos e individuais, homogêneos ou não, é preciso verificar, antes da identificação do prazo prescricional aplicável à espécie, se o específico direito tutelado se sujeita a extinção pelo decurso do tempo.

Se a lesão ao direito se refere ao patrimônio público o exercício da pretensão é imprescritível,[24] e, sendo assim em face dos responsáveis primários, não há motivo para que se adote solução diversa para os responsáveis secundários, que podem ser atingidos em virtude da desconsideração da personalidade jurídica da sociedade devedora. Não se alegue que a Lei da Ação Popular/LAP fixa o prazo de cinco anos para seu exercício, pois, como aponta Ricardo de Barros Leonel, "o art. 21 da Lei 4.717/1965 não foi recepcionado pela atual ordem constitucional, em virtude do art. 37, § 5º, da CF, que prevê a imprescritibilidade da reparação do dano ao patrimônio público".[25-26]

24. Cf. § 5º do art. 37 da CF.
25. Nesse sentido: Ricardo de Barros Leonel, *Manual do Processo Coletivo*, 3ª ed., São Paulo, Ed. RT, 2013, pp. 389-391; Nilo Spínola Salgado Filho, "Probidade administrativa", in Vidal Serrano Nunes Jr. (coord.), *Manual de Interesses Difusos*, 2ª ed., São Paulo, Verbatim, 2012; Hugo Nigro Mazzilli, *A Defesa dos Interesses Difusos em Juízo*, 24ª ed., São Paulo, Saraiva, 2011, p. 212; Maria Sylvia Zanella Di Pietro, *Direito Administrativo*, 25ª ed., São Paulo, Atlas, 2012, p. 906; José Afonso da Silva, *Curso de Direito Constitucional Positivo*, 38ª ed., São Paulo, Malheiros Editores, 2015, p. 684.
26. Em sentido contrário: Celso Antônio Bandeira de Mello, *Curso de Direito Administrativo*, 32ª ed., São Paulo, Malheiros Editores, 2015, p. 1.093. Parte o autor da interpretação literal da ressalva prevista no § 5º do art. 37 da CF, afirmando que

A mesma orientação vale para os interesses difusos ou coletivos, para os quais não há sanção prevista na lei para a inércia de seu titular; e, sendo eles igualmente relevantes, não haveria motivo para tratamento diverso do que é dispensado ao patrimônio público.[27-28]

Situação diversa é a dos interesses individuais homogêneos, para os quais, sendo em essência individuais, aplicam-se os prazos gerais do Código Civil ou, tratando-se de direitos do consumidor, aplicam-se as disposições dos arts. 26 e 27 do CDC.[29]

Veja-se que o Código do Consumidor trata da decadência (art. 26) quando se refere ao direito de reclamar pelos vícios do produto ou do serviço; e da prescrição dos direitos originados pelos prejuízos decorrentes da utilização do produto ou serviço defeituoso, o chamado "acidente de consumo".[30] Em ambos os casos, se houver necessidade de desconsideração da personalidade jurídica estaremos diante de hipótese apenas de prescrição, posto que o direito que se pode reclamar em face dos sócios ou dos administradores da sociedade, nesse caso, corresponde a uma prestação por parte dessas pessoas, que deve vir determinada por decisão de mérito condenatória. O prazo prescricional aplicável é o disposto no art. 27 do CDC, que se conta, conforme sustentamos, na maioria das situações, a partir do momento no qual a execução em face da pessoa jurídica se mostrar frustrada, a menos que se demonstre que o lesado teve ciência da existência de causa para a desconsideração da personalidade e de que a pessoa jurídica devedora se encontra em estado de insolvência.

para o ressarcimento haverá prazos autônomos em relação aos que forem estabelecidos para a responsabilidade administrativa e para a penal.
27. Nesse sentido: Ricardo de Barros Leonel, *Manual do Processo Coletivo*, cit., 3ª ed., pp. 389-390; Roberto Senise Lisboa, "A extinção do direito de defesa dos interesses difusos e coletivos", cit., *RF* 406/257; Eurico Ferraresi, "Reflexões sobre a prescrição na ação civil pública", *Revista da Ajuris* 112/376-377, Porto Alegre, dezembro/2008. Acrescenta este último autor que, "por se tratar de um instrumento destinado à proteção judicial de direitos de grupo, essencialmente indisponíveis, não se deve estipular um prazo prescricional para a propositura de ação civil pública, sobretudo porque os danos estão em estado de permanência" (p. 377).
28. Em sentido contrário: José Rogério Cruz e Tucci, "Direitos transindividuais: conceito e legitimidade para agir', *Revista Jurídica* 331/18-19, Ano 53, maio/2005.
29. Cf. Ricardo de Barros Leonel, *Manual do Processo Coletivo*, cit., 3ª ed., pp. 391-393.
30. Cf. Moutari Ciocchetti de Souza, *Interesses Difusos em Espécie*, 1ª ed., São Paulo, Saraiva, 2000, pp. 216-221.

No tocante aos prazos prescricionais aplicáveis aos direitos individuais, o atual Código Civil, adotando o princípio da simplicidade ou da operabilidade, quer seja em matéria de direitos reais ou de direitos pessoais, previu prazo geral único de 10 anos quando não estiver o intérprete diante de um caso específico para o qual o Código determine o prazo prescricional de 1, 2, 3, 4 ou 5 anos. É importante lembrar que, embora a prescrição seja renunciável após sua consumação (art. 191 do CC), os prazos prescricionais não podem ser alterados por acordo das partes (art.192 do CC).

É pacífico na jurisprudência que "prescreve a execução no mesmo prazo de prescrição da ação"[31] – que, agora, com a nova sistemática do processo de execução de sentença condenatória, deve ser contado a partir do trânsito em julgado da sentença, sob pena de se sujeitar indeterminadamente o devedor ao credor.[32] Aliás, como leciona Cahali, "não há um direito de executar o julgado, distinto do próprio direito de pôr a ação em juízo".[33] Contudo, para o responsável secundário, como é o caso daquele a ser atingido pela desconsideração da personalidade jurídica, como sustentamos, o termo inicial da prescrição somente ocorre com o conhecimento inequívoco do credor da impossibilidade de adimplemento da obrigação pelo devedor, o que normalmente ocorre no decurso da execução.

Havendo falência da pessoa jurídica devedora, começa a correr o prazo prescricional de dois anos a partir da sentença de encerramento da falência, para a responsabilização dos gestores da sociedade falida, consoante dispõe o art. 82 da Lei 11.101/2005, que deve ser aplicado em detrimento do que dispõe a Lei de Sociedade por Ações, que dita o prazo de três anos (art. 287), em vista do princípio *lex specialis derogat generali*.[34]

Contudo, pode surgir a dúvida: o prazo de responsabilização dos gestores da sociedade falida é o que se deve aplicar para a desconsideração da personalidade jurídica? A resposta é afirmativa. A responsabilização

---

31. Cf. Súmula 150 do STF.

32. Cf. Luiz Guilherme Marinoni e Sérgio Cruz Arenhart, *Execução*, 4ª ed., São Paulo, Ed. RT, 2012, pp. 254-255. Como lembra o doutrinador, trata-se da conhecida prescrição intercorrente, que se verifica no curso do processo e que se trata de figura anômala, que mais se parece com a preclusão ou a perempção, que faz extinguir o processo por inação da parte (p. 255).

33. Yussef Said Cahali, *Prescrição e Decadência*, cit., 2ª ed., p. 144.

34. Cf. Ronaldo Vasconcelos, *Direito Processual Falimentar*, 1ª ed., São Paulo, Quartier Latin, 2008, p. 304.

de sócios e administradores da sociedade, que se faz com o fundamento legal previsto no art. 82 da Lei de Falências (Lei 11.101/2005), é ampla e se aplica a todas as situações que têm como pressuposto a violação de direitos da sociedade e que acabam atingido, em caso de quebra, também seus credores, que são terceiros em relação à pessoa jurídica.

Quanto à prescrição da pretensão à responsabilização dos sócios, controladores e administradores das pessoas jurídicas sujeitas a liquidação extrajudicial – que, como abordado, também incluem, dentre outras causas, hipóteses de desconsideração da personalidade jurídica –, não fazendo o vigente Código Civil distinção entre as chamadas "ações pessoais" e "ações reais" e não havendo disposição expressa na Lei 6.024/1974 e nem no próprio Código Civil, é de se entender que ela ocorre no prazo de 10 anos (CC, art. 205).

Não há que se cogitar do prazo menor fixado no inciso V do § 1º do art. 206 do CC, posto que aquele prazo extintivo dirige-se aos credores de sociedade em liquidação ordinária. Também não se aplica o prazo extintivo previsto no inciso VII do § 3º do art. 206 do mesmo Código, haja vista que se dirige o dispositivo à pretensão dos sócios.

O termo inicial da contagem do prazo prescricional para a responsabilização dos membros da pessoa jurídica sujeita a liquidação extrajudicial deve ser contado da data de apresentação do relatório final, pelo interventor, conselho diretor ou liquidante, conforme o regime extrajudicial decretado, pois, embora não seja esta a data de violação do direito, que poderia dar início à contagem do prazo extintivo, nos termos do disposto no art. 189 do CC, é de se ter em conta a tendência crescente na jurisprudência para reconhecer que a contagem do prazo prescricional deve ser iniciada a partir do momento em que se tem conhecimento da lesão ao direito,[35] o que ocorre, no caso, com o mencionado relatório, que deve, entre outras informações, dar conta das irregularidades e dos prejuízos ocorridos.

A prescrição, de maneira geral, pode ser alegada em qualquer grau de jurisdição.

---

35. Consoante aponta Flávio Tartuce, "cresce na jurisprudência a aplicação da teoria da *actio nata*, pela qual o prazo prescricional deve ter início com o conhecimento da lesão ao direito (STJ, 2ª Turma, AgR no REsp 931.896-ES, rel. Min. Humberto Martins, j. 20.9.2007, *DJU* 3.10.2007, p. 194)" (in Silmara Juny Chinelatto (coord.), *Código Civil Interpretado*, 2ª ed., Barueri/SP, Manole, 2009, p. 181).

Tratando-se dos recursos especial ou extraordinário, os Tribunais Superiores, STJ e STF, somente podem rejulgar as matérias que lhes são submetidas, e não julgá-las em única instância, considerando as condições de admissibilidade desses recursos, que exigem que as matérias alegadas tenham sido julgadas nas instâncias ordinárias para que sejam apreciadas nos recursos excepcionais. Contudo, nada impede que a prescrição, mesmo que não tenha sido constatada nas instâncias inferiores, seja reconhecida pelas altas Cortes, pois, consoante a sistemática empreendida pelo vigente Código Civil, a prescrição pode ser reconhecida de ofício, independentemente de provocação do interessado, tal qual se dava em relação à prescrição penal e à decadência na vigência do Código anterior.[36]

---

36. Cf. Yussef Said Cahali, *Prescrição e Decadência*, cit., 2ª ed., p. 56.

6

CONCLUSÕES DA PARTE I

O aumento da complexidade das relações humanas levou à formação de centros autônomos de interesses, chegando-se à abstração de tomar esses entes como sujeitos de direitos e deveres, com a consequente consideração da personalidade pela ordem jurídica com a sua mais relevante característica: a autonomia patrimonial.[1]

As teorias, à época em que foi desenvolvida a ideia inicial de personalidade jurídica, formaram novo paradigma[2] e foram substituídas

1. Contudo, como observa Leonardo Netto Parentoni, "é imperfeita a associação entre personalidade jurídica e limitação de responsabilidade. Esta última pode decorrer de fenômenos diversos da personificação, como os patrimônios especiais que atuam como centro autônomo de direitos e deveres, além do que, em sentido oposto, há sociedades personificadas nas quais os sócios respondem ilimitadamente pelas obrigações sociais" (*Reconsideração da Personalidade Jurídica*, tese de Doutorado apresentada ao Departamento de Direito Comercial da Faculdade de Direito da USP, São Paulo, 2012, p. 51).

2. Thomas S. Kuhn, dando conta das revoluções científicas, considera paradigmas como "as realizações científicas universalmente reconhecidas que, durante algum tempo, fornecem problemas e soluções modelares para uma comunidade de praticantes de uma ciência". O processo evolutivo da ciência move-se em meio às crises dos paradigmas existentes até aquele momento; com a descoberta da anomalia, ou seja, aquilo que a chamada "ciência normal" não mais consegue resolver, apesar dos esforços que se empreendem nesse sentido, forma-se uma nova tese, caso haja uma nova descoberta, e um novo paradigma fornecerá outros modelos de problemas e soluções. A percepção dessas anomalias, a que chama o autor de "contraexemplos" dos paradigmas vigentes, é que move o cientista a uma nova teoria. Assim, um paradigma substitui total ou parcialmente o outro, que com ele é incompatível, demonstrando a revolução científica em andamento (cf. Thomas S. Kuhn, *A Estrutura das Revoluções Científicas*, 7ª ed., São Paulo, Perspectiva, 2003). Esse processo é mais evidente nas ciências naturais, mas também pode ser notado nas chamadas ciências sociais, nas quais se encaixa, conforme entendemos, o Direito.

por outras que explicam o fenômeno da personalização. Mas, diga-se, a existência da pessoa moral se deu antes que se formulasse qualquer teoria sobre sua essência ou, mesmo, que se lhe considerasse a existência. Até a separação de patrimônios e a limitação da responsabilidade dos sócios já começavam a ser postas em prática em alguns tipos societários antes das ideias inovadoras do século XIX.

Em sentido oposto, a condenação das operações fraudulentas demonstra a tendência moderna de restrição ao princípio da plena limitação de responsabilidade e evidencia a anomalia do sistema causada pela aplicação indistinta do princípio da autonomia patrimonial, que leva, evidentemente, à elevação dos custos econômicos da limitação da responsabilidade. As evidências atuais dessas constatações são a existência de grupos de sociedades, um dos pilares sobre os quais se apoia a economia de mercado, e a ausência de disciplina normativa à altura dos problemas gerados pela falta de regulamentação apropriada ao estabelecimento de responsabilidade às sociedades componentes, ainda mais se pensarmos na diversidade de países em que operam.

A *disregard doctrine*, apesar de ter se originado nos tribunais ingleses e norte-americanos, encontrou sua mais ampla e detalhada sistematização pelos doutrinadores da Europa Continental, que empreenderam não apenas a classificação da casuística como também a extração de valores inspiradores da doutrina, sopesando, de um lado, os interesses que são protegidos pelo sistema normativo e que ditam a função social a ser atingida e, de outro, a proteção ao instituto da pessoa jurídica e tudo o que representa para a sociedade moderna, reconhecendo e dosando a medida do equilíbrio a ser alcançado. Os fundamentos da teoria da desconsideração também evidenciam a sucessão de ideias.

No Brasil a importante produção doutrinária sobre a desconsideração da personalidade reflete a dimensão do problema enfrentado no cotidiano dos tribunais desde a segunda metade do século passado, e demonstra não apenas a influência de destacados doutrinadores estrangeiros mas, ainda, que a forma de conceber a personalidade, genericamente, como realidade ou como ficção, influencia os contornos que se conferem à doutrina.

A teoria da desconsideração não toma como fundamento jurídico único a função social da empresa; contudo, nessa função se podem congregar todos os valores protegidos pelo sistema jurídico e que são passíveis de violação pela atividade da pessoa jurídica, já que a atuação do ente personalizado, além de se dar dentro dos princípios que regem a atividade econômica, deve levar em consideração o respeito aos direitos reconhecidos pelo ordenamento jurídico, constituindo-se essa a sua função social.

Numa perspectiva abrangente diante da casuística da desconsideração da personalidade, levando-se em conta a grande divergência a respeito do assunto, sem pretensão exaustiva, esboçou-se uma classificação das hipóteses de fato que ensejam a incidência da teoria, com visão voltada aos problemas processuais[3] que serão enfrentados na próxima parte do trabalho, chegando-se à conclusão que a desconsideração da personalidade tem cabimento em hipóteses em que se persegue a responsabilização patrimonial bem como para fins diversos da responsabilidade.

A jurisprudência brasileira em muitas oportunidades tem reconhecido como hipótese fática de aplicação da desconsideração da personalidade a simples inadimplência, independentemente da espécie de obrigação de que se cogite – o que nega qualquer valor à personalidade jurídica e seu atributo de separação patrimonial, sem sopesar os valores que estão em conflito. Felizmente pode-se ver que essa tendência se encontra hoje sendo revista por nossos tribunais, e muitos são os julgados que buscam conferir à teoria da desconsideração os fundamentos jurídicos que lhe são próprios.

Por outro lado, também não pode escapar sem crítica o fato de praticamente não haver na jurisprudência nacional casos em que se reconheceu a subcapitalização como hipótese de incidência da desconsideração da personalidade jurídica. Pode-se justificar, embora somente em parte, que não há em nossa legislação, salvo poucas exceções, regramento sobre o capital social mínimo ou a respeito de qualquer coeficiente de capitalização, como, também, não há disposição que imponha sanção aos sócios e/ou administradores por não pleitearem a autofalência diante do endividamento excessivo. Todavia, a ausência de disposições legais para a maioria das espécies societárias não deve implicar o reconhecimento

---

3. Advertindo para a necessidade de uma maior aproximação entre o Direito e o processo, lembra Bedaque que "as relações entre um e outro são intensas e o perfeito conhecimento do processo depende da correta identificação desse nexo". E, nesse sentido, "o instrumento precisa ser desenvolvido a partir das necessidades peculiares a cada área de atuação. Primeiro verificam-se as especificidades, detectam-se os problemas; depois, procura-se desenvolver os instrumentos adequados" (José Roberto dos Santos Bedaque, *Direito e Processo: Influência do Direito Material sobre o Processo*, 6ª ed., São Paulo, Malheiros Editores, 2011, pp. 22 e 24).

da licitude da total exteriorização dos riscos da atividade econômica desenvolvida pelas pessoas jurídicas; por outras palavras: das hipóteses de subcapitalização qualificada deve derivar a responsabilidade patrimonial de sócios e administradores.

Ainda, na jurisprudência pode ser notada alguma impropriedade quanto à aplicação da desconsideração da personalidade jurídica, que, certamente, apresenta consequências em termos processuais. Nesse sentido, as hipóteses de emprego da teoria podem ser vistas sob dois prismas: dos seus limites subjetivos, ou seja, com relação àqueles que podem ser atingidos pela desconsideração da personalidade, com base na principal dicotomia que os divide em pessoas jurídicas de direito público e de direito privado; e, por outro ângulo, dos limites objetivos de aplicação, conforme suas causas e efeitos, que distinguem as hipóteses de incidência de outros institutos.

Exatamente essa distinção entre institutos não fora observada pelo legislador, que congregou sob a rubrica de desconsideração da personalidade jurídica diferentes hipóteses no art. 28 do CDC, podendo-se concluir que parte delas se refere mesmo à *disregard doctrine*, enquanto outras se referem a fundamentos diversos e, portanto, derivam consequências diferentes, como os casos relativos à teoria *ultra vires societatis*, hipóteses de responsabilidade civil etc.

Tendência oposta à do legislador do Código de Defesa do Consumidor, que ampliou as hipóteses de desconsideração da personalidade jurídica, é expressa por alguns doutrinadores brasileiros e estrangeiros, que afirmam a existência de outros mecanismos jurídicos que podem ser utilizados para fins de responsabilização, com prejuízo da teoria da desconsideração da personalidade, uma vez que, dada sua subjetividade, levaria à incerteza e à insegurança jurídica, o que justificaria sua substituição pela disciplina da responsabilidade, "que contém elementos próprios e capazes de implementar as modificações desejadas".[4]

4. Cf. Walfrido Jorge Warde Jr., *A Crise de Limitação de Responsabilidade dos Sócios e a Teoria da Desconsideração da Personalidade Jurídica*, tese de Doutorado apresentada ao Departamento de Direito Comercial da Faculdade de Direito da USP, São Paulo, 2004. Para o autor, o controle empresarial, distinto do controle societário, decorrente da apropriação dos meios de produção torna o sócio empresário e justifica que se lhe imponha a ilimitação de sua responsabilidade, o que também é cabível quando a própria lei ou o magistrado, diante do caso concreto, entendam que a limitação de responsabilidade é ineficiente. Em suma, para o doutrinador a moderna disciplina da responsabilidade já dispõe de meios que podem ser empregados sem

Contudo, a nosso ver, ainda que se imagine a responsabilização dos sócios ou administradores de uma sociedade sem que se fale, necessariamente, em desconsiderar sua personalidade, tais técnicas não se mostram eficazes diante de certas situações, revelando que desconsiderar a individualidade das pessoas jurídicas e dos patrimônios envolvidos é a alternativa capaz de sancionar determinada conduta, como, por exemplo, a confusão patrimonial ou a constituição de uma sociedade evidentemente subcapitalizada. Desconsiderar a personalidade jurídica nessas situações, ainda que diversamente se rotule essa técnica sancionatória, significa deixar de aplicar um dos atributos da personalidade, a separação patrimonial existente entre sócio e sociedade, para tornar possível a responsabilização pelo desvio de finalidade do qual se valem aqueles que utilizam indevidamente a pessoa jurídica.

A chamada *Haftungsdurchgriff* ou *Durchgriffshaftung*, modalidade de desconsideração da personalidade jurídica que responde aos problemas relativos à responsabilização do sócio de responsabilidade limitada perante os credores da sociedade, resolve, assim, problemas não equacionados no plano da responsabilidade interna, "entre sócios e sociedade".[5-6]

Nem sempre é possível isolar singulares comportamentos que deram causa a prejuízos sentidos pela sociedade, de forma a ser possível "fundar uma ação de responsabilidade aquiliana",[7] ou na inércia da sociedade em face de seu membro, dadas as proporções que assumiu a conduta daqueles

---

o recurso à noção de pessoa jurídica, como uma alternativa adequada à teoria da desconsideração, conforme entende (pp. 10, 13 e 232).

5. Cf. Maria de Fátima Ribeiro, *A Tutela dos Credores da Sociedade por Quotas e a "Desconsideração da Personalidade Jurídica"*, 1ª ed., Coimbra, Livraria Almedina, 2012, pp. 133-134.

6. Como adverte Comparato, referindo-se à responsabilidade do controlador, regulada no art. 117 da LSA, "em presença de uma tal concentração de poderes e de uma tão diminuta responsabilidade prevista em lei, a aplicação da teoria da desconsideração da personalidade jurídica aparece não apenas como uma maneira de restabelecer o equilíbrio nas relações privadas entre credor e devedor, mas, também, como um necessário contrapeso ao poder do controlador, com importantes efeitos concorrenciais" (cf. Fábio Konder Comparato e Calixto Salomão Filho, *O Poder de Controle na Sociedade Anônima*, 5ª ed., Rio de Janeiro, Forense, 2008, pp. 529-530).

7. Cf. Francesco Galgano, *Diritto Commerciale. Le Società*, 15ª ed., Bolonha, Zanichelli, 2009, p. 201. Afirma o doutrinador que a responsabilidade dos administradores frente à sociedade é contratual, pela inobservância da obrigação de conservação do patrimônio social; enquanto perante os credores sociais a responsabilidade é por fato ilícito (p. 329).

que dirigem a sociedade, que leva, inevitavelmente, à desconsideração da personalidade jurídica como via direta de responsabilização frente aos credores sociais.

Por outro lado, a desconsideração para fins diversos da responsabilização (*Zurechnungsdurchgriff*) não se refere, como se quer fazer crer, ao equacionamento de meros problemas de interpretação de normas, mesmo porque para a resolução de tais problemas é preciso não levar em conta as existências distintas, deixando de aplicar o regime específico para as pessoas jurídicas.[8] Vale dizer: em certas situações, ante o desvio da finalidade para qual a pessoa jurídica fora concebida, aplica-se o regime comum, desconsiderando-se a existência de entes morais capazes de titularizar posições subjetivas.

8. Como aponta Carmen Boldó Roda, de uma forma geral, "el problema de la represión de los 'abusos de la personalidad jurídica' se planteará, por lo tanto, en los mismos términos en que lo hace, en la experiencia cotidiana del intérprete se preguntará si subsisten, en el caso sometido a su juicio, los presupuestos de aplicación de la disciplina especial resumida en la noción de persona jurídica. Y desaparecerá la disciplina especial restituyendo la vigencia del derecho común, en todos los casos en los que, a esta pregunta, dé una respuesta negativa" (*Levantamiento del Velo y Persona Jurídica en el Derecho Privado Español*, 2ª ed., Navarra, Aranzadi, 1997, p. 49). Nesse sentido, também, Nadia Zorzi, esclarecendo que "il problema dell'abuso della personalità giuridica si manifesta nel godere della disciplina speciale, al di fuori delle situazioni oggettive che ne giustificano l'applicazione, è il fruire dell'esenzione dal diritto comune oltre i limiti in cui il legislatore ha previsto e voluto conterla. Parallelamente la repressione dell'abuso della personalità giuridica importa la disapplicazione della disciplina speciale, ed il ritorno al diritto comune ogni qual volta vengano meno i presupposti che giustificano le ragioni del privilegio normativo" ("Il superamento della personalità giuridica nella giurisprudenza di merito", in *Contratto e Impresa 3*, Pádua, CEDAM, 1994, p. 1.074).

Parte II
O PROCESSO PARA A DESCONSIDERAÇÃO DA PERSONALIDADE JURÍDICA

7. *Desconsideração da Personalidade Jurídica e Responsabilidade Patrimonial.* 8. *Os Meios Processuais para a Desconsideração da Personalidade Jurídica.* 9. *A Ação e a Desconsideração da Personalidade Jurídica.* 10. *O Processo e o Incidente Processual para a Desconsideração da Personalidade Jurídica.* 11. *Tutelas Provisórias na Demanda de Desconsideração da Personalidade Jurídica.* 12. *Conclusões da Parte II.*

7
DESCONSIDERAÇÃO DA PERSONALIDADE JURÍDICA E RESPONSABILIDADE PATRIMONIAL

7.1 Responsabilidade patrimonial. 7.2 Responsabilidade patrimonial primária e secundária. 7.3 Desconsideração da personalidade jurídica: responsabilidade secundária. 7.4 Desconsideração da personalidade jurídica: responsabilidade subsidiária.

7.1 Responsabilidade patrimonial

Quando se fala em responsabilidade civil,[1] societária, administrativa, penal, tributária etc., se está referindo, na realidade, à disciplina relativa às suas causas e à medida das respectivas sanções que são disciplinadas no terreno do direito material; por outro lado, a responsabilidade patrimonial, ontologicamente, situa-se no campo do direito público, mais especificamente na seara do direito processual.[2]

1. A responsabilidade civil deriva de diversas fontes, que, como já acentuava Louis Josserand, "brotam de todas as partes, em todos os pontos do campo jurídico – responsabilidade contratual e responsabilidade delitual; responsabilidade do ato pessoal do homem, ou do ato de outrem, ou do ato de animais, ou do ato de coisas inanimadas; responsabilidade objetiva ou subjetiva; responsabilidade baseada na ideia de culpa ou no conceito de risco; responsabilidade individual ou coletiva, conjunta ou solidária. O tronco primitivo, o tronco romano, desdobrou-se numa porção de ramos, e a responsabilidade tornou-se um mundo jurídico, mundo em movimento, em incessante gestação, sempre a começar (...)" ("Evolução da responsabilidade civil", trad. de Raul Lima, *RF* 86/52 e ss., n. 454, Rio de Janeiro, Forense, junho/1941).

2. Consoante leciona Paulo Henrique dos Santos Lucon, apoiado na lição de Dinamarco, a responsabilidade patrimonial "é um estado potencial tendente a converter-se na sujeição à sanção executiva, e representa a ponte de passagem entre o direito material e o direito processual" (*Embargos à Execução*, 1ª ed., São Paulo, Saraiva, 1996, p. 195).

A doutrina moderna reconhece a teoria dualista da obrigação, distinguindo-a da responsabilidade (*Schuld* e *Haftung*). Conforme magistério de Liebman, os juristas alemães formularam essa doutrina, designando seus elementos por *Schuld*, consistente no débito, o dever de cumprir a prestação, que corresponde ao oposto direito de exigir seu cumprimento; e *Haftung*, a responsabilidade, que implica, sob o aspecto passivo, a destinação dos bens do devedor à satisfação coativa daquele direito e, do lado ativo, o direito de agressão ao patrimônio do devedor.[3]

Embora essa doutrina tenha encontrado muitos seguidores na Europa, por evidenciar com eficiência o fenômeno da responsabilidade, inseriu-a no direito privado, o que à época era natural, pois, como aponta Dinamarco, não havia uma nítida distinção entre o direito material e o processual.[4-5] Foi, contudo, com Carnelutti que o tema da responsabilidade ganhou os contornos precisos de uma concepção publicística. Sob a ótica do jurista italiano, a obrigação e o direito subjetivo são os dois lados de uma mesma relação jurídica; enquanto o direito subjetivo pode ser definido como "o interesse protegido mediante um poder de vontade", a obrigação nada mais é que seu reverso, o interesse subordinado mediante o vínculo do elemento volitivo.[6] O direito objetivo material, enquanto destinado a dirimir conflitos de interesses, contrapõe-se ao direito processual, que disciplina a forma de declaração do direito, sua execução e os poderes do órgão a quem é confiada a aplicação das normas

3. Cf. Enrico Tullio Liebman, *Processo de Execução*, 4ª ed., São Paulo, Saraiva, 1980, p. 33. Refere-se o autor aos trabalhos dos juristas alemães: Brinz (*Der Begriff Obligatio*, 1874); Amira (*Nord Germanisches Obligationenrecht*, 1882), além dos que, à época, eram rescentes: Puntschart, Gierke, Isay, Duechemchen, Strohal, Bekker, Siber, Pappenheim etc., mencionados no resumo feito por Enneccerus, *Tratado de Derecho Civil*, trad. espanhola, Barcelona, 1933, mencionado por Liebman.

4. Cândido Rangel Dinamarco, *Fundamentos do Processo Civil Moderno*, 6ª ed., vol. I, São Paulo, Malheiros Editores, 2010, p. 546, e *Execução Civil*, 8ª São Paulo, Malheiros Editores, 2002 e 2003, p. 259.

5. A ação, como esclarece Alfredo Rocco, é um direito autônomo, processual e público, que tem por conteúdo a faculdade de qualquer cidadão de obter a intervenção do Estado para a realização das relações jurídicas concretas, e, por isso, são distintos o direito de crédito e o direito de obter do Estado a intervenção para realização forçada do crédito; o primeiro é um direito privado, enquanto o segundo é um direito público, tendo em vista a impossibilidade de coerção direta da obrigação (Alfredo Rocco, *Il Fallimento*, 1ª ed., Milão, Giuffrè, 1962, pp. 32-34).

6. Francesco Carnelutti, "Diritto e processo nella teoria dele obbligazioni", in *Studi di Diritto Processuale*, vol. 2, Pádua, CEDAM, 1928, p. 197.

materiais.[7] Do comando jurídico das normas de direito material surgem os direitos subjetivos e as obrigações, enquanto da norma instrumental surgem o poder (ação) e a sujeição (responsabilidade).[8]

Na maioria das situações débito e responsabilidade andam juntos, mas podem estar separados, e essa distinção se torna mais evidente nos casos de débito sem responsabilidade (como, por exemplo, a obrigação natural) e de responsabilidade sem débito[9] (como, *v.g.*, a sujeitabilidade do cônjuge à execução). Há que se distinguir, assim, a obrigação da responsabilidade e os casos de responsabilidade sem obrigação.[10]

Com efeito, a sujeição ou responsabilidade consiste na necessidade de obedecer ao vínculo imposto à vontade, é a "ineficácia do querer", que apresenta tantas espécies quantas são as espécies de sanção.[11] Assim, pode-se relacionar um duplo binômio: (1) direito do credor – obrigação do devedor; (2) ação do credor – responsabilidade do devedor.[12]

Portanto, a responsabilidade não se constitui de obrigações de uma parte em relação à outra, e nem mesmo é elemento da relação jurídica obrigacional, porque, como aponta Liebman, trata-se de "vínculo de direito público processual, consistente na sujeição dos bens do devedor a serem destinados a satisfazer o credor, que não recebeu a prestação devida, por meio da realização da sanção por parte do órgão judiciário".[13] Por isso, somente podem ser lesados ou violados os direitos ou as obrigações, e não o poder (ação) e a sujeição (responsabilidade).[14] Enquanto débito e crédito consubstanciam-se em relações particulares entre devedor e credor, a responsabilidade se traduz numa relação entre o executado e o juiz.[15]

7. Idem, pp. 230-231.
8. Cf. Francesco Carnelutti, *Sistema di Diritto Processuale Civile*, Pádua, CEDAM, 1936, p. 51.
9. Cf.: Alfredo Buzaid, *Do Concurso de Credores no Processo de Execução*, 1ª ed., São Paulo, Saraiva, 1952, p. 16; Enrico Tullio Liebman, *Processo de Execução*, cit., 4ª ed., p. 34.
10. Cf. Alfredo Rocco, *Il Fallimento*, cit., 1ª ed., p. 28.
11. Cf. Francesco Carnelutti, *Sistema di Diritto Processuale Civile*, cit., p. 53.
12. Cf. Alfredo Buzaid, *Do Concurso de Credores no Processo de Execução*, cit., 1ª ed., p. 23.
13. Enrico Tullio Liebman, *Processo de Execução*, cit., 4ª ed., p. 37.
14. Cf. Francesco Carnelutti, *Sistema di Diritto Processuale Civile*, cit., p. 53.
15. Cf. Sérgio Seiji Shimura, *Título Executivo*, 2ª ed., São Paulo, Método, 2005, p. 79.

Então, qual seria a justificativa a fundamentar essa atividade do Estado de retirar os bens do devedor, aliená-los e destinar o produto ao pagamento da dívida?

Com base nas ideias de Carnelutti, Liebman responde a essa indagação criticando as doutrinas que buscam respostas apenas no direito privado, esquecendo que a sanção não é elemento da relação jurídica privada, já que o titular do poder sancionatório é o Estado, que, em virtude de sua soberania, exerce papel insubstituível no processo de execução. A conceituação das doutrinas privatísticas era compreensível na época em que eram estudados os fenômenos processuais apenas do ponto de vista do direito privado. Sob outro prisma, visto "o próprio processo como objeto autônomo de conhecimento, modifica-se toda essa perspectiva e a posição do órgão judiciário deve adquirir todo o relevo que objetivamente lhe compete".[16]

Em caso de inadimplência o credor não pode fazer valer seus direitos diretamente, deve se dirigir ao Estado, por meio do exercício do direito de ação, para pleitear a tutela desejada e alcançar o bem da vida pretendido.[17] Tendo retirado o poder do indivíduo, o Estado reservou a si mesmo não só o poder-dever de julgar, como o de praticar os atos de execução.

A existência somente do crédito não basta a autorizar a execução, porque é preciso também o título executivo,[18] que, quando se trata de sentença, determina a vontade abstrata contida na norma, aplicando a sanção sem interferência sobre a relação jurídica substancial, porque tem natureza e relevância processuais, já que não surgem da condenação

---

16. Enrico Tullio Liebman, *Processo de Execução*, cit., 4ª ed., p. 36.
17. Enrico Tullio Liebman, *Processo de Execução*, cit., 4ª ed., p. 37. Aponta o autor, ainda, referindo-se à responsabilidade, que "é mérito indiscutível de Carnelutti ter demonstrado sua natureza processual, realizando a separação dos elementos material e processual que iam anteriormente confusos na relação jurídica e esclarecendo que a responsabilidade subsiste apenas em face do Estado, único titular do poder de pôr as mãos sobre os bens do executado para os fins da execução, nos limites fixados no título" (p. 26).
18. Liebman, criticando a ideia de título executivo como prova legal do crédito, sustentada por Carnelutti, define-o como "o ato jurídico que tem efeito tipicamente constitutivo de determinar e tornar concreta e atuável a sanção executiva, e dar vida, portanto, à ação executiva (a *parte creditoris*) e à sujeição ou responsabilidade executiva (a *parte debitoris*)" ("Il titolo esecutivo riguardo ai terzi", *Rivista di Diritto Processuale Civile* XI/130, I, Pádua, CEDAM, 1934).

direitos e obrigações, mas poderes subjetivos e responsabilidade.[19-20] Todavia, constitui questão de discricionariedade legislativa determinar quais atos, de natureza pública ou privada, fornecem o grau de certeza suficiente para serem tomados como títulos executivos.[21]

7.2 Responsabilidade patrimonial primária e secundária

Normalmente os atos de execução são dirigidos em face daqueles que constam como sujeitos passivos do título executivo judicial ou extrajudicial, o que constitui a regra geral preconizada em nosso sistema processual, cujo ordenamento determina que "o devedor responde com todos os seus bens presentes e futuros para o cumprimento de suas obrigações, salvo as restrições estabelecidas em lei" (CPC/2015, art. 789).

Deve-se ponderar, entretanto, que em certas situações, autorizadas pela lei (CPC/2015, art. 790), acaba por responder pela obrigação com seu patrimônio quem não é parte na relação material, quem não é sujeito da obrigação e sequer figura no título executivo (judicial ou extrajudicial); são os chamados casos de responsabilidade secundária[22] (por exemplo, a responsabilidade do cônjuge).

---

19. Cf. Enrico Tullio Liebman, "Il titolo esecutivo riguardo ai terzi", cit., *Rivista di Diritto Processuale Civile* XI/138, e também *Manual de Direito Processual Civil*, 3ª ed., vol. 1, trad. brasileira de Cândido Rangel Dinamarco, São Paulo, Malheiros Editores, 2005, p. 268.

20. Por outro lado, como acentua Carnelutti, a responsabilidade processual não consiste apenas na sujeição à execução, pois "è sempre responsabilità la situazione in cui si trova l'emittente di un titolo di credito, non dotato della esecuzione parata, perché non può sottrarsi alla condanna e attraverso questa alla esecuzione" ("Titolo esecutivo e scienza del processo", *Rivista di Diritto Processuale Civile* XI/159, I, Pádua, CEDAM, 1934).

21. Cf. Girolamo Monteleone, *Diritto Processuale Civile*, 3ª ed., Pádua, CEDAM, 2002, p. 898. Refere o autor que "conviene invece sottolineare che nel sistema della legge il titolo esecutivo, quando sia da essa richiesto (il che non è sempre), condiziona lo svolgimento dell'esecuzione forzata dando ad un tempo quella *facies esteriore* di certezza (la cui concreta individuazione è rimessa ala discrezionalità del legislatore), che consente di evitare un preliminare accertamento del diritto *ex professo* agli organi esecutivi, rendendo così spedito e senza intoppi il loro procedere. Le due cennate funzione del titolo si condizionano vicendevolmente, e sono come le due face della medesima medaglia" (p. 898).

22. Carnelutti, referindo-se a quem suporta os efeitos da execução sem ser devedor, vislumbra uma espécie de "sostituzione processuale sostanziale, in quanto

Assim, há que se distinguir a responsabilidade primária da secundária; na primeira a responsabilidade está acompanhada do débito, da obrigação; ao passo que na segunda "a responsabilidade se separa da obrigação e vai alcançar terceiro não devedor",[23] ocorrendo independentemente de culpa ou de qualquer outra "contribuição negativa do responsável".[24]

No Direito Brasileiro os casos de responsabilidade secundária têm como fonte legal o disposto no art. 790 do CPC/2015;[25] contudo, nem todos os casos ali enumerados se referem realmente a essa modalidade de responsabilidade.[26]

Não são hipóteses de responsabilidade secundária as situações em que os bens do devedor estão na posse de terceiro, porque, embora seja este atingido em sua posse, a responsabilidade incide sobre os bens do próprio devedor.[27] Também não é secundária a responsabilidade do fiador, porque a fiança não é apenas fonte de responsabilidade, mas, antes, de obrigações, ainda que acessórias.[28-29]

la sostituzione non avviene rispetto alla azione, ma rispetto al risultato del processo" (*Processo di Esecuzione*, 1ª ed., vol. I, Pádua, CEDAM, 1932, p. 86).

23. Cf. Enrico Tullio Liebman, *Processo de Execução*, cit., 4ª ed., p. 95.

24. Cf. Rogério Licastro Torres de Mello, *O Responsável Executivo Secundário*, 1ª ed., São Paulo, Quartier Latin, 2006, p. 85.

25. Rogério Licastro Torres de Mello enumera como responsáveis executivos secundários também o fiador contratual, o avalista e aquele que presta garantia real (*O Responsável Executivo Secundário*, cit., 1ª ed., p. 184). Contudo, com a devida vênia, discordamos desse entendimento, porque em tais casos a responsabilidade corresponde a uma obrigação, ainda que acessória, e que fora descumprida pelo garantidor.

26. Cf. Teori Albino Zavascki, *Processo de Execução*, 3ª ed., São Paulo, Ed. RT, 2004, p. 194.

27. Quando esses bens são alienados em fraude à execução ou, ainda, quando o objeto do litígio for alienado na pendência do processo (art. 792 do CPC/2015), segundo alguns doutrinadores trata-se de reponsabilidade primária, porque ineficaz o ato de transferência pelo credor (cf.: Araken de Assis, *Manual da Execução*, 13ª ed., São Paulo, Ed. RT, 2010, pp. 227-230; e Rogério Licastro Torres de Mello, *O Responsável Executivo Secundário*, cit., 1ª ed., p. 213). Ora, caso se aceite que se trata apenas de ineficácia dos atos de transferência, e não de invalidade, os bens efetivamente chegaram a ser destacados do patrimônio do devedor, passando a compor o patrimônio de terceiro, e que este, portanto, acabará respondendo pela dívida alheia sem que haja liame obrigacional algum entre o responsável patrimonial e o credor, essas características evidenciam que se trata de responsabilidade secundária.

28. Cf. Cândido Rangel Dinamarco, *Fundamentos do Processo Civil Moderno*, 6ª ed., vol. II, São Paulo, Malheiros Editores, 2010, p. 1.664.

29. Conforme enfatiza José Miguel Garcia Medina, "considerando que a execução deve ser movida contra aquele 'que é reconhecido como tal no título executivo',

Em alguns casos ficam sujeitos à execução os bens do sócio, nos termos da lei (CPC/2015, art. 790, II). As disposições legais que determinam a responsabilidade patrimonial do sócio referem-se, em regra, ao tipo de sociedade que não prevê limitação de responsabilidade e aos casos de falta de integralização do capital social, como já mencionado.

Contudo, é de se indagar: nas várias situações que ensejam a desconsideração da personalidade jurídica há responsabilidade sem obrigação? Por outras palavras: a responsabilidade daquele atingido pela desconsideração é primária ou secundária? A resposta a essa questão leva a importantes consequências para o processo, influindo nos meios processuais que podem ser utilizados para a responsabilização patrimonial dos sócios e administradores por dívidas da sociedade.

7.3 Desconsideração da personalidade jurídica: responsabilidade secundária

Se observarmos a desconsideração pela forma e meios de atuação das sanções a serem aplicadas aos casos de violação indireta aos direitos de terceiros, constataremos que a sociedade episodicamente terá declarada suspensa a eficácia da autonomia patrimonial, prevista na forma societária adotada, para serem estendidos os efeitos de certas e determinadas obrigações civis aos sócios ou administradores da pessoa jurídica devedora quando não são eles sujeitos da relação obrigacional, o que faz concluir que se trata de hipótese de responsabilidade sem obrigação.

Todavia, a questão não é pacífica, e a doutrina se divide entre as duas respostas, sustentando alguns que a *disregard doctrine* constitui típico caso de responsabilidade primária,[30] ao passo que outros doutrinadores

já se decidiu que não pode ser executado o fiador se este não foi citado na ação de conhecimento da qual se originou o título executivo judicial" (*Execução*, 2ª ed., São Paulo, Ed. RT, 2011, p. 79). Faz-se ressalva às hipóteses nas quais o instrumento da fiança já constitui título executivo (por exemplo, fiança bancária, fiança judicial), com todos os elementos de certeza, liquidez e exigibilidade da dívida (cf. Rogério Licastro Torres de Mello, *O Responsável Executivo Secundário*, cit., 1ª ed., p. 250).

30. Nesse sentido, ou seja, de que a desconsideração da personalidade jurídica refere-se apenas aos casos de responsabilidade primária: André Pagani de Souza, *Desconsideração da Personalidade Jurídica – Aspectos Processuais*, 1ª ed., São Paulo, Saraiva, 2009, p. 55; Rodolfo Kronemberg Hartmann, *A Execução Civil*, 1ª ed., Rio de Janeiro, Impetus, 2010, p. 28; Calixto Salomão Filho, *O Novo Direito Societário*, 4ª ed., 2ª tir., São Paulo, Malheiros Editores, 2015, pp. 260-261; Humberto

entendem que se trata mesmo de responsabilidade secundária, posto que a sujeição patrimonial que dela deriva não é correlata a uma obrigação.[31]

Ainda que, por regra, coincidam a obrigação e a responsabilidade na mesma pessoa,[32] é de se ponderar que há casos em que a responsabilidade atinge terceiro, não devedor. Nos casos de responsabilidade secundária respondem esses terceiros (pessoas diferentes do devedor) e, quando se forma o título executivo, nele não há referência ao responsável secundário, que se tornará parte legítima para a execução apenas em vista de disposição legal que autoriza que a responsabilidade recaia sobre ele, mas não antes de serem observados o contraditório e a ampla defesa, para aferir se é devida ou não a sujeição patrimonial.

A *disregard doctrine* tem cabimento quando se utiliza a sociedade e seu aparato social para a prática de fraudes ou de abuso do direito, que atingem indiretamente terceiros pela atividade dos gestores (sócios e/ou administradores), porque se faz o uso indevido da personalidade jurídica. Dizem alguns doutrinadores que o sócio está se obrigando também em nome próprio,[33] porque manejou ilicitamente a sociedade,[34] não se

Theodoro Jr., *Processo de Execução*, 4ª ed., São Paulo, Universitária de Direito, 1978, p. 160; Teori Albino Zavascki, *Processo de Execução*, cit., 3ª ed., p. 236; Leonardo Netto Parentoni, *Reconsideração da Personalidade Jurídica*, tese de Doutorado apresentada ao Departamento de Direito Comercial da Faculdade de Direito da USP, São Paulo, 2012, p. 48.

31. Nesse sentido: Frederico F. S. Cais, *Fraude de Execução*, 1ª ed., São Paulo, Saraiva, 2005, p. 38; Pedro Henrique Torres Bianqui, *Desconsideração da Personalidade Jurídica no Processo Civil*, 1ª ed., São Paulo, Saraiva, 2011, p. 168; Rogério Licastro Torres de Mello, *O Responsável Executivo Secundário*, cit., 1ª ed., p. 285; Luiz Guilherme Marinoni e Sérgio Cruz Arenhart, *Execução*, 4ª ed., São Paulo, Ed. RT, 2012, pp. 263-264; José Roberto dos Santos Bedaque, "Sucessão de empresas e desconsideração da personalidade jurídica", in Flávio Luiz Yarshell e Guilherme S. J. Pereira (orgs.), *Processo Societário*, 1ª ed., São Paulo, Quartier Latin, 2012, p. 455.

32. Como leciona Dinamarco, o "nexo que existe entre responsabilidade e obrigação é de instrumentalidade, tanto quanto o processo é instrumento do direito substancial. A responsabilidade patrimonial é instituída pela ordem jurídica com o escopo de propiciar a realização de direitos e obrigações pela via da execução forçada" (*Execução Civil*, cit., 8ª ed., pp. 260-261).

33. Nesse sentido: Rodolfo Kronemberg Hartmann, *A Execução Civil*, cit., 1ª ed., p. 28.

34. Nesse sentido, Humberto Theodoro Jr. enfatiza que a responsabilidade secundária dos sócios se refere àquelas hipóteses nas quais a solidariedade resulta do tipo societário escolhido, situação que se deve distinguir da responsabilidade extraordinária, como a proveniente do abuso de gestão, dolo etc., que depende de

podendo dizer que ele é totalmente alheio à obrigação, já que interveio de forma indevida na relação obrigacional ocorrida entre a sociedade e o credor, fazendo nascer a obrigação de reparar.[35]

Contudo, em termos de desconsideração da personalidade jurídica, como referimos, a violação ao cumprimento de uma obrigação é feita de forma indireta, como nas situações em que há confusão patrimonial, atuação empresarial com capital evidentemente insuficiente, que tornam a sociedade insolvente e a impedem de cumprir suas obrigações, dentro do exercício normal de sua atividade. Nessa situação, o membro da pessoa jurídica, sócio ou administrador, viola os interesses legítimos de terceiros, impedindo que a pessoa jurídica cumpra sua normal função. É o caso, com a devida vênia, de responsabilidade secundária, porque, se a obrigação já preexistia e se referia unicamente à pessoa jurídica, ela está desvinculada da responsabilidade do sócio ou administrador, resultando, para estes, típico caso de responsabilidade sem obrigação.

Não são hipóteses de desconsideração da personalidade jurídica, e sim de responsabilidade por ato próprio, aqueles casos de violação direta aos direitos de terceiros cometidas pelos sócios ou administradores quando descumprem a lei; essas hipóteses, diferentemente, referem-se à responsabilidade primária, porque a obrigação do sócio e/ou administrador está acompanhada da responsabilidade que têm perante os indivíduos que tiveram seus direitos lesados.

Mesmo nos casos de normas que levam ao desconhecimento da autonomia da pessoa jurídica tão somente pelo inadimplemento de certas

"prévio procedimento de cognição e só pode dar lugar à execução quando apoiada em sentença condenatória contra o sócio faltoso" (*Processo de Execução*, 21ª ed., São Paulo, Universitária de Direito, 2002, p. 189).

35. Para Calixto Salomão Filho "a desconsideração entendida como método não pode ser confundida com uma aplicação da teoria dualista da obrigação, ou seja, da imputação da responsabilidade a pessoa diferente do devedor. Importante para os defensores desse tipo de equiparação é, sobretudo, distinguir os casos de desconsideração das soluções baseadas na aplicação do direito civil. Não pode este ser o caráter distintivo da desconsideração (...). Característica fundamental da responsabilidade sem dívida é a possibilidade de ressarcimento do sujeito obrigado a pagar perante o devedor. Nas hipóteses de desconsideração aventadas não é possível imaginar a possibilidade de ressarcimento do sócio perante a sociedade". Em casos de desconsideração da personalidade jurídica, segundo o doutrinador, "o sujeito responde por dívida própria, decorrente não de um ato, mas de uma atividade abusiva" (Calixto Salomão Filho e Fábio Konder Comparato, *O Poder de Controle na Sociedade Anônima*, 5ª ed., Rio de Janeiro, Forense, 2008, pp. 477-478).

espécies de obrigações – aceitando-se que se trata, também, de casos de desconsideração da personalidade jurídica –, como em algumas hipóteses de dívidas trabalhistas (para as sociedades do mesmo grupo econômico – CLT, § 2º do art. 2º) e do consumidor (§ 5º do art. 28 do CDC), entre outras, estamos diante de responsabilidade secundária. Repare-se que a sujeição patrimonial decorre de disposição legal e independe da conduta dolosa ou culposa dos sócios e administradores da sociedade – e, portanto, também neste caso a responsabilidade está desvinculada da obrigação, que inicialmente tinha por sujeito passivo unicamente a sociedade.

Nesse sentido, pode-se concluir que a desconsideração da personalidade jurídica abriga apenas casos de responsabilidade patrimonial secundária, e essa identificação permite extrair relevantes conclusões para o processo no momento da execução, como veremos oportunamente, em especial para a aferição dos meios processuais pelos quais se pode alcançar a desconsideração da personalidade.

7.4 Desconsideração da personalidade jurídica: responsabilidade subsidiária

É oportuno indagar se a responsabilidade, tratando-se desconsideração da personalidade jurídica, seria solidária ou apenas subsidiária em relação à sociedade. João Batista Villela, tratando da matéria relativamente ao consumidor, sustenta "não haver dúvida de ser subsidiária a responsabilidade, porque a desconsideração, quando praticada em defesa dos credores, traduz-se em recurso técnico contra a insuficiência de bens sociais".[36]

Há previsão para a solidariedade no CDC, mais propriamente no art. 7º, ao dispor que, "tendo mais de um autor a ofensa, todos responderão solidariamente pela reparação dos danos previstos nas normas de consumo". Mas estamos, nesse caso, relativamente ao terceiro (pessoa física ou jurídica), diante de responsabilidade por ato próprio, porque mais de um autor terá a ofensa; e, nessa situação, a solidariedade se dará entre os causadores. Não estamos, aqui, diante de caso de desconsideração da personalidade jurídica.

36. João Batista Villela, "Sobre desconsideração da personalidade jurídica no Código de Defesa do Consumidor", *Boletim IOB de Jurisprudência* 11/232, 1991 (3/5611). Por fim, conclui o autor tratar-se de responsabilidade subsidiária, e em alguns casos solidária.

Sob outro ponto de vista, pode o sócio não ter praticado a ofensa diretamente mas ter causado o prejuízo, como, por exemplo, por meio de confusão patrimonial que impede o devido ressarcimento ao lesado. Nessa hipótese, não tendo deixado recursos na sociedade suficientes à responsabilização, deve responder com seu patrimônio em igualdade de condições com a sociedade? Haveria responsabilidade solidária nessa hipótese?

Observe-se que, tratando-se de solidariedade, há o direito de escolha concedido ao credor para cobrar o cumprimento da obrigação de um ou de outro devedor ou, ainda, de ambos, nos termos da lei (art. 275 do CC). No caso de desconsideração da personalidade, se entendêssemos que a responsabilidade dela derivada fosse solidária, poderia o credor escolher entre exigir da sociedade ou do sócio, ou de ambos, concomitantemente, o que lhe é devido. Haveria essa opção de escolha ao credor diante de hipótese de desconsideração da personalidade jurídica?

Em regra, não nos parece ser afirmativa a resposta, porque somente haveria o interesse de agir para a desconsideração quando, nessas situações, não houver patrimônio suficiente para o adimplemento da obrigação. Lembremos que "a solidariedade não se presume, resulta da lei ou da vontade das partes" (CC, art. 265), e as disposições legais que se referem à desconsideração da personalidade jurídica, por regra, não estabelecem a solidariedade. Mesmo pensando em termos de responsabilidade patrimonial do sócio, há que se ponderar também sobre o benefício de ordem estabelecido na norma processual (CPC/2015, art. 795).

É o caso da disposição contida no § 2º do art. 28 do CDC, que afasta a solidariedade ao prever que "as sociedades integrantes dos grupos societários e as sociedades controladas são subsidiariamente responsáveis pelas obrigações decorrentes deste Código".[37]

Contudo, no direito do trabalho há exceção à regra da subsidiariedade na hipótese contemplada no § 2º do art. 2º da CLT,[38] que prevê a

---

37. Como anota João Batista Villela, "não somente se absteve o parágrafo de declarar a reciprocidade, como, absurda e inexplicavelmente, não fez a sociedade controladora subsidiariamente responsável pelas obrigações da controlada". Pelo sentido lógico, entretanto, é de se entender que a controladora também deve responder subsidiariamente pelas dívidas oriundas das relações de consumo da sociedade controlada (cf. João Batista Villela, "Sobre desconsideração da personalidade jurídica no Código de Defesa do Consumidor", cit., *Boletim IOB de Jurisprudência* 11/231).

38. Dispõe o art. 2º, § 2º, da CLT: "Sempre que uma ou mais empresas, tendo, embora, cada uma delas, personalidade jurídica própria, estiver sob a direção, controle

solidariedade entre sociedades pertencentes ao mesmo grupo econômico para as obrigações de natureza trabalhista, e que, como sustentamos, se insere no âmbito da desconsideração da personalidade jurídica.

Chegamos, assim, à conclusão de que a responsabilidade dos sócios, tratando-se de desconsideração da personalidade jurídica, em regra, é subsidiária[39] em relação à responsabilidade da sociedade[40] e, por exceção, solidária, nas poucas hipóteses previstas em lei.

Note-se também que o devedor que satisfaz a dívida solidária por inteiro tem o direito de cobrar a quota do devedor comum, consoante direito que lhe confere o art. 283 do CC. Havendo a desconsideração da personalidade da sociedade, em regra, não terá o sócio o direito de reaver o que pagou em virtude da desconsideração, exceto nessas hipóteses de responsabilidade objetiva, que não decorrem do dolo ou da culpa.

---

ou administração de outra, constituindo grupo industrial, comercial ou de qualquer outra atividade econômica, serão, para os efeitos da relação de emprego, solidariamente responsáveis a empresa principal e cada uma das subordinadas".

39. Consoante explica Bedaque, "sem insuficiência patrimonial social não há motivo para a desconsideração" e, por isso, trata-se de responsabilidade subsidiária ("Sucessão de empresas e desconsideração da personalidade jurídica", cit., in Flávio Luiz Yarshell e Guilherme S. J. Pereira (orgs.), *Processo Societário*, 1ª ed., pp. 451 e 455).

40. Em sentido contrário, de não haver subsidiariedade ou benefício de ordem: Teori Albino Zavascki, *Processo de Execução*, cit., 3ª ed., p. 236.

8
OS MEIOS PROCESSUAIS PARA A DESCONSIDERAÇÃO DA PERSONALIDADE JURÍDICA

8.1 A desconsideração da personalidade jurídica no processo civil brasileiro anterior ao CPC de 2015. 8.2 A desconsideração da personalidade jurídica realizada de forma incidental, segundo o Código de Processo Civil de 2015: 8.2.1 Processos sobre os quais pode incidir o pedido de desconsideração da personalidade jurídica, segundo o Código de Processo Civil de 2015 – 8.2.2 Aplicação do incidente de desconsideração da personalidade jurídica a qualquer procedimento – 8.2.3 A via incidental para a desconsideração da personalidade jurídica com o fim de responsabilização patrimonial. 8.3 Desconsideração da personalidade jurídica realizada por meio de processo autônomo: 8.3.1 A desconsideração da personalidade jurídica por meio de processo autônomo que objetiva a responsabilização prevista no art. 82 da Lei Falimentar: 8.3.1.1 A responsabilização prevista no art. 82 da Lei Falimentar como tutela de direitos individuais homogêneos – 8.3.2 A desconsideração da personalidade jurídica por meio de processo autônomo para a apuração de responsabilidade dos administradores de sociedades sujeitas a intervenção e liquidação extrajudicial: 8.3.2.1 A responsabilização dos administradores de sociedades sujeitas a intervenção e liquidação extrajudicial como tutela coletiva de direitos – 8.3.3 Desconsideração da personalidade jurídica por processo autônomo em outras situações.

8.1 A desconsideração da personalidade jurídica no processo civil brasileiro anterior ao CPC de 2015

Os meios acolhidos pela jurisprudência e sugeridos pela doutrina para a desconsideração da personalidade jurídica antes das alterações trazidas pelo Código de Processo Civil de 2015, analisados sistematicamente, podem ser agrupados nas seguintes vertentes: a que apontava a necessidade de processo autônomo para essa finalidade e a que entendia que a desconsideração poderia ser decretada incidentalmente.

O principal argumento a sustentar a necessidade de processo autônomo era que somente este seria apto a preservar as garantias constitucionais do processo e, ao mesmo tempo, formar o título executivo em relação a quem se pretendia atingir com a desconsideração da personalidade jurídica da devedora.[1] Os que entendiam de maneira diversa afirmavam que o incidente para desconsideração da personalidade jurídica poderia assegurar o *due process* se permeado das garantias mínimas às partes.[2]

Todavia, dentre os que sustentavam a possibilidade de decretação da desconsideração da personalidade jurídica incidentalmente havia quem asseverasse a desnecessidade de manifestação da parte contrária, postergando-se o contraditório para eventuais exceção de pré-executividade, impugnação à execução, embargos de devedor ou recurso de terceiro prejudicado.[3]

Para alguns a desconsideração não precisaria ser obtida em processo autônomo, podendo ser pleiteada no próprio processo de execução. Consoante expunham, não havendo nomeação de bens à penhora pelo devedor ou nomeando ele bens em quantidade insuficiente, ao invés de se requerer a declaração de falência da sociedade, na presença dos pressupostos que autorizariam a aplicação da desconsideração, poder-se-ia pedir diretamente a penhora dos bens do sócio ou da sociedade, em caso de desconsideração inversa.[4]

---

1. Nesse sentido: Ada Pellegrini Grinover, "Da desconsideração da personalidade jurídica (aspectos de direito material e processual)", *RF* 371/15, Rio de Janeiro, Forense, 1997; Humberto Theodoro Jr., *Processo de Execução*, 21ª ed., São Paulo, Universitária de Direito, 2002, p. 189. Em trabalho mais recente Humberto Theodoro Jr., com base na jurisprudência atual, afirma que "a questão pode ser solucionada em simples incidente do processo de conhecimento ou do processo de execução", desde que "não sejam descurados os requisitos do devido processo legal, quais sejam, o contraditório e a ampla defesa" ("A desconsideração da personalidade jurídica no direito processual civil brasileiro", in Flávio Luiz Yarshell e Guilherme S. J. Pereira (orgs.), *Processo Societário*, 1ª ed., São Paulo, Quartier Latin, 2012, p. 317).

2. Nesse sentido: Pedro Henrique Torres Bianqui, *Desconsideração da Personalidade Jurídica no Processo Civil*, 1ª ed., São Paulo, Saraiva, 2011, pp. 119-120; André Pagani de Souza, *Desconsideração da Personalidade Jurídica – Aspectos Processuais*, 1ª ed., São Paulo, Saraiva, 2009, pp. 114-124.

3. Cf. Gilberto Gomes Bruschi, *Aspectos Processuais da Desconsideração da Personalidade Jurídica*, 2ª ed., 2ª tir., São Paulo, Saraiva, 2009, p. 100.

4. Cf. Calixto Salomão Filho e Fábio Konder Comparato, *O Poder de Controle na Sociedade Anônima*, 5ª ed., Rio de Janeiro, Forense, 2008, p. 481.

Essas questões, em matéria processual, constituíam o foco de maiores discussões sobre o tema da desconsideração da personalidade jurídica e também o ponto que se apresentava mais sensível diante da efetivação de importantes garantias constitucionais por meio da atividade jurisdicional, como a ampla defesa, o contraditório e o devido processo legal, de um lado, e as almejadas economia e celeridade processuais, de outro. Diante dessas constatações, abordaremos neste capítulo os meios processuais para a efetivação da *disregard doctrine*.

Nesse contexto, inicialmente, cabe perquirir se realmente sempre será necessário processo autônomo para a desconsideração da personalidade jurídica e se a via incidental, em tese, traz algum prejuízo ao devido processo legal.

Como veremos, há algumas situações específicas nas quais a "ação própria" ou, mais precisamente, o processo autônomo é o caminho a ser trilhado para o desconhecimento da autonomia subjetiva da pessoa jurídica, que ocorre por expressa disposição da lei, como na hipótese do processo para a apuração da responsabilidade de administradores de sociedades sujeitas a liquidação extrajudicial, que, além de outras hipóteses, também se presta para a efetivação da *disregard doctrine*; ou naquelas situações em que não se busca propriamente a responsabilização, embora seja necessária a desconsideração da personalidade jurídica de determinada sociedade.

Todavia, fora desses casos excepcionais, com a devida vênia, correta é a posição dos que defendem que a desconsideração pode ser feita incidentalmente à execução ou ao processo de conhecimento, não havendo necessidade de processo autônomo. Basta que o procedimento para desconsideração preveja a efetivação do contraditório e da ampla defesa, pois, se necessário, o pronunciamento judicial deve ser obtido mediante cognição judicial,[5] que, entendemos, deve ser plena e exauriente.

Tratar-se-á a via adequada para a efetivação da *disregard doctrine*, por regra, de incidente no processo, e não propriamente de processo in-

---

5. Nesse sentido: Fredie Didier Jr., "Aspectos processuais da desconsideração da personalidade jurídica", in Fredie Didier Jr. e Rodrigo Mazzei (coords.), *Reflexos do Novo Código Civil no Direito Processual*, 2ª ed., Salvador, Juspodivm, 2007, p. 168; André Pagani de Souza, *Desconsideração da Personalidade Jurídica – Aspectos Processuais*, cit., 1ª ed., p. 117; Pedro Henrique Torres Bianqui, *Desconsideração da Personalidade Jurídica no Processo Civil*, cit., 1ª ed., pp. 119-121.

cidente, tal qual previsto no Código de Processo Civil de 2015; contudo, tal entendimento não implica a aceitação da inversão do contraditório.

É preciso ter em mente que o modo de se pronunciar a responsabilidade de um terceiro sem sua prévia manifestação, postergando-se o contraditório (com sua inversão), por meio de cognição superficial, viola as importantes garantias do contraditório, da ampla defesa, em suma, do devido processo legal, bem como ainda resulta na inversão do ônus da prova sem previsão legal para tanto, porque terá aquele atingido pela desconsideração que demonstrar que agiu dentro da normalidade na direção da atividade societária.

Não obstante essas constatações, a desconsideração prévia encontra parcial acolhida na doutrina[6] e em nossa jurisprudência.[7]

É certo que o *favor creditoris* coloca em prevalência os interesses do exequente em relação aos do executado, pois, como leciona Miguel Teixeira de Souza, "somente esta hierarquização destes interesses incompatíveis permite que o crédito exequendo possa ser satisfeito à custa do património do devedor".[8] Contudo, deve haver limites à proeminência dos interesses do credor.

Deve haver o equilíbrio entre a segurança jurídica e a efetividade que se devem almejar por meio do processo, para que seja permeado por garantias formais aos sujeitos processuais, por um lado, e, ao mesmo tempo, contemplado com efetividade e funcionalidade. Veja-se que o

---

6. Nesse sentido: Sidnei Agostinho Beneti, "Desconsideração da sociedade e legitimidade *ad causam*: esboço de sistematização", in Fredie Didier Jr. e Teresa Arruda Alvim Wambier (coords.), *Aspectos Polêmicos e Atuais sobre os Terceiros no Processo Civil e Assuntos Afins*, 1ª ed., São Paulo, Ed. RT, 2004, p. 1.028; Gilberto Gomes Bruschi, *Aspectos Processuais da Desconsideração da Personalidade Jurídica*, cit., 2ª ed., 2ª tir., p. 100; João Paulo Hecker da Silva, *Embargos de Terceiro*, 1ª ed., São Paulo, Saraiva, 2011, p. 69.

7. Nesse sentido: TJSP, 20ª Câmara de Direito Privado, ACi 9201615-10.2008.8.26.0000, comarca de Sumaré, rel. Des. Álvaro Torres Jr., j. 12.12.2011, m.v.; TJRS, AI 70028712834, comarca de Novo Hamburgo, rel. Des. Vicente Barroco de Vasconcelos, decisão monocrática, 3.3.2009; TJSP, 21ª Câmara de Direito Privado, AI 0182407-91.2011.8.26.0000, comarca de São Paulo, rel. Des. Virgílio de Oliveira Jr., j. 28.9.2011, m.v.; 2º TACivSP, 3ª Câmara, EI 9137330-57.1998.8.26.0000, rel. Juiz Cambrea Filho, j. 15.6.1999, m.v.; TAPR, 6ª Câmara Cível, AI 0163056-4, rela. Juíza Anny Mary Kuss, j. 9.3.2001, m.v.

8. Cf. Miguel Teixeira de Souza, *A Reforma da Acção Executiva*, 1ª ed. Lisboa, Editora Lex, 2004, p. 26.

formalismo do qual se reveste o processo decorre antes de uma escolha de natureza política sobre as formas e os objetivos possíveis à administração da justiça, uma verdadeira questão axiológica que reflete fatores de uma sociedade em determinada época, suas "concepções sociais, éticas, econômicas, políticas, ideológicas e jurídicas".[9]

Tendo em conta que o processo tem natureza pública, especialmente porque visa a alcançar objetivos de interesse público,[10] é preciso que um procedimento para a desconsideração da personalidade jurídica venha disposto em lei de forma lógica, levando em conta, de um lado, a noção de instrumentalidade do processo, porque é um meio destinado à realização do direito material, e, de outro, que sua finalidade não pode ser alcançada sem as garantias do devido processo, como o contraditório, a ampla defesa e a reafirmação de outros importantes princípios processuais.[11] Não são viáveis, dessa forma, a inversão do contraditório e a efetivação da responsabilidade sem que sejam respeitadas as garantias constitucionais voltadas ao processo.[12]

---

9. Cf. Carlos Alberto Alvaro de Oliveira, "O formalismo-valorativo no confronto com o formalismo excessivo", in Fredie Didier Jr. (org.), *Leituras Complementares de Processo Civil*, 8ª ed., Salvador, Juspodivm, 2010, pp. 152-153 e 159. Consoante leciona o doutrinador, deve-se partir da premissa de que o processo deve ser voltado a alcançar seus objetivos, compreendendo-se sua totalidade formal como indissociável de valores fundamentais relativos à efetividade e à segurança jurídica. O formalismo, não tomada a palavra como forma do ato processual, individualmente considerado, mas como o conjunto de "poderes, faculdades e deveres dos sujeitos processuais, coordenação de sua atividade, ordenação do procedimento e organização do processo", deve proporcionar meios adequados para que as finalidades do processo possam ser atingidas (pp. 152-153).

10. Cf. José Roberto dos Santos Bedaque, *Efetividade do Processo e Técnica Processual*, 3ª ed., São Paulo, Malheiros Editores, 2010, p. 34.

11. Outros importantes princípios poderiam ser citados, como, por exemplo, os do juiz natural, da motivação das decisões, da publicidade dos atos processuais, da vedação de provas ilícitas, entre outros, entendidos esses postulados como necessários para que se alcance a efetividade da jurisdição.

12. Marcelo José Magalhães Bonicio, constatando a existência de abusos cometidos na execução fiscal, ao lado de situações de igual gravidade relatadas pela doutrina, adverte que tais ocorrências "evidentemente não correspondem ao devido processo legal que a Constituição da República assegura", porque ninguém pode ter sua esfera jurídica atingida "sem ser ouvido", pois constitui o devido processo legal forma de repelir a "onipotência e a arbitrariedade" ("A dimensão da ampla defesa dos terceiros na execução em face da nova 'desconsideração inversa' da personalidade jurídica", *Revista do Instituto dos Advogados de São Paulo* 23/238, São Paulo, janeiro-junho/2009).

Ademais, a adoção do procedimento sem prévia manifestação da parte contrária consiste em limitação à cognição. Por outras palavras: mesmo que não houvesse regulamentação específica sobre o procedimento para a desconsideração da personalidade jurídica, a inversão do contraditório e a evidente limitação da cognição configuram a chamada tutela jurisdicional diferenciada[13] sem previsão legal para tanto, o que colide com uma das características básicas dessa espécie de tutela, que é a tipicidade. Como leciona Ricardo de Barros Leonel, "as hipóteses nas quais é possível obter a tutela jurisdicional diferenciada, decorrendo de requisitos prefixados pelo legislador, são típicas, e só podem ser validamente usadas se presentes os respectivos pressupostos".[14]

As hipóteses nas quais positivamente o legislador dispôs que a sentença seja exequível no confronto de sujeitos estranhos à relação objeto do juízo de cognição são disciplinadas por normas excepcionais, insuscetíveis de serem aplicadas a outros casos.[15] Essas situações de exceção à regra referem-se às hipóteses de responsabilidade secundária; e, ainda que autorizem, por meio de disposição legal, a eficácia do título a outras pessoas nele não mencionadas, há que se ponderar que o incidente de desconsideração deverá funcionar como fase cognitiva, com o fim de aferir o cabimento da extensão de eficácia pretendida.

Por isso, é de se concluir que, embora desnecessário o processo autônomo[16] para a desconsideração da personalidade jurídica, salvo poucas

---

13. Conforme esclarece Ricardo de Barros Leonel, "a limitação à atividade cognitiva do juiz, que autoriza a identificação do emprego da técnica da tutela jurisdicional diferenciada, não é apenas aquela relativa à profundidade do exame, mas também quanto à extensão das matérias suscitáveis e apreciáveis em determinado feito" (*Tutela Jurisdicional Diferenciada*, 1ª ed., São Paulo, Ed. RT, 2010, p. 25).

14. Cf. Ricardo de Barros Leonel, *Tutela Jurisdicional Diferenciada*, cit., 1ª ed., p. 83.

15. Quanto aos limites subjetivos da eficácia executiva da sentença, é de se ter em conta que até mesmo os terceiros sujeitos à eficácia reflexa de declaração ou de constituição prevista na sentença não estão sujeitos a uma eficácia executiva reflexa e não podem, portanto, ser legitimados ativos ou passivos do processo executivo, ainda que sejam titulares de uma relação jurídica dependente, pois que a eficácia executiva pressupõe a declaração de uma relação de "crédito-débito" (cf. Andrea Proto Pisani, *Opposizione di Terzo Ordinaria*, 1ª ed., Nápoles, Casa Editrice Dott. Eugenio Jovene, 1965, pp. 215 e 219).

16. Pondera Alberto Camiña Moreira que a exigência de processo de conhecimento quando pendente a execução é inviável, e que esse caminho "desconhece o potencial cognitivo do processo de execução, que não é tão reduzido quanto se

exceções, bastando o incidente processual,[17] deve esse meio conter todas as garantias e oportunidades às partes, respeitando-se o devido processo legal, para assegurar o contraditório, a ampla defesa, com toda a oportunidade probatória, de forma a não resultar prejuízo injustificado, pelo desrespeito às garantias constitucionais que resultaram da evolução da Ciência do Direito, aplicáveis ao direito processual.[18]

Assim, afigura-se indevida e até inconstitucional a inversão do contraditório, autorizando atos de expropriação antes do devido processo legal, para determinar as responsabilidades daqueles que serão atingidos pela desconsideração da personalidade jurídica, posto que "ninguém será privado da liberdade ou de seus bens sem o devido processo legal" (CF, art. 5º, LIV).

8.2 A desconsideração da personalidade jurídica realizada de forma incidental, segundo o Código de Processo Civil de 2015

A técnica processual tem dois grandes objetivos: um deles é conferir segurança jurídica ao processo, garantindo a igualdade aos sujeitos par-

pensa. O juiz da execução tem de ser juiz dotado de cognição justamente para que a execução torne-se instrumento efetivo". Ressalva o autor, contudo, que "ninguém pode ser surpreendido com penhora em seu patrimônio sem ter tido, antes, a possibilidade de deduzir argumentos contra esse pretendido ato" (Alberto Camiña Moreira, *Litisconsórcio no Processo de Execução*, tese de Doutorado apresentada à PUC/SP, São Paulo, 2001, pp. 140 e 142).

17. Nesse sentido, na doutrina, também: Pedro Henrique Torres Bianqui, *Desconsideração da Personalidade Jurídica no Processo Civil*, cit., 1ª ed., pp. 121-122. Na jurisprudência: STJ, 3ª Turma, REsp 1.259.020-SP, rela. Min. Nancy Andrighi, j. 9.8.2011, v.u.; STJ, 3ª Turma, RMS 16.274-SP, rela. Min. Nancy Andrighi, j. 19.8.2003, v.u.; STJ, 3ª Turma, REsp 228.357-SP, rel. Min. Castro Filho, j. 5.4.2002, v.u.; STJ, 4ª Turma, REsp 331.921-SP, rel. Min. Luís Felipe Salomão, j. 17.11.2009, v.u.; STJ, 6ª Turma, REsp 1.034.536-MG, rel. Min. Fernando Gonçalves, j. 16.2.2009, v.u.

18. O direito processual civil, conforme leciona José Carlos Barbosa Moreira, floresceu no ambiente do liberalismo individual, evidente na maioria das grandes codificações oitocentistas, realidade que veio a mudar apenas no fim do século XIX, pela influência da reforma do Código austríaco de 1895, baseada em uma concepção social do processo, no intuito de "refletir a verdade e realizar a justiça, em vez de premiar o litigante mais poderoso ou mais hábil". Essa reforma influenciou a revisão legislativa de muitos Países já nas primeiras décadas do século XX e se faz sentir até em tempos mais recentes (José Carlos Barbosa Moreira, *Temas de Direito Processual Civil*, Terceira Série, São Paulo, Saraiva, 1984, p. 7).

ciais da relação processual, de forma a permitir que possam influenciar substancialmente no seu resultado; o outro consiste em dar solução que mais se aproxime do cumprimento espontâneo do comando da norma de direito material.[19]

Nessa ordem de ideias, a simplificação da técnica processual, como a que se pode verificar da previsão do incidente para a desconsideração da personalidade jurídica constante do Código de Processo Civil de 2015, pode conferir a efetividade do processo, mantendo o equilíbrio com a segurança jurídica, de modo a não comprometer o exercício dos direitos e garantias processuais previstos na Constituição.[20] Por outras palavras: preocupou-se o legislador com a celeridade processual[21] sem perder o compromisso com a justiça da solução, quando não exclui a possibilidade de instauração do incidente de desconsideração da personalidade. Problemas podem ser vislumbrados, contudo, quando o incidente é dispensado na hipótese de ser a pretensão apresentada com a inicial do processo de execução – o que será abordado oportunamente.[22]

Como a desconsideração da personalidade jurídica em boa parte das hipóteses trata da atribuição de responsabilidade sobre certas e determinadas obrigações que caberiam originariamente à pessoa jurídica, conclui-se, por regra, que a tutela que se requer reclama pela ampliação da eficácia subjetiva do título executivo – e, por tal motivo, não seria possível sem a fase de conhecimento.

19. Cf. José Roberto dos Santos Bedaque, *Efetividade do Processo e Técnica Processual*, cit., 3ª ed., pp. 78-79.
20. Outra tentativa de normatização processual da desconsideração da personalidade jurídica foi o Projeto de Lei 3.401, de 24.4.2008, que tramitou no Congresso Nacional, prevendo regulamentação a respeito da responsabilização direta, em caráter solidário ou subsidiário, a membros, instituidores, sócios ou administradores pelas obrigações da pessoa jurídica – Projeto, esse, que assumia, em termos processuais, a posição de que a desconsideração pode ser feita de forma incidental, na própria execução, mas com oportunidade para a efetivação do contraditório e para a dilação probatória.
21. Como já afirmava Barbosa Moreira há três décadas, com palavras que ainda hoje são atuais: "Toma-se consciência cada vez mais clara da função instrumental do processo e da necessidade de fazê-lo desempenhar de maneira efetiva o papel que lhe toca. Pois a melancólica verdade é que o extraordinário progresso científico de tantas décadas não pôde impedir que se fosse avolumando, a ponto de atingir níveis alarmantes, a insatisfação, por assim dizer universal, com o rendimento do mecanismo da Justiça Civil" (*Temas de Direito Processual Civil*, cit., p. 3).
22. V. item 10.1.2.

Observe-se que não se está diante propriamente de outra causa,[23] que exige processo autônomo e absolutamente independente de outro, ao invés de incidente processual. Cuida-se, antes, do mesmo débito, da mesma obrigação que espera o credor ver cumprida. Vista a situação dessa forma, é possível compreender que na maioria das hipóteses é desnecessário o processo incidente ou autônomo, bastando o incidente no processo. Das poucas exceções trataremos oportunamente, estudando as hipóteses nas quais se apresenta indispensável o processo próprio para o desconhecimento da autonomia subjetiva da pessoa jurídica.

8.2.1 Processos sobre os quais pode incidir o pedido de desconsideração da personalidade jurídica, segundo o Código de Processo Civil de 2015

O Código de Processo Civil de 2015 prevê procedimento único para a desconsideração da personalidade a ser feito como incidente do processo, em disciplina que consta de seus arts. 133 a 137, que intitula "Do Incidente de Desconsideração da Personalidade Jurídica", agora como uma das modalidades de intervenção de terceiros. Diz o texto que "o incidente de desconsideração é cabível em todas as fases do processo de conhecimento, no cumprimento de sentença e na execução fundada em título executivo extrajudicial", consoante disposição contida no art. 134.

Se o Código de 2015 não limita a incidência do pedido de desconsideração da personalidade a qualquer espécie de processo e menciona o cabimento em todas as suas fases, é necessário chegar às noções de processo e de procedimento, que, embora intrinsecamente ligadas, não são coincidentes.

O processo é o meio do qual se vale o Estado para o exercício da jurisdição; e, visto de uma forma mais ampla, é um dos meios pelos quais

---

23. Conforme explica Dinamarco, a palavra "causa" tem na Itália e no Brasil mais de um sentido: "ora é usada por ação (causas conexas), ora justamente por processo (instrução da causa, discussão da causa, remessa da causa ao colégio)". Referindo-se ao processo incidente, ensina o Mestre que este se consubstancia em "uma relação jurídica processual nova, assentada sobre um procedimento novo. Diz-se incidente esse processo, porque instaurado sempre de modo relacionado com algum processo pendente e porque visa a um provimento jurisdicional que de algum modo influirá sobre este ou seu objeto. É o que se dá, *v.g.*, no processo de embargos do executado, no qual se produzirá sentença destinada a atuar sobre o processo executivo ou sobre a própria pretensão exequenda" (*Intervenção de Terceiros*, 5ª ed., São Paulo, Malheiros Editores, 2009, p. 106).

o Estado exerce seu poder, não sem regras ou limitações, mas contido por normas que disciplinam o procedimento e que garantem a participação, pelo contraditório, das pessoas que terão suas esferas de direito atingidas.[24] O procedimento, por sua vez, de uma forma geral, consubstancia-se na sequência e na forma de atos destinados a um fim. Em termos processuais, o procedimento, assim, traduz-se nos requisitos de forma e na sequência lógica em que se darão os atos processuais, nos seus modos de realização, para que seja possível o provimento jurisdicional.

A noção de processo contém a de procedimento,[25] mas a ela não se restringe, abrangendo também a ideia de relação jurídica processual, entendida esta como um conjunto de situações jurídicas ativas e passivas travadas entre os sujeitos processuais ao longo do procedimento. Essas situações jurídicas, quando relativas à atividade do Estado-juiz, como um dos sujeitos processuais, é o que chamamos de jurisdição, que tem por fim último o de promover a aplicação da vontade concreta do direito material realizada por um sujeito imparcial.[26]

Como esclarece Dinamarco, as várias espécies de situações regidas pelo direito material determinam a variedade de meios processuais adequados para que se atinjam as soluções efetivas esperadas, por meio dos provimentos jurisdicionais a incidir sobre as situações concretas.

Da natureza desses provimentos é que se extrai a natureza do processo;[27] e, nesse contexto, os provimentos, consubstanciados nas tutelas jurisdicionais,[28] podem ser declaratórios, constitutivos ou conde-

---

24. Cf. Cândido Rangel Dinamarco, *Fundamentos do Processo Civil Moderno*, 6ª ed., vol. I, São Paulo, Malheiros Editores, 2010, p. 276.
25. O processo, consoante esclarece Yarshell, "é um procedimento em contraditório", posto que a relação jurídica processual expressa a "exigência política de participação que é o contraditório" (*Tutela Jurisdicional e Tipicidade*, São Paulo, Atlas, 1999, p. 271).
26. Cf. Cândido Rangel Dinamarco, *Fundamentos do Processo Civil Moderno*, cit., 6ª ed., vol. I, p. 277.
27. Cândido Rangel Dinamarco, *Instituições de Direito Processual Civil*, 7ª ed., vol. I, São Paulo, Malheiros Editores, 2013, pp. 151 e 171.
28. Conforme Yarshell, não há dúvida de que "a locução *tutela jurisdicional* presta-se a designar o resultado da atividade jurisdicional – assim considerados os efeitos substanciais (jurídicos e práticos) que o provimento final projeta ou produz sobre dada relação material – em favor do vencedor", mas não é incorreto, conforme leciona o autor, emprestar-lhe maior abrangência, no sentido de designar também "os meios ordenados e predispostos à obtenção desse mesmo resultado". Importante lembrar, ainda, que "a superação da controvérsia e mesmo a estabilidade do regramento

natório-executivos.[29] Tratando-se de desconsideração da personalidade jurídica, levando em consideração as disposições do Código de Processo Civil de 2015, seria ele útil realmente a qualquer espécie de processo, quer almeje provimento declaratório, constitutivo ou executivo (ou condenatório-executivo)?

É importante relembrar que a desconsideração da personalidade de determinada sociedade tem por finalidade alcançar as pessoas que, embora distintas da pessoa jurídica, atrás dela se escondem para, quando destinada à responsabilização, estender-lhes os efeitos de certas e determinadas obrigações sobre seus patrimônios individuais, consoante se pode extrair das normas de direito material, em especial das disposições contidas no art. 50 do CC.

Embora seja nítido o intuito do legislador de regular apenas a desconsideração voltada para fins de responsabilização, é preciso ter em mente que ela não se restringe a essa finalidade, e nada impede que a desconsideração da personalidade tenha seu aproveitamento em situações em que se necessita de uma tutela simplesmente declaratória ou até mesmo constitutiva.

Imagine-se ação que tenha, dentre outros fundamentos de fato, o da confusão de esferas entre duas sociedades, pretendendo o autor a extinção do contrato firmado com uma delas (tutela constitutiva negativa) e a declaração de que nada deve em relação à outra, em vista de eventual compensação de créditos (tutela declaratória).

Assim, embora talvez não tão corriqueiro o pedido de desconsideração da personalidade fora dos processos nos quais se busca a condenação, tal pretensão não se restringe apenas à tutela executiva (condenatória--executiva[30]), podendo se dar incidentalmente aos processos nos quais se

imposto pelo provimento estatal significam formas de tutela para o vencido" (*Tutela Jurisdicional e Tipicidade*, cit., pp. 18, 23 e 33).

29. Mas, além dessas, como observa Yarshell, "é sabido que parte da doutrina – entre nós, cada vez com mais força – identificou outras duas formas ou tipos de tutela: a mandamental e a executiva em sentido lato" (*Tutela Jurisdicional e Tipicidade*, cit., p. 223).

30. Quando se fala em tutela condenatória, como lembra Yarshell, ela propriamente "nada propicia de efetivo ao demandante. Daí por que se fala, em doutrina, em tutela 'condenatória/executiva', uma vez que a efetiva entrega do bem ao credor somente se opera através dos atos de execução e pelo resultado por eles proporcionado". Na mesma obra o autor chama atenção para a relativização do "binômio conhecimento/execução" quando vistos, esses, como atividades estanques, sucessivas e bem

busca a constituição, modificação ou extinção de relação jurídica (tutelas constitutivas) ou mesmo nas situações em que se almeja mera certeza jurídica (tutelas declaratórias).

Ainda em termos da abrangência, é de se concluir que o desconhecimento da autonomia subjetiva da pessoa jurídica é possível tanto em processos individuais como nos coletivos, o que é relevante, por realizar a moderna tendência de universalização da jurisdição.[31]

8.2.2 Aplicação do incidente de desconsideração da personalidade jurídica a qualquer procedimento

Ao tratar da desconsideração da personalidade jurídica o Anteprojeto do Código de Processo Civil (de 2010) mencionava que essa pretensão poderia ser pleiteada em "qualquer processo ou procedimento".[32] Porém, o texto final do Código de Processo Civil de 2015 não repetiu a expressão "qualquer processo ou procedimento", mas dispôs que "o incidente de desconsideração é cabível em todas as fases do processo de conheci-

---

demarcadas, o que é contrariado pela difusão das chamadas "ações executivas", das "ações mandamentais" e dos procedimentos "especiais", que congregam atividade de conhecimento e executiva (cf. Flávio Luiz Yarshell, *Tutela Jurisdicional e Tipicidade*, cit., pp. 226 e 288). Lembremos que a característica da tutela jurisdicional em sede executiva consiste na modificação da situação de fato para adequá-la a uma situação de direito (cf. Crisanto Mandrioli, "Il terzo nel procedimento esecutivo", *Rivista di Diritto Processuale* IX/174, Pádua, CEDAM, 1954).

31. Nesse sentido, v. observações feitas por Cândido Rangel Dinamarco, "A universalização da tutela jurisdicional e as ondas renovatórias", in *Instituições de Direito Processual Civil*, cit., 7ª ed., vol. I, p. 115-117; bem como Ricardo de Barros Leonel, lembrando que "a preocupação com as garantias constitucionais do processo sob a ótica individual, dentro da tutela coletiva, levaria à impossibilidade de acesso à Justiça de demandas de pequeno montante econômico, cujo valor do pedido isolado não justificaria a propositura de uma ação em juízo, daí por que somente tuteláveis de forma coletiva" (*Manual do Processo Coletivo*, 3ª ed., São Paulo, Ed. RT, 2013, p. 171).

32. Conforme o art. 62 do Anteprojeto do CPC. A redação havia sido herdada, consoante esclarece Cassio Scarpinella Bueno, da proposta da Comissão de Juristas, e se justifica porque há diferentes processos e diversos procedimentos previstos em nosso ordenamento (Cassio Scarpinella Bueno, "Desconsideração da personalidade jurídica no Projeto de Novo Código de Processo Civil", in Gilberto Gomes Bruschi, Mônica Bonetti Couto, Ruth Maria Junqueira de A. Pereira e Silva e Thomaz Henrique Junqueira de A. Pereira (orgs.), *Direito Processual Empresarial*, 1ª ed., São Paulo, Campus, 2012, p. 123).

mento, no cumprimento de sentença e na execução fundada em título executivo extrajudicial" (art. 134, *caput*) – pelo quê não se pode excluir seu cabimento nos processos cujos procedimentos sejam especiais. Resta saber se há, efetivamente, utilidade para a desconsideração da personalidade nesses processos.

Nos chamados procedimentos especiais,[33] de uma forma geral, pode-se buscar a tutela de forma comum ou de forma diferenciada, quando há limitação da cognição.[34] Consoante Marcato, a especialidade deriva de uma peculiaridade da relação jurídica material controvertida ou da necessidade de uma tutela jurisdicional mais rápida, ou, ainda, de circunstâncias meramente históricas.[35]

Os procedimentos especiais apresentam, assim, características próprias, relativas às diferenças do procedimento-padrão, à alteração de prazos, à necessidade, por vezes, de citação de terceiros interessados, às regras especiais de competência – entre outras características. Mas, cremos, essas especificidades não impedem, de uma maneira geral, que seja necessário, em algumas situações, valer-se o autor do desconhecimento da autonomia subjetiva de determinada pessoa jurídica que figure como ré, para que sejam atingidas as esferas jurídicas de seus sócios ou administradores.

Difícil, entretanto, imaginar exemplos em que a necessidade de desconsideração possa ocorrer nessas hipóteses, porque a desconsideração da personalidade, consoante determinação contida no art. 50 do

33. Conforme leciona Yarshell, para cada "tipo" de situação jurídica deve corresponder um "tipo de provimento apto" a solucionar a crise de direito material, evidenciando sua utilidade; e para cada situação afirmada "deve haver um tipo de procedimento adequado, para que se chegue à edição daquele provimento; quando menos, haverá um procedimento 'residual', que é o procedimento comum ordinário" (*Tutela Jurisdicional e Tipicidade*, cit., pp. 169-179).
34. Cf. Ricardo de Barros Leonel, *Tutela Jurisdicional Diferenciada*, cit., 1ª ed., p. 5. Explica o autor que a limitação de cognição pode se dar em relação à extensão da matéria a ser apreciada (limitação horizontal: em que a cognição é restrita ou plena) ou em relação à profundidade permitida (limitação vertical: cognição superficial ou exauriente). Como lembra o doutrinador, na atualidade, também em outros Países a tutela jurisdicional diferenciada é adotada, podendo ser mencionados os exemplos da *condanna di sfratto* e os procedimentos monitórios dos Direitos Espanhol, Francês, Italiano e Alemão, com as peculiaridades dos sistemas jurídicos nos quais estão inseridos (p. 21).
35. Antônio Carlos Marcato, *Procedimentos Especiais*, 4ª ed., São Paulo, Ed. RT, 1991, p. 23.

CC, volta esse remédio primordialmente para a finalidade de estender os efeitos de certas e determinadas obrigações a outras pessoas; e, nesse sentido, solução intimamente ligada à crise de adimplência; enquanto a maior parte dos procedimentos especiais constitui meio processual para atingir outros objetivos.

Contudo, tal constatação não exclui a possibilidade de se aplicar a desconsideração mesmo em procedimentos especiais, nos quais, por vezes, é possível verificar a coexistência em um só processo de atividades cognitivas e executivas. Assim é, por exemplo, na chamada "ação de exigir contas", cuja sentença, se apurar saldo devido, constituirá título executivo (CPC/2015, art. 552). No momento da execução do julgado ou mesmo anteriormente, durante a fase de conhecimento, poderá haver interesse na desconsideração da personalidade se a ré for pessoa jurídica em situação de insolvabilidade, para atingir o patrimônio dos sócios ou de seus administradores na fase de execução, caso presentes situações que justifiquem o emprego da teoria.

Os procedimentos especiais podem ser, ainda, de "jurisdição voluntária"[36] – o que leva à questão sobre a possibilidade de desconsideração no chamado "procedimento de jurisdição graciosa", no qual, em última análise, não há lide, pretensão resistida, inexiste pronunciamento judicial tendente à resolução de um conflito, que, se ocorresse, remeteria as partes às vias ordinárias, vale dizer, ao meio contencioso, para a solução da controvérsia.[37]

Não nos parece, contudo, que a desconsideração da personalidade jurídica de determinada sociedade seja apta a ser alcançada incidentalmente aos chamados "procedimentos de jurisdição voluntária", já que estes pressupõem a ausência de lide, enquanto aquela somente terá sen-

---

36. Para alguns doutrinadores a chamada jurisdição voluntária ou "jurisdição graciosa não tem, segundo a doutrina tradicional, qualquer característica jurisdicional, recebendo tal denominação tão somente em virtude da inexistência de outra designação mais adequada" (Antônio Carlos Marcato, *Procedimentos Especiais*, cit., 4ª ed., p. 6). Para outros juristas, entretanto, a chamada "jurisdição voluntária" constitui verdadeira atividade jurisdicional, com os mesmos escopos sociais e políticos, divergindo apenas seu escopo jurídico em relação à jurisdição contenciosa (cf. Cândido Rangel Dinamarco, *A Instrumentalidade do Processo*, 15ª ed., São Paulo, Malheiros Editores, 2013, pp. 145-150).

37. Nesse sentido: Antônio Carlos Marcato, *Procedimentos Especiais*, cit., 4ª ed., p. 7.

tido se houver resistência à pretensão deduzida em juízo em processo de caráter contencioso.

Conclui-se, assim, que o Código de Processo Civil de 2015 estende de forma abrangente o âmbito de aplicação do chamado incidente de desconsideração da personalidade jurídica, não obstando à sua utilização por nenhuma espécie de processo ou procedimento.

8.2.3 A via incidental para a desconsideração da personalidade jurídica com o fim de responsabilização patrimonial

Dentro do contexto da responsabilização de sócios e administradores da sociedade mostra-se adequada a via incidental regulada pelo novo Código de Processo Civil para a desconsideração da personalidade jurídica, porque se trata de responsabilidade secundária; caso se tratasse de responsabilidade primária (como no caso de responsabilidade por ato próprio, derivada da prática de ato ilícito), haveria a necessidade de se formar o título executivo[38] ou ampliá-lo subjetivamente, para incluir os membros da sociedade.[39]

Note-se que são diversos os fatos que dão ensejo à responsabilidade patrimonial de sócios ou administradores e aqueles imputados à pessoa jurídica, porque os primeiros se referem, *v.g.*, aos casos de

38. Embora a função do título executivo seja fornecer "o código genético da execução", deve-se ter em conta outra função, que corresponde àquela de exonerar o juiz de indagações sobre questões jurídicas a respeito do crédito nele corporificado. Como observa Salvatore Satta, "se deve dire che l'accertamento da un lato, la dichiarazione formale dall'altro, sono i fatti cui la legge subordina la possibilità dell'esecuzione forzata" (*L'Esecuzione Forzata*, Milão, Giuffrè, 1937, pp. 46 e 52).

39. Nessa situação parece-nos adequado cumular o pedido em face dos sócios e/ou administradores com o pedido dirigido em face da sociedade. Diferentemente da desconsideração da personalidade jurídica, nos casos de responsabilidade por ato próprio, quando se trata de hipótese em que há imputação de responsabilidade aos sócios por violação direta do direito de outrem (atos ilícitos), o pedido, em última análise, dirige-se à formação do título executivo. Podemos dizer que a causa de pedir relativamente aos sócios e administradores é a mesma relativa à sociedade, pois os fatos que atingiram diretamente quem teve sua esfera de direitos violada são os mesmos, acrescentando-se que a sociedade não ostenta patrimônio suficiente para suportar a responsabilidade. Imaginemos hipótese na qual uma indústria burla normas de segurança na produção de determinado equipamento, vindo a ocorrer acidentes (a hipótese, diversamente da desconsideração da personalidade, refere-se à violação direta, pelos sócios/administradores, do direito de outrem).

subcapitalização, confusão patrimonial etc., enquanto os segundos são relativos à própria obrigação da qual resulta a responsabilidade. Disso se extrai que diversos serão os pontos discutidos, diferentes deverão ser as provas a produzir, de forma que a separação da desconsideração em um incidente certamente contribuirá para o melhor desenvolvimento do processo. Note-se, contudo, que o procedimento previsto no Código de Processo Civil de 2015 para a desconsideração da personalidade deve ser tomado como incidente do processo, e não como processo incidente, dada sua absoluta acessoriedade à demanda principal. O que se amplia subjetivamente nesses casos não é o título judicial ou extrajudicial, mas sua eficácia executiva.

Nas hipóteses de responsabilidade secundária, como nos casos de desconsideração da personalidade jurídica, não consta do título o nome daqueles que serão atingidos em termos de responsabilidade. Conforme lição de Liebman, razões de ordem prática justificam o fato de um título executivo ser utilizado em confronto a outras pessoas não mencionadas no seu texto,[40] o que – pode-se acrescentar para o estudo em questão – não faz dispensar o incidente de desconsideração da personalidade jurídica.

A doutrina designa por execução *ultra partes* aquela dirigida em face de pessoas não referidas no título, ou execução *ultra titulum*.[41] Como esclarece Luiso, o ordenamento, na presença de certas situações, opta por correr alguma margem de risco de uma execução injusta ao invés de tornar necessária a formação de outro título executivo,[42] que seria dirigido ao responsável secundário, para que se tornasse parte do processo.[43] Isto,

40. Cf. Enrico Tullio Liebman, "Il titolo esecutivo riguardo ai terzi", *Rivista di Diritto Processuale Civile* XI/142, Pádua, CEDAM, 1934. Esclarece Liebman que, como a execução se faz para atuar a sanção executiva, ela não se faz em face do devedor ou de seu sucessor, mas de quem deve ser assujeitado à sanção contida no título, a quem se estende automaticamente sua eficácia (p. 151).
41. Cf. Francesco Paolo Luiso, *L'Esecuzione Ultra Partes*, 1ª ed., Milão, Giuffrè, 1984, pp. 1 e 3.
42. Cf. Francesco Paolo Luiso, *L'Esecuzione Ultra Partes*, cit., 1ª ed., p. 11. Consoante pondera o autor, "in tali ipotesi, alla difesa dell'esecutato provvedono le opposizioni; e come contrappeso al potere del creditore procedente di vincolare l'ufficio esecutivo alle sue affermazioni, sta la sua responsabilità per il caso che tali affermazioni siano poi (in sede di opposizione) riscontrate non corrispondenti alla realtà" (p. 11).
43. Essa ideia pressupõe que "todo aquele cujo patrimônio está submetido à expropriação forçada é parte, independentemente de o nome constar no título executivo" (Alberto Camiña Moreira, *Litisconsórcio no Processo de Execução*, cit., p.

como veremos oportunamente, não implica estender a imutabilidade do julgado a quem não fora parte no anterior processo de conhecimento.

Em nosso Direito essa responsabilidade secundária, aquela de quem não figura no título executivo e que não fora parte na relação negocial, vem disciplinada nas hipóteses taxativas do art. 790 do CPC/2015, e, mais especificamente, na hipótese do inciso II, é complementada por outras normas, vez que dispõe que os bens do sócio ficam sujeitos a execução, "nos termos da lei". Aliás, também o art. 795 do CPC de certa forma repete essa mesma regra ao dispor que "os bens particulares do sócio não respondem pelas dívidas da sociedade, senão nos casos previstos em lei".

Os mencionados dispositivos são genéricos, e, embora sem referência expressa à desconsideração da personalidade jurídica, também a ela podem ser aplicados[44] – mesmo que a ela não se restrinjam. Tenha-se em conta que o responsável patrimonial não é somente aquele indicado no título executivo, mas também aquele a quem o título estende sua eficácia, a fim de realizar o adimplemento coativo da obrigação.[45] Assim, havendo violação dos direitos dos credores sociais, nos casos de desconsideração da personalidade, suficiente se afigura o incidente previsto no Código de Processo Civil de 2015, porque se trata de casos relativos à responsabilidade secundária e porque há nas disposições que o disciplina as garantias do devido processo legal.

Mesmos nos casos de responsabilidade objetiva, relativa ao inadimplemento de certas espécies de obrigações,[46] para que a execução possa

---

292). No mesmo sentido: Vittorio Denti, *L'Esecuzione Forzata in Forma Specifica*, Milão, Giuffrè, 1953, p. 124. Em sentido diverso é a noção de Crisanto Mandrioli, que concebe como parte na execução "i legittimi soggetti dell'azione esecutiva, ovverossia i soggetti del titolo" ("Il terzo nel procedimento esecutivo", cit., *Rivista di Diritto Processuale* IX/166).

44. Nesse sentido, embora sem discernir entre casos de responsabilidade objetiva e subjetiva do sócio: Araken de Assis, *Manual da Execução*, 13ª ed., São Paulo, Ed. RT, 2010, p. 232.

45. Cf. Vittorio Denti, *L'Esecuzione Forzata in Forma Specifica*, cit., p. 147.

46. São os casos, por exemplo, das disposições contidas no § 2º do art. 2º da CLT, que impõe a responsabilidade das empresas do mesmo grupo econômico pelas obrigações decorrentes das relações de trabalho; as obrigações oriundas das relações de consumo, para os sócios e as empresas pertencentes ao mesmo grupo econômico (CDC, art. 28, § 2º); ou, ainda, a desconsideração da personalidade para atingir o patrimônio dos sócios por obrigações decorrentes dos prejuízos causados à qualidade do meio ambiente (art. 4º da Lei 9.605/1998).

se voltar contra os sócios deve ser instaurado o incidente de desconsideração da personalidade, a fim de aferir a ocorrência de hipótese na qual deva ser estendida a eficácia subjetiva do título que se põe em execução. Deverá haver, nesse sentido, oportunidade para eventuais discussões a respeito da extensão de responsabilidade. Pode ser sustentado pela parte a ser atingida pela desconsideração da personalidade, por exemplo, que ela não pertence ao alegado grupo econômico de fato e que, portanto, não é responsável pelas obrigações. É imprescindível a oportunidade ao contraditório, à ampla defesa, inclusive com possibilidade de instrução probatória, seguindo-se decisão que, ao reconhecer, no caso mencionado, a existência do alegado grupo de fato, amplie subjetivamente a eficácia do título, para que possam ser aplicados os princípios e garantias processuais previstos em sede constitucional.

Do quanto se expôs, é de se concluir ser inviável a efetivação da desconsideração da personalidade jurídica pela simples inclusão dos sócios ou administradores no polo passivo da execução.

Para outras técnicas sancionatórias diversas da desconsideração da personalidade, que podem atingir sócios e administradores, como se referem à responsabilidade primária, necessário o processo para formar o título executivo especificamente com relação ao sócio e/ou administrador.[47] A sanção executiva, por outras palavras, não pode ser realizada enquanto não seja declarada,[48] posto ser necessária a formação ou a

---

47. Tomem-se como exemplo as hipóteses previstas no art. 135 do CTN, que trata de responsabilidade que deriva da conduta do sócio; nesse caso, consoante esclarece Ricardo de Barros Leonel, "o 'redirecionamento' da execução fiscal ao sócio que não figurava no título executivo extrajudicial como responsável ou obrigado é, de fato, uma decisão de mérito, proferida em sede de processo de execução, por declarar a incidência de uma norma de direito material que contém uma *fattispecie* a partir da qual se extrai, diante de certos requisitos, responsabilidade relativamente à quitação da Dívida Ativa da Fazenda Pública" ("Reflexões em torno do denominado 'redirecionamento da execução fiscal' ao sócio", in Flávio Luiz Yarshell e Guilherme S. J. Pereira (orgs.), *Processo Societário*, 1ª ed., São Paulo, Quartier Latin, 2012, pp. 633-646).

48. Sustenta José Miguel Garcia Medina, com relação à inclusão do sócio-gerente na execução fiscal quando não consta seu nome da certidão da Dívida Ativa, que "deve o executado ser intimado acerca das alegações e provas apresentadas pelo exequente para, só então, poder o juiz decidir a respeito. Caso isso não tenha sido feito, a questão restará em aberto, devendo permitir-se a realização de dilação probatória nos embargos à execução" (*Execução*, 2ª ed., São Paulo, Ed. RT, 2011, p. 81). Nesse sentido também a jurisprudência: STJ, 2ª Turma, AgR no REsp 1.265.515-AP, rel.

ampliação subjetiva do título executivo (quando se trata de responsabilidade primária) ou a extensão de sua eficácia a terceiras pessoas nele não relacionadas (quando se trata de responsabilidade secundária).

8.3 Desconsideração da personalidade jurídica realizada por meio de processo autônomo

Há situações previstas abstratamente no sistema jurídico nas quais a desconsideração da personalidade jurídica encontra a via do processo autônomo como meio adequado ou ao menos viável diante das circunstâncias concretas. Esses processos autônomos (incidentais a outro processo ou não), nos quais pode ser alcançada a desconsideração da personalidade jurídica, serão a seguir abordados, e se referem: (1) ao processo que objetiva a responsabilização de sócios e administradores de sociedades falidas, consoante previsão do art. 82 da Lei 11.101/2005; (2) ao processo que objetiva a responsabilização de gestores de sociedades sujeitas a intervenção e liquidação extrajudicial, conforme previsão do art. 39 da Lei 6.024/1974; (3) à desconsideração da personalidade jurídica por meio de processo autônomo em outras situações.

Para facilitar o estudo das diferentes hipóteses acima referidas, iremos abordá-las separadamente.

8.3.1 A desconsideração da personalidade jurídica por meio de processo autônomo que objetiva a responsabilização prevista no art. 82 da Lei Falimentar

Em termos de viabilidade do meio utilizado em vista da pretensão, cumpre verificar se a aplicação da *disregard doctrine* em caso de falência da sociedade devedora pode ser obtida por meio do processo que objetiva a responsabilização de sócios e administradores, a chamada "ação de responsabilidade",[49] prevista no art. 82 da Lei de Falências (Lei 11.101/2005).

Min. Humberto Martins, j. 14.2.2012, v.u.; STJ, 1ª Turma, AgR no REsp 12.021.195-PR, rel. Min. Luiz Fux, j. 3.2.2011, v.u.

49. Consoante Ricardo de Barros Leonel, "é procedente a crítica no sentido do equívoco de realizar-se a 'qualificação' ou 'adjetivação' das ações. Na prática do foro verificam-se demandas que são nominadas pelos autores ou por seus patronos (...). A demanda, como exercício concreto do direito de ação, não merece qualquer adje-

João Batista Villela, referindo-se às relações de consumo e às disposições do art. 28 do CDC e da Lei Falimentar anterior (Decreto-lei 7.661/1945), diz que é possível "enquadrar toda a matéria no art. 6º da Lei de Falências, dilatando seu alcance por forma a incluir a responsabilidade para fins de desconsideração. Neste caso, a mesma ocorrência de má administração seria investigada no processo ordinário a que se refere o artigo e que teria curso no juízo da falência".[50] Com idêntico alcance, rege a matéria, agora, o disposto no art. 82 da Lei 11.101/2005.

Pelo sucinto estudo até aqui desenvolvido sobre a teoria da desconsideração da personalidade jurídica e pelo que dispõem as leis especiais que tratam da responsabilidade de sócios e administradores nas principais espécies de sociedades, é possível antever que há uma região de intersecção entre os fundamentos da *disregard doctrine* e aqueles da responsabilização dos sócios e administradores, com base nas normas relativas aos respectivos tipos societários. Isso permite concluir, de antemão, que a desconsideração da personalidade jurídica, havendo falência da devedora, pode ser obtida por meio de processo autônomo, com previsão legal disposta no art. 82 da Lei de Quebras.

É vasto o rol de matérias apreciáveis no processo que objetive a responsabilização com fundamento legal previsto no art. 82 da Lei 11.101/2005, e, nesse sentido, podem ser veiculadas matérias que dizem respeito à desconsideração da personalidade jurídica como também a outras causas de responsabilização, que têm fundamentos diversos.

Assim, teremos que o mencionado processo objetiva a responsabilização de sócios e administradores da pessoa jurídica falida por faltas previstas perante a própria sociedade, conforme a legislação que rege seu respectivo tipo societário, e que, em algumas situações, acabam por atingir seus credores, já que de alguma forma contribuem para sua insolvência. Aqui, as causas de pedir se referem ao descumprimento de obri-

---

tivação, seja em função do direito material invocado, do procedimento ou da espécie de provimento imediato postulado. A concessão de rótulos – denominações – que não guardam rigor científico, por não auxiliarem a esclarecer ou alterar o fenômeno, apenas eventualmente reduzindo-o ou induzindo ao equívoco o operador do Direito, deve ser excluída da prática processual, propugnando os docentes contrariamente ao malfadado hábito nos bancos das universidades" (*Manual do Processo Coletivo*, cit., 3ª ed., p. 111).

50. João Batista Villela, "Sobre desconsideração da personalidade jurídica no Código de Defesa do Consumidor", *Boletim IOB de Jurisprudência* 11/230, 1991 (3/5611).

gações previstas de modo específico, para os sócios[51] e administradores,[52] ou de forma genérica.

Embora não sejam hipóteses de desconsideração da personalidade jurídica, são exemplos de descumprimento de obrigações genéricas dos sócios e administradores frente à sociedade a prática de atos *ultra vires* (contrários ao estatuto ou contrato social) ou contrários à lei (CC, arts. 1.016 e 1.080, e LSA, arts. 116, parágrafo único, e 158, I e II).

Contudo, há também condutas que prejudicam o exercício da empresa dentro da normalidade e que inviabilizam ou dificultam o cumprimento das obrigações da sociedade e de sua relevante função, atingindo diretamente a pessoa jurídica e, por via oblíqua, seus credores e a própria comunidade, como, *v.g.*: a obrigação de sócios e administradores de manter distintos os patrimônios social e individual; a não apropriação dos meios de produção da sociedade; o empreendimento de atividades para as quais a sociedade não esteja suficientemente capitalizada – entre outras situações. Deste modo, nada impede que se veicule por meio desse processo a pretensão à responsabilização patrimonial de sócios e administradores por fatos que se amoldam aos fundamentos ensejadores da *disregard doctrine*.

Se couber a aplicação da *disregard doctrine* nos casos que somente interessam a alguns credores (como, por exemplo, nas hipóteses de grupos de credores por créditos oriundos de relação de consumo[53]), deve

---

51. Para os sócios, são exemplos de causas de pedir que se referem ao descumprimento de obrigações específicas previstas na lei: os atos de abuso de poder cometidos pelo controlador (art. 117 da LSA); a falta de integralização do capital (CC, art. 1.004); a inexata estimativa dos bens conferidos ao capital social (CC, art. 1.055, § 1º), a não abstenção de participação em deliberações sobre operações nas quais tenha o sócio interesse contrário ao da sociedade (CC, art. 1.010, § 3º); a proibição de recebimento de lucros fictícios (CC, art. 1.009) ou quantias retiradas da sociedade com prejuízo do capital (CC, art. 1.059) – entre outras.

52. Para os administradores, são exemplos de causas de pedir de ação destinada a responsabilizá-los por obrigações específicas: aquelas relativas aos prejuízos resultantes de operações realizadas antes da averbação da nomeação do administrador à margem da inscrição da sociedade no registro do comércio (CC, art. 1.012); os atos que extrapolam os poderes que foram conferidos aos administradores (CC, art. 1.015); a aplicação de créditos ou bens da sociedade em proveito próprio ou de terceiros, sem o consentimento escrito dos sócios (CC, art. 1.017); a omissão da palavra "limitada" em operações nas quais são empregadas a firma ou denominação social; a distribuição de lucros fictícios (CC, art. 1.009) – entre outras.

53. Imagine-se a hipótese de um credor ou de um grupo de credores de determinada sociedade falida que foram vítimas de publicidade enganosa praticada pela

ser apresentada a pretensão à desconsideração da personalidade jurídica incidentalmente ao processo de conhecimento em que se busca a condenação da sociedade por tais violações ou mesmo incidentalmente à falência, após condenada a sociedade, não por meio da chamada "ação de responsabilidade". Nessa situação não será quebrada a igualdade entre os credores, porque há norma jurídica que reconhece a proeminência de certos créditos, dando ensejo à aplicação da desconsideração da personalidade jurídica em face dos sócios e administradores diante da simples inadimplência dessas obrigações.

Já, com relação às lesões aos direitos dos credores de uma forma geral, que ocorre quando é inviabilizada a atuação da pessoa jurídica, de tal sorte que impossibilite o cumprimento de suas obrigações, como nos exemplos referidos anteriormente, como dizem respeito à integralidade da massa falida, vale dizer, a todos os seus credores, pode ser perseguida a respectiva responsabilização por meio do processo autônomo, previsto na disposição contida no art. 82 da Lei 11.101/2005,[54] e, se não objetiva a demanda a responsabilização por outras condutas, pode ser pleiteada, alternativamente, mediante o incidente de desconsideração da personalidade jurídica.

Do que foi dito conclui-se que o processo autônomo previsto na Lei de Falências objetiva a responsabilização de sócios e administradores da sociedade falida com base em obrigações específicas e genéricas, previstas nas leis relativas aos respectivos tipos societários, e, por objetivar essa demanda a proteção de toda a coletividade de credores, poderão ser veiculados os fundamentos fáticos que dão ensejo à *disregard doctrine*, resultantes do obstáculo oposto pelos sócios e administradores à atuação da pessoa jurídica em condições de normalidade, porque estes atingem toda a coletividade de credores da sociedade.

pessoa jurídica quando ainda atuante; se não houver patrimônio suficiente para garantir as indenizações, haverá oportunidade para a desconsideração da personalidade jurídica para atingir aqueles que agem por trás da sociedade, com arrimo no disposto no § 5º do art. 28 do CDC.

54. Como se sustentará, a demanda que objetiva a responsabilização dos gestores da sociedade, desde que haja prejuízo descoberto pelo ativo realizado na falência, com arrimo no disposto no art. 82 da Lei 11.101/2005, consubstancia-se em processo coletivo, pois, como leciona Teori Zavascki, "na ação coletiva propriamente dita (e, portanto, na correspondente sentença de mérito) as questões enfrentadas são unicamente as relativas ao núcleo de homogeneidade dos direitos individuais afirmados na demanda" (*Processo Coletivo. Tutela de Direitos Coletivos e Tutela Coletiva de Direitos*, 5ª ed., São Paulo, Ed. RT, 2011, p. 151).

A esta altura, cabe indagar se o fundamento legal do art. 82 da Lei 11.101/2005 serve para tutelar os interesses da sociedade falida ou os interesses da coletividade dos credores.

Levando em consideração que o art. 82 da Lei 11.101/2005 diz que a responsabilidade dos sócios e administradores, estabelecida nas respectivas leis, será apurada "independentemente da realização do ativo e da prova de sua insuficiência para cobrir o passivo", poderia parecer que esse processo seria um sucedâneo dos processos previstos nas leis que tratam dos tipos societários, como aqueles que se fundam, por exemplo, no art. 159 da LSA, que trata da responsabilidade dos administradores frente à companhia. Contudo, havendo a quebra da sociedade, o quadro da situação se altera substancialmente.

A falência é fato público, que repercute não somente na vida da pessoa jurídica e nas suas relações internas, que se travam entre seus órgãos gestores e membros sem poderes de gestão; ela traz reflexos diretos a um sem-número de credores e indiretos a toda a comunidade na qual se encontra inserida; vale dizer: a falência implica reflexos sociais e econômicos inegáveis.

Não se olvida que o próprio legislador, com a edição da Lei 11.101/2005, teve em mente que a demanda que objetiva a responsabilização possa intentar a recomposição dos ativos da sociedade, mas não há por que se entender que tão importante remédio, para enfermidade tão crônica, como a demanda que objetive a responsabilidade dos gestores da sociedade, se limite apenas à defesa da própria sociedade falida ou de sócios ou acionistas sem poderes de gestão, e secundariamente dos credores da sociedade.

Some-se a esse argumento o fato de que certos atos podem violar simultaneamente os interesses da sociedade e os dos credores, como a confusão patrimonial, que retira elementos do ativo da sociedade e subtrai a garantia dos credores.

Nesse contexto, é de se concluir que a demanda que tenha por fundamento legal a previsão do art. 82 da Lei de Falências objetiva a proteção da pessoa jurídica falida e, havendo prejuízo – ou seja, não sendo o ativo apurado suficiente para cobrir o passivo –, também se destina à proteção da coletividade de credores. Por tais motivos não se podem equiparar totalmente os fundamentos das leis que tratam dos tipos societários, como, por exemplo, o já mencionado dispositivo previsto no art. 159 da LSA com aquele previsto na Lei de Quebras.

8.3.1.1 A responsabilização prevista no art. 82 da Lei Falimentar como tutela de direitos individuais homogêneos

Na imensa maioria das falências ocorre o prejuízo, que é caracterizado pela superioridade do passivo diante do ativo realizado, e nessas hipóteses o fundamento legal disposto no art. 82 da Lei 11.101/2005 também tutela os direitos individuais dos credores, que se podem classificar, sob esse aspecto, como homogêneos, porque derivados de origem comum, e que, embora divisíveis, interessam a toda a coletividade de credores.

Lembremos que os interesses individuais homogêneos têm como características serem essencialmente individuais e relativos a pessoas determinadas ou determináveis; ser divisível seu objeto; terem sua gênese decorrente de origem ou fato comum afetos a todos os interessados a título individual.[55] Verificado o conjunto desses direitos subjetivos, identifica-se a homogeneidade em vista da existência de pontos de afinidade e semelhança, que lhes confere "um agregado formal próprio, que permite e recomenda a defesa conjunta de todos eles".[56]

No processo falimentar apresentam-se credores de diversas categorias, como os fiscais, os trabalhistas, os quirografários, por títulos de diversas origens, que, individualmente, têm seus créditos perante a sociedade originados de relações jurídicas próprias, que não se poderia dizer que são créditos de origem única.

Porém, o direito que têm os credores perante os sócios e administradores, embora derive do descumprimento das obrigações da falida, de origens próprias e diversas, têm em comum outra origem, aquela relativa às causas da responsabilização a que estão sujeitos os gestores da sociedade. Observe-se, não estamos nos referindo à origem dos direitos dos credores frente à sociedade, mas da mesma origem da responsabilidade dos sócios e administradores frente aos credores. Nesse sentido, a origem comum prende-se aos atos ou atividades praticados pelos gestores que dão ensejo à responsabilidade, como o descumprimento de obrigações específicas e genéricas, e, dentre estes, alguns casos de desconsideração da personalidade jurídica, que contribuíram para a insolvência da sociedade.

55. Cf. Ricardo de Barros Leonel, *Manual do Processo Coletivo*, cit., 3ª ed., p. 92.
56. Cf. Teori Albino Zavascki, *Processo Coletivo. Tutela de Direitos Coletivos e Tutela Coletiva de Direitos*, cit., 5ª ed., p. 146.

Assim, o direito dos credores frente aos gestores da sociedade tem por origem a mesma situação fática, como, por exemplo, a apropriação dos meios de produção da sociedade pelos sócios, diante da confusão patrimonial havida, tornando-os, desta maneira, homogêneos, porque derivados da mesma origem, levando em consideração que esses fatos, como o que fora mencionado, prejudicam indistintamente todos os credores da sociedade.

Como lembra Watanabe, nem sempre a origem comum leva à homogeneidade, principalmente quando se trata de origem remota e há interferência de outras causas para os danos provocados.[57] Não é o caso, contudo, da falência, pois os fatos que servem de causa de pedir à demanda que objetiva a responsabilização de sócios e administradores se referem a atos ou atividades que prejudicaram a empresa, porque a compeliram ao estado de insolvência, afetando, desta maneira, todos os credores.[58]

Os interesses individuais homogêneos, aqueles "acidentalmente coletivos", na expressão de Barbosa Moreira, tomam dimensão social pelo número de interessados e pelas grandes repercussões na vida da comunidade. E justamente esses motivos, aliados a outros de ordem prática, fazem concluir que se tornam inviáveis ou menos produtivas as veiculações das pretensões de forma individual.[59]

Tenha-se em mente que há vantagens na tutela coletiva dos interesses individuais homogêneos, que evita a "proliferação" de muitas demandas individuais com os mesmos pedidos e fundamentos, evitando-se também contradições entre julgados, o que facilita sobremaneira o desenvolvimento da atividade jurisdicional, tanto em termos quantitativos como qualitativos.[60]

Com raras menções na doutrina sobre os direitos dos credores frente aos gestores da sociedade na falência como situações nascidas de ori-

57. Cf. Kazuo Watanabe e outros, *Código Brasileiro de Defesa do Consumidor Comentado pelos Autores do Anteprojeto*, 8ª ed., Rio de Janeiro, Forense Universitária, 2004, p. 807.
58. Consoante Teori Albino Zavascki, os elementos mínimos para a formação da homogeneidade seriam três: "(a) o relacionado à própria existência da obrigação; (b) o que diz respeito à natureza da prestação devida; (c) o concernente ao sujeito passivo (ou aos sujeitos passivos), comum a todos eles" (*Processo Coletivo. Tutela de Direitos Coletivos e Tutela Coletiva de Direitos*, cit., 5ª ed., p. 146).
59. José Carlos Barbosa Moreira, *Temas de Direito Processual Civil*, cit., p. 196.
60. Cf. Ricardo de Barros Leonel, *Manual do Processo Coletivo*, cit., 3ª ed., p. 102.

gem comum, com a abordagem de que se trata de direitos individuais homogêneos,[61] é de se ter em conta a importância dessa constatação, que também traz consequências relevantes para o processo, especialmente com relação à legitimidade, à prova, à litispendência, à coisa julgada, além de outras repercussões em situações que interessam a todos indistintamente, porque, embora não haja na Lei Falimentar maiores especificações em matéria que diga respeito ao processo em que se apuram as responsabilidades de sócios e administradores, apenas de que deve o processo seguir o procedimento ordinário previsto no Código de Processo Civil, há que se considerar o microssistema criado pelo Código de Defesa do Consumidor, que torna aplicáveis as disposições desse próprio Código e da Lei de Ação Civil Pública aos interesses individuais homogêneos de um modo geral.

O art. 89 do CDC, em sua redação que havia sido aprovada pelo Congresso Nacional, dispunha que as normas processuais do Código de Defesa do Consumidor, que se localizavam em seu Título III, seriam aplicáveis a outros direitos ou interesses difusos e individuais homogêneos tratados coletivamente. Mas esse dispositivo foi vetado pelo Presidente da República. Não obstante, o art. 117 do mesmo Código, que alterou o disposto no art. 21 da Lei 7.347/1985, determina que se aplique aos direitos difusos, coletivos e individuais homogêneos, no que for cabível, o disposto no Título III do Código de Defesa do Consumidor, que trata da parte processual daquele Código.[62]

Há, assim, interação entre os sistemas do Código de Defesa do Consumidor e da Lei de Ação Civil Pública, que permite sejam aplicados aos processos que versem sobre direitos ou interesses difusos, coletivos e individuais homogêneos o quanto disposto no Título III do Código de Defesa do Consumidor e, reciprocamente, as disposições processuais da Lei de Ação Civil Pública, refletindo o alargamento das hipóteses de processos coletivos tratados pela Lei 7.347/1985, "por tudo vantajoso na tutela jurisdicional desses interesses".[63] Observe-se que o mencionado

---

61. Nesse sentido: Luiz Roldão de Freitas Gomes Filho, "A legitimidade do Ministério Público para a defesa de direitos individuais homogêneos na falência, através da propositura de ação de responsabilização do síndico e dos falidos por prejuízos causados à massa", in *A Efetividade dos Direitos Sociais*, 1ª ed., Rio de Janeiro, Lumen Juris, 2004, pp. 425-438.

62. Nesse sentido, também: Teori Albino Zavascki, *Processo Coletivo. Tutela de Direitos Coletivos e Tutela Coletiva de Direitos*, cit., 5ª ed., pp. 177-178.

63. Cf. Nelson Nery Jr. e outros, *Código Brasileiro de Defesa do Consumidor Comentado pelos Autores do Anteprojeto*, 8ª ed., Rio de Janeiro, Forense, 2004, p. 1.033.

art. 117 do CDC, que alterou a redação do art. 21 da LACP, não discrimina quais os interesses individuais que podem se valer dos dispositivos desse Código e que o art. 1º da LACP, com a redação dada pelo art. 110 do CDC, teve seu campo de abrangência ampliado, e, nesse sentido, os direitos individuais, "desde que homogêneos", podem ser tutelados pelo denominado processo coletivo.[64]

Desta maneira, por exemplo, todas as disposições referentes ao inquérito civil, caso seja necessário, podem ser aplicadas para anteceder a propositura de demanda que objetive a tutela dos interesses individuais homogêneos dos credores da falência, se atinentes à responsabilização de sócios e administradores da sociedade. Essa solução não tem sido comum na prática, mas podem ser necessárias maiores investigações, a serem levadas a termo pelo Ministério Público, com o objetivo de apuração das condutas dos gestores na administração da sociedade, para fins de apuração de responsabilidades.

É de grande relevância o tratamento coletivo dos interesses individuais homogêneos,[65] como importante é a constatação da necessidade de os sistemas processuais modernos se abrirem à reparação coletiva de danos individuais, "permitindo o tratamento eficiente de numerosos casos de responsabilidade civil".[66]

---

64. Nelson Nery Jr. e outros, *Código Brasileiro de Defesa do Consumidor Comentado pelos Autores do Anteprojeto*, cit., 8ª ed., pp. 994-995. Exemplifica o autor com referência à tutela de direitos trabalhistas não abrangidos pelos dissídios coletivos como direitos individuais homogêneos que se podem submeter ao regime processual de que trata a Lei de Ação Civil Pública (p. 994).

65. Consoante leciona Mauro Cappelletti, "a pessoa lesada se encontra quase sempre numa situação imprópria para obter a tutela jurisdicional contra o prejuízo advindo individualmente, e pode simplesmente ignorar os seus direitos; ou, ainda, suas pretensões individuais podem ser muito limitadas para induzi-la a agir em juízo, e o risco de incorrer em grandes despesas processuais pode ser desproporcional com respeito ao ressarcimento eventualmente obtível" ("Formações sociais e interesses coletivos diante da Justiça Civil", *Revista de Processo/RePro* 5/130, São Paulo, Ed. RT, janeiro-março/1977).

66. Cf. Ada Pellegrini Grinover e outros, *Código Brasileiro de Defesa do Consumidor Comentado pelos Autores do Anteprojeto*, 8ª ed., Rio de Janeiro, Forense Universitária, 2004, p. 862. Conforme o magistério da doutrinadora, o sistema brasileiro de tutela coletiva de interesses individuais inspirou-se no esquema do Direito Norte-Americano relativo à *class action for damages*, para o qual deve haver a prevalência das questões comuns sobre as individuais. A primeira iniciativa nacional no sentido da tutela coletiva sobre direitos individuais foi a da Lei 7.913/1989, que cuidou da reparação pelos danos causados aos investidores no mercado de valores

Considere-se que o processo coletivo, na tutela de direitos individuais, conduz a uma sentença condenatória genérica, que reconhece a responsabilidade dos réus e os condena à reparação.[67] Trazendo essas considerações para o processo no qual se busca a responsabilização dos sócios e dos administradores pelos atos cometidos em afronta às disposições legais, que lhes determinam obrigações específicas e genéricas perante a sociedade, objetiva-se recompor o patrimônio social, para que possa seu ativo fazer frente ao passivo já constituído perante os credores. Contudo, o direito de crédito pode ou não ser individualmente exercido, eis que se trata de direito divisível e disponível, e dependerá de sua habilitação no processo de falência da sociedade, para o qual serão direcionados os recursos obtidos por meio do processo que objetivou a responsabilização.

Quanto à fungibilidade dos meios processuais aptos à desconsideração da personalidade jurídica na falência (por processo que obedeça ao rito ordinário, como previsto pelo art. 82 da Lei 11.101/2005 ou pela via incidental, regulada pelo Código de Processo Civil de 2015), legitimidade, prazo prescricional e outros aspectos processuais, serão tratados oportunamente.[68]

8.3.2 A desconsideração da personalidade jurídica por meio de processo autônomo para a apuração de responsabilidade dos administradores de sociedades sujeitas a intervenção e liquidação extrajudicial

Como abordado, dentre as causas de pedir que podem dar ensejo à demanda que objetiva a apuração de responsabilidade dos administradores, membros do conselho fiscal, controladores de sociedades e eventuais pessoas que possam ter dado causa à instauração dos regimes extrajudiciais, consistentes no Regime de Administração Temporária/RAET, intervenção e liquidação extrajudicial, estão, entre outras hipóteses, também os típicos casos de desconsideração da personalidade jurídica, tendo por objeto a extensão dos efeitos de certas e determinadas obrigações da sociedade a essas pessoas.

---

mobiliários, conferindo legitimidade ao Ministério Público para adotar as medidas judicias cabíveis (pp. 862-863). Acrescentando, porém, que a Lei 6.024/1974 é anterior e objetiva, da mesma forma, a tutela de interesses individuais homogêneos.

67. Cf. Ada Pellegrini Grinover e outros, *Código Brasileiro de Defesa do Consumidor Comentado pelos Autores do Anteprojeto*, cit., 8ª ed., p. 86

68. V. Capítulos 9 e 10.

Note-se, também como já foi dito anteriormente para o processo que objetiva a apuração de responsabilidades na falência, que as causas de pedir não se restringem às hipóteses de desconsideração da personalidade jurídica, abrangendo fatos que prejudicaram a pessoa jurídica e, por via indireta, seus credores e, nos casos de sociedades sujeitas aos regimes extrajudiciais, até mesmo o simples prejuízo, a demonstrar a responsabilidade objetiva dos administradores e controladores instituída pela Lei 6.024/1974.

Quanto à responsabilidade objetiva dos administradores e controladores das sociedades sujeitas aos regimes extrajudiciais, que se perfaz com o simples prejuízo financeiro da sociedade, conforme a concepção doutrinária que se adota, não pode ser classificada como hipótese de desconsideração da personalidade jurídica – e, para evitar repetições, remetemos o leitor ao item no qual fora abordada a matéria.[69]

Não obstante, há situações típicas de desconsideração da personalidade jurídica que podem se amoldar às hipóteses reguladas pela Lei 6.024/1974, quando trata da responsabilidade por atos e omissões dos administradores, membros do conselho fiscal e controladores, conforme prevista na legislação. Nesse sentido, também servem de causa de pedir à referida ação a confusão patrimonial, o desvio ou apropriação de bens do ativo das sociedades sujeitas aos regimes extrajudiciais, a subcapitalização diante do volume de operações ou do risco oferecido pelo mercado – entre outras condutas que demonstram que a pessoa jurídica não cumpriu sua função social, em vista das atividades de seus dirigentes que violaram de forma indireta o direito dos credores, posto que levam a sociedade à impossibilidade de dar cumprimento às suas obrigações.[70]

8.3.2.1 *A responsabilização dos administradores de sociedades sujeitas a intervenção e liquidação extrajudicial como tutela coletiva de direitos*

Quanto à responsabilização dos administradores e controladores das sociedades sujeitas aos regimes extrajudiciais, também se pode concluir sobre a ocorrência de interesses individuais homogêneos,[71] posto que

69. V. item 4.2.9.
70. Cf. art. 39 da Lei 6.024/1974, art. 15 do Decreto-lei 2.321/1987 e art. 1º da Lei 9.447/1997.
71. Nesse sentido: Luiz Roldão de Freitas Gomes Filho, "A legitimidade do Ministério Público para a defesa de direitos individuais homogêneos na falência, através

relativos a uma origem comum, derivados das mesmas circunstâncias de fato (CDC, art. 81, III), aqueles fundamentos fáticos relativos à responsabilização dos gestores. Como leciona Mazzilli, nos interesses individuais homogêneos os titulares são determinados ou determináveis e o objeto da pretensão é divisível, querendo isto dizer que o dano ou a responsabilidade se caracterizam por sua extensão divisível ou individualmente variável entre os integrantes do grupo.[72]

Nesse sentido, o direito de cada credor da sociedade sujeita aos regimes extrajudiciais há de ser submetido a habilitação de crédito frente ao liquidante ou na posterior falência, caso se chegue à solução extrema. Apura-se na habilitação do crédito a margem de heterogeneidade dos direitos, posto não serem iguais. Lembremos que esses direitos têm origens diversas quando relacionados às suas gêneses frente à pessoa jurídica, mas de origens comuns, e, portanto, homogêneos, vistas as suas causas frente aos responsáveis, gestores e controladores da sociedade.

A habilitação do crédito é o meio do exercício efetivo do direito individual, que dependerá da iniciativa de seu titular.[73] Veja-se que a habilitação funciona, nessa situação específica, como substituta da liquidação prevista no art. 97 do CDC, e isso ocorre porque há uma execução concursal à qual devem se sujeitar todos os créditos frente à sociedade e aos demais responsáveis pela situação de insolvência.

Note-se que o crédito se faz valer perante a sociedade, mas será atendido, em última análise, também pelos valores apurados na demanda de responsabilidade, que não objetiva somente recompor o ativo da pessoa jurídica, mas também satisfazer os direitos dos credores – e aqui com mais razão, posto que o simples prejuízo dará origem à responsabilidade de administradores e controladores, o que não ocorre na falência de sociedades não sujeitas aos regimes extrajudiciais.

da propositura de ação de responsabilização do síndico e dos falidos por prejuízos causados à massa", cit., in *A Efetividade dos Direitos Sociais*, 1ª ed., pp. 425-438.
72. Hugo Nigro Mazzilli, *A Defesa dos Interesses Difusos em Juízo*, 24ª ed., São Paulo, Saraiva, 2011, p. 57.
73. É importante lembrar, como salienta Luiz Paulo da Silva Araújo Filho, que os processos coletivos em defesa de interesses individuais homogêneos "não podem desprezar ou pretender subjugar a vontade dos titulares dos direitos subjetivos em jogo"; se estes não quiserem exercer o direito que lhes foi reconhecido, terão a opção de não o exercer ("Sobre a distinção entre interesses coletivos e interesses individuais homogêneos", in Luiz Fux, Nelson Nery Jr. e Teresa Arruda Alvim Wambier (coords.), *Processo e Constituição: Estudos em Homenagem ao Professor José Carlos Barbosa Moreira*, 1ª ed., São Paulo, Ed. RT, 2006, p. 83).

A própria previsão desses regimes extrajudiciais já demonstra a existência de importantes reflexos da atividade dessas pessoas jurídicas, sob os aspectos econômico e social, a demonstrar, além da expressão para a coletividade, que o processo que se destina à responsabilização de administradores e controladores trará relevantes consequências, muitas vezes, a um número elevado de pessoas, os credores da sociedade, cujos direitos hão de ser tutelados de forma coletiva.[74]

Sendo complexa a realidade contemporânea, não se podem enquadrar todos os fenômenos em dois compartimentos absolutamente separados: o público e o privado.[75] Não somente em relação aos interesses difusos e coletivos pode haver reflexos relevantes para a sociedade; também em muitos interesses individuais homogêneos, como os interesses dos credores frente a administradores e controladores de sociedades sujeitas aos regimes extrajudiciais, para os quais, além do caráter privado, há o interesse social subjacente, representado pela repercussão dos efeitos que terão, para a comunidade, a lesão e a respectiva reparação.

As situações que afetam um grande número de pessoas multiplicam problemas "que são desconhecidos às lides meramente individuais".[76] Nesse contexto, os direitos individuais homogêneos não deixam de ser, na sua essência e natureza, típicos direitos subjetivos individuais, mesmo que tutelados coletivamente; contudo, a lesão a esses direitos pode assumir "grau de profundidade ou de extensão que acaba comprometendo também interesses sociais".[77] Barbosa Moreira cita exemplo que bem se amolda à matéria que ora é abordada, relativo à fraude financeira, que prejudica

74. Conforme aponta Teori Albino Zavascki, não há dúvida de que se trata de "ação civil coletiva em que o Ministério Público atuará como substituto processual dos credores da instituição financeira buscando a condenação dos ex-administradores no pagamento dos prejuízos causados. Os titulares do direito material tutelado são os credores. Tem-se presente, portanto, hipótese de tutela de um conjunto de direitos individuais, divisíveis e disponíveis, decorrentes de origem comum. Vale dizer: são direitos individuais homogêneos" (*Processo Coletivo. Tutela de Direitos Coletivos e Tutela Coletiva de Direitos*, cit., 5ª ed., p. 212).
75. Cf. Rodolfo de Camargo Mancuso, *Interesses Difusos*, 6ª ed., São Paulo, Ed. RT, 2004, pp. 45 e 47.
76. Cf. Mauro Cappelletti, "Formações sociais e interesses coletivos diante da Justiça Civil", cit., *RePro* 5/130.
77. Cf. Teori Albino Zavascki, *Processo Coletivo. Tutela de Direitos Coletivos e Tutela Coletiva de Direitos*, cit., 5ª ed., p. 48. Como leciona Zavascki, esses direitos, "quando visualizados em seu conjunto, em forma coletiva e impessoal, têm a força de transcender a esfera de interesses puramente individuais e passar a representar, mais

uma extensa quantidade de pessoas, numa gravidade que "salta aos olhos quando se pensa nos efeitos malignos de toda a sorte que ela é capaz de gerar na dinâmica social".[78]

O fato de se classificar como individuais homogêneos os direitos dos credores de sociedades sujeitas aos regimes extrajudiciais, no quanto toca à responsabilidade dos seus gestores, trará importantes consequências para o processo, embora com especificidades que lhe são pertinentes,[79] que serão tratadas em itens próprios, nos capítulos que seguem.

8.3.3 Desconsideração da personalidade jurídica por processo autônomo em outras situações

Como já tivemos oportunidade de verificar, a desconsideração da personalidade de determinada sociedade tem por finalidade alcançar as pessoas que, embora distintas da pessoa jurídica, atrás dela se escondem, para, na grande maioria dos casos, estender-lhes os efeitos de certas e determinadas obrigações sobre seus patrimônios individuais.

Não se restringe a *disregard doctrine*, entretanto, à finalidade de responsabilização patrimonial, posto que podem ser pretendidas, por exemplo, a cessação de atividades desenvolvidas por outras pessoas físicas ou jurídicas,[80] a rescisão de contratos, dentre outros objetivos. Não

do que a soma de interesses dos seus respectivos titulares, verdadeiros interesses da comunidade como um todo" (p. 48).

78. José Carlos Barbosa Moreira, *Temas de Direito Processual Civil*, cit., p. 196.

79. Consoante o magistério de Ricardo de Barros Leonel, tratando do sistema integrado do processo coletivo, além de serem cabíveis demandas coletivas para a defesa de interesses individuais homogêneos estranhos às relações de consumo, esse sistema, em nosso País, "permite a interação da legislação específica e suprimento recíproco de lacunas, de sorte que todos os interesses sejam tutelados processualmente do mesmo modo e com um mesmo perfil procedimental e processual; e a aplicação sempre subsidiária do Código de Processo Civil" (*Manual do Processo Coletivo*, cit., 3ª ed., p. 142).

80. Configuraria essa hipótese, conforme exemplo de Rolf Serick, a situação de duas pessoas que se empenham, frente a um terceiro, em não realizar determinada ação, como a proibição de concorrência; posteriormente, constituem os dois sujeitos uma sociedade com a finalidade daquela prática proibida contratualmente, com o escopo de eludir a aplicação das disposições contratuais estipuladas com o terceiro. Nessa situação pode não haver propriamente o intento de fixação de responsabilidade, mas tão somente o cumprimento do avençado, como a exclusão do objeto social da nova sociedade criada pelos obrigados, das atividades não permitidas e a respectiva abs-

há que se cogitar, em situações como as referidas, da possibilidade de instauração de incidente de desconsideração da personalidade jurídica, porque a desconsideração já constitui, necessariamente, pressuposto para que seja reconhecido o pedido imediato da respectiva ação. Por outras palavras: nessas hipóteses as providências judiciais que se pleiteiam somente podem ser admitidas se não for considerada a personalidade da sociedade constituída pelas pessoas cujas esferas jurídicas se pretende atingir. Desta maneira, deverá ser utilizada a via do processo autônomo quando se trata de finalidade diversa daquela relacionada à responsabilização patrimonial.

Também, quando a desconsideração da personalidade jurídica for utilizada para hipóteses de responsabilidade patrimonial, prevê o Código de Processo Civil de 2015 que o incidente será dispensado na hipótese de a desconsideração da personalidade jurídica ser requerida juntamente com a inicial (§ 2º do art. 134). Nesse caso teremos uma cumulação de pedidos dirigidos a pessoas diversas, ou seja, em face da sociedade e dos seus sócios.

Não teremos na situação referida um incidente próprio nem um processo autônomo e específico para a desconsideração da personalidade, que comporá parte do objeto litigioso do processo que tem por demandada a pessoa jurídica.

tenção, de forma a ser dado cumprimento ao que fora avençado (Rolf Serick, *Forma e Realtà della Persona Giuridica*, trad. de Marco Vitale, Milão, Giuffrè, 1966, p. 44).

9
A AÇÃO
E A DESCONSIDERAÇÃO
DA PERSONALIDADE JURÍDICA

9.1 As condições da ação na desconsideração da personalidade jurídica: 9.1.1 Interesse de agir – 9.1.2 Legitimidade: 9.1.2.1 Legitimidade ativa para o pedido de desconsideração da personalidade jurídica nos processos coletivos – 9.1.2.2 A legitimidade ativa para o pedido de desconsideração da personalidade jurídica na falência – 9.1.2.3 A legitimidade do Ministério Público para o pedido de desconsideração da personalidade jurídica – 9.1.2.4 A legitimidade do Ministério Público para o pedido de desconsideração da personalidade jurídica na falência – 9.1.2.5 A legitimidade do Ministério Público para a demanda de responsabilização de controladores e administradores das sociedades sujeitas aos regimes de liquidação extrajudicial – 9.1.2.6 Legitimidade passiva – 9.1.3 A possibilidade jurídica agora integrando o mérito da desconsideração da personalidade. 9.2 Elementos de identificação da demanda de desconsideração da personalidade jurídica: 9.2.1 Partes na desconsideração da personalidade jurídica – 9.2.2 Causa de pedir para a desconsideração da personalidade jurídica – 9.2.3 O pedido na demanda desconsideradora da personalidade jurídica: 9.2.3.1 Pedido certo ou determinável – 9.2.3.2 Pedido cumulado – 9.2.3.3 Inexistência de pedido: desconsideração da personalidade jurídica ex officio. 9.3 A estabilização da demanda e a desconsideração da personalidade jurídica.

Seja feita por processo autônomo, quer pela via incidental, a desconsideração da personalidade jurídica realiza-se por meio do exercício do direito de ação; daí a relevância e a pertinência do estudo dos temas ligados a esse fundamental direito, que justificam a abordagem de suas condições e dos seus elementos, vistos sob o prisma das peculiaridades para a concretização do desconhecimento da autonomia subjetiva da pessoa jurídica, não apenas restritos às finalidades de responsabilização patrimonial.

9.1 As condições da ação na desconsideração da personalidade jurídica

No tocante à verificação do juízo de admissibilidade ou de viabilidade para o julgamento de mérito, nota-se, de início, que não há consenso entre os doutrinadores a respeito da natureza jurídica das condições da ação,[1] sendo que alguns a assimilam ao próprio mérito da demanda (teoria do binômio), enquanto outros a colocam em uma categoria intermediária, entre o mérito e os pressupostos processuais (teoria do trinômio).[2]

Todavia, não havendo diferenças ontológicas entre carência e improcedência,[3-4] devem as condições da ação ser classificadas como questões de mérito, já que partem da apreciação da relação substancial[5] e

1. No dizer de Kazuo Watanabe, alguns processualistas "não aceitam as chamadas condições da ação como categoria autônoma, enquadrando as questões assim rotuladas no âmbito do mérito, como Calmon de Passos, Ovídio Baptista da Silva e Fábio Luiz Gomes", em virtude do fato de que o exame das condições da ação compreende a análise da relação jurídica material (Kazuo Watanabe, *Da Cognição no Processo Civil*, 3ª ed., São Paulo, DPJ Editora, 2005, p. 82).

2. Cf. Suzana Henriques da Costa, *Condições da Ação*, 1ª ed., São Paulo, Quartier Latin, 2005, p. 76.

3. Contudo, no Direito nacional continua a diferença no tratamento processual da carência e da improcedência, posto não estar a primeira coberta pela coisa julgada também no Código de Processo Civil de 2015(art. 485, VI), apesar de apta à imutabilidade. É preciso modificar essa sistemática, para adequá-la aos objetivos da efetividade do processo e coibir a nova propositura da ação indefinidamente, tendo em conta, contudo, que não bastaria tornar a decisão de carência hábil à imutabilidade: necessário seria, concomitantemente, abrir-se oportunidade para que tais decisões se sujeitem a eventual ação rescisória, ante o risco de grave vício e a inexistência de meio apto a corrigir essa situação.

4. Por outro lado, em termos de preclusão de questões incidentais, devemos ter em conta que esse fenômeno não deve recair sobre a decisão que reconhece a presença das condições da ação, mesmo diante da falta de recurso da parte interessada, devido à sua importância, que a erige à condição de questão de ordem pública. Nesse sentido: Antônio Carlos de Araújo Cintra, Ada Pellegrini Grinover e Cândido Rangel Dinamarco, *Teoria Geral do Processo*, 31ª ed., São Paulo, Malheiros Editores, 2015, p. 298; e Heitor Vitor Mendonça Sica, *Preclusão Processual Civil*, 1ª ed., São Paulo, Atlas, 2006, p. 315.

5. Consoante leciona Flávio Luiz Yarshell, "a aferição das condições da ação nada mais é do que um exame, apriorístico, da própria relação material ou de dados relevantes colhidos no plano substancial. Trata-se de um juízo formulado com base em cognição não exauriente da controvérsia que, desde logo, pode antecipar o insucesso do pleito deduzido pelo demandante" (*Tutela Jurisdicional e Tipicidade*, São Paulo, Atlas, 1999, p. 151).

projetam seus efeitos sobre o plano material, tanto no processo como fora dele – o que faz concluir, inclusive, ser o julgamento de carência apto, teoricamente, à imutabilidade,[6] apesar das disposições legais em sentido contrário. Não se trata do mérito propriamente (o objeto litigioso do processo), mas de questões de mérito,[7] que compõem o objeto do processo, visto por uma perspectiva mais ampla, e que deve ser apreciado *in statu assertionis*, antes do mérito propriamente dito.[8]

Apesar da discussão a respeito da sua natureza jurídica, pode-se concluir que se evidencia útil o reconhecimento da categoria das "condições da ação", cuja aferição se justifica pela economia processual que proporciona e pela afinidade com o ideal de processo útil e efetivo.

Também no tema ora abordado, relativo aos aspectos processuais da desconsideração da personalidade jurídica, mostra-se relevante a abordagem das condições da ação, já que de nada adiantaria o prosseguimento do processo ou do incidente na ausência de legitimidade de qualquer das partes, ou diante da falta de interesse de agir ou, mesmo, sendo impossível juridicamente o pedido deduzido, abstratamente ou diante das circunstâncias concretas.

9.1.1 Interesse de agir

Considerando o interesse de agir como necessidade da tutela jurisdicional, com a consequente utilidade que ela possa trazer, constata-se que a pretensão de desconsideração da personalidade de uma sociedade nem sempre é necessária ou útil em termos de responsabilização ou satisfação do direito de crédito.

Individualizada a situação concreta que fundamenta a propositura da demanda, há de se averiguar a necessidade da tutela pleiteada, o que deve ser aferido da assertiva de não ter sido satisfeita a legítima pretensão do

---

6. Como acentua José Roberto dos Santos Bedaque, tanto a sentença de mérito como a que reconhece a carência da ação têm efeitos no plano material, projetando efeitos para fora do processo; e, por isso, ambas são "aptas à imutabilidade" (*Direito e Processo. Influência do Direito Material sobre o Processual*, 6ª ed., São Paulo, Malheiros Editores, 2011, p. 106).

7. Nesse sentido, também: Suzana Henriques da Costa, *Condições da Ação*, cit., 1ª ed., p. 96.

8. A esse propósito, v. as considerações de Suzana Henriques da Costa sobre as condições da ação e a instrumentalidade do processo, bem como sobre esse instituto e a coisa julgada (*Condições da Ação*, cit., 1ª ed., pp. 110-160).

autor, ou não ter sido satisfeita de modo absoluto ou, ainda, de haver receio de não ser satisfeita ou mesmo diante da incerteza sobre determinada situação.[9] Conclui-se, portanto, que o interesse de agir se evidencia pela necessidade da utilização da via judicial e pela adequação do provimento pedido à alegada necessidade, que demonstrarão, em última análise, a utilidade que a demanda representará para o autor.

Desta maneira, além da ocorrência de hipótese, em tese, motivadora da desconsideração, necessária a existência de prejuízo ao autor, já que, como esclarece Arruda Alvim, "a simples existência de sociedade unipessoal assim como a confusão patrimonial não constituem condição suficiente para ensejar a despersonalização, pois, apesar de constituírem-se em ilícitos, podem vir a não prejudicar terceiros".[10]

Assim também, por exemplo, o momento do nascimento da pessoa jurídica pode determinar o interesse de agir, pela necessidade de se ir a juízo pleitear a desconsideração de sua personalidade, conforme a ocasião em que se formou a obrigação. A existência formal da pessoa jurídica de direito privado inicia com a inscrição do ato constitutivo no respectivo registro, nos termos do que dispõe o Código Civil.[11] Se o fato do qual se originou a obrigação é anterior à constituição da sociedade, devem os sócios responder pela dívida sem a necessidade de desconsideração, porque ainda não existe, sob o aspecto formal, a separação patrimonial.

Da mesma maneira, não haveria necessidade de utilização da via judicial para a responsabilização de dirigentes de sociedades de fato, agora chamadas de sociedades em comum, como nas hipóteses em que há vício na constituição da sociedade, posto que nessas situações também não existe personificação formal da sociedade.

Como já abordado,[12] em alguns tipos societários é possível alcançar o patrimônio dos sócios pelas dívidas sociais, e, portanto, é desnecessário o processo para a desconsideração da personalidade, pois a própria lei já torna vulnerável o patrimônio do sócio pelas dívidas da pessoa jurídica.

9. Cf. Enrico Tullio Liebman, *Manual de Direito Processual Civil*, 3ª ed., vol. I, trad. brasileira de Cândido Rangel Dinamarco, São Paulo, Malheiros Editores, 2005, pp. 205 e ss.
10. José Manoel de Arruda Alvim Netto, "Desconsideração da personalidade jurídica – Parecer", in *Coleção Estudos e Pareceres – Direito Comercial*, São Paulo, Ed. RT, 1995, p. 68.
11. Cf. art. 45 do CC. Assim, somente há sentido em falar na separação do patrimônio social após a constituição formal da sociedade.
12. V. item 4.1.3.

Por regra, também não há que se falar em extensão dos efeitos de certas e determinadas obrigações se estas ainda são inexigíveis, seja porque ainda não ocorrido o vencimento da obrigação, seja porque não verificada a ocorrência de eventual condição suspensiva. Deve haver o inadimplemento causado pela insolvabilidade da sociedade devedora ou, ao menos, o que se chama de crise de liquidez, que impede o adimplemento obrigacional no tempo certo.[13]

Outra questão relevante é se haveria interesse de agir para a desconsideração se a pessoa jurídica tem capacidade econômica de arcar com a responsabilização. Para a resposta a essa questão deve ser lembrada a noção do que venha a ser insolvabilidade, que se demonstra pelo desequilíbrio entre o ativo e o passivo de uma sociedade, ou seja, quando o valor das obrigações excede o efetivo valor do patrimônio social. Nesse sentido, a desconsideração da personalidade jurídica, para fins de responsabilização, somente se justifica quando o patrimônio da pessoa jurídica for insuficiente para o adimplemento forçado[14] ou, ao menos, quando não há possibilidade, ainda que momentânea, de adimplir a obrigação.

Essa opinião, contudo, não conta com a unanimidade da doutrina. Há posição no sentido de que não cabe discutir o benefício de ordem (art. 795 do CPC/2015) na desconsideração da personalidade jurídica.[15]

Entretanto, há de se ponderar que a desconsideração da personalidade não busca excluir a responsabilidade da pessoa jurídica, mas estabelecer a responsabilidade subsidiária dos seus dirigentes. Não há interesse jurídico em buscar a responsabilização de sócios ou administradores, com

---

13. Note-se que hoje, até mesmo na sistemática da atual Lei Falimentar, que é voltada nitidamente à conservação da empresa, não é obrigado o credor, por exemplo, a concordar com a recuperação judicial, podendo manifestar sua objeção ao plano de recuperação e externar seu voto contrário em assembleia de credores (arts. 55 e 56 da Lei 11.101/2005). Sendo assim, até na situação extrema tratada pela Lei de Falências não se há de exigir mais esse sacrifício ao credor, no sentido de lhe impor que aguarde seja debelada a crise de liquidez do devedor, até mesmo porque a crise, ainda que momentânea, pode ter sido causada pela conduta dos gestores da sociedade.
14. Nesse sentido, também: Gilberto Gomes Bruschi, *Aspectos Processuais da Desconsideração da Personalidade Jurídica*, 2ª ed., 2ª tir., São Paulo, Saraiva, 2009, p. 121.
15. Cf. Fredie Didier Jr., "Aspectos processuais da desconsideração da personalidade jurídica", in Fredie Didier Jr. e Rodrigo Mazzei (coords.), *Reflexos do Novo Código Civil no Direito Processual*, 2ª ed., Salvador, Juspodivm, 2007, p. 166. Sustenta o doutrinador que é "irrelevante que a pessoa jurídica tenha ou não bens passíveis de ser executados" (p. 166).

a utilização do aparato do Judiciário, se o responsável primário, a pessoa jurídica, é solvente e pode cumprir a obrigação.

Todavia, não é somente por esse motivo que deve ser observada a situação de insolvabilidade da sociedade devedora; toda a teoria da desconsideração, caso vista sob o prisma da responsabilização, baseia-se na sanção pela utilização indevida da pessoa jurídica, quando os dirigentes da sociedade violam indiretamente o direito de terceiros, impedindo que seja possível cumprir suas normais obrigações. Não há interesse de agir, desta maneira, em buscar a ampliação do polo passivo da execução se o patrimônio do executado comporta a responsabilização.[16]

Por outro lado, não basta somente a necessidade de se dirigir ao Judiciário para perfazer o interesse de agir; o provimento há de ser adequado a atender a afirmada necessidade. Nesse sentido, haveria interesse de agir para a desconsideração da personalidade jurídica se o ato fraudulento pode ser discutido em eventual "ação revocatória"?

Arruda Alvim leciona que a desconsideração é cabível em casos excepcionais, "desde que o ordenamento jurídico não preveja sanções no plano da validade ou da eficácia, que sejam aplicáveis à espécie".[17]

No caso de fraude a credores, entretanto, conforme abordado, sustentamos que cabe a escolha ao prejudicado, que pode buscar a ineficácia do negócio bem como outro caminho pelo qual deseja ver-se ressarcido do prejuízo; e, nessa opção, pode pleitear a desconsideração da personalidade jurídica da sociedade devedora, se esta for insolvente. Para evitar a repetição do tema, remetemos o leitor à abordagem do assunto que foi dada neste trabalho.[18]

Some-se aos argumentos que já foram apresentados o da vantagem que ocorre em certas situações, especificamente naquelas em que o bem

16. Com relação ao interesse de agir, é oportuno lembrar, consoante as palavras de Enrico Tullio Liebman, que "seria uma inutilidade proceder ao exame do pedido para conceder ou negar o provimento postulado quando na situação de fato apresentada não se encontrasse afirmada uma lesão ao direito ou interesse que se ostenta perante a parte contrária, ou quando os efeitos jurídicos que se esperam do provimento já tivessem sido obtidos, ou ainda quando o provimento pedido fosse em si mesmo inadequado ou inidôneo a remover a lesão, ou, finalmente, quando ele não pudesse ser proferido porque não admitido pela lei (...)" (*Manual de Direito Processual Civil*, cit., 3ª ed., vol. I, p. 206).

17. Cf. José Manoel de Arruda Alvim Netto, "Desconsideração da personalidade jurídica – parecer", cit., *Coleção Estudos e Pareceres – Direito Comercial*, p. 66.

18. V. item 4.2.7.

objeto do negócio fraudulento é móvel, de fácil alienação e de difícil localização; nessas hipóteses o reconhecimento de ineficácia do negócio nem sempre é efetivo para o ressarcimento do lesado, e a desconsideração da personalidade apresenta-se como opção para a satisfação da obrigação e a composição da lide.

Deve ser esclarecido que, consoante a mencionada lição de Arruda Alvim, havendo outra solução restrita ao plano da validade, deve ela ser necessariamente empregada, pois nas hipóteses referentes à nulidade absoluta do negócio jurídico os vícios não são sanáveis,[19] e, portanto, embora haja a necessidade do recurso à via judicial, não haverá interesse de agir, por inadequação da tutela pretendida, se pleiteada a desconsideração da personalidade jurídica. Desse modo, mostra-se viável apenas o outro caminho, aquele do reconhecimento da invalidade do negócio celebrado, com demanda específica para esse fim.

9.1.2 Legitimidade

O problema da legitimação consiste "em individualizar a pessoa a quem pertence o interesse de agir (e, pois, a ação) e a pessoa com referência à qual (...) ele existe; (...)".[20] Ou, por outras palavras, é a pertinência subjetiva da ação,[21] já que é do direito feito valer que se determina a legitimidade *ad causam*.[22] Assim, a legitimidade é atributo específico a ser aferido diante da situação concreta – no que, aliás, difere da capacidade de ser parte e da capacidade processual, que são atributos genéricos.[23]

19. Remetemos o leitor ao item 4.2.5.
20. Cf. Enrico Tullio Liebman, *Manual de Direito Processual Civil*, cit., 3ª ed., vol. I, p. 208.
21. Cf. Alfredo Buzaid, *Agravo de Petição no Sistema do Código de Processo Civil*, 1ª ed., São Paulo, Saraiva, 1956, p. 89.
22. Cf. Augusto Cerino Canova, "La domanda giudiziale ed il suo contenuto", in *Commentario del Codice di Procedura Civile*, 1ª ed., t. I, L. II, Turim, UTET, 1980, p. 174. Como afirma o doutrinador, "basta, però, considerare i casi di legitimazione straordinaria, perché il criterio della titolarità dell'azione si riveli insufficiente e denunci il suo principale limite: poichè é dal diritto fato valere che si determina la *legitimatio ad causam*" (p. 174).
23. Capaz de ser parte é aquele capaz de ser sujeito da relação jurídica processual; já, a capacidade processual consiste na aptidão genérica para a prática de atos processuais sem a necessidade de representação ou assistência. A capacidade postulatória, por sua vez, é a capacidade técnica dos advogados regularmente inscritos nos quadros da Ordem dos Advogados.

Por regra, o direito de pleitear em juízo é atribuído para a tutela dos direitos e interesses próprios; é o que se entende por legitimação ordinária, que se prende à titularidade do direito que se postula. Contudo, nem sempre quem está legitimado a agir é titular da relação jurídica material;[24] por isso se distinguem os casos de legitimidade ordinária e extraordinária. Exceto nos casos de legitimidade extraordinária, legitimado ativo será o titular do direito lesado ou ameaçado de lesão, considerando-se que não se pode pleitear direito alheio em nome próprio, exceto quando autorizado por lei (CPC/2015, art. 18).[25]

No tocante à legitimidade ativa para o pedido de desconsideração da personalidade jurídica, por regra, cabe ao credor ou ao Ministério Público, nos termos do que dispõem os arts. 50 do CC e 28 do CDC. O Código de Processo Civil de 2015 fala em parte ou Ministério Público (art. 133), o que não altera substancialmente as disposições do direito material, já que, por regra, a parte será o credor, se a desconsideração for pleiteada para fins de responsabilização.

Com relação à legitimidade do credor, mesmo sem considerar as mencionadas disposições legais, torna-se evidente que, como sujeito lesado, seja ele o legitimado ativo à postulação da desconsideração da personalidade, agindo na defesa de direito próprio, tanto para o incidente como para o processo autônomo. Contudo, indaga-se: poderia um dos sócios pleitear a desconsideração da personalidade jurídica da sociedade em face de outro sócio, a quem atribui a prática de atos fraudulentos ou de abuso da personalidade jurídica, em execução movida por credor da sociedade?

No Direito Norte-Americano, conforme leciona Alexandre Couto Silva, a maioria dos doutrinadores entende que a desconsideração da personalidade jurídica é providência a ser requerida apenas pelos credores e sua aplicação não se deve dar a favor do acionista. Entende o mencionado autor que a teoria da desconsideração não é cabível ao sócio ou ao seu cônjuge.[26]

---

24. Consoante magistério de Augusto Cerino Canova, "la soggetivazione richiesta dal processo non coincide pienamente con quella imposta dal diritto sostanziale" ("La domanda giudiziale ed il suo contenuto", cit., in *Commentario del Codice di Procedura Civile*m, 1ª ed., t. I, L. II, p. 115).

25. Cf. Suzana Henriques da Costa, *Condições da Ação*, cit., 1ª ed., p. 64.

26. Alexandre Couto Silva, "Desconsideração da personalidade jurídica: limites para sua aplicação", *RT* 780/50, São Paulo, Ed. RT, outubro/2000.

Comparato exemplifica com um único caso a desconsideração feita a favor do controlador, apresentando a hipótese na qual o proprietário de determinado imóvel, pretendendo a retomada do bem próprio locado em favor da sociedade por ele controlada, fundamenta seu pedido como se fosse para "uso próprio do locador", podendo obter decisão que lhe seja favorável, nos termos da disposição contida no art. 8º, "e", do Decreto 24.150/1934, consagrada na Súmula 486 do STF.[27]

João Casilo,[28] mencionando casos do Direito Suíço, sustenta poder ser a *Durchgriff* utilizada favoravelmente à pessoa jurídica e a seus sócios, relatando julgado em que uma sociedade não se utilizou de determinada marca no prazo previsto em lei, mas o Tribunal suíço reconheceu que, sendo a titular controlada por uma *holding*, tinham elas o mesmo fundo econômico, motivo pelo qual não se deveria reconhecer a caducidade do direito à marca se esta fora utilizada por empresa do mesmo grupo.

Note-se que, embora os exemplos acima mencionados se refiram à desconsideração da personalidade pleiteada pelos sócios, no primeiro caso, o da demanda em que o controlador objetiva a retomada de determinado bem imóvel, essa desconsideração não se dá em desfavor de outros sócios; e no segundo caso a desconsideração também não é estabelecida para atingir os demais sócios, mas para beneficiar a sociedade. Em ambos os casos a desconsideração é o resultado de outros objetivos que não o de estender os efeitos de certas e determinadas obrigações aos sócios ou administradores da sociedade.

Assim, persiste a indagação: os sócios minoritários, por exemplo, seriam partes legítimas para pedir a desconsideração da personalidade da pessoa jurídica em face dos controladores na execução promovida por um credor social?

Caso haja patrimônio social suficiente para o adimplemento da obrigação a resposta é negativa, posto que eventual descumprimento de deveres por um ou alguns sócios perante a sociedade é assunto interno, que somente diz respeito às relações travadas no seio da sociedade. Não há que se condicionar ou obstar ao exercício do direito do credor, comprometendo-se a garantia de uma solução justa para sua controvérsia, com problemas que não lhe dizem respeito, especialmente porque

27. Fábio Konder Comparato e Calixto Salomão Filho, *O Poder de Controle na Sociedade Anônima*, 5ª ed., Rio de Janeiro, Forense, 2008, p. 356.
28. João Casilo, "Desconsideração da pessoa jurídica", *RT* 528/34, São Paulo, Ed. RT, outubro/1979.

a desconsideração que será pleiteada importará a ampliação subjetiva e objetiva da lide e as consequências que daí derivam, comprometendo a razoável duração do processo.

Dúvidas poderiam surgir quando não haja patrimônio social suficiente para suportar a responsabilidade pelas obrigações assumidas pela pessoa jurídica. Nessa situação tenha-se em conta que o proveito de eventual decisão favorável à desconsideração será destinado ao autor da execução e, diante da regra que limita a legitimidade à postulação de direitos próprios (CPC/2015, art. 18), não poderá o sócio pretender a tutela de interesses do credor. Note-se também que o bem sobre o qual incide o objeto litigioso é disponível e, assim, deve estar à livre disposição do credor. O que o sócio pode fazer nessa situação é informar no processo os motivos que dão ensejo à desconsideração em relação ao sócio faltoso, para as eventuais providências que poderá tomar o credor.

Todavia, na hipótese de o próprio sócio ser o credor da sociedade não há óbice quanto à sua legitimidade para pedir a desconsideração da personalidade com o fim de atingir o patrimônio de outro ou de outros sócios. Observe-se, contudo, que estará ele agindo primordialmente no interesse próprio, embora também esteja favorecendo, de certa forma, a pessoa jurídica contra o sócio faltoso.

9.1.2.1 Legitimidade ativa para o pedido de desconsideração da personalidade jurídica nos processos coletivos

Há situações em que estamos diante de direitos metaindividuais,[29] que dão lugar à tutela veiculada pelos processos coletivos; e nessas hipóteses cabe indagar quem estaria legitimado a pleitear a desconsideração da personalidade jurídica da sociedade devedora.

Sendo o pedido de desconsideração nada mais do que medida tendente a garantir a efetividade da tutela jurisdicional concedida, apesar de o Código de Defesa do Consumidor somente se referir à legitimidade do credor ou do Ministério Público (art. 28), é de se estender aos demais

---

29. No Direito pátrio a distinção entre direitos difusos, coletivos e individuais homogêneos vem disposta no art. 81 do CDC, que classifica como *difuso* o direito transindividual indivisível de pessoas ligadas por um pressuposto fático; como direito *coletivo* aquele também de natureza indivisível de pessoas pertencentes a um grupo, classe ou categoria ligados por uma relação jurídica base; e *individuais homogêneos* aqueles direitos divisíveis que têm origem comum.

legitimados à demanda coletiva a possibilidade de pleitear tal medida, mesmo não se tratando de credores dos valores a serem cobrados, até mesmo porque o Código de Processo Civil de 2015, de forma mais genérica, atribui a legitimidade à parte e ao Ministério Público (art. 133).

Pensar de forma contrária levaria, em algumas situações, a conceder provimento sem utilidade prática, posto que nem sempre se encontram bens suficientes no patrimônio da pessoa jurídica devedora e porque em muitas hipóteses a insolvência da pessoa jurídica se deve à própria atuação dos sócios, que esvaziaram o patrimônio social ou não constituíram a sociedade com capital suficiente para suportar os riscos do negócio ou mesmo as obrigações comuns relativas ao objeto social.

Observe-se que para a tutela dos direitos difusos e coletivos a legitimação é concorrente, disjuntiva e autônoma.[30]

Concorrente a legitimidade, porque atribuída a vários legitimados:[31] Ministério Público; pessoas jurídicas de direito público da Administração direta (União, Estados e Municípios) e indireta (autarquias, sociedades de economia mista etc.); entidades da Administração Pública direta e indireta, ainda que sem personalidade jurídica, destinadas à defesa dos interesses supraindividuais (art. 82, III, da Lei 8.078/1990); associações civis constituídas há pelo menos um ano, observada a pertinência temática; partidos políticos, em algumas hipóteses; sindicatos; comunidades indígenas; Ordem dos Advogados do Brasil/OAB; e a Defensoria Pública (art. 5º da Lei 7.347/1985, alterado pela Lei 11.448/2007).[32]

Note-se, contudo, que, quanto ao Ministério Público, por estar imbuída a tutela dos direitos coletivos entre suas missões institucionais, sua legitimação é ampla e incondicionada, o que não ocorre para os

---

30. Cf. Ricardo de Barros Leonel, *Manual do Processo Coletivo*, 3ª ed., São Paulo, Ed. RT, 2013, pp. 151-161.

31. Como esclarece Kazuo Watanabe, consoante as regras que disciplinam as obrigações indivisíveis, apesar de ser possível, em linha de princípio, que se conferisse a legitimação concorrente a todos os indivíduos para a defesa dos interesses difusos e coletivos, "algumas experiências vividas no campo da ação popular, que tem sido utilizada, com alguma frequência, como instrumento político de pressão e até de vindita, serviram também para o perfilhamento da opção legislativa" (Kazuo Watanabe e outros, *Código Brasileiro de Defesa do Consumidor Comentado pelos Autores do Anteprojeto*, 8ª ed., São Paulo, Forense Universitária, 2005, p. 815).

32. Nesse sentido: Ricardo de Barros Leonel, *Manual do Processo Coletivo*, cit., 3ª ed., pp. 161-167; Hugo Nigro Mazzilli, *A Defesa dos Interesses Difusos em Juízo*, 24ª ed., São Paulo, Saraiva, 2011, pp. 311-312.

demais legitimados, para os quais deverão ser averiguadas suas funções primordiais.

Como afirma Zavascki, há "em relação a eles uma condição de legitimidade implícita: não é qualquer ação civil pública que pode ser promovida por tais entes, mas apenas as que visem a tutelar direitos transindividuais que, de alguma forma, estejam relacionados com interesses da demandante".[33]

Essa restrição, relativa à pertinência temática, encontra-se inserida no contexto da averiguação da representatividade adequada,[34] que deve ser aferida também para a "verificação da existência de um vínculo entre a situação de direito material discutida em juízo e o legitimado", que justifique a posição do defensor daquele direito e "garanta o seu comprometimento com a busca de um resultado favorável ao processo".[35]

A legitimação desses entes é disjuntiva, porque, como leciona Leonel, "qualquer um dos legitimados pode atuar em juízo sem necessariamente contar com a participação de outro habilitado".[36] E, por fim, é autônoma a legitimação, nem ordinária, nem extraordinária, em vista da indivisibilidade dos interesses difusos (de titulares indeterminados) e coletivos (de titulares determináveis) – interesses, esses, de toda a

---

33. Teori Albino Zavascki, *Processo Coletivo. Tutela de Direitos Coletivos e Tutela Coletiva de Direitos*, 5ª ed., São Paulo, Ed. RT, 2011, p. 63. Como leciona o autor, essa legitimação implícita pode se dar, por exemplo, "em razão de suas atividades, ou de suas competências, ou de seu patrimônio, ou de seus serviços; seja por qualquer outra razão, é indispensável que se possa identificar uma relação de pertinência entre o pedido formulado pela entidade autora da ação civil pública e seus próprios interesses e objetivos como instituição" (p. 63).

34. Como salienta Vicenzo Vigoriti, "in realtà, la previsione di una legittimazione ad agire difusa fra tutti i cointeressati è accettabile solo se corretta o bilanciata dai più rigorosi meccanismi di controlo e di stimolo di chi assume iniziative destinate ad avere effetti nella sfera giuridica di altri soggetti. In assenza di tali meccanismi processual (e di giudici capaci di farli funcionare), l'esperienza insegna che riconoscere la legittimazione ad agire a tutti i cointeressati finisce col dar luogo a tutta una serie di inaccettabili inconvinienti" (*Interessi Collettivi e Processo*, 1ª ed., Milão, Giuffrè, 1979, p. 108).

35. Cf. Suzana Henriques da Costa, *O Processo Coletivo na Tutela do Patrimônio Público e da Moralidade Administrativa*, 1ª ed., São Paulo, Quartier Latin, 2009, p. 190.

36. Cf.: Ricardo de Barros Leonel, *Manual do Processo Coletivo*, cit., 3ª ed., p. 160; Hugo Nigro Mazzilli, *A Defesa dos Interesses Difusos em Juízo*, cit., 24ª ed., p. 343; Rodolfo de Camargo Mancuso, *Interesses Difusos*, 6ª ed., São Paulo, Ed. RT, 2004, p. 265.

coletividade, pertencendo aos indivíduos e também aos entes que os representam.[37]

Com relação aos direitos individuais homogêneos, a tutela é exercida por legitimação extraordinária, em substituição processual, em vista da divisibilidade dos direitos.[38] A legitimidade extraordinária, de uma maneira geral, é motivada por diversas circunstâncias, e dentre essas, como ressalta Donaldo Armelin, a outorga de legitimidade a um terceiro se dá "em decorrência de uma situação jurídica por este ocupada, que lhe impõe, direta ou indiretamente, deveres" de proteção a direitos alheios,[39] o que pode ocorrer em relação à tutela dos direitos individuais homogêneos, ainda mais quando se leva em consideração que nem sempre seus titulares estão em situação propícia para, por exemplo, postular a desconsideração da personalidade jurídica da sociedade devedora.

Dessa forma, tratando-se de pedido de desconhecimento da autonomia subjetiva da pessoa jurídica que tenha lesado interesses difusos ou coletivos, a legitimação ativa será autônoma; se os direitos violados forem individuais homogêneos, a desconsideração pode ser pedida pelo próprio lesado, em legitimação ordinária, ou pelos mesmos legitimados à demanda coletiva e à execução respectiva.[40]

37. Cf. Ricardo de Barros Leonel, *Manual do Processo Coletivo*, cit., 3ª ed., pp. 156-159. De forma diversa, Suzana Henriques da Costa classifica a legitimação, nessas hipóteses, como extraordinária e, utilizando um sentido diverso para a expressão "legitimação autônoma", apoiada na lição de Barbosa Moreira, classifica-a como uma espécie de legitimidade extraordinária, ao lado da legitimidade subordinada (Suzana Henriques da Costa, *O Processo Coletivo na Tutela do Patrimônio Público e da Moralidade Administrativa*, cit., 1ª ed., p. 188).
38. Cf. Ricardo de Barros Leonel, *Manual do Processo Coletivo*, cit., 3ª ed., pp. 158-159.
39. Donaldo Armelin, *Legitimidade para Agir no Direito Processual Civil Brasileiro*, 1ª ed., São Paulo, Ed. RT, 1979, pp. 121-122. Consoante o magistério do autor, é difícil estabelecer categorias genéricas capazes de albergar os diferentes motivos que ensejam a legitimação extraordinária. Nesse sentido, constata que a legitimidade extraordinária tem lugar em situações genéricas básicas: (a) quando outorgada "em função da predominância do interesse público sobre o particular, máxime no que tange a direitos indisponíveis"; b) quando atribuída em decorrência de comunhão de direitos ou conexão de interesses, coexistindo a legitimidade ordinária e a extraordinária; (c) em virtude da "vinculação, em função do direito questionado", situação em que se atribuem legitimidade ordinária e legitimidade extraordinária; (d) por fim, na situação que decorre da situação jurídica ocupada por um terceiro, a quem se impõem, direta ou indiretamente, os deveres de proteção ao direito alheio (p. 122).
40. Ricardo de Barros Leonel lembra que para a execução de julgados sobre interesses individuais homogêneos também não haverá substituição processual, mas

9.1.2.2 A legitimidade ativa para o pedido de desconsideração da personalidade jurídica na falência

Com relação à legitimidade ativa para o pedido de desconsideração da personalidade na hipótese de falência da pessoa jurídica, relembramos, inicialmente, que ele pode ser feito por meio do processo em que se busca a efetivação de responsabilidade dos sócios e administradores da sociedade falida[41] ou por meio de incidente ao processo de falência.

Há na Lei 11.101/2005 previsão para a apuração da responsabilidade dos sócios de responsabilidade limitada, dos controladores e dos administradores da sociedade falida, que se fará por processo, não havendo, no entanto, menção sobre quem seria legitimado a propor a respectiva demanda. Pela própria sistemática da Lei de Falências, contudo, especialmente no tocante à defesa dos interesses da massa falida, a princípio, deve ser atribuída ao administrador judicial essa iniciativa, principalmente porque lhe cabe representar os interesses da massa falida[42] em juízo.

Todavia, poderia o próprio credor se valer dessa via para pleitear a responsabilização de sócios e de administradores da sociedade falida?

Tenha-se em conta que o intento dessa demanda – vale dizer: seu pedido – deve ser no sentido de favorecer a sociedade falida e a coletividade dos credores, havendo prejuízo. No entanto, nada obsta a que seja ajuizada a demanda que se refira a um credor ou a um grupo de credores e não à coletividade, como, por exemplo, a desconsideração pleiteada para o adimplemento de obrigações derivadas das relações de consumo, hipótese na qual será possível reconhecer a legitimidade de credor ou de grupo de credores para reivindicar em nome e em proveito próprio. Aliás, não é função do administrador judicial representar o interesse de um credor

representação, já que "a demanda executiva é promovida em nome alheio e na defesa do interesse alheio". Esclarece o autor que os únicos casos "em que, excepcionalmente, seria possível sustentar ter o Ministério Público legitimidade também para a execução coletiva em benefício dos indivíduos seriam aqueles em que a homogeneidade ou uniformidade também persistisse na execução", conjugando esse critério, como sempre, com a identificação do interesse social na situação concreta (Ricardo de Barros Leonel, *Manual do Processo Coletivo*, cit., 3ª ed., p. 423).

41. Com fundamento legal no disposto no art. 82 da Lei 11.101/2005.

42. Consoante lição de José Xavier Carvalho de Mendonça, "a coletividade ou consórcio de credores concorrentes toma a denominação de massa credora, massa de credores, massa subjectiva (...). A massa dos credores não tem o carácter de pessoa jurídica, pois não é uma associação voluntária e livre, mas uma associação fortuita, criada pela necessidade, protegida, organizada e disciplinada pela lei" (*Tratado de Direito Comercial*, 5ª ed., vol. III, Rio de Janeiro, Freitas Bastos, 1954, p. 373).

ou de uma classe de credores, mas o que diga respeito à massa subjetiva, composta pela coletividade de credores, consoante conclusão que se pode extrair das disposições do art. 22, III, "n", da Lei 11.101/2005.

Se proposta a desconsideração via incidente ao processo de falência, não há dúvida de ser aplicável a disposição do art. 50 do CC, autorizando o credor ou o Ministério Público a pleiteá-la em juízo, Mas as regras de legitimidade devem ser as mesmas que se referem ao processo que objetiva a responsabilização dos gestores da sociedade, posto haver somente variação do veículo da pretensão.

Desta forma, a falência, como execução concursal, traz proveito a toda coletividade de credores, importando ressalvar, contudo, aquelas situações nas quais a desconsideração da personalidade deva se dar por motivo que somente atingiria a um ou alguns credores e, portanto, somente beneficie um grupo limitado de pessoas. Nessas situações não haveria que se falar em tratamento desigual aos credores, eis que a desigualdade é oriunda de diferente situação, ocasionada por fatos ou por disposições legais que favorecem um número limitado de pessoas. Não há desigualdade, a princípio, em se tratar desigualmente aqueles que são desiguais.[43]

Desse modo, tratando-se de fatos que dizem respeito à coletividade, tanto para o processo como para o incidente, a legitimação caberá a princípio ao administrador e ao Ministério Público (a este, como veremos em seguida). Somente nas hipóteses de inércia ou divergência de entendimento é que caberá ao credor agir, para que não se lhe tolha o direito de ação. Por outro lado, tratando-se de situações que somente dizem respeito a um ou alguns credores, a eles caberá a legitimidade, já que não incumbe esta função ao administrador judicial.

E com relação ao comitê de credores, teria ele legitimidade para pleitear a desconsideração da personalidade jurídica da sociedade falida?

Apesar das respeitáveis opiniões em contrário,[44] não nos parece possível essa alternativa. O comitê de credores é órgão de formação não

---

43. Como já tivemos oportunidade de abordar, seria exemplo de motivos específicos que ensejam a desconsideração da personalidade em favor de um credor ou apenas de um grupo de credores a responsabilidade subsidiária das sociedades do mesmo grupo econômico por débitos resultantes das relações de trabalho (§ 2º do art. 2º da CLT), de consumo (art. 28 do CDC) ou de prejuízos causados à qualidade do meio ambiente (art. 4º da Lei 9.605/1998).

44. Consoante Ronaldo Vasconcelos, "não é só o administrador que está legitimado para tanto, na medida em que os credores, o Ministério Público e o comitê de

obrigatória, criado para a recuperação judicial ou para a falência, dependendo da necessidade verificada no caso concreto. Caso seja formado o comitê, terá funções fiscalizatórias e consultivas,[45] como: a fiscalização das atividades e contas do administrador; comunicação ao juiz sobre a violação dos direitos ou prejuízo aos interesses dos credores; fiscalização da execução do plano de recuperação judicial; emissão de parecer sobre reclamações dos interessados – entre outras atividades. Todavia, não incumbe ao comitê a representação judicial dos credores, porque não tem capacidade processual, ou seja, não tem aquela "qualidade atribuída a todos os entes que possam tornar-se titulares das situações jurídicas integradas na relação jurídica processual (faculdades, ônus, poderes, deveres, sujeição)".[46] Assim, embora o comitê de credores tenha algumas atribuições na relação processual, não tem os demais poderes conferidos às partes, até mesmo porque não é parte, como preceitua o Código de Processo Civil de 2015 (art. 133).

9.1.2.3 *A legitimidade do Ministério Público para o pedido de desconsideração da personalidade jurídica*

Com relação à legitimidade ativa do Ministério Público para o processo ou para o incidente no qual se pretende a responsabilização de sócios e administradores da pessoa jurídica, seja ela falida ou não, com fundamento na desconsideração da personalidade jurídica, é de se indagar, inicialmente, se a legitimidade do Ministério Público, conferida pelas disposições expressas dos arts. 133 do CPC/2015 e 50 do CC, deve se limitar aos processos em que deva intervir o *Parquet* ou se se estende a todos os processos nos quais se pode almejar a desconsideração da personalidade. Atuando como *custos legis*, deve intervir o Ministério Público em todos os processos em que se pleiteia a desconsideração da personalidade?

---

credores também assim poderão proceder, tudo isso em busca da almejada eficiência do processo falimentar" (*Direito Processual Falimentar*, 1ª ed., São Paulo, Quartier Latin, 2008, p. 302).

45. Tais funções na falência e na recuperação judicial estão enumeradas no art. 27 da Lei 11.101/2005. Com relação à sua composição, será ele constituído de representantes dos credores: um da classe de credores trabalhistas; outro, de credores com direitos reais de garantia ou privilégio especiais; e outro indicado pela classe de credores quirografários e com privilégios gerais, além dos suplentes (cf. art. 26 da Lei 11.101/2005).

46. Cf. Cândido Rangel Dinamarco, *Instituições de Direito Processual Civil*, 7ª ed., vol. I, São Paulo, Malheiros Editores, 2013, p. 289.

Para as respostas a essas indagações é relevante a análise das disposições constantes da Constituição Federal (arts. 127 e 129), tomando esses comandos como vetores que devem nortear a interpretação de toda a legislação infraconstitucional, assim como do Código de Processo Civil de 2015 (arts. 176 e 177), do Código de Defesa do Consumidor, da Lei 11.101/2005 e de diversas outras leis nas quais há previsão de atuação do Ministério Público no processo civil.[47]

Conforme dispõe a Constituição Federal, ao Ministério Público incumbe a defesa da ordem jurídica, do regime democrático e dos interesses sociais e individuais indisponíveis (art. 127), regra que é repetida pelo art. 176 do CPC/2015. Nesse âmbito fundamental a atuação do Ministério Público deve se dar nas causas que apresentem interesse público. Contudo, é preciso compreender que o interesse público pode ser primário ou secundário: o primeiro é "formado pelo complexo dos interesses individuais prevalentes em uma dada organização jurídica da coletividade"; enquanto o segundo, o interesse público secundário, corresponde aos interesses do aparelho organizativo da Administração, que somente devem ser realizados (mas nem sempre são) nos casos e nos limites da coincidência com o interesse coletivo primário, posto que compete à Administração Pública justamente a realização do interesse coletivo primário.[48]

Apesar de haver menção expressa no Código de Processo Civil de 2015 (art. 178, I) sobre a atuação do Ministério Público em vista do interesse público ou social, é o interesse público[49] primário que justifica

---

47. Diversas normas posteriores à Constituição de 1988 e em conformidade com as funções constantes do Texto Maior confiaram atribuições ao Ministério Público, como os posteriores Código de Defesa do Consumidor (Lei 8.078/1990), a Lei de Improbidade Administrativa (Lei 8.429/1992), a Lei Protetiva da Pessoa Portadora de Deficiência (Lei 7.853/1989), o Estatuto da Criança e do Adolescente (Lei 8.069/1990), a Lei de Política Nacional do Idoso (Lei 8.842/1994), a Lei de Prevenção e Repressão às Infrações Contra a Ordem Econômica (Lei 8.884/1994) – entre outras –, demonstrando que o processo de crescimento do Ministério Público se identificou com o chamado Estado Assistencial, que pretende intervir de forma dinâmica na vida social, diminuindo desigualdades e proporcionando melhores condições de vida (cf. José Carlos Baptista Puoli, *Responsabilidade Civil do Promotor de Justiça na Tutela dos Interesses Coletivos*, 1ª ed., São Paulo, Editora Juarez de Oliveira, 2007, p. 12.).

48. Cf. Renato Alessi, *Sistema Istituzionale del Diritto Amministrativo Italiano*, 3ª ed., Milão, Giuffrè, 1960, p. 198.

49. Nem sempre há coincidência entre o conteúdo das expressões "interesse público" e "interesse coletivo". Como diz Kazuo Watanabe, "o interesse coletivo em sentido estrito significa interesse pertinente a um grupo, classe ou categoria de

toda e qualquer atuação do Ministério Público. Até mesmo quando estamos diante de litígios envolvendo direitos individuais, porque, se forem indisponíveis, também podem ser tomados como interesses públicos em sentido lato, já que sua efetividade interessa a toda a sociedade.[50]

Contudo, não é somente o litígio sobre o interesse indisponível que leva ao interesse público; veja-se a hipótese dos direitos individuais homogêneos cuja violação cause impacto de massa, repercussão social a legitimar o Ministério Público. Nesse sentido, haverá consonância entre as normas dos arts. 81, III, e 82, I, do CDC com os ditames do art. 127 da CF se ao órgão ministerial incumbir a defesa daqueles interesses individuais homogêneos que são de interesse social nas hipóteses em que haja repercussão, por seus reflexos na vida da sociedade.[51] Não há legitimidade do *Parquet* para a defesa de todo e qualquer interesse individual homogêneo; estará legitimado aquele órgão apenas quando a defesa do interesse individual homogêneo representar interesse para a sociedade, o chamado reflexo social.[52]

---

pessoas, ao passo que 'interesse coletivo' em sentido amplo é interesse de toda a comunidade, da coletividade inteira" ("Processo civil de interesse público: introdução", in Carlos Alberto de Salles (org.), *Processo Civil e Interesse Público: o Processo como Instrumento de Defesa Social*, 1ª ed., São Paulo, Ed. RT, 2003, p. 15).

50. Essa conclusão não é unânime na doutrina. Antônio Cláudio da Costa Machado sustenta que é a indisponibilidade que justifica a atuação do *Parquet* (*A Intervenção do Ministério Público no Processo Civil Brasileiro*, 1ª ed., São Paulo, Saraiva, 1989, p. 336). Ousamos divergir da respeitável opinião, posto que existem no processo civil brasileiro hipóteses de atuação do Ministério Público em situações em que se discutem direitos disponíveis, como é o caso da intervenção na falência ou nos casos de alguns interesses individuais homogêneos patrimoniais, seara que, embora possa ser vista sob o ângulo do interesse público da sociedade sobre esses assuntos tão relevantes, é inegável que os direitos discutidos são disponíveis. Assim, é possível vislumbrar interesse público, enquanto interesse da sociedade, em determinadas circunstâncias, também sobre direitos disponíveis.

51. Nesse sentido, também: Teori Albino Zavascki, *Processo Coletivo. Tutela de Direitos Coletivos e Tutela Coletiva de Direitos*, cit., 5ª ed., p. 162.

52. Nesse sentido: José Roberto dos Santos Bedaque, "Legitimidade processual e legitimidade política", in Carlos Alberto de Salles (org.), *Processo Civil e Interesse Público*, São Paulo, Ed. RT, 2003, pp. 104-105; Ricardo de Barros Leonel, *Manual do Processo Coletivo*, cit., 3ª ed., p. 188 – que afirma: "Se o interesse é de tal extensão e importância que ganha conotação social, estará legitimado o Ministério Público a promovê-lo em juízo. Na hipótese contrária, tratando-se de interesses simplesmente disponíveis (patrimoniais), de pequena abrangência e relevo, não há justificativa para a atuação do P*arquet*" (p. 188).

Objetivando o emprego da desconsideração da personalidade jurídica à responsabilização patrimonial, estamos diante, evidentemente, de direitos disponíveis, que podem ou não representar algum reflexo de maior relevância para a sociedade; e, desta maneira, deve-se concluir que nem sempre terá o Ministério Público legitimidade ativa para pleiteá-la e que nem sempre deverá intervir no processo em que ela seja pretendida; mas, estando presente o interesse público em sua forma primária, obrigatória é a intervenção do *Parquet*, bem como legitimado estará para agir.

A análise da legitimação ativa e da possibilidade de intervenção do Ministério Público, portanto, dependerá do caso concreto. Tendo a própria Constituição definido como atribuição do *Parquet* a tutela dos interesses difusos e coletivos (art. 129, III), alçou à categoria de interesse público os interesses metaindividuais; e, nesse contexto, se o objetivo da desconsideração da personalidade jurídica tiver em mira a tutela desses direitos, não há como negar legitimidade ao Ministério Público para propô-la ou mesmo seu dever de intervir no processo se a demanda for ajuizada por outro legitimado. Da mesma forma, também poderá ser sustentada a legitimidade ativa ministerial se a desconsideração da personalidade jurídica deva ser pleiteada em favor de credores de direitos individuais homogêneos, nos casos em que a preservação desses interesses represente, como dissemos, reflexos sociais. Não se trata, aqui, propriamente, de intervenção no momento da execução, quando não são mais homogêneos os direitos desses credores, mas de atuação em favor de todos os credores, a respeito de causa de pedir que tenha atingido a esfera jurídica de todos eles (confusão patrimonial, subcapitalização, violação de direitos do consumidor[53] etc.) e possibilite e torne efetiva a execução do julgado.

9.1.2.4 *A legitimidade do Ministério Público para o pedido de desconsideração da personalidade jurídica na falência*

A natureza da lide leva à atuação do Ministério Público em processos de falência e naqueles em que a massa falida é parte. A anterior Lei

---

53. Nesse sentido, já decidiu o STJ em favor da legitimidade do Ministério Público para pleitear a desconsideração da personalidade jurídica, constando que: "Considerada a proteção do consumidor um dos pilares da ordem econômica, e incumbindo ao Ministério Público a defesa da ordem jurídica, do regime democrático e dos interesses sociais e individuais indisponíveis, possui o órgão ministerial legitimidade para atuar em defesa de interesses individuais homogêneos de consumidores, decorrentes de origem comum" (3ª Turma, REsp 279.273-SP, rela. Min. Nancy Andrighi, j. 4.12.2003, m.v.).

de Falências (Decreto-lei 7.661/1945) já dispunha sobre a intervenção obrigatória do *Parquet* nessas hipóteses; mas em relação à atual lei (Lei 11.101/2005) houve veto ao art. 4º e seu parágrafo único, que determinavam a necessidade da intervenção ministerial tanto no processo falimentar e de recuperação judicial como nos processos movidos pela falida ou em face desta.

Contudo, em diversos artigos previu a atual Lei de Falências e Recuperações Judiciais a atuação do membro do Ministério Público e, além disso, agravou substancialmente as penas cominadas aos crimes falimentares, o que evidencia o reconhecimento legislativo sobre a existência de interesse público no funcionamento regular da empresa como célula do sistema econômico que gera empregos e produz riquezas.

Aliás, diga-se, em matéria falimentar há legitimidade do Ministério Público para a defesa de interesses individuais homogêneos, cujos efeitos, se vistos sob o prisma da economia popular, atingem indiretamente um número indeterminado de pessoas, evidenciando que se trata, na verdade, da tutela de interesses sociais.[54]

A legitimidade do Ministério Público na falência, para a proteção de interesses individuais homogêneos de reflexos sociais, refere-se à propositura da demanda que objetiva a responsabilidade de sócios e administradores (art. 82 da Lei 11.101/2005),[55] a revocatória (art. 132 da Lei 11.101/2005), o processo que almeja a responsabilidade de gestores de sociedades nas hipóteses reguladas pela Lei 6.024/1974, que se aplicam às instituições financeiras privadas e públicas, assim como cooperativas de crédito,[56] entre outras, e até mesmo a desconsideração da personalidade jurídica (art. 50 do CC, art. 28 do CDC e art. 133 do CPC/2015).

Contudo, observe-se, não é o interesse de um credor ou de um grupo reduzido de credores que legitima a intervenção do Ministério Público; deverá a atuação se dar em vista de toda a coletividade de credores ou de um grupo que represente parcela significativa deles. De se ter em mente a função pública do *Parquet* e sua vocação para a defesa do interesse

---

54. Nesse sentido: Luiz Roldão de Freitas Gomes Filho, "A legitimidade do Ministério Público para a defesa de direitos individuais homogêneos na falência, através da propositura de ação de responsabilização do síndico e dos falidos por prejuízos causados à massa", in *A Efetividade dos Direitos Sociais*, 1ª ed., Rio de Janeiro, Lumen Juris, 2004, pp. 425-438.
55. Cf. Ronaldo Vasconcelos, *Direito Processual Falimentar*, cit., 1ª ed., p. 302.
56. Cf. Lei 6.024/1974, art. 1º.

social. A atuação do órgão ministerial em defesa de todo e qualquer interesse individual, mesmo que homogêneo, é contrária à Constituição, porque esta deve se dar quando há o chamado reflexo social, que leva ao interesse público.[57]

9.1.2.5 *A legitimidade do Ministério Público para a demanda de responsabilização de controladores e administradores das sociedades sujeitas aos regimes de liquidação extrajudicial*

A Lei 6.024/1974 foi uma das primeiras normas a conferir legitimidade ao Ministério Público para a defesa de direitos coletivos *lato sensu*, anteriormente, portanto, à Lei de Ação Civil Pública,[58] e se encontra coerente com suas funções institucionais previstas na CF de 1988, que lhe é posterior, conforme disposições dos arts. 127, *caput*, e 129, III.

Haverá legitimação ativa concorrente entre a massa falida e o Ministério Público caso seja decretada a falência da entidade sujeita a liquidação extrajudicial; e, se já propostas as demandas cautelar e principal, haverá litisconsórcio ulterior (art. 5º, § 3º, da Lei 7.347/1985), o que amplia efetivamente o acesso à Justiça.[59]

Discute-se se o encerramento da intervenção ou da liquidação extrajudicial retira a legitimidade do Ministério Público para prosseguir no processo em que se busca a responsabilidade, entendendo alguns doutrinadores que, cessados os regimes extrajudiciais sem que haja falência, cessará a legitimidade do *Parquet*,[60] enquanto outros – a nosso ver, com maior razão – entendem que a legitimidade perdura até o efetivo ressarcimento dos credores, independentemente da cessação do regime especial.[61]

---

57. Cf. José Roberto dos Santos Bedaque, "Legitimidade processual e legitimidade política", cit., in Carlos Alberto de Salles (org.), *Processo Civil e Interesse Público*, pp. 104-105.
58. Cf. Sérgio Seiji Shimura, "O Ministério Público nos processos de falência e concordata e nas liquidações extrajudiciais de instituições financeiras", in *Funções Institucionais do Ministério Público*, 1ª ed., São Paulo, Saraiva, 2001, p. 236.
59. Idem, p. 249.
60. Nesse sentido: Paulo Fernando Campos Salles de Toledo, "Liquidação extrajudicial de instituições financeiras: alguns aspectos polêmicos", *RDM* 59/38, São Paulo, Ed. RT, julho-setembro/1985.
61. Nesse sentido: Haroldo Malheiros Duclerc Verçosa, *Responsabilidade Civil Especial nas Instituições Financeiras e nos Consórcios em Liquidação Extrajudicial*, 1ª ed., São Paulo, Ed. RT, 1993, p. 181; Sérgio Seiji Shimura, "O Ministério Público

O fim do regime extrajudicial não importa necessariamente a extinção da responsabilidade dos administradores, posto que pode a liquidação extraordinária, por exemplo, ser transformada em liquidação ordinária, antes dos pagamentos aos credores, nada garantindo que o patrimônio da sociedade seja suficiente para cobrir os débitos perante seus credores. Como lembra Shimura, entendendo-se de forma diversa estar-se-ia admitindo que um ato administrativo que encerra o procedimento extrajudicial poderia condicionar o acesso à Justiça, em afronta ao princípio da inafastabilidade do controle jurisdicional (CF, art. 5º, XXXV).[62] Tanto que lei posterior, a Lei 9.447/1997 (art. 7º, II), preencheu a lacuna existente na Lei 6.024/1974, dispondo que o encerramento de qualquer dos regimes extrajudiciais não prejudica a legitimidade do Ministério Público para propor ou prosseguir com as ações cautelares ou principais tendentes às responsabilizações.

9.1.2.6 Legitimidade passiva

Para a configuração da legitimidade deve ser enfocada a demanda como fora apresentada, com condições de verossimilhança subjetiva em relação à titularidade do direito questionado, o que já constitui, em si, uma situação jurídica legitimante.[63] Da mesma forma com relação ao aspecto passivo, que é ostentado pela situação jurídica que legitima o réu a ser demandado.

Em termos de desconsideração da personalidade jurídica, por regra, legitimados passivos poderão ser os sócios, sejam eles pessoas físicas ou outras pessoas jurídicas, e os administradores da sociedade, conforme se conclui das disposições do art. 50 do CC, em redação mais completa do que a do Código de Processo Civil de 2015, que se refere à citação do

---

nos processos de falência e concordata e nas liquidações extrajudiciais de instituições financeiras", cit., in *Funções Institucionais do Ministério Público*, 1ª ed., p. 248.

62. Cf. Sérgio Seiji Shimura, "O Ministério Público nos processos de falência e concordata e nas liquidações extrajudiciais de instituições financeiras", cit., in *Funções Institucionais do Ministério Público*, 1ª ed., p. 248.

63. Cf. Donaldo Armelin, *Legitimidade para Agir no Direito Processual Civil Brasileiro*, cit., 1ª ed., p. 89. É importante ter em conta, como esclarece o ilustre autor, que, "se o processo tem aptidão para afetar o próprio direito material questionado, não se lhe pode negar essa mesma aptidão para gerar uma situação jurídica legitimante onde esta, no plano material, inexista. Esta situação é parificada, para os efeitos processuais, à situação material existente" (p. 94).

sócio ou da pessoa jurídica, como se somente estes pudessem ser partes passivas do referido incidente.

Tratando-se de sócio solidário para o qual é desnecessária a desconsideração da personalidade jurídica, responderá ele pelas obrigações sociais até dois anos após sua retirada da sociedade, contando-se esse prazo a partir da averbação da saída no registro respectivo, consoante dispõe a lei civil.[64] Entretanto, caso não se trate de sócio solidário, após a saída regular do quadro social não será responsável por nenhuma obrigação,[65] a menos que tenha deixado obrigações em aberto, situação em que poderá figurar no polo passivo da demanda para desconsideração, independentemente do prazo acima referido, se houver causa para tal medida originada no período em que integrava o quadro social.[66]

Quanto às sociedades sujeitas a liquidação extrajudicial, são legitimados passivos à responsabilização os administradores da sociedade nos últimos 12 meses que antecederam a instauração do regime extrajudicial bem como os administradores anteriores, se o prejuízo já se afigurava anteriormente ou se atos ou omissões pretéritos contribuíram para a posterior ruína da empresa. Os controladores, por força do que dispõem o art. 15 do Decreto-lei 2.321/1987 e o art. 1º da Lei 9.447/1997, também devem figurar no polo passivo, e até mesmo os membros do conselho fiscal, sócios-gerentes e terceiros, pelos ilícitos que tenham praticado, contribuindo para a decretação do regime especial, como aqueles que negociaram com a sociedade praticando fraude aos credores da entidade, e até mesmo – como lembra Verçosa –, os administradores de fato, pessoas que efetivamente exerceram a gestão da sociedade sem terem sido investidas para tanto.[67]

Tenha-se em conta que em todos os casos, mesmo sendo responsável apenas subsidiaria e eventualmente, tem o sócio direito de intervir na demanda em que se busca o título executivo, ainda na fase de conhecimento, sob pena de violação das garantias constitucionais do processo.[68]

---

64. Cf. arts. 1.003, parágrafo único, e 1.032 do CC.

65. Nesse sentido a jurisprudência trabalhista: TRT-SP, 3ª Turma, AgPet 00731200204102000, acórdão 20030137955, *DJSP* 1.4.2003.

66. Nesse sentido: TJSP, 8ª Câmara de Direito Privado, ACi 591.781-4/4-00, comarca da Capital, rel. Des. Salles Rossi, j. 17.12.2008, v.u.

67. Haroldo Malheiros Duclerc Verçosa, *Responsabilidade Civil Especial nas Instituições Financeiras e nos Consórcios em Liquidação Extrajudicial*, cit., 1ª ed., p. 202.

68. Compartilham desse entendimento: Fredie Didier Jr., "Aspectos processuais da desconsideração da personalidade jurídica", cit., in Fredie Didier Jr. e Rodrigo

Em matéria de direito do consumidor a situação legitimante, sob o aspecto passivo, pode se estender a outras sociedades que componham o mesmo grupo econômico de fato ou de direito ou, ainda, outras sociedades consorciadas ou coligadas, consoante previsões do art. 28 do CDC.

Quanto à legitimidade passiva das empresas integrantes de grupos de sociedades,[69] deve-se esclarecer que o § 2º do art. 28 do CDC não faz distinção entre grupos de direito e de fato; e, aliás, estes são a quase totalidade dos grupos econômicos frequentes na realidade do País,[70] pelo quê se conclui haver legitimidade passiva, em vista da responsabilidade subsidiária, quando o grupo não for constituído por convenção (grupos de fato).[71] Note-se que não é preciso que se trate de empresas do mesmo grupo para que estas possam ser consideradas partes passivas legítimas para o pedido de desconsideração da personalidade jurídica em matéria do consumidor – ou seja: basta que haja a afirmação de que formam um grupo de fato (a asserção), posto que a ocorrência ou não do grupo econômico passará a ser matéria de mérito.[72]

Mazzei (coords.), *Reflexos do Novo Código Civil no Direito Processual*, 2ª ed., p. 169; Genaceia da Silva Alberton, "A desconsideração da pessoa jurídica no Código do Consumidor – Aspectos processuais", Revista de Direito do Consumidor 7/26, São Paulo, Ed. RT, 1993.

69. Conforme dispõe o art. 265, *caput*, da Lei 6.404/1976, os grupos societários são aqueles constituídos entre sociedade controladora e sociedades controladas, que combinam recursos ou esforços para a realização dos respectivos objetos ou para a participação em atividades ou empreendimentos comuns.

70. É importante lembrar, com base na lição de Fábio Konder Comparato, que "o reconhecimento legal do grupo, mesmo não personalizado, demanda, pois, o estabelecimento de mecanismos jurídicos de adequada compensação dos interesses particulares, que essa intercomunicação patrimonial, sob direção unitária, é suscetível de lesar: os sócios e acionistas não controladores de cada uma das sociedades do grupo, os de terceiros credores e os da coletividade nacional como um todo" (Fábio Konder Comparato e Calixto Salomão Filho, *O Poder de Controle na Sociedade Anônima*, cit., 5a ed., p. 360).

71. Nesse sentido, também: Flávia Lefèvre Guimarães, *Desconsideração da Personalidade Jurídica no Código do Consumidor – Aspectos Processuais*, São Paulo, Max Limonad, 1998, p. 76.

72. Como bem esclarece José Carlos Barbosa Moreira, "averbar de ilegítima a parte, por inexistir o alegado direito, é inverter a ordem lógica da atividade cognitiva. A parte poderá perfeitamente satisfazer a condição da *legitimatio ad causam* sem que, na realidade, exista o direito, a relação jurídica material. Mais: não há lugar para a verificação dessa inexistência senão depois que se reconheceu a legitimidade da parte; só o pedido de uma parte legítima é que pode, eventualmente, ser repelido no mérito,

Também as sociedades consorciadas podem ser demandadas em termos de responsabilidade, em vista da previsão contida no § 3º do art. 28 do CDC, que dispõe que "as sociedades consorciadas[73] são solidariamente responsáveis pelas obrigações decorrentes" daquele Código.[74] Todavia, não estaremos diante de hipótese de desconsideração da personalidade jurídica, mas, antes, de responsabilidade civil por ato próprio, pois, como já abordado, a desconsideração objetiva atingir aqueles que se escondem atrás da sociedade, e não aqueles que agem ao seu lado.

Da mesma forma tratando-se de sociedade coligada[75] à pessoa jurídica devedora, pois, apesar da disposição do Código de Defesa do Consumidor (art. 28, § 4º), a responsabilidade da empresa coligada se dá por ato próprio, já que utiliza sua própria estrutura. Assim, nessa hipótese o fundamento da sua responsabilidade não se dá com base na desconsideração da personalidade.[76]

Tratando-se de pessoa estranha aos quadros social e administrativo da pessoa jurídica devedora, que não seja ou não tenha sido sequer sócio oculto da sociedade e não se tratando de sociedade do mesmo grupo (de direito ou de fato), sua eventual responsabilidade também não decorrerá da desconsideração da personalidade jurídica. Não basta, nessa situação, a extensão da responsabilidade patrimonial: é necessário ser reconhecida a existência de obrigação desse terceiro decorrente de responsabilidade civil. Deve-se lembrar que a extensão dos efeitos de certas e determinadas

isto é, julgado improcedente" (*Temas de Direito Processual*. Primeira Série, 2ª ed., São Paulo, Saraiva, 1988, p. 200).

73. O consórcio consiste na combinação de esforços e recursos para a consecução de determinado empreendimento, sem personalidade jurídica, no qual não há, em regra, presunção de solidariedade, nos termos do que dispõe o § 1º do art. 278 da LSA. No entanto, essa norma é contrariada pela disposição do § 3º do art. 28 do CDC se as obrigações decorrerem de relações de consumo e de outros direitos e interesses metaindividuais, conforme já aludimos.

74. A situação legitimante da sociedade consorciada à devedora principal estará restrita às demandas sobre obrigações resultantes da atividade desenvolvida pelo consórcio, e não qualquer obrigação.

75. Consoante disposição contida no § 1º do art. 243 da Lei 6.404/1976, "São coligadas as sociedades nas quais a investidora tenha influência significativa" (redação dada pela Lei 11.941/2009).

76. Nesse sentido: Flávia Lefèvre Guimarães, *Desconsideração da Personalidade Jurídica no Código do Consumidor – Aspectos Processuais*, cit., p. 76; e Genaceia da Silva Alberton, "A desconsideração da pessoa jurídica no Código do Consumidor – Aspectos processuais", cit., *Revista de Direito do Consumidor* 7, 1993.

obrigações (responsabilidade secundária) pela desconsideração da personalidade jurídica restringe-se aos sócios e administradores (CC, art. 50). Essa constatação, a nosso ver, não impede que seja utilizado o incidente de desconsideração da personalidade jurídica também em relação ao terceiro,[77] desde que tenha agido conjuntamente com membros da sociedade, até mesmo por economia processual e para serem evitadas decisões divergentes sobre um mesmo fato. Contudo, não se tratará, nesse caso, propriamente de um incidente do processo, mas de um processo incidente,[78] já que não estará restrito à extensão de responsabilidade – a chamada responsabilidade secundária –, abrangendo a hipótese de reconhecimento de responsabilidade primária, porque a responsabilidade se faz acompanhar da existência da obrigação. Não se estará alargando apenas a eficácia subjetiva do título, estará sendo formado ou ampliado o próprio título executivo.

9.1.3 A possibilidade jurídica agora integrando o mérito da desconsideração da personalidade

Na sistemática do Código de Processo Civil de 2015 a possibilidade jurídica do pedido não mais consta entre as condições da ação.[79] E, realmente, de uma análise detida pode-se constatar que ao apreciá-la estará o juiz realizando exame de mérito; se concluir pela sua possibilidade, ainda será apreciada a pertinência no caso concreto; mas, ao contrário, sendo reconhecida a impossibilidade jurídica da pretensão, estará solucionada a crise de direito com uma decisão definitiva sobre aquela específica pretensão.[80] Não obstante, inegável o interesse prático do estudo desse tema à luz do específico incidente de desconsideração da personalidade,

---

77. Nesse sentido: TJRS, 16ª Câmara Cível, AI 70045808482, rel. Des. Paulo Sérgio Scarparo, j. 15.12.2011, v.u.
78. Dentre as consequências de se reconhecer que se trata de processo incidente estariam, por exemplo, a diversidade de procedimentos, a necessidade de fixação do valor da causa, o recolhimento de custas, a variação dos limites para fixação de honorários de advogados, a diversidade no tratamento da prescrição; bem como outro seria o recurso cabível da decisão que aprecia seu mérito etc.
79. Cf. art. 485, VI, do CPC/2015.
80. A incidência consiste na correspondência entre o fato real e o fato legal, e, consoante esclarece José Joaquim Calmon de Passos, a correspondência de tipos, real e legal, existirá apenas quando há possibilidade jurídica do pedido, e quando o magistrado "afirma a improcedência da ação, ele nada mais faz que negar a incidência na espécie, visto como para a hipótese de fato não há hipótese de direito" ("Em torno

ainda que visto sob o prisma do mérito, pela economia processual que pode proporcionar.

A possibilidade jurídica está ligada à admissibilidade, em tese, da pertinência do pedido; não se requer propriamente sua previsão no ordenamento jurídico, já que a simples circunstância de não estar previsto não é o bastante para que se conclua ser o pedido impossível;[81] basta que não haja proibição expressa ou implícita à pretensão do autor.

Considerado de forma genérica, não somente inexiste óbice ao pedido de desconsideração da personalidade jurídica, como há amparo de fundamentos jurídicos[82] e legais[83] a essa pretensão, que não se restringem à finalidade de estender os efeitos jurídicos de certas e determinadas obrigações aos gestores da sociedade, mas também para pretensões que impliquem outros objetivos diversos da responsabilização.

Como abordado, não apenas a tutela condenatória, mas também, e eventualmente, a constitutiva e a declaratória podem ser almejadas com fundamento na desconsideração da personalidade, não havendo que se falar em impossibilidade jurídica do pedido para essas outras finalidades, desde que presentes os fundamentos da *disregard doctrine*.

Vista de forma genérica a possibilidade jurídica, centrada sobre a admissibilidade do pedido, também não se encontram óbices à chamada desconsideração inversa, por ausência de proibição genérica em nosso ordenamento e até por sua previsão expressa no Código de Processo Civil de 2015 (§ 2º do art. 133). Essa modalidade de desconsideração é largamente utilizada no direito de família e sucessões em hipóteses de dissolução do vínculo conjugal ou da sociedade de fato, em casos de dívidas de alimentos ou, ainda, nos casos de fraude contra a reserva da legítima aos herdeiros necessários, situações nas quais os bens do sócio se encontram indevidamente inseridos no patrimônio da sociedade, dando

---

das condições da ação", *Revista de Direito Processual Civil* 4/63, São Paulo, Saraiva, julho-dezembro/1961).

81. Cf. Donaldo Armelin, *Legitimidade para Agir no Direito Processual Civil Brasileiro*, cit., 1ª ed., p. 49.

82. V. item 3.5.

83. Fundamentos legais que dão amparo expresso à *disregard doctrine*: as previsões dos arts. 28 do CDC; o art. 50 do CC vigente; as disposições contidas na Lei 12.529/2011, em seu art. 34, que trata das sanções às atividades lesivas à ordem econômica, ou na Lei 9.605/1998, que tutela o meio ambiente; bem como, consoante a posição doutrinária que se adota, em outros diplomas legais, como a Consolidação das Leis do Trabalho, entre outros.

ensejo à desconsideração da personalidade jurídica, para permitir a satisfação do direito de crédito, além de outras finalidades, não circunscritas ao direito de família.[84]

Por outro lado, como abordado, apesar da existência de muitos julgados em sentido contrário, não há possibilidade jurídica para o pedido de extensão da falência a sócios que não sejam solidários como decorrência da aplicação da desconsideração da personalidade jurídica, pois, como dissemos, a eventual extensão da falência pode se dar apenas a sócios solidários, e não aos sócios de responsabilidade limitada, ante o disposto na Lei 11.101/2005 (art. 81).[85] Entretanto, possível é o pedido de extensão dos efeitos de certas e determinadas obrigações (CC, art. 50) ao sócio de responsabilidade limitada, no contexto da falência ou fora dele.

A análise da possibilidade jurídica deve ser vista não somente com relação ao pedido de forma isolada, por ser admissível em tese, mas também com relação aos demais elementos da demanda, causa de pedir e partes.[86] Com base na causa de pedir, porque pode o pedido encontrar amparo no sistema jurídico, todavia não com relação àquela causa específica, que é proscrita pelo ordenamento.[87] Com relação à parte que pede ou em face de quem se pleiteia também pode haver restrição à tutela almejada, quando também se dirá que o pedido não é possível.[88]

Nesse sentido, consoante Calmon de Passos, há dois modos de ser da impossibilidade jurídica: absoluta, quando o pedido não pode ser deferido, em abstrato, diante do ordenamento jurídico; e relativa, naquelas situações nas quais a pretensão é vedada diante das circunstâncias concretas.[89]

84. Nesse sentido: TJRS, 7ª Câmara Cível, AI 70011424132, rel. Des. José Carlos Teixeira Giorgis, j. 13.7.2005.
85. V. item 4.2.8.
86. Em sentido diverso, Bedaque afirma que a impossibilidade jurídica, (antes vista) como condição da ação, é aquela denominada por alguns de absoluta, ou seja, a negativa genérica da pretensão no ordenamento jurídico (José Roberto do Santos Bedaque, *Direito e Processo: Influência do Direito Material sobre o Processo*, cit., 6ª ed., p. 116).
87. Nesse sentido: Donaldo Armelin, *Legitimidade para Agir no Direito Processual Civil Brasileiro*, cit., 1ª ed., p. 49.
88. Nesse sentido: Suzana Henriques da Costa, *Condições da Ação*, cit., 1ª ed., p. 64 – citando entendimento de Cândido Rangel Dinamarco (*Execução Civil*, p. 387).
89. José Joaquim Calmon de Passos, *Comentários ao Código de Processo Civil*, 2ª ed., Rio de Janeiro, Forense, 1977, p. 204.

Conjugada com a causa de pedir,[90] a desconsideração da personalidade é possível quando os gestores impedem a pessoa jurídica de cumprir normalmente suas obrigações perante os credores e a coletividade, hipótese que se refere à confusão patrimonial, ao desvio de bens sociais, à subcapitalização etc. Também como responsabilidade secundária, conforme a posição que se adota, haveria possibilidade do pedido desde que fundado naquelas hipóteses em que o abuso da personalidade jurídica deriva da maior proteção conferida pelo ordenamento a determinados valores, gerando a responsabilidade subsidiária por determinadas obrigações específicas, como as do meio ambiente, do consumidor, direitos do trabalhador perante o grupo de empresas etc.

Por outro lado, não é possível juridicamente o pedido consistente em estender os efeitos de certas e determinadas obrigações tão somente pela simples inadimplência, mesmo que haja o encerramento irregular das atividades da pessoa jurídica, até mesmo porque sua extinção de fato pode ter se dado por outros motivos que não aqueles que dão ensejo à aplicação da *disregard doctrine*. Não obstante, são inúmeros os julgados que desconsideram a personalidade da sociedade devedora sem que haja outro fundamento a não ser o da própria inadimplência por toda e qualquer obrigação.[91] Note-se, contudo, que predominam na jurisprudência brasileira decisões que acertadamente reconhecem a carência da ação, por ausência de fundamento para sua aplicação,[92] quando diante apenas da inadimplência de qualquer espécie de obrigação.

Observe-se, ainda em relação à causa de pedir, que no tocante à proteção do consumidor e à ordem econômica há possibilidade de pedir com relação a situações mais abrangentes que as possíveis às demais espécies de créditos. Representam as disposições do art. 28 do CDC e do art. 34 da Lei 12.529/2011, importantes iniciativas do legislador no que se refere à desconsideração da personalidade em matéria de tutela coletiva

90. Cf. Nelson Nery Jr., "Condições da ação", *RePro* 64/37, São Paulo, Ed. RT, outubro-dezembro/1991.
91. Nesse sentido: AI 0045390-76.2012.8.26.0000, Comarca de São Paulo, TJSP, 28º Câm. Dir. Priv., Rel. Des. Mello Pinto, v.u., j. 19.06.2012; AI 0056881-80.2012.8.26.0000, Comarca de São Paulo, TJSP, 28º Câm. Dir. Priv., Rel. Des. Mauro Conti Machado, v.u., j. 21.05.2012.
92. Nesse sentido: TJRS, 18ª Câmara Cível, ACi 70004505558, comarca de Pelotas, rel. Des. Cláudio Augusto Rosa Lopes Nunes, j. 27.5.2004, v.u.; TJSP, 32ª Câmara de Direito Privado, ACi 9047580-05.2002.8.26.0000, comarca da Capital, rel. Des. Francisco Occhiuto Jr., j. 1.9.2011, v.u.

dos direitos, que reconhecem a responsabilidade patrimonial objetiva e subsidiária dos dirigentes da sociedade.

Também na matéria relativa ao meio ambiente a respectiva lei[93] torna possível o pedido de aplicação da *disregard doctrine* como responsabilidade secundária sempre que a personalidade jurídica for obstáculo ao ressarcimento de prejuízos causados à qualidade do meio ambiente. Trata-se de responsabilidade objetiva, que se perfaz ante a insuficiência de patrimônio da pessoa jurídica para suportar o cumprimento das obrigações.

Por vezes o que leva à impossibilidade jurídica da demanda não é o pedido em si, nem a causa de pedir, mas "alguma condição especial da pessoa", como no exemplo fornecido por Dinamarco relativo à impossibilidade da execução proposta em face da pessoa jurídica de direito público.[94]

Nesse sentido, com vistas à pessoa em face de quem se pede o provimento jurisdicional, o polo passivo da relação processual, não é possível o pedido de desconsideração da personalidade jurídica se destinada a atingir o patrimônio dos administradores de autarquias, fundações públicas, empresas estatais e pessoas jurídicas de direito público em geral, exceto com relação a administradores de empresas estatais que desenvolvem atividade econômica, conforme já abordamos.[95]

9.2 Elementos de identificação da demanda de desconsideração da personalidade jurídica

Analisadas as condições da ação, cumpre, agora, verificar os elementos da demanda voltada à desconsideração da personalidade jurídica, seja a ação exercida por meio de processo autônomo, seja por incidente processual, como preconizado pelo Código de Processo Civil de 2015.

Na generalidade, a demanda[96] identifica-se por seus elementos: partes, causa de pedir e pedido (§ 2º do art. 337 do CPC/2015); e, identificada esta, possível é solucionar problemas relativos à relação entre demandas,

---

93. Cf. art. 4º da Lei 9.605/1998, que trata das sanções às atividades lesivas ao meio ambiente.
94. Cândido Rangel Dinamarco, *Execução Civil*, 8ª ed., São Paulo, Malheiros Editores, 2001, p. 401.
95. V. item 4.1.2.
96. A demanda consiste no "ato pelo qual alguém pede ao Estado a prestação da atividade jurisdicional" (José Carlos Barbosa Moreira, *O Novo Processo Civil Brasileiro*, Rio de Janeiro, Forense, 2006, p. 11).

como a conexão, a continência ou, mesmo, a averiguação da existência de litispendência ou de coisa julgada ou a apuração da competência, em algumas hipóteses, e até a fixação dos limites subjetivos e objetivos do julgamento a ser proferido, entre outras questões relevantes.[97]

Vencida a inércia da jurisdição, a tutela que há de ser conferida pelo provimento jurisdicional deve ater-se aos limites da demanda, consoante o princípio da correlação (da congruência ou da adstrição), ditado pelos elementos que são indicados pelo autor na inicial e que formam o âmbito de atuação do julgador, para que não se conceda mais ou algo diverso do que se pretende, nem sejam apresentados fundamentos diversos daqueles fornecidos, evitando-se os julgamentos *ultra* ou *extra petita*, que levam à nulidade da sentença.[98]

O direito de ação, até então genérico e abstrato, exercido pela demanda, enquadra a situação substancial na forma preconizada pelas normas processuais, expressada por seus elementos subjetivos (partes) e objetivos (causa de pedir e pedido).[99] Os elementos da ação determinam, assim, sua individualidade, configuram seu esquema lógico[100] e a distinguem das demais, permitindo verificar se a postura do autor resulta do "exercício da mesma ação ou de ações diferentes".[101-102]

---

97. Consoante leciona Leonel, "o estudo desse tema não tem caráter simplesmente acadêmico, pois a identificação dos elementos das demandas traz consigo inúmeras consequências de ordem prática", tanto na ação individual como na coletiva. E, mencionando Augusto Cerino Canova, diz que "a questão produz efeitos em diferentes momentos processuais, tais como: especificação da situação substancial, problemática do concurso de ações e de direitos, identificação do objeto do processo, litispendência, modificação da demanda, coisa julgada" (Ricardo de Barros Leonel, *Manual do Processo Coletivo*, cit., 3ª ed., p. 240).
98. Cf. José Roberto dos Santos Bedaque, "Os elementos objetivos da demanda examinados à luz do contraditório", in José Rogério Cruz e Tucci e José Roberto dos Santos Bedaque (coords.), *Causa de Pedir e Pedido no Processo Civil (Questões Polêmicas)*, 1ª ed., São Paulo, Ed. RT, 2002, p. 24.
99. Cf. Suzana Henriques da Costa, *Condições da Ação*, cit., 1ª ed., p. 86.
100. Conforme leciona Yarshell, "a diversidade de sujeitos produz diversidade de ações mesmo quando se busque a mesma coisa ou se pretenda o mesmo efeito jurídico" (*Antecipação da Prova Sem o Requisito de Urgência e Direito Autônomo à Prova*, São Paulo, Malheiros Editores, 2009, p. 390).
101. Cf. Enrico Tullio Liebman, *Manual de Direito Processual Civil*, cit., 3ª ed., vol. I, p. 248.
102. Via de regra, a divergência entre qualquer dos elementos de duas ou mais demandas as distinguirá; a duplicação de um dos elementos dentro do mesmo pro-

Consoante expõe José Rogério Cruz e Tucci, na experiência jurídica romana já se tinha em mente inibir o ajuizamento de ação com objeto idêntico; para isso a jurisprudência clássica elaborou vários critérios tendentes à verificação da reprodução simultânea ou sucessiva de uma demanda, e dentre esses critérios formulou a teoria dos três elementos que compõem a demanda (*tria eadem*), pressuposto básico para a aplicação da coisa julgada.[103]

Todavia, apesar da relevância da teoria da tríplice identidade e sua eficiência, a princípio, para a identificação das demandas, mostra-se ela insuficiente para resolver algumas situações específicas – o que fez com que ganhasse destaque a teoria da relação jurídica, vista não apenas nos estritos limites da tríplice identidade dos seus elementos, mas sob um aspecto de maior amplitude, que leva em consideração a própria relação material submetida a juízo.[104]

Agora, cumpre-nos verificar os elementos da demanda que tem por finalidade a desconsideração da personalidade jurídica.

9.2.1 Partes na desconsideração da personalidade jurídica

Os sujeitos do processo são as partes e o juiz. As partes, por sua vez, adotando-se a definição de Liebman, "são os sujeitos contrapostos, na dialética do processo perante o juiz, (...)".[105] Por exclusão, teremos que terceiros são os demais, "todas as pessoas que não sejam parte no

---

cesso resultará no cúmulo de ações (cf. Araken de Assis, *Cúmulo de Ações*, 4ª ed., São Paulo, Ed. RT, 2002, p. 125).

103. José Rogério Cruz e Tucci, *Limites Subjetivos da Eficácia da Sentença e da Coisa Julgada Civil*, São Paulo, Ed. RT, 2007, p. 44. Como esclarece o doutrinador, "foi, na verdade, Neracio quem traçou com rigorosa precisão a identificação dos três elementos componentes da demanda, e que deviam ser considerados para a identificação da *res in iudicium deducta*: D.44.2.27,1.7 *membranarum*: 'quando se investiga se há *eadem res*, deve ser considerado o seguinte: *personae, id ipsum de quo agitur,* [a respeito do qual se age] *causa proxima actionis* (...)'" (p. 44).

104. Cf. José Rogério Cruz e Tucci, *A **Causa Petendi** no Processo Civil*, 3ª ed., São Paulo, Ed. RT, 2009, p. 80. Conforme leciona o doutrinador, a teoria da identidade da relação jurídica foi acolhida principalmente entre os especialistas alemães e foi revisitada por Savigny, que se baseava em dois fatores preponderantes, relativos às identidades objetiva e subjetiva das demandas (pp. 80 e 86).

105. Enrico Tullio Liebman, *Manual de Direito Processual Civil*, cit., 3ª ed., vol. I, p. 124.

processo"[106] e a ele sejam totalmente estranhas,[107] podendo ser terceiros juridicamente interessados ou indiferentes – o que traz consequências importantes para o processo, principalmente, no tocante à possibilidade de intervenção na relação processual, como veremos adiante.

Duas ações são diferentes pelo simples fato de serem propostas por pessoas diferentes ou contra pessoas diferentes,[108] não sendo apenas a identidade física da pessoa que interessa para esse fim, mas também a qualidade na qual a pessoa é concretamente considerada.[109] Lembremos que o processo da chamada jurisdição "contenciosa" requer duas partes para existir.[110]

Também são partes[111] os substitutos e os sucessores processuais, os intervenientes litisconsorciais e aqueles que intervêm no processo

106. Cf. Cândido Rangel Dinamarco, *Litisconsórcio*, 8ª ed., São Paulo, Malheiros Editores, 2009, p. 30.

107. Terceiro em relação ao processo, consoante menciona Crisanto Mandrioli, "in generale è colui che, independentemente dalla fondatezza dela domanda e dalla stessa legittimazione ad agire o a contradire, è totalmente estraneo al processo" ("Il terzo nel procedimento esecutivo", *Rivista di Diritto Processuale* IX/162, Pádua, CEDAM, 1954).

108. Para Giuseppe Chiovenda também a pluralidade de partes leva à diversidade de ações, pois, como leciona o doutrinador, "a diversidade dos sujeitos produz a diversidade de ações mesmo quando é devida por diversos ou a diversos a mesma coisa, ou quando se pretende, em relação a diversos, o mesmo efeito jurídico" (*Instituições de Direito Processual Civil*, 1ª ed., vol. I, trad. brasileira, São Paulo, Saraiva, 1942, p. 492). Todavia, o assunto não é tão pacífico assim. Araken de Assis, ao tratar da cumulação de ações, quando enfoca os casos de litisconsórcio, sustenta que "toda vez que necessário o litisconsórcio existe uma só ação", ao passo que "nas demais hipóteses de litisconsórcio facultativo, ao invés, há cumulação de ações" (*Cúmulo de Ações*, cit., 4ª ed., p. 135).

109. Chiovenda define parte como "aquele que demanda em seu próprio nome (ou em cujo nome é demandada) a atuação duma vontade da lei, e aquele em face de quem essa atuação é demandada" (*Instituições de Direito Processual Civil*, 1ª ed., vol. II, trad. brasileira, São Paulo, Saraiva, 1965, p. 234).

110. Até mesmo os ditos processos objetivos, que não apresentam propriamente partes no sentido material, ostentam titulares de posições jurídicas ativas e passivas na relação processual, permitindo concluir, conforme aponta Silas Silva Santos, que nesses processos há partes no senso processual do termo (*Litisconsórcio Eventual, Alternativo e Sucessivo no Processo Civil Brasileiro*, dissertação de Mestrado apresentada à Faculdade de Direito da USP, São Paulo, 2012, p. 34).

111. Se tomarmos como partes todos aqueles destinatários das situações jurídicas processuais, ou seja, dos deveres, das sujeições, dos ônus e das faculdades, teremos um conceito amplo que abrangerá não somente o autor e o réu, mas também

em virtude de oposição, denunciação à lide, chamamento ao processo e nomeação à autoria. Também é parte o sujeito que poderá ser atingido pela desconsideração da personalidade jurídica, já que passa a integrar a relação jurídica processual.

Assim, aquele a quem é atribuído o benefício ou a participação de alguma forma na fraude ou no abuso de direito por meio da personalidade jurídica deverá figurar no polo passivo da relação processual, para sofrer as consequências da responsabilização que se busca por meio do desconhecimento da autonomia subjetiva da pessoa jurídica;[112] e, nesse sentido, até pessoas que não façam parte da sociedade, mas que tenham agido conjuntamente com os sócios ou administradores, poderão figurar como réus no processo, como já referimos.[113]

Até mesmo os incapazes podem ser atingidos pela desconsideração da personalidade jurídica, ainda que considerando que não podem validamente praticar os atos da vida civil sem serem representados.[114] Note-se que o que determinará a presença do incapaz no polo passivo da demanda é o fato de ter se beneficiado do ato que ensejou a desconsideração da personalidade, independentemente de ter o ato sido praticado por ele ou por seu representante; do contrário se estaria prestigiando o enriquecimento sem causa. É preciso lembrar, também, que "o incapaz responde pelos prejuízos que causar, se as pessoas por ele responsáveis não tiverem obrigação de fazê-lo ou não dispuserem de meios suficientes" (CC, art. 928).

o assistente e o órgão do Ministério Público, ainda que atuando como *custos legis* (cf. Suzana Henriques da Costa, *Condições da Ação*, cit., 1ª ed., p. 89).

112. A conjugação das regras dispostas no art. 116 e no § 2º do art. 243, ambos da LSA, ao disciplinarem a noção de controle nos grupos de fato, também demonstra situação que desconsidera a personalidade jurídica de outras sociedades, no caso intermediárias, permitindo chegar ao verdadeiro controlador, para que a ele sejam atribuídos seus deveres e demais responsabilidades.

113. Contudo, observe-se, em relação a eles não se tratará propriamente de desconsideração da personalidade, mas, sim, de responsabilidade por ato próprio, até mesmo porque não fazem parte da sociedade que terá eventualmente sua personalidade desconsiderada. Como agiram de comum acordo com os sócios ou administradores e os atos são os mesmos ou fazem parte de uma sequência maior, teremos identidade de causa de pedir mediata e até mesmo de pedido, desde que referente à responsabilização – o que justifica que se apurem as responsabilidades em um mesmo processo ou incidente.

114. Em sentido contrário: Pedro Henrique Torres Bianqui, *Desconsideração da Personalidade Jurídica no Processo Civil*, 1ª ed., São Paulo, Saraiva, 2011, p. 84.

Se a desconsideração da personalidade jurídica é pleiteada em processo autônomo, a pessoa jurídica também deve figurar no polo passivo da relação processual, pois poderá sofrer consequências em sua esfera de direitos,[115] já que é ela a principal titular da relação jurídica subjacente e pode, eventualmente, ter interesse conflitante com o de algum sócio. Lembre-se, como adverte Marcelo Bonicio, no caso de ser requerida a desconsideração com relação apenas a alguns dos sócios, que "os demais sócios deverão ser intimados para participar do processo, já que a pessoa jurídica é patrimônio comum e haveria, ao menos em tese, motivos para expulsar esse sócio ou até mesmo para dissolver a sociedade, o que, convém repetir, pode exigir a intimação dos demais sócios".[116] Se pleiteada a desconsideração da personalidade via incidental, estamos diante da mesma relação processual da qual a pessoa jurídica já é parte integrante do respectivo polo passivo, mas os demais sócios não o são, e, tendo interesse no deslinde da controvérsia, lhes deve ser facultado o ingresso na relação processual, mesmo que em face deles não se dirija pretensão alguma.

No processo ou fase de execução os destinatários naturais dos efeitos ativos e passivos do título executivo são as pessoas que nele aparecem indicadas e individualizadas, o titular da ação e o sujeito da responsabilidade executiva,[117] e a lei dispõe em quem e em quais condições deve incidir a responsabilidade secundária. Como salienta Araken de Assis, "o primeiro patrimônio exposto aos meios executórios é o do devedor, a um só tempo obrigado e responsável. Esta situação, como abordamos, se designa de responsabilidade primária",[118] pois correspondem, aí, responsabilidade e obrigação. Lembremos, contudo, que existem aqueles casos para os quais a dicotomia entre esses institutos é evidente, os casos de responsabilidade secundária, de sujeição patrimonial sem que a pessoa tenha

115. Nesse sentido: Sidnei Agostinho Beneti, "Desconsideração da sociedade e legitimidade *ad causam*: esboço de sistematização", in Fredie Didier Jr. e Tereza Arruda Alvim Wambier (coords.), *Aspectos Polêmicos e Atuais sobre os Terceiros no Processo Civil e Assuntos Afins*, São Paulo, Ed. RT, 2004, p. 1.021.
116. Cf. Marcelo José Magalhães Bonicio, "A dimensão da ampla defesa dos terceiros na execução em face da nova 'desconsideração inversa' da personalidade jurídica", *Revista do Instituto dos Advogados de São Paulo* 23/237, janeiro-junho/2009.
117. Cf. Enrico Tullio Liebman, "Il titolo esecutivo riguardo ai terzi", *Rivista di Ditritto Processuale Civile* XI/141, I, Pádua, CEDAM, 1934.
118. Cf. Araken de Assis, *Manual da Execução*, 13ª ed., São Paulo, Ed. RT, 2010, p. 227.

sido parte da relação obrigacional. Na desconsideração da personalidade, como sustentamos, há apenas hipóteses de responsabilidade secundária.

Dessa forma, cabe indagar qual a posição que ocupará aquele atingido pela desconsideração da personalidade jurídica no processo de execução. Essa distinção não se restringe a uma questão acadêmica, pois importará, como uma das suas consequências principais, a identificação do meio pelo qual poderá se defender aquele atingido pela desconsideração da personalidade jurídica e, principalmente, a amplitude de sua defesa naqueles casos em que a extensão da responsabilidade se dá sem a observância do devido processo legal – situação que, infelizmente, não é incomum.

Para alguns doutrinadores,[119] que levam ao extremo a distinção entre dívida e responsabilidade, aquele atingido pela desconsideração da personalidade jurídica seria apenas terceiro responsável patrimonial, porque apenas suportaria os efeitos da execução em termos patrimoniais.

Observe-se, todavia, que não é possível vincular alguém à relação processual de execução sem o devido processo legal[120] e, por outro lado, não apenas aqueles que figuram inicialmente no título executivo poderão ser partes do processo ou fase de execução. Havendo desconsideração da personalidade jurídica da sociedade devedora, deixará o sócio ou administrador de ser terceiro em relação ao processo e passará a integrar a relação processual, sofrendo efeitos em sua esfera de direitos e contrapondo-se dialeticamente ao autor, de forma que se constituirá em uma das partes da relação processual. Leve-se em consideração que a pretensão de desconsideração da personalidade jurídica, se procedente, amplia subjetivamente a eficácia do título executivo e, por consequência, poderá ampliar a relação jurídica processual em sede de execução,[121] passando o novo sujeito processual a ter os mesmos ônus, faculdades, poderes e deveres que a pessoa jurídica que já figurava como parte.

---

119. Nesse sentido: Donaldo Armelin, *Legitimidade para Agir no Direito Processual Civil Brasileiro*, cit., 1ª ed., p. 163.

120. Nesse sentido: Humberto Theodoro Jr., *Processo de Execução*, 21ª ed., São Paulo, Universitária de Direito, 2002, p. 164.

121. Cf. Cândido Rangel Dinamarco, "Desconsideração da personalidade jurídica, fraude e ônus da prova", in *Fundamentos do Processo Civil Moderno*, 6ª ed., vol. I, São Paulo, Malheiros Editores, 2010, p. 547. Para Araken de Assis tanto o responsável primário quanto o secundário podem ser parte no processo de execução (*Manual da Execução*, cit., 13ª ed., p. 453).

9.2.2 Causa de pedir para a desconsideração da personalidade jurídica

A *causa petendi*, nas palavras de Barbosa Moreira, constitui-se "do fato ou do conjunto de fatos a que o autor atribui a produção do efeito jurídico por ele afirmado".[122] Compõem a causa de pedir o fato (causa remota) e o fundamento jurídico (causa próxima),[123] sendo irrelevantes o fundamento legal utilizado e o *nomen iuris* atribuído à causa, que não têm o poder de condicionar a atividade do julgador,[124] pois "cabe ao juiz a qualificação jurídica da relação deduzida em juízo, desde que o fato jurídico permaneça o mesmo".[125]

Já abordamos os fundamentos fáticos[126] para a desconsideração da personalidade jurídica, bem como os fundamentos jurídicos[127] que dão suporte à pretensão, pelo quê remetemos o leitor aos respectivos itens, para evitar repetições.

Pleiteada a desconsideração via incidental, não haverá sobreposição das causas de pedir em relação à pretensão constante do processo de conhecimento ou de execução (ou fase de execução). Note-se que os fundamentos fáticos, nessa situação, são diversos dos que se dirigem à pessoa jurídica: na desconsideração a providência se justifica pelos atos que impedem a pessoa jurídica de dar normal cumprimento às suas obrigações (por exemplo: subcapitalização, confusão patrimonial).[128]

No caso da desconsideração da personalidade jurídica, possível antever, ainda, demanda fundada em mais de um fato que possa dar ensejo à pretensão, como, por exemplo, a existência de fraude,[129] ao mesmo

---

122. José Carlos Barbosa Moreira, *O Novo Processo Civil Brasileiro*, cit., p. 18.
123. Cf. CPC/2015, art. 319, III.
124. Consoante se depreende das máximas *da mihi factum, dabo tibi ius* e *iura novit curia* (cf. José Rogério Cruz e Tucci, *A Causa Petendi no Processo Civil*, cit., 3ª ed., pp. 163 e 208).
125. Cf. Enrico Tullio Liebman, *Manual de Direito Processual Civil*, 2ª ed., vol. I, Rio de Janeiro, Forense, 1985, pp. 193-194.
126. V. item 3.4.
127. V. item 3.5.
128. Cf. Sidnei Agostinho Beneti, "Desconsideração da sociedade e legitimidade *ad causam*: esboço de sistematização", cit., Fredie Didier Jr. e Tereza Arruda Alvim Wambier (coords.), *Aspectos Polêmicos e Atuais sobre os Terceiros no Processo Civil e Assuntos Afins*, 1ª ed., p. 1.018.
129. Segundo Alexandre Couto Silva, "a fraude deve ser entendida como dolo, erro, simulação e fraude contra credores" ("Desconsideração da personalidade jurídica: limites para sua aplicação", cit., *RT* 780/48).

tempo em que seja a sociedade evidentemente subcapitalizada para suas obrigações. Nesses casos presentes estariam causas de pedir compostas,[130] posto haver mais de um fato justificador da mesma pretensão.

Em relação à necessidade de descrição da causa de pedir remota na inicial existem duas teorias: a da substanciação e a da individuação. Pela teoria da substanciação é necessária a descrição dos fatos que dão suporte à pretensão (causa de pedir remota, relativa ao fato constitutivo do direito), que se afigura fundamental para a individualização da ação, bem como da causa de pedir próxima (fundamentos jurídicos). Pela teoria da individuação, necessária apenas a descrição do direito ou da relação jurídica afirmada (causa de pedir próxima).[131]

Conforme disposto no art. 319, III, do CPC/2015, pelo qual é necessária a exposição dos fatos (causa de pedir remota) e fundamentos jurídicos (causa de pedir próxima) do pedido na petição inicial, pode-se chegar à conclusão que o legislador se inspirou na teoria da substanciação. Entretanto, é imprescindível a apreciação das peculiaridades do caso concreto trazido a juízo para se ter em conta a necessidade de maior especificação, ou não, da causa de pedir.[132]

Nesse sentido, no tema de desconsideração da personalidade, voltada a atenção aos seus objetivos possíveis, utilizando a antiga classificação romana, estar-se-á diante de direitos pessoais, que reclamam por uma descrição minudente dos fatos constitutivos do direito, o que é confirmado também por ser demanda tipicamente heterodeterminada, baseada em

---

130. A causa de pedir pode ser simples, composta ou complexa. Simples, consoante leciona José Rogério Cruz e Tucci, "quando um único fato a integra"; composta, quando se refere a vários fatos que sustentam uma única pretensão; e complexa, quando os fatos justapostos sustentam pretensões diferentes, evidenciando que se trata de mais de uma causa, havendo, por consequência, cumulação de ações (cúmulo objetivo) (*A Causa Petendi no Processo Civil*, cit., 3ª ed., p. 167).

131. Cf. Ricardo de Barros Leonel, *Causa de Pedir e Pedido. O Direito Superveniente*, 1ª ed., São Paulo, Método, 2006, p. 87. Esclarece Leonel que "o problema da individuação ou da substanciação da demanda, que se manifesta na elaboração da causa de pedir, tem como origem remota a distinção feita pelos romanos no tocante às ações envolvendo direitos reais e direitos pessoais" (p. 86). Utilizando a classificação romana de ações sobre direitos pessoais e ações sobre direitos reais, vê-se que nas primeiras a descrição da *causa petendi* deve ser minudente, em vista da complexidade dos fatos constitutivos, enquanto nas ações reais a narrativa da *causa petendi* se mostra atenuada (pp. 91-93).

132. Cf. Ricardo de Barros Leonel, *Causa de Pedir e Pedido. O Direito Superveniente*, cit., 1ª ed., p. 91.

direitos relativos,[133] mostrando-se necessária, portanto, a apresentação não apenas da causa de pedir próxima, mas também dos fatos originários da pretensão, consistentes no abuso do direito de personificação ou fraude, que originaram o desvirtuamento da pessoa jurídica e que, desta maneira, dão suporte à pretensão, sob pena de inviabilizar o exercício do direito de defesa.

Por outro lado, se a desconsideração da personalidade jurídica se refere à responsabilidade objetiva, que independe da conduta dos sócios e administradores, já que decorre de disposição legal – caso se aceite que estes casos referem-se à *disregard doctrine* –, basta que haja referência à fundamentação jurídica e menção sucinta à causa de pedir remota, como, por exemplo, o fato de que a pessoa jurídica a ser incluída no polo passivo da relação processual faz parte do mesmo grupo econômico da sociedade condenada por violação de direitos do trabalhador e que esta não ostenta patrimônio suficiente para a satisfação da obrigação (§ 2º do art. 2º da CLT).

9.2.3 O pedido na demanda desconsideradora da personalidade jurídica

Por uma perspectiva de maior amplitude, o objeto do processo corresponde a toda a matéria submetida ao conhecimento do juiz, como as condições da ação, os pressupostos processuais, as questões prejudiciais e as questões de mérito, representando conceito mais abrangente que o objeto litigioso do processo, que, em última análise, restringe-se às questões de mérito, à pretensão, ao pedido propriamente dito, individualizado pela causa de pedir, sendo em torno dele que se verificará a litispendência e que serão demarcados os limites objetivos da coisa julgada,[134] posto que somente são abrangidas pela imutabilidade do julgado as questões

---

133. Se a controvérsia se refere a direitos relativos, como os direitos obrigacionais, os direitos de crédito e os direitos de garantia, são classificadas as demandas como heterodeterminadas, posto "que não são identificadas pelo conteúdo do direito, mas sim através dos fatos que teriam originado o direito deduzido em juízo", podendo dar origem à existência de diversas relações entre as mesmas partes, sobre o mesmo bem, se baseadas em fundamentos diversos. Ao contrário, quando o litígio versa sobre direitos absolutos, como, por exemplo, os da personalidade ou os direitos reais de gozo, geram as demandas chamadas de autodeterminadas, que são "identificadas simplesmente pelo conteúdo do direito deduzido, sem a necessidade de especificação dos fatos que teriam dado nascimento à relação jurídica deduzida em juízo" (cf. Ricardo de Barros Leonel, "A *causa petendi* nas ações coletivas", in José Rogério Cruz e Tucci e José Roberto dos Santos Bedaque (coords.), *Causa de Pedir e Pedido no Processo Civil (Questões Polêmicas)*, 1ª ed., São Paulo, Ed. RT, 2002, p. 131).

134. Cf. Ricardo de Barros Leonel, "Objeto litigioso do processo e o duplo grau de jurisdição", in José Roberto dos Santos Bedaque e José Rogério Cruz e Tucci

que fazem parte do objeto litigioso, e "não aquelas que tiveram de ser examinadas como premissa lógica da questão principal, as chamadas questões prejudiciais".[135]

Na desconsideração da personalidade o pedido[136] não implica invalidade de atos relativos à constituição da sociedade ou mesmo de atos cometidos com abuso de direito ou fraude; tem como objeto a ineficácia episódica de determinado aspecto da personalidade jurídica, relativo à separação patrimonial ou à ineficácia prática dos reputados atos contrários ao Direito, de sorte a permitir a responsabilização de sócios ou administradores por certas obrigações, ou, ainda, finalidades diversas da responsabilização. Assim, o pedido não consiste em despersonalizar, que, segundo Marlon Tomazette, seria "anular a personalidade", quando se refere, com razão, à suspensão episódica e temporária da personalidade[137] ou, mais especificamente, à suspensão de atributo da personalidade relativo à separação patrimonial que existe entre sócio e sociedade, para permitir a responsabilização.[138]

9.2.3.1 Pedido certo ou determinável

Por regra, deve o pedido ser certo e determinado e as exceções estão relacionadas na lei (CPC/2015, art. 324, § 1º, I, II e III), como nas

(coords.), *Causa de Pedir e Pedido no Processo Civil (Questões Polêmicas)*, 1ª ed., São Paulo, Ed. RT, 2002, pp. 351-353.

135. Cf. José Roberto dos Santos Bedaque, "Os elementos objetivos da demanda examinados à luz do contraditório", cit., in José Roberto dos Santos Bedaque e José Rogério Cruz e Tucci (coords.), *Causa de Pedir e Pedido no Processo Civil (Questões Polêmicas)*, 1ª ed., p. 27.

136. O pedido deve ser individualizado, como adverte Liebman, "tanto com base no tipo de provimento que se pede (*objeto imediato*: por exemplo, condenação, sequestro) como no bem jurídico a que o provimento deve referir-se (*objeto mediato*: por exemplo, ... a soma de 100)". Havendo diversos pedidos, como esclarece o doutrinador, estaremos diante de ações diferentes (cf. Enrico Tullio Liebman, *Manual de Direito Processual Civil*, cit., 3ª ed., vol. I, p. 251). Nas ações em que se demandam apenas tutelas declaratórias o pedido mediato confunde-se com o pedido imediato, porque na simples declaração da existência ou inexistência da relação jurídica se esgotam a pretensão do autor e a finalidade da ação. Nesse sentido: Alfredo Buzaid, *A Ação Declaratória no Direito Brasileiro*, 2ª ed., São Paulo, Saraiva, 1986, pp. 351-352; e Moacyr Amaral Santos, *Primeiras Linhas de Direito Processual Civil*, 11ª ed., vol. I, São Paulo, Saraiva, 1987, p. 141.

137. Cf. Marlon Tomazette, "A desconsideração da personalidade jurídica: a teoria, o Código de Defesa do Consumidor e o novo Código Civil", *RT* 794/81, São Paulo, Ed. RT, 2001.

138. Cf. Alexandre Couto Silva, "Desconsideração da personalidade jurídica: limites para sua aplicação", cit., *RT* 780/49.

demandas em que o pedido recai sobre uma universalidade de bens – por exemplo, a petição de herança –, não havendo possibilidade de individualizar os bens que compõem o acervo hereditário; quando o valor da condenação dependa de ato que deva ser praticado pelo réu, como na prestação de contas; ou, também, na hipótese de ainda não serem totalmente conhecidas as consequências do ato ou fato ilícito.[139]

Suponha-se a desconsideração de personalidade jurídica pleiteada ainda na fase de conhecimento, para garantir o pagamento de indenização em virtude de danos cometidos contra o meio ambiente, cujas consequências não podem ser de antemão mensuradas na sua totalidade, e que serão devidos por sociedade que se constituiu de forma evidentemente subcapitalizada; nessa situação não há como determinar o pedido de forma específica, havendo alguma margem para seu preenchimento no decorrer do processo.

A regra é a do pedido certo e determinado (CPC/2015, art. 319, IV) – o que diz respeito tanto ao pedido mediato quanto ao imediato.[140] Contudo, o que é regra no processo civil comum não o é quando se trata da tutela coletiva de direitos individuais homogêneos, porque "não é possível conhecer as condições especiais de cada um dos legitimados. Se conhecessem e se necessitassem de suas autorizações (quiçá da outorga de procurações), estaríamos diante do fenômeno da pluralidade de partes".[141] São pedidos genéricos que geram sentenças também genéricas,[142] a carecer de liquidação.

Como adverte Ada Pellegrini Grinover, "a certeza é condição essencial do julgamento, devendo o comando da sentença estabelecer claramente os direitos e obrigações, de modo a que seja possível executá-la. E essa certeza é respeitada na medida em que a sentença condenatória estabelece a obrigação de indenizar pelos danos causados, ficando os destinatários e a extensão da reparação a serem apurados em liquidação de sentença".[143]

---

139. Cf. José Carlos Barbosa Moreira, *O Novo Processo Civil Brasileiro*, cit., p. 14; e Araken de Assis, *Cúmulo de Ações*, cit., 4ª ed., p. 238.

140. Nesse sentido: José Carlos Barbosa Moreira, *O Novo Processo Civil Brasileiro*, cit., p. 13; e Araken de Assis, *Cúmulo de Ações*, cit., 4ª ed., p. 237.

141. Cf. José Marcelo Menezes Vigliar, "Pedido genérico e projeto de sentença", in José Rogério Cruz e Tucci e José Roberto dos Santos Bedaque (coords.), *Causa de Pedir e Pedido no Processo Civil (Questões Polêmicas)*, 1ª ed., São Paulo, Ed. RT, 2002, p. 302.

142. Cf. CDC, artigo 95.

143. Ada Pellegrini Grinover e outros, *Código Brasileiro de Defesa do Consumidor Comentado pelos Autores do Anteprojeto*, 8ª ed., Rio de Janeiro, Forense Universitária, 2004, p. 884.

Como a desconsideração da personalidade jurídica, quando trata de responsabilização, objetiva conferir efetividade à tutela que foi ou será concedida em face da pessoa jurídica, também a decisão que a autoriza, se referente à tutela de direitos individuais homogêneos, deve conter comando que, embora se refira a certas e determinadas obrigações, nos termos do disposto no art. 50 do CC, deve ser genérico, para abarcar a totalidade das obrigações cuja apuração dependerá da ulterior liquidação. Contudo, caso já tenham sido levadas a termo as liquidações, com a especificação do *quantum debeatur*, não haverá motivo para que a desconsideração não ostente pedido certo e determinado, nas hipóteses em que estão envolvidos direitos individuais homogêneos.

No caso de falência da pessoa jurídica devedora, suponha-se a situação de confusão patrimonial como causa de pedir da demanda que encontra fundamento legal no disposto no art. 82 da Lei 11.101/2005. Quais seriam as medidas da diminuição de ativos da sociedade falida e da totalidade de suas obrigações que não puderam ser cumpridas em virtude do desfalque patrimonial? Impossível, em muitas situações, fazer essas apurações de forma antecipada. Lembremos que a falência, com seu *iter* procedimental específico, apresenta diversas fases, e dentre elas a de arrecadação de ativos[144] e de apuração de passivos,[145] sendo que esta, inclusive, é admitida até o final do processo falimentar, por não estabelecer a lei prazo para as habilitações retardatárias (art. 10 da Lei 11.101/2005).

Por outro lado, caso se tenha notícia do montante do desfalque patrimonial ocasionado e, portanto, do prejuízo à sociedade e aos credores, apesar de se tratar de demanda que visa a tutelar também os direitos individuais homogêneos dos credores e do disposto no art. 95 do CDC, não há sentido para que o pedido seja genérico. Tenha-se em conta que a certeza e a determinação do pedido estabelecidas no sistema processual têm a finalidade de facilitar o exercício do direito de defesa em toda sua amplitude, conforme reconhecido em sede constitucional (CF, art. 5º, LV).

Da mesma forma em relação aos processos que objetivam as apurações de responsabilidades dos controladores e administradores das sociedades que se sujeitam aos regimes extrajudiciais (liquidação extrajudicial, intervenção e o Regime de Administração Especial Temporária/RAET), porque tratam da tutela de interesses individuais homogêneos,[146] o que autoriza concluir que o pedido veiculado por essas demandas também

---

144. Cf. arts. 108 a 114 da Lei 11.101/2005.
145. Cf. arts. 7º a 20 da Lei 11.101/2005.
146. V. item 8.3.2.1.

pode ser genérico nas situações em que a extensão do prejuízo causado ainda não é totalmente conhecida.[147]

9.2.3.2 Pedido cumulado

Sob o aspecto quantitativo, o pedido pode ser simples ou cumulado.[148] A cumulação de pedidos é possível quando estes não se mostram incompatíveis[149] – a menos que se trate de cumulação subsidiária – e é permitida desde que seja competente o mesmo juízo para todos os pedidos e que o procedimento para todos seja único ou, se não for, que seja adotado o procedimento comum.[150]

A cumulação pode se dar no início do processo ou pode ocorrer no seu curso, após a propositura da demanda; é o que ocorre com a reconvenção, a oposição, as ações dúplices (CPC/2015, art. 555), os pedidos contrapostos (art. 31 da Lei 9.099/1995), todos para serem decididos na mesma sentença,[151] o que pode ocorrer também com a desconsideração

---

147. Consoante leciona Haroldo Malheiros Duclerc Verçosa, os números levantados no inquérito refletem uma posição estática do momento de sua apuração e podem não espelhar o prejuízo real, posto que o resultado final está sujeito às modificações "decorrentes de fatos ulteriores, suscetíveis de alteração sensível do quadro, seja para melhor, seja para pior" (*Responsabilidade Civil Especial nas Instituições Financeiras e nos Consórcios em Liquidação Extrajudicial*, cit., 1ª ed., p. 179).

148. A cumulação de pedidos pode ser própria ou imprópria. Consoante leciona Ricardo Leonel, própria é a cumulação quando o autor pretende todos os pedidos descritos na inicial, podendo ocorrer a cumulação simples ou sucessiva. Na cumulação simples, pretendendo o autor todos os requerimentos, realiza pedidos que não apresentam qualquer dependência entre eles; já, nos pedidos sucessivos somente podem ser acolhidos os posteriores se o anterior for aceito. Na cumulação imprópria, embora o autor deduza várias pretensões, almeja somente uma delas; nessa espécie tem-se a cumulação alternativa, em que não há eleição de preferência entre os pedidos, bem como a cumulação subsidiária ou eventual, pela qual o autor, pretendendo determinada providência, indica outra pretensão, caso a anterior não seja acolhida (cf. Ricardo de Barros Leonel, "Objeto litigioso do processo e o duplo grau de jurisdição", cit., in José Rogério Cruz e Tucci e José Roberto dos Santos Bedaque (coords.), *Causa de Pedir e Pedido no Processo Civil (Questões Polêmicas)*, 1ª ed., pp. 368-370).

149. Cf. Araken de Assis, *Cúmulo de Ações*, cit., 4ª ed., p. 262.

150. Consoante menciona Araken de Assis, "as diferenças encontráveis nos ritos se mostram relevantes e inobscurecíveis. Espelham, fiéis à instrumentalidade do processo, a estrutura e a função material do direito subjetivo e da ação respectiva, também designada, uma vez trazida ao processo, em certa doutrina de 'pretensão processual'" (*Cúmulo de Ações*, cit., 4ª ed., p. 269).

151. Cf. Juvêncio Vasconcelos Viana, "A causa de pedir nas ações de execução", in José Rogério Cruz e Tucci e José Roberto dos Santos Bedaque (coords.), *Causa*

da personalidade jurídica requerida incidentalmente no curso do processo, nos termos do Código de Processo Civil de 2015.

Se a desconsideração é requerida cumuladamente com o pedido dirigido em face da sociedade no processo de conhecimento, consoante o § 2º do art. 134 do CPC/2015, estamos diante de cumulação própria, posto que, além da condenação da sociedade, pleiteia-se, em caráter subsidiário, que sejam responsabilizados seus sócios. Essa cumulação própria é sucessiva, posto que somente pode ser acolhida a pretensão de desconsideração da personalidade se procedente a demanda dirigida em face da sociedade.[152]

Outros pedidos podem constar da demanda de desconsideração da personalidade jurídica e não precisam ser expressos, porque o juiz deve sobre eles se manifestar na sentença,[153] como juros,[154] correção monetária,[155] prestações vincendas[156] e verbas de sucumbência.[157]

Pode-se cumular na desconsideração da personalidade jurídica pedido de responsabilização civil de terceiros estranhos à sociedade. A unicidade da causa de pedir remota (fato), que justifica os pedidos dirigidos em face dos membros da sociedade e dos terceiros que com eles agiram, mesmo que absolutamente estranhos à sociedade, recomenda que se apurem as responsabilidades em um único processo, para evitar decisões conflitantes e obter maior celeridade, em favor da efetividade e da instrumentalidade do processo.[158]

---

de Pedir e Pedido no Processo Civil (Questões Polêmicas), 1ª ed., São Paulo, Ed. RT, 2002, p. 94.

152. Nesse sentido: Pedro Henrique Torres Bianqui, *Desconsideração da Personalidade Jurídica no Processo Civil*, cit., 1ª ed., pp. 102-106.

153. Cf. José Carlos Barbosa Moreira, *O Novo Processo Civil Brasileiro*, cit., p. 13.

154. No principal compreendem-se, além da correção monetária, verbas de sucumbência e honorários advocatícios, os juros legais (art. 322, § 1º, do CPC/2015), que, se não convencionados ou devidos em virtude de lei, "serão fixados segundo a taxa que estiver em vigor para a mora do pagamento de impostos devidos à Fazenda Nacional" (art. 406 do CC).

155. Consoante o art. 404, *caput*, do CC.

156. Cf. arts. 322 e 323 do CPC/2015.

157. Decorrem dos arts. 82 e 85, § 2º, do CPC/2015.

158. Todavia, a responsabilidade de terceiros estranhos à sociedade – que não sejam sócios ou administradores da pessoa jurídica (de direito ou ocultos) ou sociedade do mesmo grupo – clama por processo que obedeça ao procedimento comum, ainda que incidental, pois, como já abordado, não se tratará de incidente do processo, mas

9.2.3.3 Inexistência de pedido: desconsideração da personalidade jurídica ex officio

No âmbito da Justiça do Trabalho é possível verificar o emprego da *disregard doctrine* por declaração *ex officio*, como atesta a jurisprudência.[159] E, deste modo, é de se indagar se a aplicação da teoria prescinde, em alguma hipótese, do requerimento das partes.

A regra *ne procedat iudex ex officio* é comum ao processo de conhecimento e ao de execução, porque à ação deve ser fornecido o impulso por meio da demanda.[160] Observa-se a exceção em nosso direito positivo sobre a possibilidade de início da execução *ex officio* na Justiça Obreira no caso da cobrança de prestações pecuniárias, consoante prevê o art. 878 da CLT. Sem discutir o teor da referida norma do processo trabalhista com relação à possibilidade de início da execução por iniciativa do juiz, que foge ao escopo deste trabalho, não parece, contudo, ser o melhor caminho o da adoção da desconsideração da personalidade jurídica da sociedade devedora *ex officio*, mesmo que observados os princípios do contraditório e da ampla defesa.

Em que pese às respeitáveis opiniões em contrário,[161] é de se ponderar que haveria ofensa ao princípio da imparcialidade do juiz, como também aos princípios dispositivo e da demanda.[162]

de processo incidente, em que se formará o título em face do terceiro absolutamente estranho à sociedade.
    159. Nesse sentido: TRT-2ª Região, 8ª Turma, AgR na Pet 00971.2002.341.02.00-9, rel. Rovirso A. Boldo, j. 19.10.2011, v.u. Consta do referido acórdão que "a teoria da *disregard of legal entity* pode ser utilizada independentemente do pedido das partes ou da existência de prática de ato de má-fé que impeça a conclusão da execução, bastando ser a personalidade óbice à quitação da dívida".
    160. Cf. Francesco Carnelutti, *Diritto e Processo*, Nápoles, Morano, 1958, p. 295.
    161. Nesse sentido: Cassio Scarpinella Bueno, *Partes e Terceiros no Processo Civil Brasileiro*, 2ª ed., São Paulo, Saraiva, 2006 – sustentando ser possível que "o juiz, de ofício, ou a requerimento, entenda, no momento oportuno – e, portanto, já fora do processo de conhecimento –, que o caso reclama o 'redirecionamento da execução para os bens dos sócios, dada a suspeita de que houve alguma espécie de fraude com a pessoa jurídica e que não há bens desta disponíveis para o cumprimento do julgado" (p. 107); Genaceia da Silva Alberton, "A desconsideração da pessoa jurídica no Código do Consumidor – Aspectos processuais", cit., *Revista de Direito do Consumidor* 7/23.
    162. Nesse sentido, também: Gilberto Gomes Bruschi, *Aspectos Processuais da Desconsideração da Personalidade Jurídica*, cit., 2ª ed., 2ª tir., p. 75; Pedro Henrique

A pretensão de desconsideração da personalidade jurídica implica ampliação subjetiva e objetiva da causa e poderá importar a ocorrência de efeitos jurídicos sobre a esfera daqueles que se pretendem ver atingidos; e, nesse sentido, deve ser iniciada por meio da apresentação de demanda,[163] com a afirmação de fatos que justifiquem a tutela pretendida, já que "o processo começa por iniciativa da parte e se desenvolve por impulso oficial, salvo exceções previstas em lei" (CPC/2015, art. 2º).

Aliás, versando a pretensão de desconsideração sobre interesses patrimoniais, deverá o juiz decidir a demanda nos limites em que foi proposta (CPC/2015, art. 141), consoante o princípio dispositivo, que torna defeso ao magistrado conhecer de questões não suscitadas, a cujo respeito a lei exige iniciativa da parte.[164]

A afirmação dos fatos que dão ensejo à aplicação da *disregard doctrine* antes que se tenha por julgada a pretensão pressupõe o compromisso com aqueles a quem a medida eventualmente beneficiar, e é justamente a impessoalidade do magistrado, a ausência de qualquer liame com as partes, que o torna imparcial, comprometido unicamente com a solução do litígio.[165] Não há como admitir, desta maneira, a declaração *ex officio* da desconsideração da personalidade jurídica, dados o caráter de disponibilidade do bem tutelado e a necessidade da imparcialidade do juiz.

Até mesmo a hipótese prevista na Lei 11.101/2005,[166] que autoriza ao juiz, "de ofício ou mediante requerimento das partes interessadas, ordenar a indisponibilidade de bens particulares dos réus, em quantidade

---

Torres Bianqui, *Desconsideração da Personalidade Jurídica no Processo Civil*, cit., 1ª ed., pp. 116-118; André Pagani Souza, *Desconsideração da Personalidade Jurídica – Aspectos Processuais*, 1ª ed., São Paulo, Saraiva, 2009, pp. 152-154.

163. Como leciona Augusto Cerino Canova, "il potere della domanda, ossia di mettere in moto il processo e di determinare il contenuto, è riservato alla parte, perché questa ha il potere di disporre delle situazione sostanziali ed un modo di disposizione è anche la traduzione di queste nel processo" ("La domanda giudiziale ed il suo contenuto", cit., in *Commentario del Codice di Procedura Civile*, 1ª ed., t. I, L. II, p. 128).

164. Cf. Celso Agrícola Barbi, *Comentários ao Código de Processo Civil*, 1ª ed., vol. I, Rio de janeiro, Forense, 1977, p. 17.

165. Como leciona Dinamarco, sem que se possa oferecer uma garantia da imparcialidade do juiz, procura criar a Constituição condições que possibilitem serem os juízes imparciais, minimizando-se os eventuais riscos, como seria o caso do estabelecimento das garantias do juiz natural, a proibição dos tribunais de exceção, o oferecimento de garantias e a imposição de impedimentos aos magistrados (*Instituições de Direito Processual Civil*, cit., 7ª ed., vol. I, p. 206).

166. Cf. § 2º do art. 82 da Lei 11.101/2005.

compatível com o dano provado, até o julgamento da ação de responsabilização" na falência, não se configura como hipótese de exceção à impossibilidade de decretação *ex officio* da desconsideração da personalidade jurídica, já que se insere, antes, no contexto de medidas provisórias e no poder geral de cautela do juiz, não sendo uma solução definitiva, que reconheça a responsabilidade patrimonial e autorize, por consequência, a expropriação de bens do devedor.[167]

9.3 A estabilização da demanda e a desconsideração da personalidade jurídica

A situação de estabilização da demanda corresponde à inalterabilidade dos seus elementos (partes,[168] causa de pedir e pedido) em virtude de regras rígidas de preclusão e do princípio da eventualidade,[169] adotados em nosso sistema processual, em especial a regra contida no art. 329 do CPC/2015. Nesse aspecto difere a nossa legislação de outras, como a alemã e a italiana, para as quais "sempre predominou a liberdade das partes na apresentação de suas respectivas alegações".[170]

Nosso sistema processual permite a alteração dos elementos objetivos da demanda até a citação, e após esta somente pode ocorrer com o consentimento do réu, desde que seja feita até o saneamento do processo, pois a partir de então não mais será permitida qualquer modificação

---

167. Pedro Henrique Torres Bianqui menciona como exceção ao princípio dispositivo em termos de desconsideração da personalidade jurídica a possibilidade de ser decretada *ex officio* a indisponibilidade de bens particulares dos réus, até o julgamento da ação de responsabilização na falência, prevista na Lei 11.101/2005 (*Desconsideração da Personalidade Jurídica no Processo Civil*, cit., 1ª ed., pp. 67 e 119).

168. Sob o aspecto subjetivo é possível a alteração do polo passivo da demanda quando o réu alegar, em contestação, não ser parte legítima ou não ser o responsável pelo prejuízo causado (art. 338 do CPC/2015), substituindo-se a disciplina da nomeação à autoria prevista no Código de Processo Civil de 1973.

169. Pelo mencionado princípio da eventualidade, consoante Ricardo de Barros Leonel, todas as deduções das partes relativas às alegações de fato, de direito, sobre provas e outros pedidos devem ser feitas nas fases procedimentais próprias e observando os limites temporais. A regra da eventualidade baseia-se na teoria da substanciação, pois, ao se exigir a descrição da causa de pedir remota, cria-se um sistema rígido de preclusões, que leva à inalterabilidade dos elementos da demanda submetida a juízo (Ricardo de Barros Leonel, *Causa de Pedir e Pedido. O Direito Superveniente*, cit., 1ª ed., p. 121).

170. Cf. José Rogério Cruz e Tucci, *A Causa Petendi no Processo Civil*, cit., 3ª ed., p. 158.

(CPC/2015, art. 329). Outras disposições do Código de Processo Civil demonstram a rigidez do sistema de preclusões ao tratar da inicial, da contestação, do pedido genérico – entre outros assuntos.

Por regra, após o saneamento do processo a demanda estará definitivamente estabilizada.[171] Todavia, deve o juiz levar em consideração os fatos constitutivos, modificativos e extintivos do direito ocorridos ou conhecidos após o ajuizamento da demanda (CPC/2015, art. 493); e, pelo que se depreende do disposto no art. 1.014 do CPC/2015, o conhecimento desses fatos pode se dar até em sede de recurso. Tenha-se em conta que o conhecimento desses fatos novos ou supervenientes,[172] como acentua Bedaque, "é compatível com a visão instrumentalista do direito processual, além de conferir efetividade ao princípio da economia".[173]

Suponha-se a ocorrência de confusão patrimonial, revelada com a produção da prova, durante a tramitação do incidente de desconsideração da personalidade, que tenha por causa de pedir outro fundamento fático. A norma disposta no art. 493 do CPC/2015 justifica a inclusão de nova causa de pedir, com novo pedido ou não, para imprimir efetividade à eventual decisão a ser proferida no processo ou incidente, ainda que diminuída sua celeridade.

Com essas considerações, deve-se apontar o caminho a ser seguido nas hipóteses em que das conclusões extraídas das provas produzidas no processo se revelam outras causas de pedir não apontadas na inicial, como a subcapitalização da pessoa jurídica devedora ou outras fraudes

---

171. Sob um ponto de vista mais abrangente, é possível vislumbrar, além do fato e do direito, a situação jurídica superveniente, como a que ocorre com a decretação da falência ou da insolvência de uma das partes ou a declaração de incapacidade etc. (cf. Ricardo de Barros Leonel, *Causa de Pedir e Pedido. O Direito Superveniente*, cit., 1ª ed., p. 118).

172. Os fatos novos são aqueles que, embora já ocorridos ao tempo do ajuizamento da demanda, não eram conhecidos do autor ou a eles não se emprestou a relevância que realmente tinham para a solução da controvérsia; já, o fato superveniente é aquele que ocorreu após o ajuizamento da demanda. Tais fatos, novos ou supervenientes, podem ser relacionados ao objeto litigioso do processo ou mesmo a qualquer matéria submetida à apreciação do juiz (o objeto do processo, em sentido mais amplo), como, por exemplo, as questões relativas à viabilidade de um pronunciamento de mérito, consubstanciadas nas condições da ação, admitindo-se, assim, por exemplo, o suprimento ou a ausência supervenientes de condição da ação (cf. José Rogério Cruz e Tucci, *A Causa Petendi no Processo Civil*, cit., 3ª ed., p. 163).

173. Cf. José Roberto dos Santos Bedaque, *Efetividade do Processo e Técnica Processual*, 3ª ed., São Paulo, Malheiros Editores, 2010, p. 138.

que impliquem diminuição do seu patrimônio e que possam dar suporte ao pedido inicialmente deduzido.

É preciso lembrar que não implica alteração da causa de pedir a afirmação de novos fatos, desde que simples ou secundários, ou seja, fatos que não têm o poder de delimitar a pretensão,[174] pois, conforme lição de Liebman, "essas circunstâncias particulares e fatos secundários não são relevantes em si mesmos, mas apenas na medida em que concorram para compor um determinado fato jurídico principal; desde que este permaneça o mesmo, os fatos e circunstâncias podem até variar, sem que com isso se considere modificada a *causa petendi*".[175-176]

Conclui-se, ao menos em regra, com base nas disposições do Código de Processo Civil de 2015, pela inalterabilidade dos elementos objetivos.[177] Veja-se, contudo, que o sistema rígido de preclusões, decorrente da adoção extrema do princípio da eventualidade, por certo leva à celeridade do processo, mas não necessariamente à solução da controvérsia, por não refletir a sentença, conforme o caso, a real e atual situação do litígio no momento em que deva ser proferida a decisão.[178]

Com relação à estabilização da demanda principal, na qual demandada é a pessoa jurídica, mesmo já estabilizada, é de se concluir no sen-

---

174. Cf. José Rogério Cruz e Tucci, *A Causa Petendi no Processo Civil*, cit., 3ª ed., p. 162.
175. Enrico Tullio Liebman, *Manual de Direito Processual Civil*, cit., 3ª ed., vol. I, pp. 249-250.
176. Consoante adverte Ricardo de Barros Leonel, os fatos secundários não integram a causa de pedir, e os fundamentos legais e os argumentos não compõem o pedido; bem como o reconhecimento de pedidos implícitos (*v.g.*: juros, correção monetária, prestações vincendas) não implicam ampliação do pedido (*Causa de Pedir e Pedido. O Direito Superveniente*, cit., 1ª ed., p. 226).
177. Embora não seja admitida, por regra, a ampliação do pedido, como lembra Barbosa Moreira, sua redução pode resultar: "(a) da desistência parcial; (b) de renúncia parcial ao direito postulado; (c) de transação parcial, na pendência do processo; (d) de compromisso relativo a parte do objeto do litígio, na pendência do processo; (e) da interposição, pelo autor, de recurso parcial contra a sentença de mérito desfavorável" (*O Novo Processo Civil Brasileiro*, cit., p. 15).
178. Cf. Ricardo de Barros Leonel, *Causa de Pedir e Pedido. O Direito Superveniente*, cit., 1ª ed., p. 249. Nesse mesmo sentido, conforme refere o doutrinador, o Anteprojeto do Código Brasileiro de Processos Coletivos permite a modificação dos elementos da demanda até a prolação da sentença, desde que realizada de boa-fé, não resulte prejuízo injustificado à parte contrária e sejam respeitados o contraditório, a ampla defesa e o devido processo legal.

tido de admissão da instauração do incidente para a desconsideração da personalidade jurídica, até mesmo porque as disposições do Código de Processo Civil de 2015, além de não lhe estabelecerem limite temporal, facultam sua incidência em qualquer processo, possível até em momento posterior, como o da execução.[179]

A prática demonstra que na maioria dos casos de desconsideração da personalidade jurídica para fins de responsabilização a formação do litisconsórcio é ulterior, evidenciando uma das exceções legais à regra de estabilização da demanda, prevista no art. 329 do CPC/2015. O ponto central da questão está na observância do contraditório,[180] que não pode ser deixado de lado para o aproveitamento do processo já instaurado, com vistas à economia processual e à solução do litígio na sua integralidade.

179. André Pagani de Souza elenca cinco outros motivos relevantes para a admissão da demanda desconsideradora mesmo após a estabilização do processo em que se pretende a condenação da sociedade: (1) "a inclusão de novo litisconsorte não trará prejuízo algum para a pessoa jurídica"; (2) "a inclusão de novo litisconsorte poderá significar o cumprimento e a execução de eventual sentença condenatória contra ele (...) contribuindo para um processo mais eficiente (...)"; (3) "a inclusão de novo litisconsorte também terá um caráter instrutório, na medida em que contribuirá para a melhor preparação da sentença que será proferida"; (4) "cabe ao direito processual criar mecanismos para a realização do direito material, e não criar obstáculos inúteis para tanto"; (5) "(...) cabe propor uma releitura do caput do art. 264 do CPC de 1973, à luz da Constituição Federal de 1988" (*Desconsideração da Personalidade Jurídica – Aspectos Processuais*, cit., 1ª ed., pp. 99-101).

180. Como pondera Pedro Henrique Torres Bianqui, "a chave para a superação da estabilização" é o contraditório, que há de ser respeitado em qualquer hipótese (*Desconsideração da Personalidade Jurídica no Processo Civil*, cit., 1ª ed., pp. 107-109).

10
O PROCESSO E O INCIDENTE PROCESSUAL PARA A DESCONSIDERAÇÃO DA PERSONALIDADE JURÍDICA

10.1 O procedimento para a desconsideração da personalidade jurídica: 10.1.1 O procedimento incidental no Código de Processo Civil de 2015 – 10.1.2 A ausência de procedimento próprio quando a desconsideração for pleiteada com a inicial, conforme as disposições do Código de Processo Civil de 2015: possibilidade de violação à garantia constitucional – 10.1.3 O procedimento anterior ao processo coletivo destinado à apuração de responsabilidades dos administradores e controladores de sociedades sujeitas a intervenção e liquidação extrajudicial. 10.2 Competência: 10.2.1 Relação entre demandas e a influência sobre a competência para a desconsideração da personalidade jurídica – 10.2.2 Competência para a apreciação da pretensão de desconsideração da personalidade jurídica de sociedade falida – 10.2.3 Competência: desconsideração da personalidade jurídica e arbitragem. 10.3 O litisconsórcio: 10.3.1 O litisconsórcio e a desconsideração da personalidade jurídica – 10.3.2 Litisconsórcio facultativo e necessário: 10.3.2.1 Litisconsórcio facultativo: alternativo, eventual e sucessivo – 10.3.3 Litisconsórcio comum e unitário – 10.3.4 Intervenção litisconsorcial voluntária. 10.4 A desconsideração da personalidade jurídica e a intervenção de terceiros: 10.4.1 A oposição e a desconsideração da personalidade jurídica – 10.4.2 A denunciação da lide e a desconsideração da personalidade jurídica – 10.4.3 O chamamento ao processo e a desconsideração da personalidade jurídica – 10.4.4 A indicação da autoria na desconsideração da personalidade jurídica – 10.4.5 A assistência e a desconsideração da personalidade jurídica. 10.5 As defesas na desconsideração da personalidade jurídica: 10.5.1 Meios de defesa na execução quando houver desconsideração da personalidade jurídica – 10.5.2 Meios de defesa daquele atingido pela desconsideração da personalidade jurídica na execução quando não observado o anterior contraditório – 10.5.3 A amplitude de defesa daquele atingido pela desconsideração da personalidade jurídica na execução. 10.6 Recursos cabíveis sobre a decisão do pedido de desconsideração da personalidade jurídica: 10.6.1 A extensão dos efeitos do recurso interposto sobre a decisão da ação principal quanto à pretensão de desconsideração da personalidade jurídica. 10.7 A impugnação da decisão quanto à desconsideração da personalidade jurídica por ação *rescisória. 10.8 Verbas de sucumbência na desconsideração da personalidade jurídica: 10.8.1 O custo do processo para as partes – 10.8.2 A sucumbência na desconsideração da personalidade jurídica – 10.8.3 A sucumbência na desconsideração da personalidade pleiteada incidentalmente aos processos coletivos – 10.8.4 A sucumbência na desconsideração da personalidade pleiteada incidentalmente à falência. 10.9 A coisa julgada e a desconsideração da personalidade jurídica: 10.9.1 O alcance da coisa julgada da decisão condenatória e a desconsideração da personalidade jurídica – 10.9.2 A força executiva do título judicial e a coisa julgada – 10.9.3 Coisa julgada e eficácia preclusiva: a situação do assistente – 10.9.4 O alcance da coisa julgada das decisões coletivas e a desconsideração da personalidade jurídica.*

10.1 O procedimento para a desconsideração da personalidade jurídica

Levando em consideração que o desconhecimento da autonomia subjetiva da pessoa jurídica pode ser alcançado via incidental ou por meio de processo autônomo, há que ser voltada a atenção ao procedimento a ser seguido diante do sistema do Código de Processo Civil de 2015.

Para finalidades distintas da responsabilização patrimonial, como, por exemplo, a extinção de contratos ou a declaração de extinção de obrigações, a desconsideração da personalidade jurídica deve ser perseguida por processo autônomo, que seguirá o rito comum, na forma preconizada pelas disposições dos arts. 318 e ss. do CPC/2015, que contêm as fases de postulação, saneamento, instrução e decisão.

Da mesma forma, com relação à desconsideração da personalidade jurídica voltada à responsabilização de sócios e administradores de sociedades falidas ou sujeitas ao regime de liquidação extrajudicial, quando perseguida por processo autônomo, segue o procedimento comum, conforme dispõem as respectivas leis que tratam da matéria.[1] Haverá apenas peculiaridades relativas ao procedimento administrativo que antecede a propositura da demanda para a responsabilização quando se tratar de sociedades sujeitas aos regimes de liquidação extrajudicial, que serão tratadas neste capítulo.

Desta maneira, oportuno se afigura, neste momento, apenas o estudo do procedimento incidental previsto no Código de Processo Civil de 2015, aplicável especificamente à pretensão de desconsideração da persona-

1. Nos termos do que dispõem o art. 82 da Lei 11.101/2005 e o art. 46 da Lei 6.024/1974, tratar-se-ia de procedimento ordinário.

lidade jurídica, bem como da hipótese em que o legislador não previu procedimento específico e, ainda, do procedimento anterior ao processo coletivo destinado à apuração de responsabilidades dos administradores e controladores de sociedades sujeitas a intervenção e liquidação extrajudicial, que se mostram como exceções ao padrão comum de procedimento.

10.1.1 O procedimento incidental no Código de Processo Civil de 2015

Embora omissa a lei processual de 1973, prevê o Código de Processo Civil de 2015, em seus arts. 133 a 137, disciplina a respeito do "incidente de desconsideração da personalidade jurídica", como forma de intervenção de terceiros, que, como vimos, pode ser pleiteado em qualquer momento do processo, seja na fase de conhecimento, seja na fase ou processo de execução.

Quando for requerida a desconsideração da personalidade incidentalmente, a primeira observação a ser feita é a de que o Código de Processo Civil de 2015 não prevê procedimentos distintos para as situações em que se atribui a responsabilidade subjetiva pela violação indireta ao direito de outrem (confusão patrimonial, desvio de bens do ativo da sociedade, subcapitalização etc.) e aquelas aplicadas aos casos de responsabilidade objetiva, pela inadimplência de certas espécies de obrigações da sociedade (por exemplo, responsabilidade de sociedades do mesmo grupo por dívidas trabalhistas ou oriundas de relações de consumo).

O pedido de desconsideração, como demanda que é, dirigido em face de outras pessoas que até então não figuravam na relação processual, deve ser instrumentalizado por petição com os mesmos requisitos da inicial, previstos no art. 319 do CPC/2015, esclarecendo os fatos que dão ensejo à aplicação da desconsideração, de forma a possibilitar o exercício do direito de defesa.

Sobre o procedimento incidente, o art. 64 do Anteprojeto de novo CPC dispunha que, "requerida a desconsideração da personalidade jurídica, o sócio ou o terceiro e a pessoa jurídica serão intimados para, no prazo comum de 15 (quinze) dias, se manifestar e requerer as provas cabíveis". A Comissão Especial destinada a proferir parecer aos projetos do Código de Processo Civil conferiu redação diversa, para prever, com acerto,[2] a

---

2. Nesse sentido, também: Cassio Scarpinella Bueno, "Desconsideração da personalidade jurídica no Projeto de novo Código de Processo Civil", in Gilberto Gomes Bruschi, Mônica Bonetti Couto, Ruth Maria Junqueira de A. Pereira e Silva

necessidade de citação e não de intimação do sócio ou da sociedade, o que acabou por prevalecer na redação final do Código de Processo Civil de 2015 (art. 135).

A previsão de intimação poderia parecer, à primeira vista, coerente com a ideia que de que estamos diante de um incidente do processo, e não propriamente de processo incidente. Todavia, algumas observações devem ser feitas. E a primeira delas é a de que sócios (e administradores) têm personalidades jurídicas distintas da sociedade, e o próprio incidente objetiva afastar essa distinção para uma finalidade específica, correspondente a estender os efeitos de certas e determinadas obrigações à pessoa dos sócios e administradores. Conclui-se, portanto, que o ato de citação deve ser dirigido aos sócios ou aos administradores, pois até o momento em que se pleiteia o desconhecimento da autonomia subjetiva da sociedade tais pessoas não fazem parte da relação processual, e passarão a integrá-la a partir do ato de conhecimento da existência da demanda.

No procedimento incidente ou no próprio processo, quando o pedido de desconsideração da personalidade é cumulado aos demais pleitos em face da sociedade, dirige-se a pretensão em face dos ditos sócios e administradores, da qual poderão se defender, e, em consequência, haverá uma decisão que poderá atingir suas esferas jurídicas. Ora, se for alargada a relação processual,[3] fazendo-se dela participar terceiros, entendidos estes como aqueles que, até então, não faziam parte do processo,[4] dirigindo-se-lhes uma pretensão, acreditamos ser a citação o ato de comunicação apropriado a dar conhecimento aos sócios sobre a existência da demanda e a oportunidade ao oferecimento de defesa, e não propriamente a intimação,[5] como constava anteriormente do texto do Anteprojeto, pois,

e Thomaz Henrique Junqueira de A. Pereira (orgs.), *Direito Processual Empresarial*, 1ª ed., São Paulo, Campus, 2012, p. 123.

3. Embora não seja propriamente requisito da formação do processo, posto existir este antes da citação, os efeitos dessa existência somente atingem a esfera jurídica do demandado a partir de sua citação. A citação, portanto, angulariza a relação processual, tornando-a tríplice, pois até então ela somente é bilateral (cf. Cândido Rangel Dinamarco, *Instituições de Direito Processual Civil*, 7ª ed., vol. I, São Paulo, Malheiros Editores, 2013, p. 55).

4. Pelo conceito de Liebman, obtido por exclusão ao conceito de partes, *terceiros* são "todos aqueles que não são partes" no processo (Enrico Tullio Liebman, *Manual de Direito Processual Civil*, 3ª ed., vol. I, trad. brasileira de Cândido Rangel Dinamarco, São Paulo, Malheiros Editores, 2005, p. 124).

5. Tratando do tema relativo à desconsideração da personalidade jurídica e antevendo a necessidade de ser criado um incidente para tal finalidade, Dinamarco

embora se possa não estar diante de novo processo, o processo é novo para aqueles que passarão a integrar a relação processual.[6]

Nos arts. 135 e 136 completa o CPC a disciplina do procedimento, dispondo que, após a citação, os sócios ou a pessoa jurídica poderão "manifestar-se e requerer as provas cabíveis no prazo de 15 (quinze) dias" (art. 135) e "concluída a instrução, se necessária, o incidente será resolvido por decisão interlocutória" (art. 136).

O Código de Processo Civil de 2015, no tocante à matéria de desconsideração da personalidade jurídica, baseia-se na técnica de simplificação, com vistas à tendência hoje frequente de adequar o processo à sua razoável duração, nos moldes preconizados na determinação contida na Constituição Federal (art. 5º, LXXVIII). Há uma crescente tendência à simplificação dos procedimentos com o objetivo de aceleração da prestação jurisdicional, sem o comprometimento, entretanto, do contraditório e do direito de defesa, com medidas que evitam o abuso do processo.

Todavia, os objetivos de aceleração e simplificação do processo não são propriamente obtidos por meio de cognição superficial ou incompleta. A aceleração do procedimento ocorre quando a ordinária atividade processual é desenvolvida em tempo diminuído, ao passo que a simplificação consiste em eliminar as fases repetitivas ou desnecessárias.[7] Há ainda um terceiro conceito, o de flexibilidade, que permite a adaptação do

---

já asseverava que, "positivando-se que a sociedade não disponha de suficiente patrimônio responsável, a pedido do exequente *citar-se-á o sócio*, ou sócios, abrindo-se em seguida uma instrução destinada a apurar sua responsabilidade patrimonial". Mais adequado, portanto, falar em citação dos sócios ou administradores, ao invés de intimação, o que veio corrigido, posteriormente, no Código de Processo Civil de 2015 (cf. Cândido Rangel Dinamarco, "Desconsideração da personalidade jurídica, fraude, ônus da prova e contraditório", in *Fundamentos do Processo Civil Moderno*, 6ª ed., vol. I, São Paulo, Malheiros Editores, 2010, p. 547).

6. Consoante leciona Moacir Amaral Santos, tanto a citação como a intimação são atos de comunicação processual; contudo, a citação é ato de chamamento do réu a juízo para defender-se da ação em face dele proposta, destinado, portanto, à constituição da relação processual; a intimação, por sua vez, consiste em "ato pelo qual se comunica alguém, para a sua ciência, de algum ato praticado ou que deva praticar" (Moacyr Amaral Santos, *Primeiras Linhas de Direito Processual Civil*, 11ª ed., vol. I, São Paulo, Saraiva, 1987, p. 181).

7. Cf. Paolo Biavati, "Os procedimentos civis simplificados e acelerados: o quadro europeu e os reflexos italianos", *Rivista Trimestrale di Diritto e Procedura Civile* 3/774, 2002. Como acentua o autor: "Il problema non è solo quello che giustizia ritardata è giustizia negata, ma anche quello del veloce evolversi delle situazioni e

procedimento às exigências do caso concreto, que, embora não tenha sido previsto pelo Código de 2015 no que toca especificamente ao incidente de desconsideração da personalidade, pode ser adotado com base nas disposições gerais dos arts. 190 e 191 do CPC/2015, ajustando-se verdadeiros negócios jurídicos processuais, que podem versar sobre aspectos do procedimento, ônus, poderes, faculdades e deveres processuais, antes ou durante o incidente, desde que não incidam em hipótese de nulidade, não constituam contrato de adesão e desde que uma das partes não se encontre em posição de vulnerabilidade.

Mostra o Código de Processo Civil nítido intuito de simplificação, eliminando-se fases repetitivas[8] e até mesmo outras previstas no procedimento comum, como as audiências para conciliação e instrução, bem como a oportunidade às partes para se manifestarem sobre prova colhida – o que, certamente, não deve excluir o contraditório.[9] A aceleração do processo refletiu-se na simplificação do procedimento, se comparado com aquele comum.

A ausência da fase de saneamento não implica a impossibilidade de verificação de questões preliminares ou de fixação dos pontos controvertidos. Até mesmo se considerarmos que no processo, de uma maneira geral, deve haver fases de postulação, saneamento, instrução e decisão, veremos que a única fase que não aparece nítida no incidente, a de saneamento, pode ser regularmente desenvolvida pelo juiz no decorrer do procedimento, decidindo, por exemplo, sobre a necessidade da prova ou a respeito de questões preliminares.

O Código de Processo Civil prevê a sequência dos atos a serem realizados, demonstrando as fases do processo que se seguem e, inclusive, o prazo para que o sócio se manifeste (15 dias). Nas disposições sobre o incidente constata-se a existência de prazos extrínsecos e intrínsecos; extrínsecos seriam aqueles prazos que se referem a determinada quan-

degli interessi, che spesso rendono totalmente priva di utilità la definizione tardiva di una controversia".

8. Como observa Dinamarco, todo procedimento no processo civil brasileiro tem como elementos estruturais indispensáveis: a demanda, a citação, a resposta, a instrução e a sentença (*Instituições de Direito Processual Civil*, cit., 7ª ed., vol. I, p. 164).

9. Observe-se que, conforme o magistério de Heitor Vitor Mendonça Sica, "quanto maiores forem as oportunidades para que as partes debatam o *thema decidendum*, quanto mais larga for a instrução probatória e quanto maiores as possibilidades de o juiz reconhecer seus enganos e voltar atrás, maior é a probabilidade de uma decisão final justa" (*Preclusão Processual Civil*, 1ª ed., São Paulo, Atlas, 2006, p. 306).

tidade de tempo (horas, dias, meses, anos), e intrínsecos aqueles prazos que se referem às fases processuais nas quais os atos processuais devem ser realizados.[10]

Há previsão para a suspensão do processo principal enquanto estiver em curso o incidente para desconsideração da personalidade jurídica, consoante se pode ver do disposto no § 3º do art. 134 do CPC. Contudo, deveria o processo continuar sua marcha normal em relação à pessoa jurídica caso estivesse na fase ou processo de execução, em respeito à preocupação com o decurso do tempo e a celeridade. Nesse sentido, *v.g.*, se realizada penhora insuficiente à cobertura do valor devido no processo de execução e evidenciado que não há outros bens da sociedade devedora para serem constritos, ajuizado o pedido de desconsideração, enquanto pendente este, se for seguida a letra da lei, não poderia prosseguir a execução com a avaliação e venda do bem pertencente à pessoa jurídica que já havia sido penhorado. Nesse aspecto, o referido dispositivo afronta a norma constitucional que garante a razoável duração do processo (CF, art. 5º, LXXVIII).

Quando se trata de desconsideração pleiteada incidentalmente ao processo de conhecimento, ou seja, quando for pleiteada após a inicial, surge uma indagação relativa ao momento em deve ser proferida a decisão de desconsideração, se antes, concomitantemente ou posteriormente à sentença do processo principal.

Também há incongruência da nova lei, porque determina a suspensão do processo até a solução do pedido de desconsideração da personalidade, e esta busca tão somente a responsabilização subsidiária do sócio ou administrador pelas dívidas da sociedade, não havendo sentido em ser proferida a decisão do incidente antes da sentença do processo principal, na fase de conhecimento, pois nesse caso corre-se o risco de reconhecer a responsabilidade subsidiária, sem ser o caso de se reconhecer a responsabilidade principal da sociedade. Desta forma, concluímos que o incidente de desconsideração deverá ser solucionado concomitantemente à sentença, extinguindo-o sem julgamento do mérito, por falta de interesse de agir, caso seja julgada improcedente a ação principal, já que não haverá obrigação cuja responsabilidade deva ser atribuída subsidiariamente ao sócio ou administrador.

---

10. Para a distinção entre prazos intrínsecos e extrínsecos: Roberto Poli, "Sulla sanabilità della inosservanza di forme prescritte a pena di preclusione e decadenza", *Rivista di Diritto Processuale* 51/449, n. 2, abril-junho/1996.

Assim, na hipótese de desconsideração pleiteada ainda na fase de conhecimento da demanda movida em face da sociedade, o julgamento do incidente pode ser concomitante ou posterior à sentença do processo principal e não necessariamente lhe seguirá a sorte, porque, embora se possa reconhecer a obrigação da sociedade, podem não estar presentes os pressupostos da desconsideração da personalidade jurídica. Em suma: a questão deduzida no processo de conhecimento é preliminar à desconsideração, na qual se busca apenas a responsabilização subsidiária dos sócios.

10.1.2 A ausência de procedimento próprio quando a desconsideração for pleiteada com a inicial, conforme as disposições do Código de Processo Civil de 2015: possibilidade de violação à garantia constitucional

Desde o Anteprojeto de novo Código de Processo Civil ficou demonstrada a preocupação do legislador com o devido processo legal, em vista das previsões relativas ao incidente de desconsideração da personalidade, que dispunham sobre o contraditório que haveria de se instaurar e a oportunidade conferida às partes para se manifestarem e requerer provas. Contudo, consoante disposição do § 2º do art. 134, "dispensa-se a instauração do incidente se a desconsideração da personalidade jurídica for requerida na petição inicial, hipótese em que será citado o sócio ou a pessoa jurídica" – o que leva a crer que a pretensão de desconsideração será apreciada no próprio processo em que for requerida.

Se pleiteada a desconsideração da personalidade ainda na fase de conhecimento do processo, resultará que o pedido de desconsideração deve ser cumulado ao pedido de condenação da pessoa jurídica e, embora não haja previsão expressa, acreditamos que deverá ser decidido na mesma sentença em que for apreciada a pretensão que se dirige em face da sociedade ou em oportunidade posterior, para que não se corra o risco de reconhecer a responsabilidade subsidiária, não sendo o caso de se reconhecer a obrigação da sociedade. Não havendo especificação, nada obsta a que a regular fase de instrução seja a mesma para ambas as pretensões, não obstante o fato de incidirem sobre pontos diversos. Não vislumbramos, nessa hipótese, prejuízo ao devido processo legal, porque terão as partes oportunidades para influenciar no resultado do processo antes que se passe à fase de execução.

E se a desconsideração da personalidade for pleiteada com a inicial do processo de execução de título extrajudicial?

Note-se que o mencionado dispositivo legal não excepciona a hipótese em que a desconsideração seja pleiteada no processo de execução por título extrajudicial e consta da nova lei, ainda, que o processo não se suspenderá quando for dispensada a instauração do incidente.

Note-se que, consoante o procedimento do processo de execução de título extrajudicial, após a inicial e a comunicação à parte adversa, por citação, haverá a fase de constrição de bens do devedor, e não há, pelas mencionadas disposições, previsão que exclua a possibilidade de atos de agressão ao patrimônio do possível responsável secundário até que seja julgada a pretensão de desconsideração da personalidade. Por defeito de redação, sequer há previsão a respeito do contraditório que há de se instaurar quando for requerida a desconsideração da personalidade com a inicial do processo de execução de título extrajudicial.

A preocupação não é exagerada, porque o Código de Processo Civil de 2015 dispõe que a desconsideração pode ser pleiteada em qualquer fase do processo, inclusive na execução por título extrajudicial, e não prevê oportunidade para discussão da matéria quando ela for requerida com a inicial da execução de título extrajudicial, podendo abrir margem à interpretação no sentido de que a oportunidade de defesa ficará postergada em relação aos atos de constrição, como ocorre normalmente no processo de execução.

Anteriormente à nova lei, por falta de disposições legais em termos processuais, a inversão do contraditório para a desconsideração da personalidade encontrava parcial acolhida na jurisprudência, como já abordamos,[11] e poderá continuar nesse mesmo rumo, porque não especificou o legislador o procedimento a ser seguido no caso de desconsideração pleiteada com a inicial do processo de execução de títulos extrajudiciais. Deveria, desse modo, ter sido prevista a suspensão da execução, para que os atos de constrição e alienação dos bens dos sócios e administradores somente fossem realizados após a decisão da questão relativa à desconsideração da personalidade jurídica.

Consoante o princípio do *due process of law*, estampado no inciso LIV do art. 5º da CF, "ninguém será privado da liberdade ou de seus bens sem o devido processo legal", dentro de um modelo constitucional de processo civil que se refere tanto à jurisdição constitucional das liberda-

---

11. V. item 8.1.

des[12] como à tutela constitucional do processo, com "garantias mínimas de meios e de resultado", para que possa atender aos seus escopos.[13]

Esse caminho, de interpretação possível tão somente pelo aspecto literal, conforme as previsões contidas no Código de Processo Civil de 2015, sem o prévio contraditório em relação aos atos de agressão ao patrimônio daquele a ser eventualmente atingido pela desconsideração da personalidade jurídica na execução de títulos extrajudiciais, não nos parece que resulte em verdadeira celeridade[14] e economia processuais. Nesse sentido, deve-se considerar que os meios de defesa daquele que acaba integrando a lide, mormente os embargos de terceiro ou do devedor, também representam custos e demora, além do risco à segurança jurídica que causa a inversão do contraditório.

Em outros termos: considerando que o sócio ou o administrador não figuram como devedores no título executivo extrajudicial, a inversão

12. Consoante lição de Dinamarco, pela jurisdição constitucional das liberdades "apresenta-se o sistema processual como fator de efetividade das normas ditadas no plano constitucional, que ele promove de modo direto e indireto". Em sentido oposto, a tutela constitucional do processo é representada pelos princípios e garantias previstos em nível constitucional, "cuja observância é penhor da fidelidade do sistema processual à ordem político-constitucional do País". Por vezes, como aponta o doutrinador, a tutela da Constituição pelo processo, nos julgados dos tribunais, acaba resultando em verdadeiras mudanças informais desta, com a alteração substancial do significado antes atribuído a alguma norma ou garantia, à luz de valores vigentes no presente, diversos, algumas vezes, daqueles da época em que fora editada a norma (Cândido Rangel Dinamarco, *Instituições de Direito Processual Civil*, cit., 7ª ed., vol. I, p. 194).

13. Os escopos social (pacificação com justiça), político (preservar o ordenamento jurídico e sua autoridade) e jurídico (atuação da vontade concreta do direito) (cf. Cândido Rangel Dinamarco, *Instituições de Direito Processual Civil*, cit., 7ª ed., vol. I, pp. 193-258).

14. Observe-se, como adverte Barbosa Moreira referindo-se ao problema da duração dos processos, que a questão costumeiramente é apreciada sob o enfoque de premissas equivocadas, e dentre as principais enumera: (1) que o problema da duração excessiva não é peculiar de nosso tempo, sendo, na realidade, "multissecular"; (2) a duração do processo não é somente excessiva no Brasil, como apontam alguns, mas um problema que aflige diversos Países; (3) não são ambas as partes que almejam um processo célere, havendo boas razões para supor que um dos litigantes não pretende uma solução rápida; (4) as soluções para a morosidade não se devem concentrar, como sustentam, apenas em mudanças legislativas, e dentre essas na específica área do direito processual (José Carlos Barbosa Moreira, "O problema da duração dos processos: premissas para uma discussão séria", in *Temas de Direito Processual*, Nona Série, São Paulo, Saraiva, 2007, pp. 367-376).

do contraditório na desconsideração da personalidade jurídica, com a constrição sobre seus bens pessoais, equivale a promover execução sem título[15] ou à extensão da responsabilidade patrimonial efetivada sem o devido processo legal. Como enfaticamente tem apontado a doutrina, "a justiça das decisões, representada pela solução juridicamente adequada à situação concreta, é o fim último e a razão de ser da atividade jurisdicional".[16]

Considerando, ainda, as diferenças fundamentais entre o processo de cognição, que transforma "o fato em direito", e o processo de execução, que "transforma o direito em fato",[17] estar-se-á transformando fato em fato sem a devida valoração jurídica, presumindo-se a responsabilidade. Note-se que o anterior processo de cognição responde, "historicamente e politicamente",[18] também à oportunidade de evitar atos de expropriação quando falte a certeza do inadimplemento de um preceito legal, não sendo a condenação ou a extensão de responsabilidade simplesmente facultativa, mas absolutamente necessária, para que a execução seja possível.

Desta forma, a previsão contida no § 2º do art. 134 do CPC/2015, que dispõe ser desnecessária a instauração do incidente de desconsideração da personalidade quando requerido com a inicial, pode levar a interpretações que concluam ser cabível a inversão do contraditório quando o pedido for feito no processo de execução de título extrajudicial (que também principia com o oferecimento da inicial) – o que afronta a garantia prevista no inciso LIV do art. 5º da CF, porque ninguém deverá ser privado da liberdade ou de seus bens sem o devido processo legal.

15. Como lembra Dinamarco, "a imposição da penhora sem mais cuidados, para que só depois eventualmente o sócio venha a opor embargos a ela, traz em si uma ilegítima *inversão sistemática*, porque, se é a eficácia do título o fator legitimante da penhora e cria para o executado o ônus de embargar, dar-se-á essa inversão sempre que sem prévia inclusão do suposto devedor ou obrigado no título executivo se determinar uma penhora sobre seu patrimônio" ("Desconsideração da personalidade jurídica, fraude, ônus da prova e contraditório", cit., in *Fundamentos do Processo Civil Moderno*, 6ª ed., vol. I, p. 548).
16. Cf. José Roberto dos Santos Bedaque, *Efetividade do Processo e Técnica Processual*, 3ª ed., São Paulo, Malheiros Editores, 2010, p. 130.
17. Cf. Francesco Carnelutti, *Diritto e Processo*, Nápoles, Morano, 1958, p. 283.
18. Cf. Enrico Tullio Liebman, "Il titolo esecutivo riguardo ai terzi", *Rivista di Ditritto Processuale Civile* XI/135, I, Pádua, CEDAM, 1934.

10.1.3 O procedimento anterior ao processo coletivo destinado à apuração de responsabilidades dos administradores e controladores de sociedades sujeitas a intervenção e liquidação extrajudicial

Como já abordado na Parte I do presente trabalho, o processo que objetiva a responsabilização dos administradores e controladores de pessoas jurídicas sujeitas a intervenção e liquidação extrajudicial pode se referir, em algumas hipóteses, à aplicação da teoria da desconsideração da personalidade jurídica, embora a ela não se restrinja. Há situações, como a confusão patrimonial, a fraude, a subcapitalização, entre outras, atribuíveis aos administradores ou controladores que lhe servirão de causa de pedir, porque tanto representam o descumprimento de obrigações frente à sociedade como a violação dos interesses dos credores, se levarem a pessoa jurídica à insolvabilidade.

O processo que objetiva a mencionada responsabilização, como visto anteriormente, caracteriza-se por ser um processo para a tutela coletiva de direitos, e é antecedido por um procedimento administrativo, relativo aos regimes extrajudiciais, que não é absolutamente uniforme para as diversas espécies de sociedades sujeitas a intervenção ou liquidação extrajudicial, havendo especificidades nas respectivas leis, que não desnaturam o caráter desses regimes.[19]

No caso de intervenção mais comum, que se dá na forma do que dispõe a Lei 6.024/1974, o presidente do Banco Central do Brasil nomeia um interventor, que, entre outras providências, passa a administrar a entidade e apresenta, no prazo legal, o relatório que determinará o destino da sociedade, podendo ser simplesmente encerrada ou prorrogada a intervenção, decretada a liquidação extrajudicial da sociedade ou pleiteada autorização ao Banco Central para o requerimento de falência.

No caso de administração temporária (RAET), o conselho diretor também apresenta relatório, que pode sugerir a transformação do tipo societário da entidade, nas formas dos arts. 220 a 222 da LSA ou arts. 1.113 a 1.122 do CC, a incorporação, a cisão ou a fusão com outra sociedade, a transferência do controle acionário, a desapropriação das ações do capital social ou a decretação da liquidação extrajudicial.[20]

19. Cf. Rubens Requião, *Curso de Direito Falimentar*, 14ª ed., 2º vol., São Paulo, Saraiva, 1995, p. 202.
20. Cf. Ricardo Negrão, *Manual de Direito Comercial e de Empresa*, 1ª ed., vol. 3, São Paulo, Saraiva, 2004, pp. 665-666.

A liquidação extrajudicial, por sua vez, pode se dar por ato *ex officio* do Banco Central,[21] ou a requerimento dos administradores da instituição ou, ainda, por proposta do interventor ou do conselho diretor, no caso de regime de administração temporária.[22] O procedimento administrativo da liquidação extrajudicial é semelhante ao do processo judicial de falência, uma vez que há arrecadação de livros e demais documentos de interesse da massa liquidanda, levantam-se balanço (especial e geral) e inventário de bens, livros e documentos; decide-se sobre as habilitações de créditos; elabora-se o quadro geral de credores da instituição; realiza-se o ativo existente e efetuam-se os pagamentos possíveis aos credores.[23]

Nos três regimes extrajudiciais – intervenção, administração temporária e liquidação extrajudicial – instaura-se inquérito administrativo objetivando a apuração de responsabilidades dos administradores, dos membros do conselho fiscal e dos controladores das sociedades e, eventualmente, de terceiros. No regime da Lei 6.024/1974 o prazo de conclusão do inquérito é de 120 dias, contados do termo inicial de instauração do regime extrajudicial, prorrogável por igual período (§ 2º do art. 41); concluída a apuração, concede-se o prazo comum aos eventuais responsáveis para o oferecimento de defesa, seguindo-se o relatório final.

O inquérito concluído é distribuído à Justiça Estadual, a um dos juízes que seria competente para a decretação da falência da sociedade ou ao próprio juiz da falência, se já houver sido decretada a quebra (art. 45 da Lei 6.024/1974). Note-se que a distribuição do inquérito previne a jurisdição para eventual processamento do pedido de falência (§ 1º do art. 45 da Lei 6.024/1974).

O inquérito é recebido e autuado, sendo remetido ao órgão do Ministério Público, que deverá, sob pena de responsabilidade, propor a demanda cautelar de arresto dos bens dos responsáveis. Veja-se que agora não há disciplina específica para o arresto, como no Código de Processo Civil de 1973, o que não permite concluir ser inviável o requerimento dessa constrição acautelatória. Pelo novo sistema o arresto deve ser pleiteado

---

21. Caso se trate de seguradora, o ato de decretação do regime extrajudicial compete à Superintendência de Seguros Privados/SUSEP; tratando-se de operadoras de planos privados de assistência à saúde, à Agência Nacional de Saúde/ANS.
22. Cf. art. 15, I e II, da Lei 6.024/1974.
23. Conforme procedimento disciplinado nos arts. 21 a 35 da Lei 6.024/1974, podendo ser aplicada, subsidiariamente, a Lei de Falências, no que não contrariar a lei especial (art. 34).

como uma tutela provisória, com arrimo no disposto nos arts. 297 e 301 do CPC/2015, e ser efetivado no mesmo processo em que se persegue a condenação dos dirigentes da sociedade sujeita aos mencionados regimes extrajudiciais.

Se a comissão de inquérito concluir pela inexistência de prejuízo[24] e o órgão do Ministério Público pleitear o arquivamento dos autos, deve sujeitar sua decisão a homologação pelo Conselho Superior do Ministério Público, nos termos da legislação em vigor (art. 9º da Lei 7.347/1985).[25]

O procedimento do processo de responsabilidade não apresenta particularidades, segue o rito comum previsto no Código de Processo Civil e a ele se segue a fase de execução, que, aqui, diferentemente da falência, é coletiva, restringindo-se à satisfação dos credores prejudicados e incidindo somente sobre os bens suficientes à responsabilização;[26] havendo falência, o produto obtido na execução deve ser remetido para a execução concursal, para o rateio entre os credores, na medida de seus direitos. Contudo, havendo credores particulares dos responsabilizados e não havendo bens suficientes, por respeito ao princípio da isonomia, há que se instaurar o concurso de credores do devedor insolvente, agora

---

24. Como observa Haroldo Malheiros Duclerc Verçosa, "mesmo tendo sido insolvente ao tempo da decretação do regime especial, pode acontecer que, no final da investigação, a comissão verifique ter a sociedade condições patrimoniais para honrar todos os seus compromissos financeiros. Sua inadimplência anterior pode ter derivado de problemas de fluxo de caixa, mais tarde resolvidos com a alienação de bens imóveis" (*Responsabilidade Civil Especial nas Instituições Financeiras e nos Consórcios em Liquidação Extrajudicial*, 1ª ed., São Paulo, Ed. RT, 1993, p. 173).

25. No Estado de São Paulo serve de fundamento também o disposto no art. 110 da Lei Complementar 734/1993.

26. A execução concursal, como explica Sérgio Seiji Shimura, "não se confunde com a execução coletiva prevista na Lei 7.347/1985 (art. 15) e no Código de Defesa do Consumidor (art. 103, § 3º), porque na concursal a constrição recai sobre todo o patrimônio, enquanto na coletiva da Lei de Ação Civil Pública adota-se o rito preceituado no art. 646 do CPC *[1973]*. Na falência, as obrigações derivam de várias fontes; já, na execução coletiva a obrigação promana de uma só fonte, isto é, decorre da lesão a direitos difusos, coletivos ou individuais homogêneos. Ainda, na insolvência, que ora estamos a tratar, a execução é necessariamente uma; na execução coletiva na defesa de interesses individuais homogêneos pode haver a concorrência de várias execuções individuais propostas pelas vítimas. Por fim, a insolvência estabelece o juízo universal; na coletiva não existe tal *vis attractiva*" ("O Ministério Público nos processos de falência e concordata e nas liquidações extrajudiciais de instituições financeiras", in *Funções Institucionais do Ministério Público*, 1ª ed., São Paulo, Saraiva, 2001, p. 231).

com arrimo no disposto nos arts. 797, 905 e 1.052 do CPC/2015, até que lei específica venha a ser editada sobre essa modalidade de execução. Não se deve cogitar da anterioridade de penhoras, até mesmo porque a indisponibilidade que pesa sobre os bens, embora não impeça as penhoras dos credores particulares, obsta à eventual venda dos bens penhorados.[27]

10.2 Competência

A fixação da competência[28] se dá para a distribuição do exercício da jurisdição,[29] posto que as regras que a disciplinam determinam frente a quem deve ser deduzida a pretensão e, concretamente, quem "pode e deve" prestar a tutela jurisdicional.[30]

Em nosso sistema jurídico as regras de competência encontram-se disciplinadas na Constituição Federal bem como no Código de Processo Civil, nas Constituições dos Estados, nas leis de organização judiciária e nos regimentos internos dos tribunais.[31] A lei brasileira leva em conta diversos fatores que são determinantes para a atribuição de competência,[32] que podem se referir à causa (como aqueles atinentes às partes, ao pedido,

27. Nesse sentido: 1º TACivSP, 1ª Câmara Cível, ACi 311.909, comarca de São Paulo, rel. Juiz Marcos César, j. 22.11.1983, v.u.
28. Consoante Enrico Tullio Liebman, a competência consiste na "*quantidade de jurisdição cujo exercício é atribuído a cada órgão*" (*Manual de Direito Processual Civil*, cit., 3ª ed., vol. I, p. 81).
29. A jurisdição, por sua vez, "é a função do Estado que tem por escopo a atuação da vontade concreta da lei por meio da substituição, pela atividade de órgãos públicos, da atividade dos particulares ou de outros órgãos públicos, já no afirmar a existência da vontade da lei, já no torná-la praticamente efetiva" (cf. Giuseppe Chiovenda, *Instituições de Direito Processual Civil*, 1ª ed., vol. II, trad. brasileira, São Paulo, 1942, p. 11).
30. Cf. Flávio Luiz Yarshell, *Tutela Jurisdicional e Tipicidade*, tese de Doutoramento apresentada à Faculdade de Direito da USP, São Paulo, p. 215. Conforme esclarece o autor, "as regras de competência integram o caminho que o interessado deve percorrer até o provimento final, e, nessa medida, mantêm um ponto em comum com as regras de natureza procedimental" (p. 215).
31. Cf. Cândido Rangel Dinamarco, *Instituições de Direito Processual Civil*, cit., 7ª ed., vol. I, p. 429.
32. Quando os critérios norteadores da competência são fixados exclusivamente no interesse público diz-se que a competência é absoluta; do contrário trata-se de competência relativa, instituída com vistas ao interesse das partes. Disso resulta que a competência absoluta pode ser reconhecida de ofício, e caso não reconhecida leva à nulidade do processo, enquanto a competência relativa admite prorrogação, caso não alegada no tempo oportuno, e derrogação, por meio de cláusula contratual de foro de

à causa de pedir e até mesmo aos fundamentos jurídicos) ou a fatores referentes ao processo (como sua natureza ou aquela do procedimento ou, ainda, a relação com o processo anterior).[33]

No caso concreto, a competência deve ser verificada no momento[34] do registro ou da distribuição da petição inicial (CPC, art. 43), posto que se trata de questão prejudicial às demais,[35] obedecendo a critérios pelos quais se identificam desde as atribuições mais genéricas às mais específicas, que levarão à exclusão dos órgãos incompetentes e à identificação daquele ao qual deve ser reconhecida a competência para processar e decidir a causa. Os mencionados critérios para a apuração da competência situam-se tanto no plano horizontal, que traz opções entre as Justiças, entre os foros e, dentre estes, as Varas especializadas, quanto no plano vertical, relativamente à competência originária ou recursal dos tribunais.[36-37]

eleição (cf. Vicente Greco Filho, *Direito Processual Civil Brasileiro*, 6ª ed., 1º vol., São Paulo, Saraiva, 1989, p. 212).

33. Cf. Antônio Carlos de Araújo Cintra, Ada Pellegrini Grinover e Cândido Rangel Dinamarco, *Teoria Geral do Processo*, 31ª ed., São Paulo, Malheiros Editores, 2015, pp. 270-272. Como esclarecem os autores, quando as regras de competência são fixadas exclusivamente com base no interesse público, para a perfeita atuação da jurisdição (competência de jurisdição, hierárquica, de juízo ou interna), não tolera o sistema jurídico, por regra, a modificação, pelo quê se diz tratar-se de competência absoluta; no entanto, quando fixada a competência com base no interesse das partes, mormente o de sua comodidade, no caso da competência territorial (de foro), admite prorrogação, quer seja legal, em virtude da conexidade ou da continência, quer seja voluntária, pelo poder de disposição das partes, em vista de acordo expressamente formulado antes da propositura da ação ou mesmo em virtude da ausência de inconformismo do demandado em relação ao foro em que proposta a demanda (pp. 277-281).

34. Como leciona José Carlos Barbosa Moreira, "o exame da questão da competência, pois, precederá normalmente ao de qualquer outra" e, "se ela tem de ser resolvida antes de qualquer outra, fica evidente que a sua solução não pode subordinar-se à de qualquer outra" ("A competência como questão preliminar e como questão de mérito", in *Temas de Direito Processual*, Quarta Série, 1ª ed., São Paulo, Saraiva, 1989, p. 97).

35. Consoante adverte Francesco Carnelutti, "la gravità dell'incidenti di competenza deriva dalla sua natura tipicamente pregiudiziale: il pericolo è che la dichiarazione di incompetenza venga dopo che sai compiuto o che, almeno, abbia avuto un certo svolgimento il procedimento sul merito con il resultato di far cadere tutto quanto si è fatto e di dover ricominciare da capo" (*Sistema del Diritto Processuale Civile*, vol. VIII, Pádua, CEDAM, 1939, p. 173).

36. Cf. Cândido Rangel Dinamarco, *Instituições de Direito Processual Civil*, cit., 7ª ed., vol. I, p. 431.

37. Nesse sentido, há de se verificar, primeiramente, qual a Justiça competente dentre aquelas especializadas (órgãos da Justiça Federal, sejam juízes ou tribunais

Em relação à questão da competência para a apreciação do pedido de desconsideração da personalidade jurídica, ela deve ser identificada nas hipóteses em que pleiteada de forma incidental ou por meio de processo autônomo.

Se pleiteada a desconsideração da personalidade para finalidades diversas da responsabilização patrimonial, a *disregard doctrine* é invocada em processo próprio e se constitui o centro da discussão a ser travada; e, nesse caso, não se exclui a possibilidade de haver íntima relação com outra demanda, em que se possa vislumbrar a conexão ou a continência; mas, via de regra, ela bastará para a finalidade última a ser alcançada.

Sendo proposta a desconsideração em processo autônomo, as regras de identificação da competência devem ser aplicadas sem ressalvas, consoante as disposições abstratas previstas no ordenamento, podendo ou não sofrer a influência de outra demanda, individual ou coletiva, caso não haja falência ou regime extrajudicial ao qual esteja submetida a pessoa jurídica.

10.2.1 Relação entre demandas e a influência sobre a competência para a desconsideração da personalidade jurídica

De uma maneira geral, o relacionamento entre demandas pode se manifestar por diversas formas, que vão da simples afinidade de questões até a sobreposição de causas, com a reprodução de demanda anteriormente ajuizada, e esse relacionamento acarreta diferentes consequências processuais.[38] Todas essas relações são identificadas com vistas aos

---

federais, bem como os juízes e Tribunais do Trabalho, da Justiça Eleitoral ou Militar, com competências especificadas na Constituição Federal) e a Justiça dos Estados, que é residual em relação às demais. Identificada a competência da jurisdição, verificam-se as causas de competência originária dos Tribunais de superposição (STF e STJ) e dos demais tribunais estaduais distribuídos pelas unidades da Federação. Após, identifica-se a competência de foro ou territorial, para depois verificar-se a competência interna e a eventual identificação do órgão competente para julgamento de recurso (cf. Antônio Carlos de Araújo Cintra, Ada Pellegrini Grinover e Cândido Rangel Dinamarco, *Teoria Geral do Processo*, cit., 31ª ed., pp. 267-269).

38. Conforme esclarece Ricardo de Barros Leonel, "o adequado tratamento de causas que apresentam conexão, continência ou litispendência é fundamental para evitar, como visto, conflitos lógicos e práticos de julgados, bem como para evitar o desprestígio do Poder Judiciário e o desperdício de tempo e recursos materiais e humanos" ("Pedido e causa de pedir: conexão, litispendência e continência", in Maria Clara Gozzoli, Mirna Cianci, Petrônio Calmon e Rita Quartieri (coords.), *Em*

elementos das demandas, embora em algumas situações se mostrem insuficientes, o que faz com que se volte atenção à própria relação jurídica.[39]

Nesse sentido, constata-se que podem haver entre duas ou mais demandas, além da mera afinidade de questões, a conexão, a continência, a prejudicialidade, a acessoriedade, a subsidiariedade ou a sucessividade.[40]

Quando se objetiva a responsabilização de sócios ou administradores pelas obrigações que originariamente dizem respeito à pessoa jurídica, haverá, necessariamente, outra lide, à qual podemos atribuir a posição de demanda principal, porque a desconsideração da personalidade dela é dependente, não gerando propriamente uma relação de prejudicialidade que lhe ditará o destino, mas algo que poderá influenciar o teor do que sobre ela será decidido.

Assim, quando se trata de apuração de responsabilidade, via processo autônomo ou por meio de incidente, haverá outra demanda dirigida em face da pessoa jurídica, que versa sobre as obrigações que desta se pretende estender aos seus sócios ou administradores. Pode a demanda principal, da qual é parte a pessoa jurídica, constituir-se em processo de conhecimento ou processo ou fase de execução singular, coletiva ou concursal.

Defesa de um Novo Sistema de Processos Coletivos: Estudos em Homenagem a Ada Pellegrini Grinover, São Paulo, Saraiva, 2010).
    39. Nesse sentido, reconhecendo a conexão de causas, apesar da falta de identidade entre seus elementos: TJSP, 10ª Câmara de Direito Privado, AI 649.574-4/6-00, comarca de Limeira, rela. Desa. Ana de Lourdes Coutinho Silva, j. 13.10.2009, v.u.
    40. Cf. Cândido Rangel Dinamarco, *Instituições de Direito Processual Civil*, 6ª ed., vol. II, São Paulo, Malheiros Editores, 2009, p. 153. Como esclarece o doutrinador, a afinidade de questões "por um ponto comum de fato ou de direito é relação tênue de semelhança entre duas ou mais demandas", que pode trazer como consequência única a admissibilidade do litisconsórcio (CPC/1973, art. 46, IV); já, a prejudicialidade entre causas existe quando o julgamento de uma delas for "apto a influir no teor substancial do julgamento de outra", e dentre os seus efeitos está o da admissibilidade da ação declaratória incidental a ser proposta pelo autor ou pelo réu, para que sua decisão integre a parte decisória da sentença ("julgamento *principaliter*"); a acessoriedade entre demandas verifica-se quando há, no plano substancial, acessoriedade entre os direitos subjetivos discutidos, o que leva a concluir que o julgamento da demanda principal condicionará o da demanda que versa sobre o direito acessório (pp. 156-164). A subsidiariedade e a sucessividade se dão em vista da forma pela qual elenca o autor os vários pedidos contidos na inicial, dispostos para serem acolhidos no caso de não ser admitido aquele principal (subsidiariedade) ou revelando a ordem de preferência do autor entre as providências que admite para satisfazer sua pretensão.

Embora não se trate propriamente de prejudicialidade, é evidente a relação de dependência entre a demanda de desconsideração da personalidade jurídica e aquela dirigida em face da sociedade, tanto que, se julgada improcedente a demanda movida à pessoa jurídica ou se extinta por qualquer motivo, não haverá sentido para o prosseguimento da desconsideração, devendo ser extinta, por falta de interesse de agir.

Quando se trata de competência relativa, ou seja, aquela fixada em razão do valor ou do território, ela pode[41] ser modificada pela conexão ou pela continência,[42] já que determinada em favor do interesse das partes,[43] podendo levar à reunião de processos com a finalidade de evitar que suas decisões sejam contraditórias e com vistas à economia processual.[44]

Reputam-se conexas duas ou mais ações "quando lhes for comum o pedido ou a causa de pedir" (CPC/2015, art. 55),[45] manifestando-se no critério legal referência aos elementos da demanda como identificadores do fenômeno. Como adverte a doutrina para o Direito anterior, mas igualmente aplicável à nova lei, o conceito legal não engloba outras hipóteses de conexão, e, por isso, os tribunais há tempo têm determinado a reunião de processos que não possuem o mesmo pedido nem a mesma *causa petendi*.[46] Talvez por esse motivo tenha o legislador possibilitado o julgamento conjunto de processos quando há risco de prolação de decisões conflitantes ou contraditórias, conforme dispõe o § 3º do art. 55 do CPC/2015.

41. Com base no Código de Processo Civil de 1973 alguns autores entendiam que, havendo conexão ou continência, a competência deveria necessariamente ser modificada, levando à reunião das causas diversas. (cf. Celso Agrícola Barbi, *Comentários ao Código de Processo Civil*, 1ª ed., vol. I, Rio de Janeiro, Forense, 1977, p. 464). Em sentido contrário, a nosso ver acertado: Vicente Greco Filho, *Direito Processual Civil Brasileiro*, cit., 6ª ed., 1º vol., p. 214.

42. Cf. art. 54 do CPC/2015.

43. Cf. Celso Agrícola Barbi, *Comentários ao Código de Processo Civil*, cit., 1ª ed., vol. I, p. 462.

44. Cf. Antônio Carlos de Araújo Cintra, Ada Pellegrini Grinover e Cândido Rangel Dinamarco, *Teoria Geral do Processo*, cit., 31ª ed., p. 280.

45. Há na doutrina o reconhecimento de outras modalidades de conexão, como as que decorrem da acessoriedade, da reconvenção, da declaratória incidental, da denunciação da lide (cf. Celso Agrícola Barbi, *Comentários ao Código de Processo Civil*, cit., 1ª ed., vol. I, p. 463).

46. Cf. José Rogério Cruz e Tucci, *A Causa Petendi no Processo Civil*, 3ª ed., São Paulo, Ed. RT, 2009, p. 233.

Em termos de identidade da causa de pedir, como lembra Greco Filho, uma interpretação mais liberal faz concluir que basta que sejam iguais os fatos (causa de pedir remota), posto que a igualdade absoluta da causa de pedir, próxima e remota, "levaria quase sempre à inaplicabilidade do dispositivo".[47] O que interessa na conexão de causas é verificar se uma ação é ligada a outra ao ponto de a decisão de uma influenciar na da outra,[48] para que seja levada à reunião de processos, tornando-se competente o juízo prevento (CPC/2015, art. 58), se as duas causas estiverem em andamento. Essa providência destina-se à harmonia dos julgados, posto que será apenas um o órgão a julgar as demandas diversas, bem como à evidente economia processual.

Sendo incidental o pedido de desconsideração da personalidade, a competência para sua apreciação na hipótese de não haver falência é a do próprio juízo da execução ou do processo de conhecimento, mesmo que venha o réu a residir em outra comarca, posto ser nitidamente dependente da demanda que se promove em face da pessoa jurídica, consistindo em incidente do processo.

Tenha-se em mente que essa dependência deriva da finalidade da desconsideração da personalidade jurídica, que se destina, em última análise, a atribuir efetividade ao processo de conhecimento ou de execução, guardando nítida relação de conexão com o processo de conhecimento ou de execução, tanto em relação à causa de pedir como ao pedido.

Contudo, apesar de a competência para o incidente ser ditada pela demanda principal, ela pode se deslocar caso a desconsideração seja dirigida em face das pessoas jurídicas enumeradas no art. 109, I, da CF, porque se trata de competência absoluta, e que, portanto, não pode ser

---

47. Cf. Vicente Greco Filho, *Direito Processual Civil Brasileiro*, cit., cit., 6ª ed., 1º vol., p. 213.

48. Cf. José Manoel de Arruda Alvim Netto, *Manual de Direito Processual Civil*, 10ª ed., São Paulo, Ed. RT, 2006, p. 354. Como esclarece o autor, "os ordenamentos jurídicos preveem fórmulas para afastar a perspectiva de um conflito de decisões que poderão ser contraditórias" (p. 354). E "tão grande é a diversidade dos tipos de influência recíproca, de uma causa na outra (isto é, da decisão de uma na outra, e vice-versa), que mais operativo e funcional é reconhecer certa margem de liberdade ao juiz para que decida, de uma ou outra forma, diante das circunstâncias caracterizadoras de cada caso concreto" (p. 359). Lembra, ainda, o ilustre doutrinador que a conexão pode ser mais ou menos intensa, conforme a identidade de seus elementos, devendo aumentar a liberdade do juiz à medida que se torne mais tênue a ligação entre duas ações (p. 354).

modificada.⁴⁹ Observe-se que, tratando-se, na hipótese, de fato superveniente, somente terá o poder de influenciar a competência caso esta seja absoluta, posto que nenhum fato superveniente é capaz de tornar o juízo relativamente incompetente.⁵⁰

Deve ser ressalvado, ainda, em matéria de execução de sentença coletiva ou individual, que a competência continua sendo do mesmo juízo em que tramitou o processo (CPC/2015, art. 516, II), onde poderá ser requerida a desconsideração da personalidade jurídica da sociedade devedora; entretanto, como a execução pode ser movida também no juízo no qual o executado possua bens passíveis de constrição ou no próprio foro do domicílio do executado (CPC/2015, art. 516, parágrafo único),⁵¹ também nesses juízos pode ser pleiteado o desconhecimento da autonomia subjetiva da pessoa jurídica, haja vista a nítida conexão de causas e a mencionada dependência da demanda de desconsideração.

A continência, por sua vez, ocorre quando duas ou mais ações têm as mesmas partes e a mesma causa de pedir mas uma apresenta pedido mais amplo, que engloba o da outra (art. 56 do CPC/2015). Assim, uma das demandas é mais abrangente, e isso importará a reunião dos processos, também para as mesmas finalidades de evitar a contradição dos julgados e de economia processual. Observe-se que, se proposta a causa de maior amplitude primeiramente, não deverá ser reconhecida a continência, mas a litispendência, a determinar a extinção da causa menor ajuizada posteriormente.⁵²

49. No mesmo sentido: Pedro Henrique Torres Bianqui, *Desconsideração da Personalidade Jurídica no Processo Civil*, 1ª ed., São Paulo, Saraiva, 2011, p. 92.

50. Cf. José Carlos Barbosa Moreira, *O Novo Processo Civil Brasileiro*, Rio de Janeiro, Forense, 2006, p. 56.

51. Como já advertia Luiz Guilherme Marinoni com base no Código de Processo Civil de 1973 (de igual disciplina o Código de Processo Civil de 2015 nesse aspecto), "ao admitir que o credor possa escolher o juízo dos bens para realizar a execução, o legislador visa a tornar o processo mais rápido e menos custoso, beneficiando, neste último caso, inclusive o executado", e ao permitir que a execução ocorra no juízo do novo domicílio do executado objetiva maior efetividade, uma vez que os bens podem aí estar localizados (cf. Luiz Guilherme Marinoni e Sérgio Cruz Arenhart, *Execução*, 4ª ed., São Paulo, Ed. RT, 2012, p. 249).

52. Cf. José Manoel de Arruda Alvim Netto, *Manual de Direito Processual Civil*, cit., 10ª ed., p. 361. Como salienta o doutrinador, essa solução deve ser aplicada, ainda, quando a causa maior é ajuizada posteriormente, se houver identidade plena entre as demandas na parte em que se repetem, reconhecendo-se a litispendência parcial. Para o CPC/2015: art. 337, §§ 1º e 3º.

Na realidade, a continência é espécie da categoria genérica da conexão[53] e também uma litispendência parcial, já que na relação entre duas demandas contêm elas sujeitos idênticos e iguais causas de pedir, divergindo apenas o pedido, porque o de uma delas é maior e contém o da outra.[54]

O importante é ter em mente que a continência assim como a conexão em relação a duas ou mais demandas que objetivam a desconsideração da personalidade jurídica de determinada sociedade não se aferem propriamente por seus elementos, mas pelos elementos das demandas ditas principais, aquelas que se movem em face da pessoa jurídica, quando a desconsideração é pleiteada incidentalmente.

10.2.2 Competência para a apreciação da pretensão de desconsideração da personalidade jurídica de sociedade falida

Em termos de competência para o processamento do pedido de desconsideração da personalidade, havendo falência da pessoa jurídica, afirma Adalberto Simão Filho que, "criando-se o juízo universal e suspendendo-se a execução autônoma, não caberá mais ao juiz singular oficiar com fins de desconstituição da pessoa jurídica, pois o fato se traduz em incidente do processo de execução que fora suspenso por força da Lei Falimentar". Complementa o doutrinador sustentando que qualquer pretensão que objetive desconsiderar a pessoa jurídica, desde que o credor seja concorrente por força de lei, deverá ser dirigida ao juízo universal.[55]

Nesse contexto, cumpre indagar se a desconsideração da personalidade em processos singulares durante o processamento da falência implica violação da competência do juízo da quebra.

A resposta a essa indagação depende da situação concreta e sofre a influência de duas variantes: se os fundamentos da desconsideração se referem, ou não, a toda a coletividade de credores, bem como o fato

53. Cf. Celso Agrícola Barbi, *Comentários ao Código de Processo Civil*, cit., 1ª ed., vol. I, p. 467.
54. Cf. Enrico Tullio Liebman, *Manual de Direito Processual Civil*, cit., 3ª ed., vol. I, p. 108.
55. Adalberto Simão Filho, "A superação da personalidade jurídica no processo falimentar", in Adalberto Simão Filho e Newton de Lucca (coords.), *Direito Empresarial Contemporâneo*, 2ª ed., São Paulo, ed. Juarez de Oliveira, 2004, p. 15.

de ter sido, ou não, decretada a quebra no momento em que proposto o incidente para a desconsideração da pessoa jurídica.

Se a causa que autoriza a desconsideração se referir a fato específico, que somente diga respeito ao autor, não nos parece que a propositura da demanda de desconsideração da personalidade ou sua continuidade no juízo em que já tramitava o processo de conhecimento ou a execução singular irão violar a competência do juízo da falência. Nessa hipótese, eventual execução do julgado em face dos sócios não prejudicará os demais credores e poderá seguir singularmente, posto não terem os demais direito à parcela do patrimônio dos sócios pelo motivo que ensejou a desconsideração da personalidade da sociedade agora falida.

Seriam exemplos de motivos específicos que ensejam a desconsideração da personalidade em favor de um credor ou apenas de um grupo deles a responsabilidade subsidiária das sociedades do mesmo grupo econômico por débitos resultantes das relações de trabalho (§ 2º do art. 2º da CLT), de consumo (art. 28 do CDC) ou de prejuízos causados à qualidade do meio ambiente (art. 4º da Lei 9.605/1998).

Contudo, a jurisprudência não tem se utilizado desse critério para a fixação da competência nos conflitos instaurados, não levando em conta o fato de se referir, ou não, a causa de pedir a hipóteses de incidência que digam, ou não, respeito aos interesses dos demais credores da falência, inclinando-se, antes, para o entendimento de que, havendo a desconsideração no juízo singular, serão constritos apenas bens dos sócios, não havendo, segundo entendem, prejuízo para a execução concursal.[56]

Todavia, se a causa de pedir para a desconsideração se referir a fato que interessa também aos demais credores, como a confusão patrimonial, o desvio de bens, a subcapitalização da pessoa jurídica, poderá estar sendo diminuída a competência prevista para o juízo da quebra, lembrando-se que se trata de competência absoluta, porque fixada em razão da matéria. Observe-se que, se ainda não proposta a pretensão singular para a desconsideração, havendo a quebra, deverá ser ela proposta no juízo da falência,[57] porque dirá respeito aos interesses da massa falida, consoante

---

56. Nesse sentido: STJ, 2ª Seção, AgR no CComp 115.696-SP, rel. Min. Paulo de Tarso Sanseverino, j. 25.5.2011, v.u.; STJ, 2ª Seção, AgR no CComp 109.256-SP, rela. Min. Nancy Andrighi, j. 23.4.2010, v.u.; STJ, 2ª Seção, AgR nos ED no CComp 55.644-ES, rel. Min. Luís Felipe Salomão, j. 28.10.2009, v.u.

57. Nesse sentido: TJSP, 38ª Câmara de Direito Privado, AI 0063588-64.2012.8.26.0000, comarca de Campinas, rel. Des. Spencer Almeida Ferreira, j. 20.6.2012, v.u.

disposto no art. 76 da Lei 11.101/2005.[58] Do contrário se poderia levar mais facilmente a uma situação de vantagem injustificada de um credor em relação aos outros.

Ainda, com relação à causa de pedir que diga respeito a todos os credores, no entanto, se já em andamento a pretensão singular para a desconsideração, quando sobrevier a quebra, caso não tenha sido apresentada demanda que também objetive o desconhecimento da autonomia subjetiva da sociedade no juízo da falência por outro legitimado, deverá ela prosseguir no juízo em que proposta, em vista de que a regra que estipula a competência do juízo da quebra (art. 76 da Lei 11.101/2005) somente deve ser aplicada para as ações posteriores à falência, ante o disposto no art. 6º, § 1º, da Lei 11.101/2005.

A Lei de Falências não modifica a competência para as demandas propostas em face da falida antes da quebra,[59] quer seja para o processo de conhecimento ou para a execução; mas deve ser levado em conta que a falência suspende o curso das execuções individuais, nos termos do disposto no art. 6º da Lei 11.101/2005, a menos que se prossiga em face dos sócios, efetivando-se a desconsideração da personalidade jurídica da devedora e sobre esse incidente não recaiam os efeitos da litispendência, decorrente da propositura de demanda com o mesmo objetivo na falência.

Sendo a desconsideração veiculada por processo autônomo que tenha por fundamento legal o disposto no art. 82 da Lei 11.101/2005, não há maiores dificuldades, sendo competente o juízo da quebra, consoante determinação contida no *caput* do mencionado dispositivo.

10.2.3 *Competência: desconsideração da personalidade jurídica e arbitragem*

Oportuno, ainda, indagar se é cabível a desconsideração da personalidade jurídica em processo arbitral, pela extensão da convenção de

---

58. Conforme menciona Fábio Ulhoa Coelho, o juízo da falência, sendo universal, "significa que todas as ações referentes aos bens, interesses e negócios da massa falida serão processadas e julgadas pelo juízo perante o qual tramita o processo de execução concursal por falência. É a chamada aptidão atrativa do juízo falimentar, ao qual conferiu a lei competência para julgar todas as medidas judiciais de conteúdo patrimonial referentes ao falido ou à massa falida" (*Comentários à Lei de Falências e de Recuperação de Empresas*, 7ª ed., São Paulo, Saraiva, 2010).

59. Nesse sentido: TJMG, 9ª Câmara Cível, ACi 1.0024.00.076677-4/001, comarca de Belo Horizonte, rel. Des. Pedro Bernardes, j. 10.2.2009, v.u.

arbitragem às pessoas físicas ou jurídicas que não foram signatárias da convenção, especialmente para atingir os sócios e administradores da pessoa jurídica.

A arbitragem é "meio alternativo de solução de controvérsias através da intervenção de uma ou mais pessoas que recebem seus poderes de uma convenção privada, decidindo com base nela, sem a intervenção estatal, sendo a decisão destinada a assumir a mesma eficácia da sentença judicial",[60] que versa sobre direitos disponíveis.

Antes do advento da Lei de Arbitragem, a Lei 9.307/1996, era necessária a realização de compromisso arbitral para que as partes se valessem dessa forma de solução de controvérsias.[61] A lei trouxe a expressão abrangente "convenção de arbitragem", que inclui tanto o compromisso arbitral como a cláusula compromissória inserida em contrato firmado entre as partes; mas, como se funda na autonomia da vontade, não é possível a extensão subjetiva ou objetiva da convenção de arbitragem, que, diga-se, ostenta a natureza de negócio jurídico processual,[62] e, assim, somente deve vincular seus signatários.

Contudo, entendem alguns doutrinadores, mesmo não tendo aderido os sócios diretamente ao compromisso arbitral, que seria possível a incidência da desconsideração da personalidade jurídica na arbitragem.[63]

Para Marcos Paulo de Almeida Salles trata-se antes de verificar a amplitude da eficácia da decisão arbitral do que propriamente trazer ao

60. Carlos Alberto Carmona, *Arbitragem e Processo*, 3ª ed., São Paulo, Atlas, 2009, p. 31.
61. A instituição do juízo arbitral se dá com a aceitação do árbitro ou dos árbitros nomeados ou seus substitutos, em caso de recusa. Necessário, para que seja imediatamente eficaz, que a cláusula compromissória não seja vazia, ou seja, que indique quais árbitros comporão o juízo arbitral ou o modo pelo qual possam ser escolhidos, como, por exemplo, a delegação a uma terceira pessoa da função de escolha do árbitro ou tribunal arbitral. Ocorrendo a hipótese de cláusula compromissória vazia, em vista da ausência de um de seus elementos essenciais, pode uma das partes ir a juízo (art. 7º da Lei 9.307/1996) para a nomeação dos árbitros e a fixação de outros elementos necessários à realização da arbitragem (cf. Carlos Alberto Carmona, *Arbitragem e Processo*, cit., 3ª ed., pp. 21-22).
62. Cf. Carlos Alberto Carmona, *Arbitragem e Processo*, cit., 3ª ed., p. 102.
63. Nesse sentido: Marcos Paulo de Almeida Salles, "Aplicação da desconsideração da personalidade jurídica à arbitragem", in Haroldo Malheiros Duclerc Verçosa (org.), *Aspectos da Arbitragem Institucional: 12 Anos da Lei 9.307/1996*, São Paulo, Malheiros Editores, 2008, p. 147; bem como Pedro Henrique Torres Bianqui, *Desconsideração da Personalidade Jurídica no Processo Civil*, cit., 1ª ed., p. 91.

juízo arbitral pessoas que não tenham participado do negócio jurídico do compromisso. Para o autor, os sócios ou administradores da pessoa jurídica, "em razão puramente de aplicação do art. 50 do CC dentro dos limites da ordem pública e dos bons costumes, devem saber que a sociedade, ao se valer da arbitragem, assim como da jurisdição estatal, está colocando seus sócios e administradores sob os efeitos da norma do artigo, mesmo sem praticar diretamente o ato, mas com ele se integrando por força do exercício abusivo do instituto da personalidade jurídica, por meio do desvio de função ou da confusão patrimonial em posição essencial para sua existência, validade ou eficácia".[64]

Em posição mais restritiva, mas também favorável à solução mencionada, Eduardo Munhoz sustenta ser possível em algumas hipóteses a extensão da convenção de arbitragem à sociedade do mesmo grupo societário, o que não constituiria propriamente extensão da cláusula a pessoas que não foram partes, mas tão somente o caso de se determinar quais seriam exatamente essas partes.[65]

Sustenta o doutrinador que o grupo de sociedades tem como elemento central e identificador a direção unitária, principalmente para os grupos de fato, grande e imensa maioria em nossa realidade econômica, sendo indispensável "a presença de uma centralização mínima da política administrativa das empresas associadas, a qual leve à perda de sua independência econômica", para que se possa reconhecer a existência do grupo. Parte o autor da ideia de "unidade econômica na diversidade jurídica", nas múltiplas formas que expressam os diferentes níveis de unificação empresarial, sendo que a existência do grupo econômico constitui um primeiro indício da participação da sociedade não signatária na convenção de arbitragem.[66]

64. Cf. Marcos Paulo de Almeida Salles, "Aplicação da desconsideração da personalidade jurídica à arbitragem", cit., in Haroldo Malheiros Duclerc Verçosa (org.), *Aspectos da Arbitragem Institucional: 12 Anos da lei 9.307/1996*, p. 143.
65. Cf. Eduardo Munhoz, "Arbitragem e grupos de sociedades", in Haroldo Malheiros Duclerc Verçosa (org.), *Aspectos da Arbitragem Institucional: 12 Anos da Lei 9.307/1996*, São Paulo, Malheiros Editores, 2008, pp. 149-180.
66. Cf. Eduardo Munhoz, "Arbitragem e grupos de sociedades", cit., in Haroldo Malheiros Duclerc Verçosa (org.), *Aspectos da Arbitragem Institucional: 12 Anos da Lei 9.307/1996*, pp. 159-163. Em abono à posição sustentada, Munhoz refere-se à jurisprudência internacional, que se baseia, principalmente, na verificação da manifestação de vontade no caso concreto, extraída de elementos "que permitam concluir que a sociedade integrante do grupo manifestou sua vontade no sentido de submeter

Sugere o doutrinador para o Direito Brasileiro que se restabeleça a realidade econômica nos casos concretos, em contrariedade à ficção jurídica referente à absoluta independência e autonomia dos membros do grupo, adotando-se a teoria da desconsideração da personalidade jurídica, considerada em seu aspecto objetivo. Nesse contexto, segundo o autor, "a partir da estrutura e das características dos grupos de sociedades, da vontade e do comportamento adotado pela sociedade integrante do grupo" e da existência de documentos que evidenciem a participação na negociação ou na execução do contrato, pode ser analisada a possibilidade de submissão de sociedade não signatária ao juízo arbitral – posição harmônica com a jurisprudência internacional,[67] que, aliás, se inclina de maneira geral a dar interpretação mais ampla e flexível à cláusula compromissória.[68]

De fato, a presunção generalizada de autonomia das sociedades integrantes de grupos econômicos é ilusória, e a integração entre os membros se dá em muitas oportunidades por subordinação, e não por coordenação

os litígios ao juízo arbitral", posto que as sociedades dependentes, em regra, seguem as decisões tomadas no âmbito dos órgãos da sociedade dominante. O que agrava a situação é o fato de que nos grupos econômicos o conjunto de ativos e passivos é transferido livremente segundo os interesses do grupo, sem que haja respeito "à fronteira das personalidades jurídicas das sociedades". Nesse sentido, conclui o autor que "a não admissão, em hipótese alguma, da extensão da cláusula arbitral significaria desconsiderar o elemento da unidade empresarial, tratando como independentes e autônomas pessoas jurídicas que, de fato, não o são, e ignorando a vontade manifestada pelo conjunto das sociedades que integram o grupo" (pp. 164-171).

67. Eduardo Munhoz, "Arbitragem e grupos de sociedades", cit., in Haroldo Malheiros Duclerc Verçosa (org.), *Aspectos da Arbitragem Institucional: 12 Anos da Lei 9.307/1996*, pp. 175-178.

68. Nesse sentido, Arnoldo Wald refere-se a diversos casos proferidos em arbitragens regidas pelo regulamento da Corte Internacional de Arbitragem da CCI que admitiram a extensão da competência do juízo arbitral a empresas que não tinham assinado a cláusula compromissória, como o emblemático caso CCI 4131, "Isover Saint-Gobain *versus* Dow Chemical", no qual foi proferida a regra que é tomada hoje como fundamental para apreciação da matéria, constando do seu teor que "a cláusula compromissória expressamente aceita por determinadas sociedades do grupo deve vincular as outras sociedades que, em virtude do papel que tiveram na conclusão, na execução ou na resilição dos contratos contendo as referidas cláusulas e de acordo com a vontade comum de todas as partes do procedimento, aparentam terem sido verdadeiras partes nos contratos, ou terem sido consideravelmente envolvidas pelos mesmos e pelos litígios que deles podem resultar" ("A arbitragem, os grupos societários e os conjuntos de contratos conexos", *Revista de Arbitragem e Mediação* 2/33, São Paulo, Ed. RT, maio-agosto/2004).

de interesses, a demonstrar a exatidão da constatação de que as realidades econômicas não refletem as realidades jurídicas de personalidades distintas, mas apenas uma das faces da crise pela qual passa a personalidade jurídica – crise, essa, já tantas vezes lembrada pela doutrina.

Também é fato que em muitas situações não desconsiderar a personalidade jurídica de determinada sociedade implica retirar a efetividade prática da sentença arbitral.

Dois argumentos distintos sustentam os posicionamentos mencionados: um referente à amplitude da decisão arbitral, que deveria abranger aqueles que se escondem por trás da pessoa jurídica, porque aderiram implicitamente à convenção de arbitragem; e outro no sentido de que a unidade econômica deve implicar nas consequências da unidade jurídica. Entretanto, com a devida vênia às respeitáveis opiniões mencionadas, não concordamos com a solução preconizada, diante do sistema brasileiro.

Quanto ao primeiro argumento, de que os sócios e administradores aderem implicitamente à convenção de arbitragem, até porque quando representam a pessoa jurídica sabem de antemão, pelo sistema vigente, que lhes podem ser estendidos os efeitos de certas e determinadas obrigações, é de se ter em conta que, nos termos da Lei 9.307/1996, não há adesão à convenção de arbitragem feita de forma implícita ou tácita; há de ser manifestada a vontade formal e expressamente (art. 4º) para que possa o litígio ser submetido ao juízo arbitral, para que essa solução não reflita a subtração da apreciação pelo Poder Judiciário de ameaça ou de lesão a direito (CF, art. 5º, XXXV).

Dessa forma, submeter ao juízo arbitral quem não tenha sido signatário expresso da respectiva convenção de arbitragem corresponde à ampliação subjetiva do negócio jurídico-processual que estabeleceu a convenção arbitral. Veja-se que em nosso sistema jurídico o contrato tácito é apto a produzir efeitos, a menos quando a lei preveja forma específica. E é isto exatamente o que ocorre, pois a Lei 9.307/1996, como mencionado, prescreve forma determinada.

"Válido", consoante a lição de Antônio Junqueira de Azevedo, "é o adjetivo com que se qualifica o negócio jurídico formado de acordo com as regras jurídicas". E, nesse sentido, referindo-se aos elementos gerais intrínsecos do negócio, ao lado das circunstâncias negociais e do objeto, esclarece o doutrinador que "a forma ou será livre, porque a lei nenhum requisito nela exige, ou deverá ser conforme a prescrição legal".[69] E o valor dado à forma encontra-se expresso no texto legal (CC, art. 104, III), que subordina a validade do negócio jurídico, dentre outros requisitos, à observância da "forma prescrita ou não defesa em lei".

Portanto, não se pode ter por válido o negócio jurídico processual relativo à adesão à convenção de arbitragem relativamente aos sócios e administradores da sociedade que não foram seus signatários. E isto não implica que não se possam estender os efeitos de certas e determinadas obrigações aos seus sócios e administradores; mas tão somente que, se essa medida for necessária, deverá ser pleiteada perante o Judiciário, para que tal fato não leve à violação do disposto no art. 5º, XXXV, da CF.

A solução contrária, sob o raciocínio de que confere maior amplitude à cláusula compromissória, pode ser admitida em Países nos quais não se subordina a validade da convenção arbitral à manifestação de vontade realizada de forma expressa. Nessa hipótese não se configura propriamente uma solução que implique desconsideração da personalidade de uma das partes; pelo contrário, todas as personalidades são consideradas e acrescida à relação negocial esta ou aquela pessoa física ou jurídica, porque se admite, mesmo sem manifestação formal, que ela foi parte de determinado contrato e que, portanto, deve se subordinar a todas as suas cláusulas. No Brasil, entretanto, há previsão legal que determina que a adesão à cláusula compromissória deve ser expressa (art. 4º da Lei 9.307/1996).

Quanto ao segundo argumento, deve ser levado em conta que o reconhecimento de que uma sociedade se submete ao domínio de outra, ao ponto de poder ser identificado um único interesse, reflete um juízo de valoração que implica reconhecer, *ab initio*, a unidade econômica. Contudo, observe-se, somente o pedido de desconsideração da personalidade jurídica não tem a aptidão de tornar ineficaz a constituição da sociedade, de forma a unificar a diversidade que existe entre a sociedade e os sócios (pessoas físicas ou jurídicas), para torná-los uma unidade jurídica. Após e não anteriormente ao devido processo legal poder-se-á estender os efeitos de certas e determinadas obrigações também a pessoas diversas daquelas a quem seriam atribuídos normalmente.

Entendendo de forma contrária poderíamos chegar à paradoxal situação que poderia ocorrer, por exemplo, se, após o processo de conhecimento que condenou a pessoa jurídica, caso verificada a inexistência

---

69. Antônio Junqueira de Azevedo, *Negócio Jurídico: Existência, Validade e Eficácia*, 4ª ed., 6ª tir., São Paulo, Saraiva, 2008, pp. 42-43.

de bens sociais para o cumprimento das obrigações fixadas, recorresse o autor ao juízo arbitral, para pleitear a desconsideração da personalidade jurídica. Nessa hipótese, se chegasse o juízo arbitral à conclusão de que não houve motivo para ensejar a desconsideração da personalidade jurídica, porque, *v.g.*, respeitadas as individualidades dos patrimônios dos sócios e da sociedade, deveria reconhecer, também e ao mesmo tempo, que, apesar de ter julgado a demanda, não tinha competência para fazê--lo, porque os membros que compõem a sociedade não foram signatários da convenção arbitral e nem deram causa ao reconhecimento de unidade econômica, que justificaria, *ad argumentandum*, a extensão da eficácia da cláusula de compromisso.

O que é preciso dizer é que o simples pedido de aplicação da *disregard doctrine*, sem o devido processo para efetivá-lo, não se presta à declaração de ineficácia de qualquer atributo da personalidade, pelo quê a diversidade jurídica derivada da existência formal não deixará de existir apesar da alegada unidade econômica a fundamentar o pedido de desconsideração da personalidade.

Nessa ordem de ideias, devem ser respeitadas as personalidades distintas das pessoas físicas ou jurídicas envolvidas até que se declare, pelo órgão competente, que deve derivar tal ou qual consequência, em vista da unidade econômica.[70]

Como a arbitragem repousa seus fundamentos nos vínculos contratuais entre as partes e entre estas e o árbitro, consoante leciona Humberto Theodoro Jr., "seus liames não se manifestam senão entre os contratantes. A legitimidade de parte para o procedimento arbitral, por isso, só se estabelece entre os sujeitos contratuais. A única via de legitimação, ativa ou passiva, para quem queira participar, ou seja, chamado a participar da arbitragem, condiciona-se à própria convenção arbitral".[71]

70. A essa conclusão também chega Fredie Didier Jr.: "A desconsideração da personalidade jurídica para imputar responsabilidade, solidária ou de qualquer outra natureza, a pessoas que não participaram da convenção de arbitragem não é matéria que possa ser decidida pelo árbitro ou por um tribunal arbitral, porque isso significaria tanto o transbordamento dos limites do negócio jurídico que permitiu a instauração da arbitragem como a violação da livre autonomia da vontade que fundamenta a arbitragem ao envolver partes não signatárias da convenção" ("A desconsideração da personalidade jurídica no processo arbitral", in Flávio Luiz Yarshell e Guilherme S. J. Pereira (orgs.), *Processo Societário*, 1ª ed., São Paulo, Quartier Latin, 2012, p. 267).
71. Humberto Theodoro Jr., "Arbitragem e terceiros – Litisconsórcio fora do pacto arbitral – Outras intervenções de terceiros", *Revista de Direito Bancário, do Mercado de Capitais e da Arbitragem* 14/378, São Paulo, Ed. RT, 2002.

Porque a desconsideração da personalidade jurídica leva ao desconhecimento da autonomia subjetiva da sociedade para alcançar outras pessoas físicas ou jurídicas, ao menos formalmente distintas, com o fim de estender os efeitos de determinadas obrigações, preservando, de resto, a diversidade jurídica, não vejo, com a devida vênia, como de antemão possa ser competente o juízo arbitral, a menos que essas outras sociedades do afirmado grupo econômico ou mesmo os sócios tenham sido signatários, em nome próprio, da convenção arbitral. Aliás, essa nos parece a cautela que deva ser tomada pelas partes quando optem por essa via alternativa de solução de conflitos.

A pretensão da desconsideração da personalidade jurídica, por consequência, deve ser pleiteada perante o Judiciário, caso seja necessária.

10.3 O litisconsórcio

Evidencia a existência do litisconsórcio a pluralidade de partes no mesmo polo da relação processual, sem relação de subordinação. Diz-se sem a relação de subordinação de uma parte a outra para se distinguir os casos de litisconsórcio dos casos de assistência, onde há partes principais e auxiliares.[72]

A admissão e até a determinação do litisconsórcio se dão em nosso sistema processual civil com fulcro na norma autorizadora, agora o art. 113 do CPC/2015, que prevê nos seus três incisos as hipóteses taxativas de incidência. Há graus escalonados, que vão desde a simples conveniência à obrigatoriedade da decisão conjunta das demandas, que devem ser reunidas em um único processo.[73]

Admitido, por vezes, com vistas à economia processual, o litisconsórcio potencializa a utilização de um mesmo processo para a composição de demandas entre vários sujeitos. Entretanto, não se restringe a esse motivo sua admissão; evitam-se decisões conflitantes, que, baseadas nos mesmos fatos, podem conferir solução diversa, especialmente naquelas relações de direito material que são incindíveis e que merecem ser tuteladas da mesma forma (litisconsórcio unitário).

---

72. Cf. Cândido Rangel Dinamarco, *Litisconsórcio*, 8ª ed., São Paulo, Malheiros Editores, 2009, p. 240.

73. Cf. Silas Silva Santos, *Litisconsórcio Eventual, Alternativo e Sucessivo no Processo Civil Brasileiro*, dissertação de Mestrado apresentada à Faculdade de Direito da USP, São Paulo, 2012, p. 54.

No processo ou fase de execução outros fatores inspiram a formação do litisconsórcio, como a ampliação do patrimônio sobre o qual poderá incidir a responsabilidade, que justifica a inclusão de outros responsáveis no polo passivo da demanda, ou a própria qualidade do crédito, que autoriza ao credor hipotecário intervir em execução em andamento, somando sua posição de litisconsorte.[74]

Por regra, deve haver o tratamento independente dos litisconsortes,[75] tanto que a confissão de um não prejudica aos demais.[76] Essa independência, contudo, sofre temperamentos previstos na própria lei, como, por exemplo, a regra que dispõe que não haverá a presunção de veracidade dos fatos afirmados pelo autor quando algum dos litisconsortes contestar a ação[77] e houver recurso de um deles, que poderá beneficiar aos demais, a menos que haja distinção ou oposição de interesses.[78] Como leciona Cassio Scarpinella Bueno, "nenhum ato que tenha aptidão de prejudicar os litisconsortes pode ser praticado por um deles apenas. Os atos de um só podem beneficiar os demais; nunca prejudicá-los".[79]

Embora possa haver superposição entre o litisconsórcio e a intervenção de terceiros, a pluralidade de partes nem sempre se deve ao litisconsórcio, considerando-se que são fenômenos distintos. Dinamarco difere os dois institutos aduzindo que "a intervenção é um fato, o litisconsórcio uma situação jurídica";[80] a "intervenção é sempre um ato (ato de quem

74. Cf. Alberto Camiña Moreira, *Litisconsórcio no Processo de Execução*, tese de Doutorado apresentada à PUC/SP, São Paulo, 2001, p. 276.
75. Cf. art. 117 do CPC/2015.
76. Cf. art. 391 do CPC/2015.
77. Cf. art. 345, I, do CPC/2015.
78. Cf. art. 1.005 do CPC/2015. Leciona Alberto Camiña Moreira que dois sistemas legislativos podem disciplinar a questão relativa aos efeitos da decisão do tribunal sobre o litisconsorte que não recorreu: o critério da realidade, pelo qual "o recurso interposto por um dos litisconsortes pode beneficiar aos demais"; e o critério da personalidade, que "limita-se a beneficiar quem foi parte na fase recursal" (*Litisconsórcio no Processo de Execução*, cit., p. 60). A escolha, entre nós, expressada pelo princípio da personalidade convive com o sistema da realidade, como já ressaltava o autor para o Código de Processo Civil de 1973 e que permanece para o Código de Processo Civil de 2015, como demonstram as disposições dos arts. 117 e 1.005.
79. Cassio Scarpinella Bueno, *Partes e Terceiros no Processo Civil Brasileiro*, 2ª ed., São Paulo, Saraiva, 2006, p. 151. A única exceção que relaciona o doutrinador é a hipótese da desistência do recurso pelo único litisconsorte que tenha efetivamente impugnado a decisão, situação na qual poderá haver, na prática, algum prejuízo para os demais litisconsortes (p. 153).
80. Cândido Rangel Dinamarco, *Intervenção de Terceiros*, 5ª ed., São Paulo, Malheiros Editores, 2009, p. 26.

comparece ao processo ou da parte que pede sua inclusão), enquanto o litisconsórcio é uma situação jurídica (coexistência de dois ou vários sujeitos no mesmo lado da relação processual)".[81]

Veja-se, por exemplo, que o chamamento ao processo resulta em uma posição de litisconsórcio entre os réus; mas na oposição,[82] por sua vez, um novo polo se forma na relação processual, posto que o oponente se coloca como autor frente a ambos os litigantes. Somente poderá ser considerado litisconsorte das partes que já figuram no processo aquele interveniente que cotitulariza a própria pretensão deduzida ou que figura como potencial destinatário direto dos efeitos do provimento a ser concedido.[83] Assim, o fenômeno da intervenção de terceiros não leva, necessariamente, à condição de parte daquela causa já instaurada, e, portanto, à situação de litisconsorte.

A pluralidade de partes, concretizada pela existência de vários autores ou de vários réus ou, ainda, de vários autores e réus, que caracteriza o litisconsórcio[84] e que, em regra, evidencia o cúmulo subjetivo de demandas – exceto no litisconsórcio unitário –, há de encontrar previsão legal, pois, "sem lei, não se admite o litisconsórcio".[85] Além da previsão subjacente ao art. 113 do CPC/2015, para a admissão do litisconsórcio facultativo deve ser somado o atendimento aos requisitos de admissibilidade da cumulação objetiva previstos no art. 327, § 1º, I a III, do mesmo diploma quanto à compatibilidade entre os pedidos, a mesma competência (absoluta) e a adequação do tipo de procedimento.

10.3.1 O litisconsórcio e a desconsideração da personalidade jurídica

Relevante, desta maneira, a análise das formas de litisconsórcio, conforme a posição que as partes ocupam no processo; consoante a

---

81. Idem, p. 82.
82. Apesar de estar agora inserida entre uma das espécies de procedimentos especiais (art. 682 do CPC/2015), não perdeu a natureza de modalidade de intervenção de terceiros.
83. Cf. Cândido Rangel Dinamarco, *Instituições de Direito Processual Civil*, cit., 6ª ed., vol. II, p. 240.
84. Cf. Enrico Tullio Liebman, *Manual de Direito Processual Civil*, cit., 3ª ed., vol. I, p. 140.
85. Cf. Alberto Camiña Moreira, *Litisconsórcio no Processo de Execução*, cit., p. 109.

obrigatoriedade de estarem presentes ou não na demanda e em vista da possibilidade de decisões diversas aos litisconsortes – todas essas possíveis situações quanto à demanda de desconsideração da personalidade jurídica.

Conforme a posição que ocupam os sujeitos no processo, o litisconsórcio pode ser ativo, passivo ou misto, ocorrendo este último quando em ambos os polos da relação processual temos pluralidade de partes.[86]

Em termos de desconsideração da personalidade jurídica, quando pleiteada incidentalmente, haverá a possibilidade de termos mais de um demandante, na medida em que houver mais de um autor na demanda principal. Por outro lado, no polo passivo, se considerado que a desconsideração almeja que sejam estendidos os efeitos de certas e determinadas obrigações aos bens particulares dos administradores ou sócios da pessoa jurídica, nos termos do art. 50 do CC, teremos, necessariamente, a figura do litisconsórcio, no mínimo, entre a pessoa jurídica, que figura na lide principal, e os sócios e administradores que se encontram no polo passivo do incidente instaurado.

Todavia, essa pluralidade de partes no mesmo polo da relação processual não significa comunhão de destinos, posto que em muitas situações posicionam-se interesses diferentes e até antagônicos entre os colitigantes[87] – o que poderá levar a soluções diversas a cada um deles. Isso ocorre porque, na realidade, temos demandas distintas, e não uma única demanda, em que se multiplicam não apenas os sujeitos da relação, mas também os objetos, eis que em face de cada réu é dirigida a pretensão do autor.

10.3.2 *Litisconsórcio facultativo e necessário*

Há situações em que o pedido somente pode constituir objeto do processo em relação a várias partes; é o que se dá no litisconsórcio necessário, que ocorre, como explica Liebman, "quando não possa a ação

---

86. Entretanto, pondera Dinamarco sobre a falsa ideia do litisconsórcio misto: "(...). Quando em cada um dos polos da relação processual se alojam dois ou mais sujeitos isso significa que no processo haverá *dois litisconsórcios* e não um só, de natureza mista como habitualmente se diz" (*Litisconsórcio*, cit., 8ª ed., p. 79).
87. Cf. Silas Silva Santos, *Litisconsórcio Eventual, Alternativo e Sucessivo no Processo Civil Brasileiro*, cit., p. 74.

deixar de ser proposta por mais ou contra mais de uma pessoa".[88] Pode decorrer o litisconsórcio de previsão expressa da lei ou das situações em que o provimento judicial só possa ser emitido caso simultaneamente eficaz para vários sujeitos.[89] A necessidade da presença de mais partes no processo decorre da regra geral de legitimação necessariamente conjunta derivada da cotitularidade da relação substancial.[90]

Lembre-se que o juiz "não pode determinar a presença de alguém num dos polos do processo, a não ser naqueles casos em que a lei já tenha indicado o necessário comparecimento de alguém".[91]

Não havendo a inclusão de litisconsórcio necessário, deve o processo ser extinto sem julgamento do mérito (CPC/2015, art. 115); e, se tal não ocorrer, ineficaz será a sentença proferida (CPC/2015, art. 114). No caso de litisconsórcio necessário, sendo ativo e faltando um dos demandantes, deve o processo ser extinto por falta de pressuposto processual (incapacidade processual ativa);[92] se for passivo, faltando um dos litigantes, deve o feito ser extinto por ilegitimidade de parte. Se transitar em julgado a decisão proferida em processo em que não tenham integrado a lide todos os legitimados, em caso de litisconsórcio necessário o litisconsorte preterido não suportará a imutabilidade da decisão, se esta lhe for contrária.[93]

Nos casos de litisconsórcio necessário (simples ou unitário), consoante lição de Donaldo Armelin, ocorre a legitimidade ordinária complexa no polo passivo da relação processual, "pois é indispensável a

88. Cf. José Carlos Barbosa Moreira, *Litisconsórcio Unitário*, 1ª ed., Rio de Janeiro, Forense, 1972, p. 13. Conforme o doutrinador, "a necessariedade do litisconsórcio resolve-se num problema de legitimação ativa ou passiva para a causa" (p. 12).

89. Cf. Enrico Tullio Liebman, *Manual de Direito Processual Civil*, cit., 3ª ed., vol. I, p. 144.

90. Cf. Luigi Paolo Comoglio, Corrado Ferri e Michele Taruffo, *Lezioni sul Processo Civile*, 5ª ed., Bolonha, Il Mulino, 2011, p. 345.

91. Alberto Camiña Moreira, *Litisconsórcio no Processo de Execução*, cit., p. 185.

92. Cf. José Rogério Cruz e Tucci, *Limites Subjetivos da Eficácia da Sentença e da Coisa Julgada Civil*, São Paulo, Ed. RT, 2007, p. 235. Não há unanimidade nessa posição. Rodrigo Mazzei, por outro lado, sustenta que, prevalecendo a exigência de litisconsórcio necessário ativo, estar-se-ia contrariando o princípio da disponibilidade, já que se obrigaria uma pessoa a litigar, como autora, quando assim não deseja ("Litisconsórcio sucessivo: breves considerações", in *Processo e Direito Material*, 1ª ed., Salvador, Juspodivm, 2009, p. 227).

93. Cf. José Rogério Cruz e Tucci, *Limites Subjetivos da Eficácia da Sentença e da Coisa Julgada Civil*, cit., p. 235.

citação de todos os litisconsortes, sem o quê será extinto o processo".[94]

Já, no litisconsórcio facultativo unitário, como adverte o doutrinador, "a legitimidade direta do autor pode aditar-se à extraordinária, pois a eficácia da sentença, no que diz respeito ao direito material, deverá ser igual para todos os litisconsortes, mesmo para aqueles que não figuram como partes na ação". Nessa situação, ausentes os demais, o autor "terá legitimidade para gerar efeitos processuais e materiais nas suas esferas patrimoniais, uma vez que a eficácia da sentença a todos abrangerá. Evidentemente, se todos os colegitimados figurarem no feito, ocorrerá um litisconsórcio assegurado por colegitimidade ordinária dos litisconsortes"; se não comparecerem todos, a legitimidade de quem tomar a iniciativa, por esse prisma, será também extraordinária[95] – e, acrescenta-se, somente será imutável para os demais se lhes for favorável.

No litisconsórcio facultativo, próprio ou impróprio, embora o processo seja formalmente único, haverá uma pluralidade de relações processuais, correspondente à pluralidade de sujeitos, que é cindível e independente, gerando a autonomia e a independência das causas.[96] Por isso, pode haver sua limitação pelo juiz se sua formação comprometer a rápida solução do litígio ou dificultar o exercício do direito de defesa (art. 113, § 1º, do CPC/2015). Deve ser entendido que nessas hipóteses não estarão sendo alcançados os principais objetivos do instituto, atinentes à economia processual[97] ou mesmo à efetividade da atividade jurisdicional. Note-se, contudo, como adverte Alberto Camiña Moreira, que essa limitação não costuma ocorrer no processo de execução, pois, se houver necessidade, a limitação já ocorreu na anterior fase de conhecimento e a respectiva sentença se referirá às partes que remanesceram no processo. Como esclarece o doutrinador, a jurisprudência já leva em conta a futura dificuldade para a execução do julgado para limitar o número de litisconsortes,[98] e agora a lei expressamente prevê a possibilidade de limitação em sede de execução (art. 113, § 1º, do CPC/2015).

94. Donaldo Armelin, *Legitimidade para Agir no Direito Processual Civil Brasileiro*, 1ª ed., São Paulo, Ed. RT, 1979, p. 119.
95. Idem, pp. 119-120.
96. Cf. Luigi Paolo Comoglio, Corrado Ferri e Michele Taruffo, *Lezioni sul Processo Civile*, cit., 5ª ed., p. 350.
97. Cf. Cassio Scarpinella Bueno, *Partes e Terceiros no Processo Civil Brasileiro*, cit., 2ª ed., p. 93.
98. Alberto Camiña Moreira, *Litisconsórcio no Processo de Execução*, cit., p. 36. Acrescenta o autor que "nem no processo de execução por título extrajudicial

Em termos de desconsideração da personalidade jurídica, não é necessário que se incluam todos os sócios da pessoa jurídica no polo passivo da demanda de desconsideração, já que nem todos podem ter dado causa ao eventual desconhecimento da autonomia subjetiva da sociedade ou mesmo até por não haver interesse do autor em dirigir a demanda a determinado sócio – como, por exemplo, na hipótese daquele que possui patrimônio exíguo. Por regra, portanto, a desconsideração da personalidade, seja via incidental ou por meio de processo autônomo, leva ao litisconsórcio passivo facultativo entre os sócios e/ou administradores da sociedade.[99]

Em matéria relativa às relações de consumo e interesses difusos e coletivos ou em direitos trabalhistas, objetivando-se a desconsideração da personalidade jurídica da devedora, para que sejam atingidas empresas do mesmo grupo societário, é de se considerar que na fase de execução também não deverá ser do tipo necessário o litisconsórcio passivo a ser formado, uma vez que o § 2º do art. 28 do CDC e o § 2º do art. 2º da CLT, embora disponham sobre a responsabilidade das sociedades integrantes dos grupos societários, não impõem a presença de todas no polo passivo daquela demanda.

Também não há litisconsórcio necessário no processo ou incidente que objetive a desconsideração da personalidade com relação às empresas consorciadas, já que em matéria de relações de consumo e outros interesses difusos e coletivos diz a lei (CDC, art. 28, § 3º) que a obrigação entre essas empresas é solidária, e, assim, pode o credor demandar qualquer dos devedores, nos termos do disposto no art. 275 do CC. Mas, obviamente, se as obrigações se referirem àquelas oriundas das atividades do consórcio.

Da mesma forma em relação à responsabilidade das empresas coligadas, cuja apuração não enseja litisconsórcio passivo necessário para

há possibilidade de limitação do número de litigantes. O desmembramento gera a possibilidade de os respectivos processos caminharem em ritmo diverso e, pois, com embargos dos executados (hipótese de litisconsórcio passivo misto) também em fases diversas. Os embargos com ataque ao mesmo título, em processos desmembrados, geram o risco de decisões contraditórias, o que não pode ocorrer" (p. 37).
99. Nesse sentido: TJMG, 14ª Câmara Cível, ACi 2.0000.00.517910-2/000, comarca de Uberlândia, rel. Des. Dídimo Inocêncio de Paula, j. 9.11.2006, v.u.; TJMG, 10ª Câmara Cível, AI 1.0024.11.175042-8/001, comarca de Belo Horizonte, rel. Des. Veiga de Oliveira, j. 6.3.2012, v.u.; TJRS, 17ª Câmara Cível, AI 70036042992, comarca de Porto Alegre, rela. Desa. Elaine Harzheim Macedo, j. 15.7.2010, v.u.; TJRS, 17ª Câmara Cível, ACi 70030200786, comarca de Quaraí, rela. Desa. Elaine Harzheim Macedo, j. 25.6.2009, v.u.

a execução ou para o anterior processo de conhecimento em matéria de direito do consumidor e outros interesses difusos e coletivos, já que "as sociedades coligadas só responderão por culpa" (CDC, art. 28, § 4º).[100]

Agora também não há mais hipótese de litisconsórcio necessário passivo entre o inventariante, se for dativo, e os herdeiros e sucessores do sócio ou administrador falecido, o qual se pretenda atingir com a desconsideração da personalidade jurídica, porque o disposto no § 1º do art. 75 do CPC/2015 se refere apenas à necessidade de intimação de tais pessoas, e não à obrigatoriedade de serem autores ou réus, como o fazia a lei de 1973 (art. 12, § 1º).

Há, ainda, o chamado *litisconsórcio funcionalmente necessário*, que pode ocorrer no momento da execução e que é determinado pela presença no polo ativo da execução de quem não tem a liberdade de escolher a qual devedor cobrar a dívida, o que ocorre com o Ministério Público quando for o exequente. Consoante exemplifica Alberto Camiña Moreira, o princípio da obrigatoriedade impossibilita ao Ministério Público o juízo de conveniência e oportunidade no momento da execução de tutela concedida em favor, *v.g.*, do meio ambiente ou em face de ex-administradores e ex-controladores de instituições financeiras (Lei 6.024/1974). Nessas hipóteses deve o Ministério Público promover a execução de sentença em face de todos os condenados.[101] Há, em tais situações, litisconsórcio necessário.

Todavia, não necessariamente essa situação se reproduzirá para a desconsideração da personalidade jurídica. Observe-se que, se a desconsideração for pleiteada com base em responsabilidade subjetiva, poderá haver situações que diferenciem as condutas dos sócios, e para alguns não seja justificada a medida extrema de levantamento do véu da personalidade. Admitindo-se, entretanto, que a desconsideração da personalidade abranja também casos de responsabilidade objetiva, como já nos referimos, como, por exemplo, em matéria consumerista, se o Ministério Público pleitear a desconsideração da personalidade jurídica não há como justificar a escolha de um ou outro sócio a ser atingido, seja pessoa física ou jurídica; deverá direcionar o pedido em face de todos, a

---

100. Não estamos, nessa hipótese, como dissemos, diante de desconsideração da personalidade, mas de responsabilidade por ato próprio, ou seja, de responsabilidade patrimonial derivada de responsabilidade civil.

101. Alberto Camiña Moreira, *Litisconsórcio no Processo de Execução*, cit., p. 196.

menos que algum deles não tenha patrimônio sobre o qual possa incidir a responsabilidade. Do contrário há, nessa situação, litisconsórcio funcionalmente necessário, pois não tem o *Parquet* poder dispositivo sobre o direito tutelado.

10.3.2.1 Litisconsórcio facultativo: alternativo, eventual e sucessivo

Tomando por base os cúmulos alternativo, eventual e o sucessivo, quanto ao objeto da demanda, também é válido concluir, quando se trata da modalidade facultativa, que pode haver litisconsórcios alternativo, eventual e sucessivo, que correspondam àquelas figuras,[102] se dirigidos pedidos diversos em face de diferentes pessoas. A justificação pode se encontrar no vínculo entre as demandas, porém, bem mais intenso do aquele da conexão, já que os diversos nexos que geram as espécies mencionadas levam a diferentes regimes processuais.[103]

Esclarece Dinamarco que o cúmulo eventual se dá quando for pleiteado que se passe à apreciação da pretensão do autor quanto ao litisconsorte passivo sendo julgada improcedente a ação quanto a um dos réus. Já, o litisconsórcio alternativo ocorre quando, "sem expressar preferência, duas demandas o autor coloca perante o juiz, alegando ter um ou outro direito, um dos quais pretende seja reconhecido pela sentença"[104] – obviamente, referindo-se os pedidos alternativos a mais de uma pessoa.

Assim, no litisconsórcio eventual a pretensão é dirigida primariamente a um réu, e, caso não seja possível seu acolhimento, "formula-se o mesmo ou diverso pedido, em caráter subsidiário, em face de sujeito distinto daquele primitivo";[105] podendo ocorrer também no polo ativo da relação processual, embora não seja tão comum. Na fase ou processo de execução o litisconsórcio eventual se justifica "pela dúvida concernente à legitimidade do devedor".[106]

---

102. Cf. Cassio Scarpinella Bueno, *Partes e Terceiros no Processo Civil Brasileiro*, cit., 2ª ed., p. 99.
103. Cf. Giuseppe Tarzia, *Il Litisconsorzio Facoltativo nel Processo di Primo Grado*, 1ª ed., Milão, Giuffrè, 1972, pp. 43-44.
104. Cândido Rangel Dinamarco, *Litisconsórcio*, cit., 8ª ed., p. 460.
105. Cf. Silas Silva Santos, *Litisconsórcio Eventual, Alternativo e Sucessivo no Processo Civil Brasileiro*, cit., p. 200.
106. Cf. Alberto Camiña Moreira, *Litisconsórcio no Processo de Execução*, cit., p. 212.

Já, no litisconsórcio alternativo a ordem de preferência do autor entre os pedidos dirigidos a pessoas diversas não é manifestada ou, por outras palavras, há uma indiferença "entre o acolhimento do(s) pedido(s) em relação a um ou a outro litisconsorte".[107]

Vemos, portanto, nessas figuras de litisconsórcio (eventual e alternativo), além do cúmulo subjetivo, vez que a demanda se refere a uma pluralidade de partes, que também há cúmulo de pedidos expressados com preferência (eventual) ou sem preferência (alternativo). Nesses casos estamos diante de cumulação imprópria, vez que, embora sejam expostos dois ou mais pedidos, na realidade, somente um é pretendido pelo autor.

Diferente do eventual e do alternativo é o litisconsórcio sucessivo, no qual se manifesta um primeiro pedido pertinente a um sujeito e, caso admitido, haverá, ainda, mais uma pretensão relativa a outra ou outras pessoas. Nessa modalidade de litisconsórcio está presente a noção de prejudicialidade (ou ao menos de dependência) entre a demanda principal e aquela dirigida em face de outro sujeito.[108]

No litisconsórcio, como esclarece Tarzia, o cúmulo condicional (sucessivo) é representado pela relação de dependência de uma demanda a outra; o cúmulo eventual é oriundo da derivação da demanda ao mesmo complexo de fatos e das suas derivações ao mesmo fim ou a fins equivalentes; e o cúmulo alternativo resulta da comunhão do título e do objeto, acompanhada, porém, da incerteza sobre a identidade do verdadeiro legitimado ativo ou passivo, ou uma alternatividade substancial de pretensões, para as quais o acolhimento de uma imponha a rejeição da outra.[109]

Fredie Didier Jr. sugere que o terceiro a ser atingido pela desconsideração da personalidade jurídica pode ser chamado em litisconsórcio eventual na demanda de conhecimento, em que se forma o título executivo. Sustenta o doutrinador, após dar conta de que a questão sobre a admissibilidade do litisconsórcio eventual e alternativo foi pouco explorada em nossa literatura, que seria admissível essa modalidade de litisconsórcio

---

107. Cf. Silas Silva Santos, *Litisconsórcio Eventual, Alternativo e Sucessivo no Processo Civil Brasileiro*, cit., p. 223.
108. Idem, p. 244.
109. Giuseppe Tarzia, *Il Litisconsorzio Facoltativo nel Processo di Primo Grado*, cit., 1ª ed., pp. 43-44.

em função da admissibilidade do cúmulo eventual de pedidos em nosso sistema de direito positivo.[110]

Da mesma forma, Cassio Scarpinella Bueno e outros doutrinadores[111] sustentam que a desconsideração da personalidade jurídica contempla a modalidade do litisconsórcio eventual. Parcialmente divergente, Silas Silva Santos, após concluir que se trata da hipótese de litisconsórcio sucessivo, aquele que ocorre na desconsideração da personalidade jurídica, não despreza a hipótese de poder se encartar "o litisconsórcio alternativo ou mesmo o sucessivo, sempre a depender do que o autor pediu (pedido), a partir de que fatos (causa de pedir), em face de quem (partes)".[112]

Nesse sentido, é de se indagar: a participação daquele que pode ser atingido na desconsideração da personalidade deve se dar pelas figuras dos chamados litisconsórcios eventual, alternativo ou sucessivo? Nas hipóteses de processos nos quais se pretendam a formação do título em face da pessoa jurídica e a extensão de responsabilidade patrimonial aos sócios e/ou administradores haverá cúmulo próprio ou impróprio de pedidos?

Note-se que temos duas demandas: uma que se dirige ao terceiro (sócio ou administrador), em que se pleiteia a responsabilização patrimonial, e a que se dirige à pessoa jurídica. Nesse ponto deve-se perceber que, visualizando a relação entre a pessoa jurídica e os sócios ou administradores, constatar-se-á, de início, que não se trata de cumulação imprópria de pedidos na fase de conhecimento, porque almeja o autor tanto a condenação da sociedade como a de seus integrantes, para que, na hipótese de ser insolvente a primeira, arquem os demais com as responsabilidades relativas a certas e determinadas obrigações.

110. Fredie Didier Jr., "Aspectos processuais da desconsideração da personalidade jurídica", in Fredie Didier Jr. e Rodrigo Mazzei (coords.), *Reflexos do Novo Código Civil no Direito Processual*, 2ª ed., Salvador, Juspodivm, 2007, p. 168.

111. Nesse sentido: Cassio Scarpinella Bueno, *Partes e Terceiros no Processo Civil Brasileiro*, cit., 2ª ed., p. 103; Flávia Lefèvre Guimarães, *Desconsideração da Personalidade Jurídica no Código do Consumidor – Aspectos processuais*, São Paulo, Max Limonad, 1998, p. 99; Elizabeth Cristina Campos Martins de Freitas, *Desconsideração da Personalidade Jurídica*, 2ª ed., São Paulo, Atlas, 2002, p. 206; André Pagani de Souza, *Desconsideração da Personalidade Jurídica – Aspectos Processuais*, 1ª ed., São Paulo, Saraiva, 2009, p. 92.

112. Cf. Silas Silva Santos, *Litisconsórcio Eventual, Alternativo e Sucessivo no Processo Civil Brasileiro*, cit., p. 249.

Não nos parece, deste modo, que se trata de pedidos alternativos ou eventuais, posto que pretende o autor ambas as tutelas, sem exclusão de nenhuma delas. A cumulação de pedidos, nessa situação, é própria.[113]

Nesse momento é preciso recorrer ao direito material para saber qual instrumento processual é o mais adequado para a realização de seus fins. A desconsideração da personalidade jurídica para o objetivo de responsabilização não exclui a responsabilidade da pessoa jurídica; pelo contrário, a ela soma a responsabilidade dos sócios ou administradores e, portanto, quando acolhida, implica, necessariamente, o anterior acolhimento da pretensão dirigida em face da sociedade, o que somente é possível na cumulação sucessiva de pedidos, que se refere à cumulação própria. Nesta fase, de conhecimento, a pretensão em face da pessoa jurídica não exclui o objetivo da responsabilização dos integrantes da sociedade.

Com o título executivo formado, se a desconsideração fora pleiteada e reconhecida ainda na fase de conhecimento, com a fixação de responsabilidade patrimonial também dos integrantes da sociedade, a pretensão do credor passa a ser eventual, e igualmente eventual será o litisconsórcio passivo formado no momento da execução, porque, aí, será única a pretensão, embora dirigida a diferentes sujeitos.

É relevante ter em conta, para que não haja confusão, que, não obstante o fato de ser sucessivo o litisconsórcio passivo que se forma entre a pessoa jurídica e seus integrantes no momento da fase de conhecimento, pode ocorrer, concomitantemente, o litisconsórcio eventual ou o alternativo entre os sócios ou administradores da sociedade na demanda de desconsideração da personalidade.

Suponha-se a situação na qual desconfie o autor de que somente um dos integrantes da sociedade tenha levado a termo a confusão patrimonial, tornando a sociedade insolvente, e que não pretenda ele produzir prova antecipadamente, para verificar qual dos sócios desfalcou o patrimônio social.[114] Nessa situação, além do litisconsórcio sucessivo que se forma

---

113. Nesse sentido, também: Rodrigo Mazzei, "Litisconsórcio sucessivo: breves considerações", cit., in *Processo e Direito Material*, 1ª ed., pp. 229 e 237. Refere o doutrinador que o litisconsórcio sucessivo "apoia-se em diversas outras técnicas processuais – a da cumulação de pedidos, por exemplo – para conferir celeridade e, ao mesmo tempo, efetividade à prestação da tutela jurisdicional. Nada mais louvável, numa época em que atinge patamares astronômicos a discussão acerca do embate 'celeridade x efetividade' do processo" (p. 242).

114. Deve-se cogitar, nessa hipótese, se não é preferível o caminho da produção antecipada de prova, que, com vantagem, pode levar à identificação de quem deverá ser atingido pela desconsideração da personalidade jurídica.

entre a sociedade e seus integrantes, vislumbra-se, ao mesmo tempo, o litisconsórcio alternativo ou eventual entre os sócios se for almejada a condenação de apenas um deles e conforme haja ou não a indicação de prioridade entre os integrantes da sociedade que devam ser responsabilizados. Aqui, a concomitância do litisconsórcio alternativo ou eventual se dá pela dúvida objetiva do autor na imputação da conduta que dá ensejo à aplicação da teoria da desconsideração da personalidade.

A distinção entre as possíveis classificações do litisconsórcio, revelando ser sucessivo, alternativo ou eventual, apresenta importantes repercussões, tais como a excepcional expansividade objetiva e subjetiva de recursos ou mesmo da ação rescisória com relação à questão dependente, honorários advocatícios, entre outras matérias.

10.3.3 Litisconsórcio comum e unitário

O litisconsórcio se diz comum ou simples havendo possibilidade de decisões diferentes aos diversos litisconsortes, ou seja, "quando se pode dar tratamento heterogêneo, na decisão de mérito, aos vários coautores ou corréus",[115] caso em que os atos e omissões de um não prejudicarão aos demais (CPC/2015, art. 117). Em situação contrária se põe o litisconsórcio unitário, pois nele a decisão haverá de ser uniforme para todos os litigantes, e, assim, os atos e omissões de um litisconsorte influenciarão a posição dos demais, se lhes forem favoráveis.

Não se deve confundir o litisconsórcio unitário com o necessário, uma vez que pode ocorrer a necessidade de estarem presentes todos os litisconsortes (litisconsórcio necessário) mas ser prescindível uma decisão uniforme a todos os litigantes (litisconsórcio comum); como também pode acontecer de não haver a necessidade de estarem todos presentes na demanda (litisconsórcio facultativo), mas, se estiverem, ser imprescindível uma decisão uniforme a todos (litisconsórcio unitário).[116]

No litisconsórcio unitário não há cúmulo objetivo de demandas[117] (a causa de pedir e o pedido são únicos para todos), apesar do cúmulo

---

115. Cf. José Carlos Barbosa Moreira, *Litisconsórcio Unitário*, cit., 1ª ed., p. 129.

116. Cf. José Carlos Barbosa Moreira, *Litisconsórcio Unitário*, cit., 1ª ed., p. 227. Critica o autor o art. 47 do CPC/1973, que define o litisconsórcio necessário como unitário.

117. Dinamarco diferencia as noções de demanda e de ação: ação "é o *poder* ou direito de provocar o provimento jurisdicional"; demanda é "o *ato* através do qual o

subjetivo (pluralidade de partes);[118] tem-se, na realidade, situação incindível, verdadeira unidade jurídica,[119] de tal sorte que a decisão deve ser a mesma para todos os litigantes.

Cremos que em termos de desconsideração da personalidade jurídica, quando se refere às hipóteses de responsabilidade subjetiva, não ocorrerá o litisconsórcio passivo unitário. Imagine-se a situação em que se atribui aos sócios a confusão patrimonial, ou mesmo o desvio de bens que compõem seu estabelecimento; sendo a pretensão direcionada a todos os sócios, pode ser evidenciado que o patrimônio da sociedade fora misturado ao patrimônio de apenas um dos sócios; nessa situação, evidente que a decisão somente deverá determinar que seja atingido o patrimônio de um dos litisconsortes.

Mesmo nas situações em que os atos que desvirtuam a atividade da pessoa jurídica forem decididos em assembleia (atos irregulares de gestão), no caso das sociedades anônimas não devem ser atingidos, necessariamente, os patrimônios de todos os membros do conselho de administração, embora isso possa ocorrer; basta verificar a possibilidade do registro de divergência do administrador dissidente, que faça consignar sua discordância em ata de reunião do órgão de administração, como preconiza a disposição do § 1º do art. 158 da Lei 6.404/1976. Assim, se todos os membros do conselho de administração estão sendo demandados em pedido de desconsideração da personalidade jurídica, para responderem pelas obrigações da companhia, haverá a possibilidade da prova da dissidência, o que levará, evidentemente, a decisões diversas a esses litisconsortes.

Até mesmo para os casos de responsabilidade objetiva, admitida que seja em matéria de desconsideração da personalidade, não há que se falar em litisconsórcio unitário, pois é de se ponderar que poderão ser apresentadas defesas pessoais relativas a cada um dos devedores, o que impediria, no tema do litisconsórcio, o reconhecimento da necessidade de solução idêntica.[120] É o que ocorre, por exemplo, quando o pedido

provimento é postulado" (in Enrico Tullio Liebman, *Manual de Direito Processual Civil*, cit., 3ª ed., vol. I, p. 57, nota 30).
    118. Como salienta Rodrigo Mazzei, "a pluralidade de pessoas no mesmo polo nem sempre importará cumulação de ações, uma vez que, apesar do aglomerado subjetivo, o direito material controvertido pode ser exatamente o mesmo" ("Litisconsórcio sucessivo: breves considerações", cit., in *Processo e Direito Material*, 1ª ed., p. 224).
    119. Cf. Cândido Rangel Dinamarco, *Litisconsórcio*, cit., 8ª ed., p. 240.
    120. Cf. Cassio Scarpinella Bueno, *Partes e Terceiros no Processo Civil Brasileiro*, cit., 2ª ed., p. 122.

de desconsideração da personalidade se dirige em face de duas ou mais sociedades por débitos trabalhistas (CLT, art. 2º, § 2º); pode ocorrer que alguma delas não pertença ao alegado grupo econômico.

Quando se trata de litisconsórcio ativo também não haverá hipótese de unitariedade em matéria de responsabilidade. Repare-se que, para essa finalidade, a desconsideração da personalidade jurídica objetiva estender os efeitos de certas e determinadas obrigações a outras pessoas diversas da pessoa jurídica, e, nesse sentido, cindível é a situação de direito material também do lado ativo, já que poderá, por exemplo, ser parte apenas um dos credores.

10.3.4 Intervenção litisconsorcial voluntária

Quanto ao momento em que se forma, o litisconsórcio pode ser inicial ou ulterior, se já instaurado o processo. Como enfatiza Dinamarco, a intervenção litisconsorcial voluntária ulterior vem sendo admitida com ressalvas pela jurisprudência brasileira, com base na "comunhão no objeto do processo, conexidade ou mera afinidade de questões".[121] Note-se que o instituto não encontra previsão legal em nosso ordenamento, até mesmo como modalidade de intervenção de terceiros, devendo ser admitido com fundamento no princípio da economia processual e "na proposta de otimização e racionalização da prestação jurisdicional".[122]

A intervenção litisconsorcial voluntária na desconsideração da personalidade jurídica também pode ser ulterior à propositura da demanda, com a adesão de outros credores, ampliando-se o objeto inicial para ver abrangidas outras obrigações pelas quais se pretende que sejam também responsáveis os sócios. As mesmas razões que justificam o litisconsórcio justificam a admissão do litisconsórcio voluntário ulterior, quais sejam: a economia processual e a harmonia das decisões sobre questões iguais.

Observe-se que quando o Ministério Público pleiteia a desconsideração da personalidade o faz em relação aos processos em que deva intervir. Assim, no processo de falência, ou outros que se destinem à tutela dos interesses difusos, coletivos ou individuais homogêneos, a tutela pretendida, em termos de desconsideração da personalidade jurídica da sociedade devedora, já beneficia diversas pessoas, como, por exemplo, a

---

121. Cândido Rangel Dinamarco, *Litisconsórcio*, cit., 8ª ed., p. 389.
122. Cassio Scarpinella Bueno, *Partes e Terceiros no Processo Civil Brasileiro*, cit., 2ª ed., p. 143.

massa de credores da falência ou a coletividade (grupo, classe ou categoria) atingida pelo julgado[123] nos processos coletivos, sendo até, por vezes, desnecessário o ingresso do credor como litisconsorte nessa demanda.

Contudo, em outras situações o litisconsórcio ulterior, no caso de pedido de desconsideração da personalidade, leva à ampliação do objeto da demanda, porque inicialmente se restringe à responsabilidade por certas e determinadas obrigações e poderá levar à responsabilidade por outras tantas – o que, evidentemente, dilata o mérito a ser decidido.

Se as razões de economia processual e harmonia das decisões justificam a admissibilidade também dessa modalidade de litisconsórcio, deve-se atentar, todavia, a que a limitação à apreciação da conveniência deve ser aferida pelo órgão judicial quando o número de litigantes puder comprometer a rápida solução do litígio ou dificultar a defesa (CPC/2015, art. 113, § 1º).[124]

E o momento-limite de admissão dessa intervenção é importante para não contrariar o motivo que sugere sua admissão: a economia processual. Pensamos que se houver retrocesso na marcha normal do processo não haverá propriamente economia processual. Imagine-se a situação em que terceiro pleiteia a admissão como litisconsorte do autor quando está em andamento a instrução probatória sobre os motivos que ensejariam a desconsideração da personalidade; admitir a entrada de novo litigante nesse momento seria retroceder à fase postulatória. Cremos que deva ser admitido o ingresso apenas durante a fase postulatória, que é a primeira fase desenvolvida no processo, ou, no máximo, até a fase de saneamento,[125] que no Código de Processo Civil de 2015, como vimos, não fora prevista para o incidente de desconsideração da personalidade. A admissão em fases posteriores levaria, certamente, ao retrocesso do processo.

Também há que se cogitar que nem sempre a intervenção litisconsorcial poderá servir aos objetivos de economia processual e de evitar decisões conflitantes, como dissemos. Imaginem-se duas situações distintas que dão ensejo à desconsideração da personalidade, relativas a causas de

---

123. Nas hipóteses previstas nos arts. 16 da LACP, 18 da LAP e 103 do CDC.

124. Como ressalta Dinamarco, referindo-se à intervenção litisconsorcial voluntária: "Fora esses casos, ela deve ser admitida ainda *contra a vontade manifesta* dos sujeitos já integrantes do processo, porque mais relevantes do que essa vontade são as razões de ordem pública que justificam o instituto" (*Litisconsórcio*, cit., 8ª ed., p. 397).

125. Nesse sentido: Cândido Rangel Dinamarco, *Litisconsórcio*, cit., 8ª ed., p. 398.

pedir diversas; temos que a diferença dos objetos das provas que serão buscadas não autoriza a admissão da intervenção litisconsorcial; faltará qualquer proveito a essa modalidade de intervenção.

10.4 A desconsideração da personalidade jurídica e a intervenção de terceiros

A intervenção de terceiros é fenômeno típico do processo de conhecimento – excepcional e até proibida, em regra, no processo ou fase de execução[126] – que leva à ampliação subjetiva da relação processual, e em alguns casos pode resultar na expansão objetiva do processo.[127] Contudo, nem todo o ingresso de outras pessoas na relação processual consiste em intervenção de terceiros, como é o caso do ingresso dos litisconsortes necessários ou da substituição da parte no curso do processo, posto que ocupam estes as posições das partes originais da relação processual.[128]

De início é preciso dizer que a desconsideração da personalidade jurídica em boa parte das hipóteses trata da atribuição de responsabilidade sobre certas e determinadas obrigações que caberiam originariamente à pessoa jurídica, a ser realizada pela via incidental, não envolvendo propriamente outra causa,[129] distinta do processo principal, pois, embora haja o exercício de outro direito de ação, já que se dirige em face de sujeitos diversos, discute-se sobre o mesmo bem jurídico. Há, aí, o ingresso do terceiro que não faz surgir um novo processo, mas tão somente a ampliação do processo que anteriormente se dava entre seus primitivos sujeitos.

Nesse rumo, pode-se concluir que o Código de Processo Civil de 2015 com razão previu a própria desconsideração da personalidade jurídica como uma modalidade de intervenção de terceiros.[130]

---

126. Cf. Luiz Guilherme Marinoni e Sérgio Cruz Arenhart, *Execução*, 4ª ed., pp. 246-247. A única exceção, e ainda com certa resistência, é o caso da assistência, quando o terceiro possua interesse jurídico na solução da execução (p. 247).

127. Como lembra Dinamarco, a intervenção de terceiros pode levar à ampliação objetiva do processo (*Streitgegenstand*) em alguns casos e à ampliação subjetiva da relação processual (*Intervenção de Terceiros*, cit., 5ª ed., p. 21).

128. Cf. Athos Gusmão Carneiro, *Intervenção de Terceiros*, 19ª ed., São Paulo, Saraiva, 2010, p. 73.

129. Cf. Cândido Rangel Dinamarco, *Intervenção de Terceiros*, cit., 5ª ed., p. 22.

130. Nesse sentido, também: Cassio Scarpinella Bueno, "Desconsideração da personalidade jurídica no Projeto de novo Código de Processo Civil", cit., in Gilberto Gomes Bruschi, Mônica Bonetti Couto, Ruth Maria Junqueira de A. Pereira e Silva

Resta indagar, por outro lado, se o processo ou o incidente para a desconsideração da personalidade jurídica, mesmo podendo ser uma forma de intervenção de terceiros, comporta outras modalidades interventivas, ou seja: a oposição, a denunciação à lide, o chamamento ao processo e a nomeação à autoria[131] – o que será abordado nos itens seguintes.

10.4.1 A oposição e a desconsideração da personalidade jurídica

Apesar de prevista a oposição interventiva[132] dentre os procedimentos especiais no Código de Processo Civil de 2015 (arts. 682 a 686), ela não deixa de ser uma modalidade de intervenção de terceiro, porque autoriza o terceiro que pretende a coisa ou o direito sobre o qual controvertem autor e réu a ingressar no processo alheio e deduzir sua pretensão.[133]

Como leciona Dinamarco, não se trata de processo novo e autônomo, mas há um acréscimo de matéria para julgamento, o que dilata seu campo de conhecimento e, em consequência, a própria decisão sobre causas distintas, apesar de conexas, que receberão soluções próprias, mas não conflitantes.[134]

e Thomaz Henrique Junqueira de A. Pereira (orgs.), *Direito Processual Empresarial*, 1ª ed., p. 124.

131. Há intervenções de terceiros no processo que são voluntárias, justificadas por proporcionar um julgamento favorável ao terceiro, como é o caso da assistência e da intervenção litisconsorcial voluntária; e intervenções coatas, que proporcionam à parte que já integra a relação jurídica utilidade maior em trazer o terceiro à lide, como seriam os casos de denunciação à lide, chamamento ao processo e nomeação à autoria.

132. Na oposição não interventiva não teremos propriamente um incidente do processo, mas, como lembra Dinamarco, um processo incidente; não havendo que se falar em ingresso de terceiro em processo pendente (Cândido Rangel Dinamarco, *Intervenção de Terceiros*, cit., 5ª ed., pp. 112-113).

133. Como observa Athos Gusmão Carneiro, "se, no entanto, a oposição for oferecida após iniciada a audiência, a hipótese não mais se apresentará, a rigor, como intervenção de terceiro. Em tal caso, a oposição, embora distribuída por dependência (conexão pelo objeto do pedido, art. 103), será processo autônomo, sob o procedimento ordinário, sendo processada, instruída e julgada sem prejuízo da causa principal" (*Intervenção de Terceiros*, cit., 19ª ed., p. 94.). O Código de Processo Civil de 2015 não inovou nesse aspecto, continuando a prever as duas modalidades de oposição, interventiva e autônoma, como se pode ver das disposições do art. 685 e parágrafo único.

134. Note-se que na oposição o terceiro passará a ocupar sua posição no polo ativo frente ao autor e ao réu originais; a oposição é voluntária, e, embora haja processo único, temos duas causas. Há um alargamento do objeto litigioso do processo,

Não se vislumbra hipótese em que seria possível a oposição em desconsideração da personalidade jurídica[135] quando ela trata de atribuição de responsabilidade, ou seja, quando se refere à responsabilidade patrimonial derivada de obrigações que originariamente se referem à pessoa jurídica. Se houver pretensão de um terceiro que se contraponha à posição das partes originais do processo, certamente ela se voltará em face da pessoa jurídica e da pessoa que com ela litiga, na demanda principal e não no incidente de desconsideração da personalidade.[136] Lembremos que a *disregard doctrine* serve para a extensão de responsabilidade, ou seja, é medida que leva efetividade à demanda movida em face da pessoa jurídica.

Embora seja difícil imaginar exemplos, não se pode descartar eventual possibilidade – ao menos em tese – em que seja cabível a oposição se a desconsideração não objetiva a atribuição de responsabilidade, por almejar terceiro o bem ou a posição jurídica que se constitui objeto da lide sobre os quais contendem autor e réu.

10.4.2 A denunciação da lide e a desconsideração da personalidade jurídica

Pela denunciação da lide há o exercício de uma ação regressiva, com a inserção de terceiros no processo. Veja-se que essa forma de intervenção busca vincular o terceiro ao quanto ficar decidido naquele processo, impedindo-o de rediscutir o que for decidido, gerando, evidentemente, um ônus ao denunciante.

---

que passará a abranger matéria diversa, que não seria apreciada caso não ocorresse essa forma de intervenção. Terá o juiz que analisar causas de pedir específicas, aquela do processo principal e a da oposição interventiva (Cândido Rangel Dinamarco, *Intervenção de Terceiros*, cit., 5ª ed., p. 105).

135. Nesse sentido, também: Sidnei Agostinho Beneti, "Desconsideração da sociedade e legitimidade *ad causam*: esboço de sistematização", in Fredie Didier Jr. e Tereza Arruda Alvim Wambier (coords.), *Aspectos Polêmicos e Atuais sobre os Terceiros no Processo Civil e Assuntos Afins*, 1ª ed., São Paulo, Ed. RT, 2004, p. 1.024; André Pagani de Souza, *Desconsideração da Personalidade Jurídica – Aspectos Processuais*, cit., 1ª ed., p. 129; e Pedro Henrique Torres Bianqui, *Desconsideração da Personalidade Jurídica no Processo Civil*, cit., 1ª ed., p. 144.

136. Como leciona Athos Gusmão Carneiro, "a oposição somente é possível em processo de conhecimento, pelo rito comum ordinário, bem como nos procedimentos especiais que, contestados, adotam o rito ordinário" (*Intervenção de Terceiros*, cit., 19ª ed., p. 97).

Também a finalidade da condenação caracteriza o instituto da denunciação da lide, mas não levará essa forma de intervenção à condenação do denunciado na demanda principal; eventualmente, isso poderá ocorrer na ação regressiva que se instaurou com a denunciação. O denunciado será apenas assistente na ação principal, já que "nada pede para si e nada foi pedido em relação a ele".[137]

A denunciação da lide, como ação regressiva que é, pode ser proposta tanto pelo autor como pelo réu,[138] levando ao aumento do objeto do processo,[139] entendido este de forma mais ampla, como a matéria submetida ao conhecimento do juiz.[140]

As hipóteses de denunciação da lide e seu específico cabimento estão determinadas nas disposições do art. 125 do CPC/2015. Considerando que o intuito do denunciante é a lide regressiva na hipótese de sucumbência e que a *disregard doctrine* baseia-se na fraude e no abuso de direito, não entendemos haver hipóteses em que possa ser aplicada a denunciação à desconsideração da personalidade jurídica, porque não há direito de regresso ao sócio e/ou administrador, que são aqueles que podem ser atingidos pela medida.[141]

Contudo, essa opinião não encontra unanimidade. André Pagani de Souza sustenta ser cabível a denunciação da lide em embargos de devedor, a ser feita em relação à sociedade ou demais sócios que teriam praticado

---

137. Cândido Rangel Dinamarco, *Intervenção de Terceiros*, cit., 5ª ed., p. 165.
138. Cf. Athos Gusmão Carneiro, *Intervenção de Terceiros*, cit., 19ª ed., p. 105.
139. Cf. Cândido Rangel Dinamarco, *Intervenção de Terceiros*, cit., 5ª ed., p. 166. Como leciona Dinamarco, a denunciação da lide "importa ampliação do objeto de conhecimento do juiz, mediante acréscimo de pontos de fato e de direito não presentes no processo por força da demanda proposta pelo autor em face do réu".
140. A respeito da diferença entre objeto do processo e objeto litigioso do processo, leciona Ricardo de Barros Leonel que o primeiro se refere a "toda matéria que é levada ao conhecimento do juiz (pontos e questões relacionadas aos pressupostos de admissibilidade do julgamento do mérito, ou propriamente este etc.)" e o objeto litigioso do processo refere-se à "pretensão ou pretensões processuais, deduzidas pelo autor e pelo réu" (*Causa de Pedir e Pedido. O Direito Superveniente*, 1ª ed., São Paulo, Método, 2006, p. 102).
141. Nesse sentido: Sidnei Agostinho Beneti, "Desconsideração da sociedade e legitimidade *ad causam*: esboço de sistematização", cit., in Fredie Didier Jr. e Tereza Arruda Alvim Wambier (coords.), *Aspectos Polêmicos e Atuais sobre os Terceiros no Processo Civil e Assuntos Afins*, 1ª ed., p. 1.025.

a fraude.[142] Note-se, entretanto, que a doutrina dominante entende não ser admissível a denunciação da lide em embargos do devedor.[143]

10.4.3 O chamamento ao processo e a desconsideração da personalidade jurídica

Restrito às hipóteses concernentes à fiança e às obrigações solidárias (CPC/2015, art. 130), o chamamento ao processo possibilita que a responsabilidade dos diversos obrigados já venha disposta na mesma sentença e que eles fiquem sujeitos à imutabilidade do julgado.[144] Nessa situação os objetivos de economia processual e de harmonia das decisões parecem evidentes.

A princípio, no chamamento ao processo há um vínculo entre o autor e o chamado, que é um dos seus pressupostos. Em todo caso, em um só processo, havendo o chamamento, resolvem-se a responsabilidade de quem está sendo demandado e aquela de terceiros que passarão a integrar a lide, ampliando-se, nesse sentido, o objeto de conhecimento do juiz.

Pedro Henrique Torres Bianqui fornece exemplo no qual seria cabível o chamamento ao processo em pedido de desconsideração da personalidade jurídica na situação de o dito credor demandar a sociedade e ajuizar a demanda a um sócio-controlador; havendo mais de um sócio-controlador, a responsabilidade será solidária entre eles – e, portanto, cabível o chamamento do segundo sócio.[145]

André Pagani de Souza fornece outro exemplo, referindo hipótese em que, na demanda principal proposta em face da sociedade e desconsideração pleiteada em face dos sócios, pretendam estes chamar ao

142. André Pagani de Souza, *Desconsideração da Personalidade Jurídica – Aspectos Processuais*, cit., 1ª ed., pp. 134-135.
143. Em sentido contrário, admitindo a denunciação em embargos: Paulo Henrique dos Santos Lucon, *Embargos à Execução*, 1ª ed., São Paulo, Saraiva, 1996, pp. 342-343.
144. Cf. Athos Gusmão Carneiro, *Intervenção de Terceiros*, cit., 19ª ed., p. 169. Como esclarece o doutrinador, "o chamamento ao processo foi pelo Código de Processo Civil de 1973 transplantado do direito processual português, onde tem a denominação de 'chamamento à demanda' (arts. 330º a 333º do CPC português de 1967)", não existindo nos demais ordenamentos instituto com as mesmas características (p. 170).
145. Pedro Henrique Torres Bianqui, *Desconsideração da Personalidade Jurídica no Processo Civil*, cit., 1ª ed., p. 136.

processo os administradores da sociedade, nos termos do disposto no art. 50 do CC.[146]

Há solidariedade, por exemplo, entre uma sociedade e as demais do mesmo grupo, como a hipótese do § 2º do art. 2º da CLT, que, como sustentamos, entendemos que se trata de caso de desconsideração da personalidade jurídica. Nesse caso, sendo demandada uma sociedade do mesmo grupo e pretendendo a ré a vinculação das demais responsáveis solidárias ao quanto ficar decidido naquela causa, nada obsta a que as chame ao processo ou ao incidente.

Em posição abrangente, Cassio Scarpinella Bueno, referindo-se ao Código de Processo Civil de 1973, com palavras que servem para a nova legislação processual, sustenta que se deve alargar o critério utilizado pelo Código de Processo Civil, "para melhor albergar as novas situações do direito material que agora ocupam o Código Civil". E conclui com a relevante indagação: "Se não, para quê a novidade da lei material se ela tem tudo para ficar carente de tutela?"[147-148]

10.4.4 A indicação da autoria na desconsideração da personalidade jurídica

A nomeação à autoria, prevista anteriormente no Código de Processo Civil de 1973 resolvia um problema de legitimação passiva, já que o objetivo visado era o de substituir o réu pelo terceiro,[149] corrigindo-se a ilegitimidade de parte.[150] Agora é possível a alteração do polo passivo da demanda quando o réu alegar, em contestação, não ser parte legítima

---

146. André Pagani Souza, *Desconsideração da Personalidade Jurídica – Aspectos Processuais*, cit., 1ª ed., p. 136.

147. Cassio Scarpinella Bueno, *Partes e Terceiros no Processo Civil Brasileiro*, cit., 2ª ed., p. 109.

148. Em posição contrária, entendendo que não cabe chamamento ao processo na desconsideração da personalidade jurídica: Sidnei Agostinho Beneti, "Desconsideração da sociedade e legitimidade *ad causam*: esboço de sistematização", cit., in Fredie Didier Jr. e Tereza Arruda Alvim Wambier (coords.), *Aspectos Polêmicos e Atuais sobre os Terceiros no Processo Civil e Assuntos Afins*, 1ª ed., p. 1.026.

149. Cf. Athos Gusmão Carneiro, *Intervenção de Terceiros*, cit., 19ª ed., p. 84.

150. Cf. Sidnei Agostinho Beneti, "Desconsideração da sociedade e legitimidade *ad causam*: esboço de sistematização", cit., in Fredie Didier Jr. e Tereza Arruda Alvim Wambier (coords.), *Aspectos Polêmicos e Atuais sobre os Terceiros no Processo Civil e Assuntos Afins*, 1ª ed., p. 1.024.

ou não ser o responsável pelo prejuízo causado (art. 338 do CPC/2015), substituindo-se a disciplina da nomeação à autoria prevista na lei passada.

É o caso, por exemplo, de ser pleiteada a desconsideração em face de empregado que aparenta ser administrador mas que, na realidade, não tem qualquer poder de gestão, e este, pretendendo se liberar da responsabilidade que lhe é imputada, indica aqueles que efetivamente podem ser atingidos pela desconsideração da personalidade jurídica; ou o caso de um dos sócios que atribui a prática de confusão patrimonial a outro sócio. Haveria nessas hipóteses correção quanto ao polo passivo da relação processual, adequando a demanda àqueles que podem, em tese, responder pelo prejuízo causado.

Caso aceite o autor a indicação, no prazo de 15 dias, deverá aditar a inicial para substituir o réu ou tão somente acrescentar o sujeito indicado, pelo que se depreende do disposto nos §§ 1º e 2º do art. 339 do CPC/2015. Se optar o autor pela substituição, desde logo deve desembolsar as despesas e pagar os honorários do procurador do réu excluído, consoante os percentuais fixados no parágrafo único do art. 338 do CPC/2015.

10.4.5 A assistência e a desconsideração da personalidade jurídica

Levando em consideração que os componentes da pessoa jurídica, sejam eles sócios ou administradores, têm uma relação jurídica conexa àquela deduzida em juízo ou dela dependente, bem como que pode haver efeitos jurídicos que sejam desfavoráveis às suas respectivas posições e que estas podem ter maior ou menor proximidade ao objeto do processo, devem eles ser admitidos como assistentes,[151] nas modalidades previstas na lei processual.

Por meio da assistência um terceiro ingressa voluntariamente como parte coadjuvante[152] no processo, para ajudar uma das partes, em vista

---

151. Com relação à assistência no próprio incidente de desconsideração da personalidade, Sidinei Agostinho Beneti entende que ela somente pode ocorrer caso se refira à responsabilidade objetiva, não sendo de se admitir, segundo o jurista, nas hipóteses em que há "perquirições subjetivas" ("Desconsideração da sociedade e legitimidade *ad causam*: esboço de sistematização", cit., in Fredie Didier Jr. e Tereza Arruda Alvim Wambier (coords.), *Aspectos Polêmicos e Atuais sobre os Terceiros no Processo Civil e Assuntos Afins*, 1ª ed., p. 1.023).

152. Para alguns doutrinadores o assistente, embora seja sujeito do processo, não se torna parte. Nesse sentido: Athos Gusmão Carneiro, *Intervenção de Terceiros*, cit., 19ª ed., p. 189. Em sentido contrário, Dinamarco conclui que em qualquer modalidade

de ter interesse jurídico na demanda. Há uma relação de prejudicialidade entre os direitos e deveres do terceiro e os direitos e deveres discutidos no processo. Nas palavras de Liebman, o assistente "precisa ser titular de uma relação jurídica conexa à deduzida em juízo, ou dependente dela, de modo que a sentença a ser proferida possa ter um efeito favorável ou desfavorável sobre sua posição jurídica".[153]

Conforme a maior ou menor proximidade da condição jurídica do assistente ao objeto do processo, a assistência poderá ser simples ou qualificada (litisconsorcial). Apesar de ser utilizada pelo Código de Processo Civil de 2015, assim como pelo Código de 1973, a expressão "assistente litisconsorcial", o assistente qualificado não é litisconsorte, posto que não deixa de ser assistente, já que a demanda não é dirigida em face dele.[154] O que distingue o assistente simples do qualificado (litisconsorcial) é o fato de que, enquanto o assistente simples tem apenas interesse jurídico quanto ao deslinde do processo, o assistente qualificado tem, além desse interesse, uma relação jurídica com o adversário do assistido.[155]

A distinção entre as espécies de assistência se justifica porque o assistente qualificado, tendo uma relação jurídica com o adversário do assistido, sofrerá diretamente os efeitos da sentença. Assim, o reconhecimento do pedido, a transação, a renúncia ou a desistência da ação feitos pela parte principal haverão de levar em conta a vontade do assistente qualificado, e, mais, não há que se subordinar a posição do assistente litisconsorcial à orientação tomada pelo assistido, podendo contraditar testemunhas, recorrer, mesmo não tendo o assistido renunciado a essa possibilidade.[156] E nem poderia ser diferente, pois, como adverte Greco Filho, "ninguém mais ingressaria como assistente, porque não iria correr o risco de, habilitando-se no processo, ficar vinculado a uma transigência

---

o assistente é parte, embora auxiliar, pois, apesar de ter os mesmos ônus e faculdades das partes, não tem direitos de disposição sobre a relação processual ou sobre a relação substancial, ou seja, sujeitar-se-á aos mesmos ônus e exercerá os mesmos poderes que a parte que auxilia, a menos que contrarie a vontade da parte principal ou pratique atos que impliquem disposição da relação jurídica material discutida (*Intervenção de Terceiros*, cit., 5ª ed., p. 89).

153. Enrico Tullio Liebman, *Manual de Direito Processual Civil*, cit., 3ª ed., vol. I, p. 154.
154. Cf. Cândido Rangel Dinamarco, *Litisconsórcio*, cit., 8ª ed., p. 55.
155. É o que se extrai do disposto no art. 124 do CPC/2015.
156. Cf. Athos Gusmão Carneiro, *Intervenção de Terceiros*, cit., 19ª ed., pp. 202-206.

leviana, a uma confissão dolosa, ao desinteresse ou, até, à simulação do assistido".[157]

Nos processos em que figura a pessoa jurídica como parte e nos quais pode haver, ao menos em tese, pedido de desconsideração da personalidade jurídica, seus sócios e/ou administradores devem ser admitidos como assistente simples ou qualificados?

Para a resposta a essa indagação é preciso discernir as hipóteses de responsabilidade primária e secundária. Tratando-se de desconsideração da personalidade jurídica, que se restringe a hipóteses de responsabilidade secundária, como nos casos de confusão patrimonial, desvio de bens do ativo, subcapitalização, responsabilidade objetiva diante de certas espécies de obrigações,[158] os sócios e os administradores não têm relação jurídica com quem comercia com a sociedade, com quem celebra qualquer negócio jurídico com ela, não lhes cabendo, desta forma, a posição de assistentes qualificados em eventual demanda que busque tutela condenatória dirigida em face da sociedade. Entretanto, têm os sócios e os administradores interesse jurídico no que for decidido naquela demanda, até mesmo porque eventualmente podem ter seus patrimônios atingidos pela desconsideração da personalidade da sociedade demandada.

Mesmo que posteriormente não seja pleiteada a desconsideração da personalidade jurídica, há que se ponderar sobre "o reflexo juridicamente relevante da decisão a ser proferida no processo nas outras relações do integrante da pessoa jurídica",[159] que autorizam a assistência a ser prestada pelo sócio.

Assim também em termos de direitos e interesses supraindividuais, pois, conforme as disposições contidas no art. 28 do CDC, deve ser facultada a posição de assistente às empresas do mesmo grupo societário ou coligadas à sociedade ré, em vista da possibilidade de repercussão de consequências em suas esferas de direitos, em termos patrimoniais,

---

157. Vicente Greco Filho, *Direito Processual Civil Brasileiro*, cit., 6ª ed., 1º vol., p. 138.
158. Em algumas situações, que já referimos, como, *v.g.*, a disposição que determina haver solidariedade entre sociedades do mesmo grupo quanto a obrigações trabalhistas, é evidente que estamos diante de hipótese que autoriza a assistência, porque, se reconhecidas a obrigação e a responsabilidade da pessoa jurídica, poderá ser estendida a responsabilidade à integrante do mesmo grupo econômico.
159. Cf. André Pagani de Souza, *Desconsideração da Personalidade Jurídica – Aspectos Processuais*, cit., 1ª ed., p. 127.

por um possível pedido de desconsideração da personalidade jurídica da sociedade demandada.[160]

10.5 As defesas na desconsideração da personalidade jurídica

Tal qual a ação, a defesa se consubstancia em poderes subjetivos dirigidos em face do Estado, pela oportunidade de participação no processo tendente a obter determinada tutela jurisdicional.[161] Diferenciam-se ação e defesa, porém, por seus pedidos mediatos, pois, enquanto a ação pode objetivar uma tutela positiva ou negativa, de cunhos declaratório, condenatório-executivo ou mesmo constitutivo, a defesa almeja, por regra, uma tutela declaratória negativa, que negue a pretensão do autor – a menos que se trate de um dos casos excepcionais em que se admitem autênticos pedidos.[162]

Como a desconsideração da personalidade jurídica, conforme vimos, pode ser pleiteada via incidental ao processo ou, em hipóteses específicas, por via de processo autônomo, há que se ter em conta as diversas espécies de defesas postas à disposição do demandado no processo ou no incidente em que é formulada essa pretensão.

Nesse sentido, a forma mais comum de defesa é a contestação, pela qual o réu resiste à pretensão formulada pelo autor sem dilatar o processo nos seus aspectos objetivo ou subjetivo, embora possa se referir a outros argumentos ou a fatos diversos, até então não aventados. Independentemente das modalidades, e ainda que possivelmente contraditórias, as defesas devem ser apresentadas, por regra, no momento da contestação,

---

160. Nesse mesmo sentido: Flávia Lefèvre Guimarães, *Desconsideração da Personalidade Jurídica no Código do Consumidor – Aspectos Processuais*, cit., pp. 135-136: "Pensando na hipótese de o consumidor mover a ação apenas contra uma das sociedades, caso pretenda a legitimada extraordinária participar do processo, poderá fazê-lo na qualidade de assistente". E mais adiante sustenta que "a sociedade controladora, com relação às ações movidas contra as controladas, poderá participar na qualidade de assistente litisconsorcial, uma vez que, sendo a principal acionista da legitimada ordinária, constitui-se uma das titulares da relação jurídica em discussão e, consequentemente, a sentença proferida atingirá sua esfera jurídica em virtude de repercussão econômica em seu patrimônio".

161. Cf. Cândido Rangel Dinamarco, *Instituições de Direito Processual Civil*, cit., 6ª ed., vol. II, p. 332.

162. Cf. José Manoel de Arruda Alvim Netto, *Manual de Direito Processual Civil*, 15ª ed., São Paulo, Ed. RT, 2012, p. 801.

em vista do princípio da eventualidade, que rege o sistema processual brasileiro.[163]

O Código de Processo Civil de 2015 refere-se ao momento para manifestação, que se dará após a citação daqueles a quem se pretende atingir com a desconsideração, no prazo de 15 dias, consoante disposições do art. 135, oportunidade em que deverão ser alegadas as defesas processuais[164] e de mérito[165] (diretas, que neguem a veracidade dos fatos afirmados na inicial ou as consequências jurídicas almejadas, e indiretas, como, por exemplo, o pagamento, a prescrição etc.).

Embora não se refira o Código de Processo Civil de 2015 a outras formas de defesa quando trata especificamente da desconsideração da personalidade jurídica, são cabíveis, no incidente ou mesmo no processo autônomo para a desconsideração da personalidade, a incompetência relativa ou absoluta, o impedimento e a suspeição do juiz e, como vimos, algumas das outras formas de intervenção de terceiros.

Quando se trata de desconsideração via incidental, levando em conta, neste caso, que o sócio ou o administrador passa a ser parte também no processo principal, já que poderá ter sua esfera jurídica eventualmente atingida, poderá se valer de outras possíveis reações defensivas nesse processo, como impugnar o valor da causa ou arguir a falsidade documental.

A reconvenção, que introduz uma nova pretensão no processo,[166] agora do réu em face do autor, não pode ser utilizada por aqueles a quem se pretende ver atingidos pela *disregard doctrine*, porque não há propriamente uma relação de direito material entre aquele que fora lesado e os sócios e/ou administradores da pessoa jurídica, nas diversas modalidades da desconsideração (como, por exemplo, na confusão patrimonial, sub-

---

163. Cf. arts. 336 e 337 do CPC/2015.
164. As defesas processuais serão sempre indiretas, porque não se referem propriamente ao direito material discutido, objetivando, antes, excluir a pretensão do autor ou retardá-la (cf. Cândido Rangel Dinamarco, *Instituições de Direito Processual Civil*, cit., 6ª ed., vol. II, p. 335).
165. As defesas de mérito no processo podem ser diretas e indiretas; as primeiras quando se nega o fato ou sua idoneidade a produzir os efeitos jurídicos desejados; e as segundas quando se aduz fato impeditivo, modificativo ou extintivo do direito do autor (cf. José Rogério Cruz e Tucci, *A Causa Petendi no Processo Civil*, cit., 3ª ed., p. 180).
166. Consoante leciona Dinamarco, "reconvenção é a *demanda de tutela jurisdicional proposta pelo réu em face do autor, no processo pendente entre ambos e fora dos limites da demanda inicial*" (*Instituições de Direito Processual Civil*, 6ª ed., vol. III, São Paulo, Malheiros Editores, 2009, p. 514).

capitalização, responsabilidade objetiva de empresas do mesmo grupo econômico diante de certas espécies de obrigações).

Tenha-se em mente que, para que seja possível a reconvenção, devem ser atendidos seus pressupostos específicos, e dentre eles o da conexão[167] com a demanda ou com os fundamentos da defesa do réu reconvinte[168] (art. 343 do CPC/2015). E essa conexão é evidenciada pelo mesmo contexto, no plano material, em que se encontram a ação e a reconvenção, o que somente ocorre quando há uma relação direta entre o lesado e aqueles a quem se atribuem os atos lesivos, inexistente na desconsideração da personalidade jurídica, porque a relação, no plano material, sempre se dará entre a pessoa jurídica e o lesado.

Contudo, por exceção se mostrará possível a reconvenção, a nosso ver, na situação do autor que demanda por dívida já paga, no todo ou em parte, e que, no caso, não tenha se valido a pessoa jurídica, por qualquer motivo, desse argumento. Apesar de a relação obrigacional ter sido travada entre a pessoa jurídica e o credor, não se pode impor aos sócios a regra limitadora do art. 18 do CPC/2015, porque a eles está sendo cobrada dívida inexistente, situação em que é passível de aplicação a sanção estabelecida no art. 940 do CC, por meio de reconvenção; do contrário se faria letra morta o disposto nessa norma.

Com relação à questão prejudicial, que, pelo sistema do Código de Processo Civil de 1973 poderia ser resolvido pela chamada "ação declaratória incidental", é de se ter em conta que no processo principal, além de legitimidade, poderá o sócio ou administrador demonstrar interesse em ver declarada existente ou inexistente uma relação jurídica prejudicial àquela causa. Imagine-se a hipótese em que se sustenta a fraude contratual a justificar a pretensão de desconsideração da personalidade de determinada sociedade e que possa, em tese, haver causa de invalidade do contrato firmado com a pessoa jurídica.

Consoante o sistema do Código de Processo Civil de 2015, há extensão da coisa julgada às questões prejudiciais decididas na sentença, desde que sejam fundamentos necessários à decisão, tenha havido contraditório prévio e efetivo, sem os efeitos da revelia, e que seja competente o

167. Cf. José Manoel de Arruda Alvim Netto, *Manual de Direito Processual Civil*, cit., 15ª ed., p. 818.
168. Cf. Cândido Rangel Dinamarco, *Instituições de direito Processual Civil*, cit., 6ª ed., vol. III, p. 519.

mesmo juiz (art. 503, § 1º, I, II e III, do CPC/2015). Assim, o pedido de declaração sobre questão prejudicial pode ser feito no próprio processo, não havendo mais necessidade da chamada "ação declaratória incidental".

Quanto às possíveis defesas em sede de execução, tenha sido ou não observado o devido processo legal para a desconsideração da personalidade jurídica, serão estudadas nos itens que seguem.

10.5.1 Meios de defesa na execução quando houver desconsideração da personalidade jurídica

Na fase ou no processo de execução, se houve o anterior contraditório para a desconsideração da personalidade jurídica e a consequente extensão dos efeitos de certas e determinadas obrigações aos sócios ou administradores da pessoa jurídica, eles se tornaram partes no processo de execução, e, dessa maneira, a defesa do executado na execução deve ser feita por meio de embargos[169] se a execução é por título extrajudicial, ou por meio de impugnação[170] se a execução se fundar em título judicial.[171]

Nesse sentido, embora os temas sobre a inexigibilidade do título, a penhora sobre bem impenhorável, a avaliação incorreta, entre outros assuntos, possam ser alegados por meio de embargos de devedor, também

169. Cf. Sidnei Agostinho Beneti, "Desconsideração da sociedade e legitimidade *ad causam*: esboço de sistematização", cit., in Fredie Didier Jr. e Tereza Arruda Alvim Wambier (coords.), *Aspectos Polêmicos e Atuais sobre os Terceiros no Processo Civil e Assuntos Afins*, 1ª ed., p. 1.030.

170. Como ressalta Lucon, se considerarmos a natureza jurídica da impugnação como defesa, a ausência de sua apresentação causaria preclusão *pro iudicato*, com efeitos extraprocessuais, impedindo, por exemplo, "toda e qualquer ação cognitiva autônoma relacionada com o débito"; ao passo que se for considerada a natureza jurídica da impugnação como ação, tal qual os embargos, a falta de sua apresentação somente acarretaria efeitos endoprocessuais, permitindo, por exemplo, a propositura de ação cognitiva pelo executado para inquirir o crédito exequendo (Paulo Henrique dos Santos Lucon, "Nova execução de títulos judiciais", in *Direito Processual Comparado. XIII Congresso Mundial de Direito Processual*, 1ª ed., Rio de Janeiro, Forense, 2007, pp. 712-713).

171. Tanto os embargos à execução como a impugnação podem ter a natureza de processo autônomo ou ser apenas incidentes do processo de execução, conforme a matéria que veiculem; se nada acrescentam "aos elementos sobre os quais há de recair a cognição do juiz, versando sobre questões atinentes aos requisitos da ação executiva e à validade dos atos executivos, se estará diante, propriamente, de mera defesa incidental" (José Miguel Garcia Medina, *Execução*, 2ª ed., São Paulo, Ed. RT, 2011, pp. 122-123 e 262-263).

poderiam ser discutidos no próprio seio da execução, por meio da chamada "exceção de pré-executividade",[172] na qual o devedor pode suscitar matérias de ordem pública, conhecíveis de ofício, ou, também, matérias relativas ao mérito, desde que baseadas em prova já constituída.[173]

Aquele atingido pela desconsideração da personalidade jurídica pode se insurgir, na execução, também sobre a arrematação e a adjudicação,[174] mesmo considerando não terem sido mantidos os meios dos embargos para o inconformismo quanto a essas formas de alienação, antes previstos no art. 746 do CPC de 1973.

Deve-se considerar, ainda, que pode aquele atingido pela desconsideração da personalidade jurídica, quando executado, utilizar-se de outro processo de conhecimento, como, por exemplo, para desconstituir o título executivo, quer seja judicial ou extrajudicial; mas, se deixar de embargar a execução, somente pode alegar, por meio do processo autônomo, matérias concernentes à relação jurídica de direito material e não aos vícios relativos ao procedimento ou à relação jurídica processual, porque tais matérias estarão cobertas pela preclusão.[175]

10.5.2 Meios de defesa daquele atingido pela desconsideração da personalidade jurídica na execução quando não observado o anterior contraditório

Supondo que no caso concreto não se tenha observado o devido processo legal, com contraditório e ampla defesa, para a desconsideração

---

172. A expressão "exceção de pré-executividade", consoante leciona Marinoni, recebe a crítica da doutrina, posto que não designa o que se pode alegar no curso da execução, para esse fim sendo melhor o termo "objeção", bem como não há sentido em se falar em "pré-executividade" se já se está no curso da execução (Luiz Guilherme Marinoni e Sérgio Cruz Arenhart, *Execução*, cit., 4ª ed., p. 317).

173. Cf. Sidnei Agostinho Beneti, "Desconsideração da sociedade e legitimidade *ad causam*: esboço de sistematização", cit., in Fredie Didier Jr. e Teresa Arruda Alvim Wambier (coords.), *Aspectos Polêmicos e Atuais sobre os Terceiros no Processo Civil e Assuntos Afins*, 1ª ed., p. 1.030.

174. Nesse sentido, também: Pedro Henrique Torres Bianqui, *Desconsideração da Personalidade Jurídica no Processo Civil*, cit., 1ª ed., p. 182; Sidnei Agostinho Beneti, "Desconsideração da sociedade e legitimidade *ad causam*: esboço de sistematização", cit., in Fredie Didier Jr. e Teresa Arruda Alvim Wambier (coords.), *Aspectos Polêmicos e Atuais sobre os Terceiros no Processo Civil e Assuntos Afins*, 1ª ed., p. 1.030.

175. Cf. Flávio Luiz Yarshell, *Tutela jurisdicional e Tipicidade*, São Paulo, Atlas, 1999, p. 261.

da personalidade, já em fase de execução, é de se indagar quais seriam os meios de defesa dos quais se podem valer as pessoas atingidas por essa decisão.

Há alguma celeuma a respeito da condição do responsável secundário no processo de execução, entendendo alguns doutrinadores tratar-se de terceiro,[176] enquanto outros sustentam que se constitui verdadeira parte do processo.[177] Pondere-se, contudo, que o responsável, mesmo que secundário, pode sofrer os efeitos da execução em sua esfera jurídica, mais propriamente em seu patrimônio, pelo quê se deve concluir que, tendo sido citado, passa a ser parte na execução e a ela pode se opor, portanto, por meio de embargos de devedor[178] ou impugnação, conforme o caso.

Dúvidas restariam com relação aos embargos de terceiro como via defensiva para aquele que for atingido por atos de constrição em seu patrimônio se não houve contraditório e nem mesmo decisão reconhecendo o desconhecimento da autonomia subjetiva da pessoa jurídica, havendo opiniões no sentido de ser viável a defesa por embargos de terceiro.[179-180]

Observe-se, contudo, que, se aqueles atingidos foram citados para a execução, não poderão ser considerados terceiros, não lhes cabendo a via de defesa dos embargos de terceiro,[181-182] Esse entendimento não autoriza

176. Nesse sentido: Enrico Tullio Liebman, *Processo de Execução*, 4ª ed., São Paulo, Saraiva, 1980, p. 96; e Sérgio Seiji Shimura, *Título Executivo*, 2ª ed., São Paulo, Método, 2005, p. 55.
177. Nesse sentido: Cândido Rangel Dinamarco, *Execução Civil*, cit., 8ª ed., p. 442.
178. Cf. Rogério Licastro Torres de Mello, *O Responsável Executivo Secundário*, 1ª ed., São Paulo, Quartier Latin, 2006, p. 176.
179. Nesse sentido a jurisprudência: TJRS, 15ª Câmara Cível, ACi 70023669351, comarca de Porto Alegre, rel. Des. Vicente Barroco de Vasconcellos, j. 28.5.2008, v.u.; TRT-3ª Região, AC 4.429/1999, *DJMG* 19.4.2000. Em sentido contrário, entendendo que o sócio-gerente não é terceiro na relação processual: TRT-SP, 8ª Turma, Acórdão 0292008488, DJ 28-592, Proc. 02920004535.
180. Nesse sentido, também: Pedro Henrique Torres Bianqui, *Desconsideração da Personalidade Jurídica no Processo Civil*, cit., 1ª ed., p. 178.
181. Cf. Sidnei Agostinho Beneti, "Desconsideração da sociedade e legitimidade *ad causam*: esboço de sistematização", cit., in Fredie Didier Jr. e Tereza Arruda Alvim Wambier (coords.), *Aspectos Polêmicos e Atuais sobre os Terceiros no Processo Civil e Assuntos Afins*, 1ª ed., p. 1.023.
182. Também assim a jurisprudência: TJSP, 13ª Câmara de Direito Privado, ACi 2011.0000269120, comarca de São Paulo, rel. Des. Francisco Giaquinto, j. 9.11.2011, v.u.; TJSP, 13ª Câmara de Direito Privado, ACi 1.114.318-9, comarca de São Paulo,

concluir que deve o réu se sujeitar ao processo de execução antes de julgado o incidente de desconsideração da personalidade, pois inexistente a decisão que aprecia a extensão de responsabilidade.

Inclinam-se a doutrina e a jurisprudência, com maior razão, ao entendimento de que basta a citação do sócio ou do administrador na execução para que não possam ser considerados terceiros, devendo valer-se, nessa hipótese, da via dos embargos do devedor.[183] Se não houve o anterior contraditório para a desconsideração da personalidade, que definirá se tais pessoas são, ou não, patrimonialmente responsáveis, poderão os embargos à execução versar também sobre a responsabilidade pelas obrigações sociais.[184]

O sócio e o administrador da sociedade podem se valer dos embargos de terceiro quando algum bem que lhes pertença for constrito equivocadamente na execução movida única e exclusivamente à pessoa jurídica, sem que tenha havido sequer decisão no sentido de estender-lhes a responsabilidade e a citação para a execução. O que pede o terceiro embargante é o desfazimento de uma constrição judicial sobre um bem de sua posse ou propriedade.[185] Ou, nas palavras de Mandrioli, "il terzo chiede, con questa azione, che si acerte il suo diritto in quanto incompatibile non già col titolo (giacché in tal caso dovrebbe attaccare il titolo stesso) ma con la soggezione del suo diritto alla responsabilità esecutiva del debitore".[186]

Deve-se considerar, ainda, a fungibilidade dos meios de defesa, ideia que se pode extrair das disposições genéricas do art. 283 do CPC/2015 e que, alargando as vias de acesso ao Judiciário, se encontra em conso-

---

rel. Des. Ulisses do Valle Ramos, j. 26.10.2005, v.u.; TJSP, 22ª Câmara de Direito Privado, ACi 2012.0000255974, comarca de Mogi das Cruzes, rel. Des. Andrade Marques, j. 31.5.2012, v.u.

183. Nesse sentido, sustentando que nessa hipótese cabem embargos do devedor, em vez de embargos de terceiros: André Pagani de Souza, *Desconsideração da Personalidade Jurídica – Aspectos Processuais*, cit., 1ª ed., p. 107; João Paulo Hecker da Silva, *Embargos de Terceiro*, 1ª ed., São Paulo, Saraiva, 2011, pp. 69-70.

Na jurisprudência: STJ, 3ª Turma, REsp 159.659, rel. Min. Ari Pargendler, *DJU* 2.12.2002.

184. Cf. Cândido Rangel Dinamarco, *Instituições de Direito Processual Civil*, 3ª ed., vol. IV, São Paulo, Malheiros Editores, 2009, p. 874.

185. Cf. Cândido Rangel Dinamarco, *Fundamentos do Processo Civil Moderno*, 6ª ed., vol. II, São Paulo, Malheiros Editores, 2009, p. 1.366.

186. Crisanto Mandrioli, "Il terzo nel procedimento esecutivo", *Rivista di Diritto Processuale* IX/198, Pádua, CEDAM, 1954.

nância com os princípios e garantias constitucionais do processo. Nessa hipótese, deve haver a observância do prazo menor dos embargos de devedor[187] ou não haver erro grosseiro na situação concreta, manifestando-se possível dúvida objetiva, para que a defesa do sócio via embargos de terceiro possa e deva ser recebida.[188]

Aquele atingido pela desconsideração da personalidade jurídica pode se valer, ainda, de processos autônomos relativos à ação rescisória, à anulação de ato judicial, à declaração de inexistência de ato judicial, caso pretenda atacar a validade da coisa julgada, como forma de "reação à execução".[189]

10.5.3 A amplitude de defesa daquele atingido pela desconsideração da personalidade jurídica na execução

O título executivo judicial, seja concebido como prova do crédito (Carnelutti), seja como ato ao qual a lei atribui o efeito de permitir a aplicação da sanção (Liebman), confere a relativa certeza de existência do crédito, liquidez e determinação, até porque firma sua força executiva na autoridade da coisa julgada,[190] evidenciada por seu conteúdo imutável e indiscutível, limitador da matéria sobre a qual pode versar a impugnação, restringindo-a àquelas indicadas na lei[191] (art. 525, § 1º, do CPC/2015).

Da mesma forma, o título executivo extrajudicial traz consigo a eficácia executiva, da qual se abstrai qualquer discussão sobre a existência do crédito no processo executivo[192] e muito limita o campo de abrangência das matérias que podem ser alegadas em sede de embargos à execução (art. 917 do CPC/2015).

Tratando-se de pessoas atingidas pela desconsideração da personalidade jurídica que participaram do anterior processo em que se formou

---

187. V. prazos fixados nos arts. 915 e 675 do CPC.
188. Nesse sentido, também: André Pagani de Souza, *Desconsideração da Personalidade Jurídica – Aspectos Processuais*, cit., 1ª ed., pp. 139-140.
189. Cf. Luiz Guilherme Marinoni e Sérgio Cruz Arenhart, *Execução*, cit., 4ª ed., p. 318.
190. Cf. Enrico Tullio Liebman, "Il titolo esecutivo riguardo ai terzi", cit., *Rivista di Ditritto Processuale Civile* XI/133.
191. Cf. Humberto Theodoro Jr., *Processo de Execução*, 21ª ed., São Paulo, Universitária de Direito, 2002, p. 70.
192. Cf. Luiz Guilherme Marinoni e Sérgio Cruz Arenhart, *Execução*, cit., 4ª ed., p. 442.

o título judicial não há que se falar na possibilidade de nova discussão relativa às matérias que seriam alegáveis pelo devedor no anterior processo de conhecimento, como, por exemplo, no caso de responsabilidade aquiliana, a culpa da pessoa jurídica já condenada civilmente.

Por outro lado, é de se indagar se a amplitude da defesa que pode ser apresentada por aquele atingido pela desconsideração da personalidade no processo de execução de titulo judicial ou extrajudicial que não tenha participado do processo em que se formou esse título ou que, no caso de título extrajudicial, não o tenha subscrito em nome próprio deve ser plena ou restrita aos fundamentos da impugnação, dos embargos de devedor ou, eventualmente, dos embargos de terceiro.

Costuma afirmar a doutrina que se o sócio não participou do anterior processo de conhecimento, tratando-se de execução de título judicial deve lhe ser permitido oferecer defesa ampla, e tratando-se de execução de título extrajudicial também se lhe deve conceder a mesma amplitude de defesa conferida ao executado.[193]

Mas, diga-se, a amplitude de defesa do responsável secundário deve ser maior do que a do responsável primário nesse caso. Não se podem igualar aqueles que participaram do anterior processo de conhecimento e aqueles que dele não participaram. A decisão do pedido de desconsideração da personalidade jurídica amplia o polo passivo da execução, e aquele atingido pela desconsideração passará a ser parte, como os demais devedores principais; se a pessoa atingida não foi parte no anterior processo de conhecimento não se lhe pode impor a autoridade do julgado, a imutabilidade do comando que emergiu da anterior sentença; ou, por outras palavras, não deverá sofrer os efeitos da coisa julgada material.

Como adverte Marcelo José Magalhães Bonicio, pelo pedido de desconsideração da personalidade jurídica terceiros passaram a ser possíveis responsáveis, e se não participaram do anterior processo de conhecimento, diante da regra prevista no art. 472 do CPC (agora, no art. 506 do CPC/2015), há que se lhes permitir que "discutam livremente todos os aspectos da condenação, bem como aqueles relacionados à existência da responsabilidade civil secundária".[194] Aliás, já se decidiu que aos sócios

---

193. Cf. Fredie Didier Jr., "Aspectos processuais da desconsideração da personalidade jurídica", cit., in Fredie Didier Jr. e Rodrigo Mazzei (coords.), *Reflexos do Novo Código Civil no Direito Processual*, 2ª ed., pp. 169-170.

194. Marcelo José Magalhães Bonicio, "A dimensão da ampla defesa dos terceiros na execução em face da nova 'desconsideração inversa' da personalidade

não se pode negar o direito de defesa, que nos embargos de devedor se "desdobra em dois planos, vale dizer, negando a qualidade de responsável ou atacando o próprio débito"[195] – o que pode ser estendido a outras vias de defesa na execução. Do contrário se estaria privando alguém de seus bens sem o devido processo legal (CF, art. 5º, LIV).

10.6 Recursos cabíveis sobre a decisão do pedido de desconsideração da personalidade jurídica

O recurso, como meio comum que se deve utilizar para a invalidação ou reforma de uma decisão no mesmo processo em que fora proferida, representa uma via endoprocessual de impugnação. Excepcionalmente, como observa Yarshell, "o sistema permite – ou até impõe – que as decisões sejam revistas mediante a instauração de um novo processo, cujo objeto é precisamente o de controlar a legalidade ou a justiça de uma decisão exarada em relação jurídica diversa".[196]

Para identificar o meio de impugnação adequado à revisão da decisão que desconsidera a personalidade jurídica a primeira questão a ser enfrentada é a da natureza dessa decisão tratando-se de processo autônomo e de incidente do processo. Com base na natureza da decisão abrem-se os possíveis caminhos à sua impugnação por meio dos recursos disponíveis no sistema processual para o exercício do duplo grau de jurisdição.[197]

Como leciona Dinamarco, "em todas as espécies de processos existem provimentos *interlocutórios*, emitidos na pendência do processo, sem

---

jurídica", *Revista do Instituto dos Advogados de São Paulo* 23/242, São Paulo, janeiro-junho/2009.

195. Nesse sentido: STJ, 3ª Turma, REsp 159.659, rel. Min. Ari Pargendler, v.u., *DJU* 2.12.2002.

196. Flávio Luiz Yarshell, *Tutela jurisdicional e Tipicidade*, cit., São Paulo, Atlas, 1999, p. 241.

197. O modelo abstrato de duplo grau de jurisdição significa dupla cognição de mérito sobre a mesma controvérsia, efetuada por dois juízes diversos; mas na realidade dos modelos de direito positivo da *Civil Law*, entretanto, prevalece uma noção concreta de "duplo grau" que se contenta com a possibilidade de um duplo juízo completo, não prevendo como inderrogável a necessária e integral renovação do juízo pelo segundo juiz e, diante de determinadas circunstâncias, relegando a exigência do "duplo grau" a mera eventualidade. Lembra Luigi Paolo Comoglio que aos ordenamentos da *Common Law* são histórica e culturalmente estranhas as exigências de um duplo grau de jurisdição, sem que se percam as noções de *fair trial* e do *due process of law* ("Il doppio grado di giudizio nelle prospettive di revisione costituzionale", *Rivista di Diritto Processuale* 2, abril-junho/1999).

pôr-lhe fim e destinados à preparação do provimento final",[198] aos quais chamamos de provimentos-meios e provimentos-fins. A tutela jurisdicional pretendida, que decidirá a questão trazida a juízo, será solucionada por um provimento-fim, a decisão de mérito.

Considerando que a decisão que desconhece a autonomia subjetiva da pessoa jurídica concede a resposta estatal a um pedido formulado pelo autor, seja ele veiculado por processo autônomo ou por incidente processual, porque resultante de outra ação, já que dirigida em face de outras pessoas, pode-se concluir que se trata de decisão de mérito.

Quando se aborda a desconsideração da personalidade jurídica pleiteada em processo autônomo, seja referente ou não à responsabilização patrimonial, não há dificuldade em identificar que a decisão será veiculada por sentença – e, portanto, cabível o recurso de apelação.

Dispõe o Código de Processo Civil de 2015 (art. 136), ao tratar da desconsideração da personalidade, que essa decisão no incidente é considerada interlocutória, e o art. 1.015, IV, prescreve que é impugnável por agravo de instrumento; o que é fundamental, pois, como observa Cassio Scarpinella Bueno, "são raras – raríssimas, a bem da verdade – as decisões interlocutórias passíveis de contraste imediato" no novo sistema.[199]

A utilização do mandado de segurança contra ato judicial, como afirma José Antônio Remédio, "constitui medida excepcional, porque, em regra, as dificuldades deverão ser resolvidas pelo próprio sistema processual, sem necessidade de se valer da segurança".[200] Assim, considerando, agora, restrita a aplicação do mandado de segurança como meio de impugnação aos atos judiciais, seria esse "remédio" cabível em virtude da decisão que reconhece o pedido de desconsideração?

Segundo Pedro Henrique Torres Bianqui o mandado de segurança seria cabível na hipótese de não ser necessária dilação probatória e não ser cabível a interposição de recurso dotado de efeito suspensivo.[201] Note-se

---

198. Cândido Rangel Dinamarco, *Instituições de Direito Processual Civil*, cit., 7ª ed., vol. I, p. 152.

199. Cassio Scarpinella Bueno, "Desconsideração da personalidade jurídica no Projeto de novo Código de Processo Civil", cit., in Gilberto Gomes Bruschi, Mônica Bonetti Couto, Ruth Maria Junqueira de A. Pereira e Silva e Thomaz Henrique Junqueira de A. Pereira (orgs.), *Direito Processual Empresarial*, 1ª ed., p. 127.

200. José Antônio Remédio, *Mandado Segurança Individual e Coletivo*, 3ª ed., São Paulo, Saraiva, 2010, pp. 288-289.

201. Pedro Henrique Torres Bianqui, *Desconsideração da Personalidade Jurídica no Processo Civil*, cit., 1ª ed., p. 180.

que quando a decisão que decreta a desconsideração da personalidade jurídica se funda em elementos fáticos torna-se inviável ataca-la "no âmbito do *writ*".²⁰²

Sob a égide do Código de Processo Civil de 1973, se a decisão fosse tomada sem a apreciação de qualquer matéria fática e desprovida de fundamentação não havia como negar o cabimento da restrita via do mandado de segurança.²⁰³ Contudo, o Código de 2015 enumera dentre as hipóteses de decisões sujeitas a agravo de instrumento aquela que decide incidente de desconsideração da personalidade jurídica (art. 1.015, IV), que agora, portanto, constitui a via adequada para a impugnação dessas decisões.

Observe-se, porém, que a decisão que desconsidera a personalidade pode ser proferida sem ter sido instaurado o incidente, sem que haja o devido processo para sua efetivação; nessa hipótese, se não houver necessidade de dilação probatória, inegável o cabimento do mandado de segurança, diante da inexistência de outra alternativa para a impugnação imediata da decisão.

Ainda, outra questão desponta relevante: se não houve o devido processo legal para a desconsideração, não tendo o sócio ou administrador integrado a lide na qual se proferiu a decisão que desconsiderou a personalidade jurídica, poderá ele se valer do recurso de terceiro prejudicado?

O terceiro prejudicado, a quem cabe fazer uso do recurso previsto no art. 996 do CPC/2015, é aquele que tem sua esfera jurídica atingida por via reflexa e, por isso, se diz que todo aquele que poderia ter figurado como assistente no processo, por ostentar interesse jurídico, pode recorrer como terceiro prejudicado.²⁰⁴ Contudo, havendo desconsideração da personalidade, com ou sem contraditório, aquele que for por ela atingido o será de forma direta, e não por via reflexa – o que autoriza concluir que

---

202. Nesse sentido: STJ, AgR no RMS 20.240-SP, rel. Min. Luís Felipe Salomão, *DJU* 8.2.2010; e TJSP, 31ª Câmara de Direito Privado, MS 1.166.835-0/5, comarca de São Paulo, rel. Des. Antônio Rigolin, j. 15.4.2008, v.u. Consoante o voto do Relator neste último julgado: "Há tempos se encontra solidificado o entendimento de que o mandado de segurança não constitui um sucedâneo recursal e nem é o instrumento para suprir a omissão da parte na tomada das providências processuais apropriadas. Sua utilização como remédio para atacar decisões judiciais só encontra sentido em situações excepcionais, quando não exista um mecanismo processual adequado para afastar eficazmente a situação de perigo gerada por alguma medida".

203. Nesse sentido: STJ, RMS 25.251-SP, rel. Min. Luís Felipe Salomão, *DJU* 3.5.2010.

204. Cf. Athos Gusmão Carneiro, *Intervenção de Terceiros*, cit., 19ª ed., p. 226.

não será o sócio ou o administrador, nessa hipótese, terceiro prejudicado, mas passará a ser parte do processo. Embora devam ser recebidos os recursos de tais pessoas, devem sê-lo da mesma forma que aqueles postos à disposição dos demais sujeitos do processo, e não como recursos de terceiros prejudicados.

Todavia, o sócio e/ou o administrador poderão fazer uso do recurso previsto no art. 996 do CPC/2015[205] no processo em que figura como ré a pessoa jurídica quando haja sentença condenatória e não tenha sido pleiteada a desconsideração da personalidade jurídica, porque poderão ser responsabilizados secundariamente no futuro.

10.6.1 A extensão dos efeitos do recurso interposto sobre a decisão da ação principal quanto à pretensão de desconsideração da personalidade jurídica

Com relação ao efeito extensivo do recurso porventura interposto, suponhamos a hipótese de ser procedente a ação com relação à sociedade e também procedente a desconsideração da personalidade jurídica; havendo recurso apenas da pessoa jurídica, deve ser revista também a decisão de desconsideração da personalidade? Por outras palavras: pode haver o efeito extensivo (objetivo e subjetivo) do recurso nessa hipótese?

Como sempre haverá litisconsórcio, no mínimo, entre a pessoa jurídica e um de seus sócios ou administradores, seja pleiteada a desconsideração via incidental ou por meio de processo autônomo, deve-se ter em conta que não há autorização legislativa expressa que permita a extensão do efeito devolutivo da apelação à matéria não impugnada e à parte que não tenha recorrido. Todavia, isso não implica impossibilidade de extensão do efeito devolutivo diante de questões que são dependentes de outras, que compõem o objeto do recurso.

Desta maneira, havendo em sede de recurso a reforma da decisão que condenou a pessoa jurídica, não haverá sentido para a manutenção do reconhecimento de extensão de responsabilidade aos seus sócios e/ou administradores, já que esta pressupõe o reconhecimento da existência da obrigação e da responsabilidade da pessoa jurídica. Sendo secundária a responsabilidade dos sócios e administradores, ela somente subsiste se reconhecida a responsabilidade primária.

205. Observe-se que o recurso do terceiro prejudicado abrange todas as modalidades recursais, que, dessa forma, "se abrem ao terceiro prejudicado" (cf. Athos Gusmão Carneiro, *Intervenção de Terceiros*, cit., 19ª ed., p. 229).

Considere-se que o resultado do recurso interposto somente poderá beneficiar o litigante que não participou do segmento recursal,[206] nunca prejudicá-lo, consoante regra que se pode extrair não apenas do disposto no art. 506 do CPC/2015, mas também das garantias constitucionais do processo.

10.7 A impugnação da decisão quanto à desconsideração da personalidade jurídica por ação rescisória

Se a decisão que desconsidera a personalidade jurídica ou nega essa pretensão é decisão de mérito (ainda que determinada por decisão interlocutória), após seu trânsito em julgado deve-se indagar sobre o cabimento de impugnação por meio de ação rescisória.

Consoante a doutrina, aquele atingido pela desconsideração pode se valer das defesas heterotrópicas, como a ação rescisória, demanda anulatória, *querela nullitatis*, demanda declaratória de inexistência de relação jurídica etc.[207]

Se a desconsideração da personalidade não houver sido admitida por falta de pressuposto processual ou condição da ação não há dificuldade, porque não estaremos diante de decisão de mérito e, portanto, não caberá, pela atual sistemática, ação rescisória para desconstituir o julgado, a menos que a decisão terminativa tenha por fundamento uma falsa carência da ação ou a própria coisa julgada, a litispendência ou a perempção.

Contudo, tratando-se de decisão de mérito aquela que resolve a pretensão de desconsideração da personalidade, poderá ser impugnável por ação rescisória. Deve-se ter em conta que a ação rescisória objetiva superar a coisa julgada por meio de uma relação processual diversa daquela em que foi proferida,[208] tendo por objeto, no juízo rescindente,

---

206. Como adverte Silas Silva Santos, "a prejudicialidade em sede de litisconsórcio sucessivo só pode servir de fundamento para autorizar, com o timbre da excepcionalidade, a extensão do efeito devolutivo da apelação quando seja para beneficiar o réu inerte, titular da relação prejudicada, quando se reconheça, no recurso, a inexistência da relação prejudicial imbricada com o litisconsorte recorrente" (*Litisconsórcio Eventual, Alternativo e Sucessivo no Processo Civil Brasileiro*, cit., p. 370).

207. Cf. Pedro Henrique Torres Bianqui, *Desconsideração da Personalidade Jurídica no Processo Civil*, cit., 1ª ed., p. 182.

208. Consoante Sérgio Rizzi, com base nas hipóteses do Código de Processo Civil, os fundamentos à ação rescisória são ligados: (1) *ao juiz* – casos de concussão, prevaricação ou corrupção, ou ainda juiz impedido ou incompetente absolutamen-

decisão de mérito, seja ela estabelecida por sentença (ato que possa pôr fim ao processo ou à fase de conhecimento) ou mesmo por decisão interlocutória, porque projeta efeitos substanciais para além do processo, formando a coisa julgada material.

Além da hipótese mais comum do processo de conhecimento, possível haver decisões que versem sobre mérito também em processos incidentais, cautelares e até mesmo no processo ou fase de execução.[209] Havendo cognição adequada, podem ser proferidas decisões que acolhem a pretensão do exequente das quais decorram, sem dúvida, efeitos substanciais a ensejar, se presente alguma das hipóteses previstas em lei (art. 966 do CPC/2015), a oportunidade de impugnação por meio de ação rescisória.

Como a desconsideração da personalidade, quando dependente de pretensão principal dirigida em face da pessoa jurídica, gera o litisconsórcio sucessivo, é de se concluir que o julgamento da rescisória envolvendo apenas o litisconsorte da relação subordinante (prejudicial) pode gerar efeitos na posição jurídica do litisconsorte atrelado à relação prejudicada,[210] Na matéria atinente à desconsideração, a impugnação da decisão pela pessoa jurídica pode gerar efeitos sobre a posição de seus sócios e administradores, mesmo que não sejam autores da ação rescisória, da mesma forma como ocorre com o efeito devolutivo da apelação. Assim, se procedente a rescisória sobre sentença que anteriormente con-

te; (2) *às partes* – colusão (fraude a lei), dolo da parte vencedora ou invalidade da confissão, resistência ou transação; (3) *à sentença* – violação de literal disposição de lei, erro de fato e ofensa à coisa julgada; (4) *à prova* – prova falsa, invalidade da confissão (erro, dolo, coação ou outros motivos), existência de documento novo (*Ação Rescisória*, 1ª ed., São Paulo, Ed. RT, 1979, pp. 37-43).

209. Embora seja usualmente aceita a conclusão de que "somente os atos decisórios exarados no bojo do processo de conhecimento ensejam" a ação rescisória, porque, nos termos do disposto na lei processual, apenas caberia esse meio de impugnação diante de sentenças de mérito, é preciso enfatizar, conforme leciona Flávio Luiz Yarshell, que no processo de execução a pretensão do demandante no plano substancial pode ser afastada, daí podendo-se concluir que é possível no processo de execução haver decisões aptas à formação de coisa julgada material – e, portanto, passíveis de serem impugnadas via ação rescisória ("Ação rescisória e decisões proferidas no processo de execução", in João Batista Lopes e Leonardo José Carneiro da Cunha (coords.), *Execução Civil (Aspectos Polêmicos)*, 1ª ed., São Paulo, Dialética, 2005, pp. 151-158).

210. Cf. Silas Silva Santos, *Litisconsórcio Eventual, Alternativo e Sucessivo no Processo Civil Brasileiro*, cit., p. 378.

denou a pessoa jurídica, agora não haverá sentido em se falar em extensão de responsabilidade aos sócios e administradores caso não renovada a condenação da sociedade.

Veja-se, ainda, que, se a decisão impugnada for inexistente, inadequada será a via da ação rescisória (de provimento constitutivo negativo, no juízo rescindente), bastando a propositura de demanda que objetive a declaração de inexistência, já que não há o que desconstituir. A via de impugnação da sentença inexistente não preclui, porque não se forma a coisa julgada.

10.8 Verbas de sucumbência na desconsideração da personalidade jurídica

10.8.1 O custo do processo para as partes

A maneira de se resolver a questão da atribuição do custo do processo tem se modificado no decorrer da História, passando pela adoção de teorias que se apoiaram em fundamentos de ordens diversas. Evoluiu-se da concepção inicial, que atribuía esse custo a uma das partes apenas como exceção, condenando-se o litigante temerário (teoria da pena), passando para a ideia de ressarcimento, pela qual se conferia o direito de reembolso das despesas do processo à parte adversa, quando, havendo culpa em sentido lato, poderia ser evitada a demanda (teoria do ressarcimento). No estágio moderno já não prevalece essa orientação, predominando a noção de sucumbência pura e simples, sistema que impõe a obrigação de reembolso dos custos do processo independentemente de dolo ou culpa da parte sucumbente.[211]

Como vige atualmente esse sistema de responsabilidade objetiva para a atribuição do custo do processo, basta a existência do nexo de causalidade e do dano. A sucumbência, embora não seja o único motivo

---

211. Cf. Giuseppe Chiovenda, *La Condanna nelle Spese Giudiziali*, 2ª ed., Roma, Società Editrice del Foro Italiano, 1935, pp. 155-173. Refere-se o autor ao processo histórico que precedeu o direito judiciário moderno, até se chegar à moderna concepção da condenação às despesas do processo, condicionada apenas à sucumbência pura e simples, independentemente do ânimo do sucumbente. Aborda o autor desde as teorias de Hennemann e Ememerich sobre a teoria da pena, difundida sobre as leis romanas, que tem apenas um interesse histórico de interpretação, como, também, a teoria do ressarcimento, apoiada nas ideias de Weber, até chegar à doutrina que lhe era contemporânea.

para a condenação, é o principal elemento da relação de causalidade,[212] que impõe os custos do processo a quem lhe deu causa, a quem o tornou necessário (princípio da causalidade), independentemente de culpa. O dano configura-se pela existência de gastos suportados pelas partes no decorrer do processo.

Se a sucumbência não cobre todas as situações na questão de atribuição dos custos do processo, também a ideia de causalidade não se aplica a todas as situações possíveis, havendo hipóteses nas quais a intervenção judicial é o único meio para se obter o que se pretende, independentemente de haver culpa de quem quer que seja. Nesses casos a atribuição dos custos do processo deve observar o princípio do interesse, recaindo sobre a parte interessada na tutela jurisdicional pleiteada.[213]

A atuação da vontade da lei deve garantir que o bem devido seja restituído na maior integridade possível, sendo este o fundamento que justifica a atribuição do custo do processo ao sucumbente, pois tudo o que foi necessário para reconhecê-lo como devido concorre para diminuí-lo e, portanto, deve ser restituído, para que haja a tutela integral do direito demandado.[214] No dizer de Liebman, "como seria injusto onerar o vencedor com as despesas que foram necessárias para obter o reconhecimento do seu direito, elas deverão recair sobre o sucumbente: (...)".[215]

As despesas processuais e os honorários advocatícios[216] inserem-se no contexto das obrigações do processo, distinguindo-se dos ônus que

212. A responsabilidade da parte para o caso de sucumbência, como aponta Francesco Carnelutti, "fondata sul principio dell'agire a proprio rischio, non è dunque in contrasto con il diritto di azione. Essa è però e deve essere una responsabilità limitata al puro costo del processo affinché non costituisca una remora soverchia all'esercizio dell'azione" (*Diritto e Processo*, cit., p.123).
213. Cf. Bruno Vasconcelos Carrilho Lopes, *Honorários Advocatícios no Processo Civil*, 1ª ed., São Paulo, Saraiva, 2008, p. 37.
214. Cf. Giuseppe Chiovenda, *La Condanna nelle Spese Giudiziali*, cit., 2ª ed., pp. 175-176.
215. Cf. Enrico Tullio Liebman, *Manual de Direito Processual Civil*, cit., 3ª ed., vol. I, p. 171.
216. As despesas processuais são compostas por todos os valores que serão devidos ao Estado, como custas e emolumentos, e aos agentes estatais, como o custo de realização de diligências, além da remuneração devida aos auxiliares eventuais da Justiça; os honorários, por sua vez, podem ser os contratados e os de sucumbência, estes devidos por quem deu causa ao processo ao advogado de seu oponente (cf. Bruno Vasconcelos Carrilho Lopes, *Honorários Advocatícios no Processo Civil*, cit., 1ª ed., p. 8).

seriam "requisitos de eficácia de certos atos da parte (por exemplo, o preparo de recurso) ou para que ela obtenha a realização de certos atos judiciais (por exemplo, para que a perícia se realize)".[217] A sucumbência, portanto, resulta na imposição ao vencido de restituir as custas pagas pela outra parte, bem como de pagar honorários do advogado do oponente.

Cabe indagar, nesta matéria, se serão devidas as verbas de sucumbência quando a desconsideração da personalidade jurídica se dá por meio de processo autônomo e em situações em que o pedido se faz pela via incidental, sempre com vistas ao princípio da causalidade.

10.8.2 A sucumbência na desconsideração da personalidade jurídica

Quando pleiteada a desconsideração da personalidade por processo autônomo não há maiores dificuldades para se concluir que ao vencido será atribuído o custo do processo, consoante a regra geral preconizada na lei processual (CPC/2015, art. 82), não havendo qualquer justificativa para subtrair essa hipótese da sanção prevista.

Quando o pedido de desconsideração da personalidade objetiva a responsabilização patrimonial, seja pleiteada no próprio processo principal, na fase de conhecimento ou de execução, ou por meio de incidente específico, não deixará de ser um incidente do processo,[218] porque não é apenas uma mera questão incidente, já que se refere a parcela do mérito da causa. Porém, o pedido de desconsideração da personalidade nessa hipótese não chega a constituir um processo incidente, porque, além de

---

217. Cândido Rangel Dinamarco, *Intervenção de Terceiros*, cit., 5ª ed., p. 143. Ainda sobre ônus do processo, do mesmo autor, v.: *A Instrumentalidade do Processo*, 15ª ed., São Paulo, Malheiros Editores, 2013, p. 237 – em que esclarece que "existem *ônus absolutos ou relativos* (*perfeitos* ou *menos perfeitos*), conforme seu descumprimento conduza fatal e invariavelmente à consequência favorável ou prive inexoravelmente o sujeito de uma situação vantajosa possível – ou somente torne improvável a vantagem ou provável o prejuízo".

218. "Os incidentes do processo" – como adverte Dinamarco – "são mais que mera questão incidente e dela diferem, porque eles não são questões mas modos de resolvê-las. E são menos do que os processos incidentes, porque estes têm autonomia como relação processual, e os meros incidentes não – os quais fazem parte do processo em que são suscitados e o ato que os julga é *decisão interlocutória* e não sentença, porque não decide o *meritum causae* e não aplica nenhuma das hipóteses de extinção do processo sem julgamento do mérito (...)" (*Instituições de Direito Processual Civil*, cit., 6ª ed., vol. II, p. 478).

não ter a autonomia necessária, com objeto independente, não tem o poder de levar à extinção ou mesmo à redução do objeto do processo principal, características básicas que fazem distinguir o *incidente do processo* do *processo incidente*.

A desconsideração da personalidade na hipótese de responsabilização patrimonial, mesmo sendo apenas um incidente processual, gera custos às partes, relativos às despesas processuais e ao pagamento do trabalho do advogado. O Código de Processo Civil de 2015 é expresso ao dispor que "a sentença condenará o vencido a pagar ao vencedor as despesas que adiantou" (§ 2º do art. 82); contudo, restritivamente, somente há referência às "despesas", e não aos honorários advocatícios, que deverão, portanto, ser fixados como determina o § 2º do art. 85 do CPC/2015.

Note-se que o fato de serem fixados os honorários, por regra, somente no processo principal, no momento final da sentença, não dispensa de ser levado em consideração, além de outros fatores expressos na própria lei (art. 85, § 2º, do CPC/2015), o trabalho desenvolvido nos incidentes, como o caso daquele destinado à desconsideração da personalidade, indispensável para a atuação da vontade da lei, diante da insuficiência patrimonial do devedor.

Deve ser observado também que há situações nas quais a fixação de honorários advocatícios deve ser feita no próprio incidente de desconsideração da personalidade jurídica, como na hipótese na qual ele é extinto sem julgamento do mérito (por exemplo, por falta de condição da ação) ou mesmo quando é julgado improcedente. É importante lembrar que o incidente em questão, apesar de se referir à mesma causa discutida no processo principal, é resultado de um diverso direito de ação, agora exercido em face dos sócios e/ou administradores da pessoa jurídica; e, não se reconhecendo a pretensão veiculada pelo incidente, excluídas estarão tais pessoas da relação processual, não havendo, portanto, justificativa alguma para que aguardem até o final do processo para se verem ressarcidas das despesas processuais e dos honorários advocatícios.

No caso de procedência do pedido de desconsideração, como se trata apenas de incidente do processo e não de processo incidente, na sentença do processo principal devem ser levados em consideração o trabalho desenvolvido pelo advogado no incidente respectivo, como dissemos, bem como os limites máximos estatuídos pela lei processual (§ 2º do art.

85 do CPC/2015), ou seja, os honorários, que serão fixados em uma só condenação, não deverão exceder, somados, o limite de 20% do valor da condenação.[219]

O capítulo da sentença que condena a parte ao pagamento de honorários ao advogado da parte adversa refere-se a uma sanção processual de cunho indenizatório, porque é relativa à obrigação imposta a uma das partes em virtude de ter dado causa ao processo. Veja-se que a atribuição dos honorários ao advogado da parte vencedora, e não propriamente a esta, se opõe inicialmente à noção de ressarcimento do vencedor; contudo deve-se ponderar, como salienta Bruno Vasconcelos Carrilho Lopes, que "de algum modo a ideia de ressarcimento é preservada, pois eventual condenação em honorários certamente será considerada na estipulação dos honorários contratuais, o que contribui para diminuir o seu valor".[220]

Por ter cunho indenizatório, a condenação em honorários não deve ser feita de forma simbólica, como também não deve ser excessiva, devendo corresponder ao trabalho realizado pelo profissional que representa a parte, calculados em percentual sobre o benefício econômico obtido pela parte ou sobre o pleiteado e não obtido ou, ainda, a sua repartição entre as partes pela proporção entre o que se pediu e se obteve.[221]

Os critérios para a fixação de honorários são aqueles constantes do § 2º do art. 85 do CPC/2015. E, como a desconsideração da personalidade jurídica, quando utilizada para fins de responsabilização patrimonial, gera a extensão de responsabilidade sobre certas e determinadas obrigações (CC, art. 50), a eventual condenação se reportará ao valor dessas obrigações, e sobre esse montante haverá a condenação total ou parcial, que servirá de base para o cálculo dos honorários, na sentença do processo, ao final da execução ou mesmo no próprio incidente, nas hipóteses que já referimos, consoante os limites fixados na lei (CPC/2015, art. 85, § 2º).

---

219. Sendo a desconsideração um incidente do processo, na condenação do sócio no incidente e da sociedade no processo principal aos honorários da parte adversa deve ser respeitado o limite imposto na lei processual (CPC/2015, art. 85, § 2º). Note-se que, embora haja mais de um sujeito no polo passivo da relação processual, há apenas uma causa, somente um bem da vida é disputado.
220. Bruno Vasconcelos Carrilho Lopes, *Honorários Advocatícios no Processo Civil*, cit., 1ª ed., p. 49.
221. Sempre com vistas ao disposto no art. 85, § 2º, do CPC/2015.

Caso a desconsideração da personalidade não objetive propriamente a responsabilização, não havendo, por consequência, sentença condenatória, deve ser levado em conta o benefício econômico auferido pelo vencedor[222] em virtude do resultado do processo.

No litisconsórcio passivo o valor total da condenação em honorários advocatícios será repartido proporcionalmente entre os vencidos (CPC/2015, art. 87). E na ausência de critério que dê ensejo à dita proporcionalidade a distribuição da responsabilidade deve ser relativa ao interesse de cada um dos litigantes, ou seja, na medida em que sua esfera jurídica seja atingida pelo que dispõe a sentença.

Note-se que havendo litisconsórcio – e sempre haverá no caso de desconsideração da personalidade jurídica, no mínimo entre a sociedade e um dos sócios ou administradores, seja pleiteada de forma incidental, seja por meio de processo exclusivo para essa finalidade – cada litisconsorte será considerado vencido ou vencedor na medida de seu êxito ou de seu insucesso. E, nesse sentido, deverão ser atingidos pelas verbas de sucumbência "na medida em que se sagrem derrotados ou vitoriosos em relação à específica porção do litígio que lhes afeta".[223] Assim, na fase de conhecimento, se procedente a ação em face da pessoa jurídica e improcedente o incidente de desconsideração da personalidade, deverá o autor, apesar de ter direito a honorários diante da pessoa jurídica, ser condenado às verbas de sucumbência em relação aos réus da desconsideração, inclusive aos honorários advocatícios. Da mesma forma no processo ou fase de execução, pois, apesar de ser devido o valor exigido do responsável primário, pode não haver responsabilidade secundária dos sócios ou administradores.

A distribuição de despesas determinada pelo Código de Processo Civil de 2015 (art. 86) como solução para a hipótese de haver sucumbência recíproca deve ser entendida no contexto da disciplina dos custos do processo; e, desta maneira, considerando que os honorários de sucumbência são devidos ao advogado e não à parte vencedora e que, dessa forma, devedores e credores são pessoas diversas, o que impede que haja propriamente compensação, deve-se entender que essa disposição determina que sejam levadas em conta as derrotas parciais, e, portanto, somente se

---

222. Cf. Bruno Vasconcelos Carrilho Lopes, *Honorários advocatícios no Processo Civil*, cit., 1ª ed., p. 144.
223. Silas Silva Santos, *Litisconsórcio Eventual, Alternativo e Sucessivo no Processo Civil Brasileiro*, cit., p. 338.

determinará a obrigação de pagamento das despesas do processo sobre o excedente de condenação, ou seja, sobre o que uma parte obteve a mais que o seu oponente.

Sendo a parte beneficiária da gratuidade da justiça,[224] nos termos que dispõem os arts. 98 a 102 do CPC/2015, estaremos diante de presunção relativa, que admite, portanto, prova em contrário, a ser requerida pela parte adversa ou mesmo determinada de ofício, por ser questão de ordem pública.

Pode ocorrer, em casos de pretensão à desconsideração da personalidade, que seja sócia da devedora outra pessoa jurídica, o que não exclui a possibilidade de concessão dos benefícios da assistência judiciária por esse simples motivo (art. 98 do CPC/2015). Aliás, como lembra Dinamarco, fechar as portas da Justiça às pessoas jurídicas equivaleria, em última análise, a fechá-las aos seus integrantes.[225]

10.8.3 A sucumbência na desconsideração da personalidade pleiteada incidentalmente aos processos coletivos

Pode haver a necessidade de ser pleiteada a desconsideração da personalidade da pessoa jurídica ré nos processos coletivos caso constatada a impossibilidade de cumprimento do que tiver sido decidido na sentença ou do que eventualmente venha a ser decidido, em virtude da insolvência a que reduzida a sociedade pela conduta dos seus membros, sócios e administradores, e até mesmo diante de sua constituição com capital evidentemente inadequado, em face dos riscos oriundos das atividades desenvolvidas ou da desproporção com o volume de negócios empreendidos pela pessoa jurídica.

Nessas situações há de se questionar a quem serão atribuídos os custos relativos a esse específico incidente relativamente às despesas e aos honorários advocatícios. Apesar de não haver em boa parte das situações, como abordamos, uma condenação específica de honorários para o incidente do processo, há hipóteses que escapam à regra, nas quais devem ser arbitrados os honorários advocatícios no próprio incidente, e,

---

224. A assistência jurídica integral encontra fundamento nos direitos e garantias individuais e coletivos, na promessa de que "o Estado prestará assistência jurídica integral aos que comprovarem insuficiência de recursos" (CF, art. 5º, LXXIV).

225. Cândido Rangel Dinamarco, *Instituições de Direito Processual Civil*, cit., 6ª ed., vol. II, pp. 698-699.

ainda que não se refira a situação concreta a uma dessas hipóteses, o juiz deve levar em conta o trabalho desenvolvido pelos advogados da parte vencedora também em relação aos incidentes do processo, como é o caso da desconsideração da personalidade jurídica.

Como exceção ao sistema geral previsto no Código de Processo Civil de 2015 (art. 95), a Lei 7.347/1985, que trata da chamada "ação civil pública", e o Código de Defesa do Consumidor dispõem que "não haverá adiantamento de custas, emolumentos, honorários periciais e quaisquer outras despesas, nem condenação da associação autora, salvo comprovada má-fé, em honorários de advogado, custas e despesas processuais".[226]

É clara a isenção de adiantamento das despesas pelo autor do processo coletivo, para qualquer dos legitimados,[227] o que se deve aplicar também à desconsideração da personalidade jurídica, já que é medida instrumental para a efetivação dos direitos reconhecidos na sentença. Ao final do processo, se procedente a pretensão veiculada pelo incidente, ao vencido serão impostas as despesas processuais, e no caso de improcedência deverá responder por elas a Fazenda Pública.

Também é evidente a isenção concedida às associações no tocante às despesas do processo coletivo, havendo, na hipótese, incentivo às ditas entidades para a utilização desse instrumento fundamental à democracia. O estímulo concedido às associações se dá em vista da provável falta de recursos ou do risco de condenação em valores elevados, que poderiam ser óbices à atuação desses entes em juízo, na defesa do interesse público.[228]

No entanto, discute-se se a referida isenção seria aplicável aos demais legitimados ao processo coletivo, Ministério Público, entes personalizados e despersonalizados, dividindo-se a doutrina e a jurisprudência sobre a questão.[229]

---

226. Cf. art. 18 da Lei 7.347/1985 e art. 87 da Lei 8.078/1990.
227. Cf. Ricardo de Barros Leonel, *Manual do Processo Coletivo*, 3ª ed., São Paulo, Ed. RT, 2013, pp. 442-449.
228. Cf. Bruno Vasconcelos Carrilho Lopes, *Honorários Advocatícios no Processo Civil*, cit., 1ª ed., pp. 116-117.
229. Isentando o Ministério Público em relação às verbas de sucumbência: STJ, 2ª Turma, REsp 493.823-DF, rela. Min. Eliana Calmon, j. 9.12.2003, v.u.; STJ, 1ª Turma, REsp 931.198-RS, rel. Min. José Delgado, j. 6.12.2007, v.u., *DJU* 1.2.2008; TJSP, 1ª Câmara Reservada do Meio Ambiente, ACi 9106564-69.2008.8.26.0000, comarca do Guarujá-Vicente de Carvalho, rel. Des. João Negrini Filho, j. 24.5.2013, v.u.

Quanto ao Ministério Público, alguns doutrinadores, apoiados no argumento da responsabilidade do Estado pela atuação do *Parquet*, sustentam que os dispositivos específicos da Lei de Ação Civil Pública e do Código de Defesa do Consumidor se referem exclusivamente às associações, e não ao Ministério Público.[230]

Ressalte-se, contudo, que o Ministério Público não defende interesses próprios;[231] incumbe-lhe, antes, a defesa da ordem jurídica, do regime democrático e dos interesses sociais indisponíveis (CF, art. 127). Nesse âmbito fundamental a atuação do Ministério Público deve se dar em causas que apresentem interesse público, e em muitas oportunidades sustenta o *Parquet* pretensões em face do próprio Estado, representando a sociedade na defesa dos interesses supraindividuais. Nesse ponto reside a característica que o diferencia dos demais entes estatais, personalizados ou não, que, embora também possam atuar em favor do bem comum, sequer podem se voltar em juízo contra a própria Administração Pública. Diz Mazzilli que, "como órgão estatal, quando o Ministério Público oficia, é como se o próprio Estado o estivesse fazendo". Contudo, a esse entendimento deve-se objetar que a atuação do *Parquet* não se refere à atuação dos interesses do Estado, mas aos interesses da sociedade.

Note-se que o Ministério Público, no exercício de suas atribuições, consoante expressa previsão constitucional (art. 128, § 5º, II, "a"), não deverá receber honorários advocatícios; e, nesse contexto, não deverá a parte que lhe seja contrária, mesmo tendo dado causa ao processo, ser condenada ao pagamento dessa verba.[232] O mesmo motivo que levou o legislador constitucional a determinar a proibição do recebimento de honorários por parte do Ministério Público justifica a impossibilidade de

---

230. Nesse sentido: Cândido Rangel Dinamarco, *Instituições de Direito Processual Civil*, cit., 6ª ed., vol. II, pp. 672-673; Hugo Nigro Mazzilli, *A Defesa dos Interesses Difusos em Juízo*, 24ª ed., São Paulo, Saraiva, 2011, p. 621; Rodolfo de Camargo Mancuso, *Ação Civil Pública*, 11ª ed., São Paulo, Ed. RT, 2009, p. 406; Pedro da Silva Dinamarco, *Ação Civil Pública*, 1ª ed., São Paulo, Saraiva, 2001, p. 263.

231. José Geraldo de Brito Filomeno, baseado na lição de Redenti, vê "na atividade do Ministério Público aquela tendente a uma plena atuação do ordenamento jurídico, o que o exclui da sucumbência nos encargos do processo". E, nesse sentido, "quando a ação do Ministério Público é acolhida, nem por isso deve ser atribuída ao Erário a despesa do juízo, eis que o custo da atividade do Ministério Público está incluído entre as despesas de caráter geral do Estado" (*Manual dos Direitos do Consumidor*, 8ª ed., São Paulo, Atlas, 2005, p. 465).

232. Nesse sentido: STJ, 4ª Turma, REsp 275.980-PR, rel. Min. Barros Monteiro, j. 28.8.2001, v.u., *DJU* 19.11.2001.

que seja esse órgão condenado por tais verbas, ainda que carreadas ao Estado. Tais medidas objetivam que não haja influência alguma a mover a atuação do *Parquet*, de interesse pessoal ou de receio, que não seja o intuito de defesa dos interesses da sociedade.

O mesmo não se pode dizer em relação aos demais entes estatais, personalizados ou não, que podem, a nosso ver, ser condenados ao pagamento de honorários advocatícios. Há que se levar em conta a distinção entre interesse público primário e secundário, o primeiro identificado "pelo complexo dos interesses individuais prevalentes em uma dada organização jurídica da coletividade", e o segundo correspondente aos interesses do aparelho organizativo da Administração, que nem sempre coincidem com o interesse de toda a coletividade[233] e que eventualmente podem ser defendidos pelos entes estatais, personalizados ou não, sob o pretexto de defesa do interesse supraindividual. Desta forma, não há motivo para isenção de qualquer dos custos do processo aos demais legitimados que não sejam as associações ou o Ministério Público.

A disposição contida no parágrafo único do art. 87 do CDC, que estabelece a responsabilidade dos diretores de associação pela litigância de má-fé na tutela coletiva, prevê verdadeira hipótese de desconsideração da personalidade jurídica do ente legitimado, para atingir seus gestores de modo a responsabilizá-los. Se o legislador concede incentivo às associações, isentando-as de antecipar as despesas do processo e dos encargos da sucumbência, como pondera Ricardo de Barros Leonel, "é justo que estabeleça a sanção para que não haja mau uso do instrumento".[234]

Diz Kazuo Watanabe que o parágrafo único do art. 87 do CDC não objetivou limitar às associações as responsabilidades pela litigância de má-fé, mas tão somente dispôs que, em virtude da desconsideração da personalidade jurídica, "também os diretores responsáveis pela propositura da ação deverão ser condenados, e não apenas a associação por eles representada, e ainda cuidou de estabelecer uma penalidade específica, que é a de pagamento do décuplo das custas, além da verba advocatícia e condenação em perdas e danos".[235]

---

233. Cf. Renato Alessi, *Sistema Istituzionale del Diritto Amministrativo Italiano*, 3ª ed., Milão, Giuffrè, 1960, p. 198.
234. Ricardo de Barros Leonel, *Manual do Processo Coletivo*, cit., 3ª ed., p. 445.
235. Kazuo Watanabe e outros, *Código Brasileiro de Defesa do Consumidor Comentado pelos Autores do Anteprojeto*, 8ª ed., Rio de Janeiro, Forense Universitária, 2005, p. 851.

Todos os legitimados responderão pelos excessos, qualificáveis como litigância de má-fé,[236] conforme hipóteses elencadas na lei processual (CPC/2015, art. 80), pois contraria o espírito da lei a atitude temerária na propositura de demandas manifestamente infundadas, hipótese em que tais encargos deverão ser custeados pelo Estado.

10.8.4 A sucumbência na desconsideração da personalidade pleiteada incidentalmente à falência

A anterior Lei de Falências, o Decreto-lei 7.661/1945, dispunha que "a massa não pagará custas a advogado dos credores e do falido",[237] e com essa previsão se poderia pensar que nos incidentes do processo de falência sujeitos à aplicação da lei anterior, como as habilitações de crédito, mesmo que impugnadas, não caberia a condenação da massa falida ao pagamento de custas e honorários advocatícios, salvo nos pedidos de restituição, para os quais havia previsão expressa no sentido da condenação às "despesas" do processo caso fosse a pretensão contestada (art. 77, § 7º, do Decreto-lei 7.661/1945).

Tenha-se em conta que o referido decreto-lei veio a lume quando vigente o Código de Processo Civil de 1939, que contemplava o sistema de responsabilidade subjetiva quanto à matéria de atribuição das despesas do processo e dos honorários advocatícios, somente havendo condenação do vencido a essas verbas na ocorrência de dolo ou culpa. A adesão ao sistema da responsabilidade objetiva veio somente em 1965, pela Lei 4.632, que modificou o art. 64 do CPC de 1939, deixando de exigir o elemento subjetivo como requisito para a condenação em honorários.[238]

Nesse contexto, após a vigência da Lei 4.632/1965, do Código de Processo Civil de 1973 e também do Código de Processo Civil de 2015, aplicável supletivamente à matéria falimentar, é de se concluir que quando haja litigiosidade, com resistência à pretensão do credor, possível a condenação da massa ou mesmo dos pretensos credores nas despesas

---

236. Nesse sentido: Ricardo de Barros Leonel, *Manual do Processo Coletivo*, cit., 3ª ed., pp. 445-449; Hugo Nigro Mazzilli, *A Defesa dos Interesses Difusos em Juízo*, cit., 24ª ed., p. 627; Kazuo Watanabe e outros, *Código Brasileiro de Defesa do Consumidor Comentado pelos Autores do Anteprojeto*, cit., 8ª ed., p. 851.

237. Cf. art. 208, § 2º, do Decreto-lei 7.661/1945.

238. Tratavam da matéria atinente aos custos do processo e honorários advocatícios os arts. 63, 64 e 205 do CPC de 1939 (cf. Bruno Vasconcelos Carrilho Lopes, *Honorários Advocatícios no Processo Civil*, cit., 1ª ed., pp. 44-45).

do processo e honorários de sucumbência.²³⁹ Quando houver pretensão resistida passa-se da fase meramente administrativa, em que o credor pleiteia o reconhecimento do seu crédito, para uma verdadeira demanda judicial, resultante do direito de ação exercido em face da falida, na qual o juiz deve solucionar um conflito de interesses concreto.

Também à desconsideração da personalidade jurídica, pleiteada em muitas oportunidades no próprio processo de falência, ainda que em via incidental à execução concursal, sob a égide da Lei Falimentar anterior deveriam ser aplicadas as disposições do Código de Processo Civil de 1973 (arts. 20 e ss.), relativas às despesas processuais e honorários advocatícios, eis que, consoante o princípio da causalidade, de forma objetiva, deveria ser reconhecida a responsabilidade por tais verbas a quem deu causa ao incidente.

Sob a vigência da lei atual, a Lei 11.101/2005, e do Código de Processo Civil de 2015 também não resta dúvida alguma. Note-se que a atual Lei de Recuperações e Falências dispõe que não serão exigíveis do devedor "as despesas que os credores fizerem para tomar parte na recuperação judicial ou na falência, salvo as custas judiciais decorrentes de litígio com o devedor" (art. 5º, II). Por tal disposição, não estão incluídos os honorários advocatícios, que não se classificam no conceito estrito de despesas,²⁴⁰ bem como as próprias despesas processuais, se houver litigiosidade.

Assim como nos demais incidentes da falência,²⁴¹ pode ser condenada ao pagamento de honorários advocatícios e despesas processuais a

239. Nesse sentido, também: Yussef Said Cahali, *Honorários Advocatícios*, 3ª ed., São Paulo, Ed. RT, 1997, p. 1.226; Rubens Requião, *Curso de Direito Falimentar*, 14ª ed., vol. I, São Paulo, Saraiva, 1995, p. 269.
240. Cf. Ronaldo Vasconcelos, *Direito Processual Falimentar*, 1ª ed., São Paulo, Quartier Latin, 2008, p. 218.
241. Abordando a questão dos honorários nas falências e recuperações judicias, mais especificamente em seus incidentes, leciona Ronaldo Vasconcelos que "não há razão para serem devidos honorários advocatícios nas habilitações não impugnadas. Se for provado seu direito à habilitação, haverá pura e simples inscrição na classe adequada e no valor pertinente, inexistindo qualquer culpa da massa falida pela não inscrição originária do crédito. De outro norte, caso sua pretensão seja resistida, por meio da ação incidental de impugnação ou apresentação de contestação ao crédito na habilitação, nascerá em seu favor, se vitorioso, o direito aos honorários advocatícios diante da inexistência de causa suficiente para a condenação" (*Direito Processual Falimentar*, cit., 1ª ed., p. 267).

massa falida no pedido de desconsideração da personalidade não acolhido – julgado extinto por qualquer motivo ou improcedente –, bem como, se procedente, podem ser condenados os sócios ou administradores, eis que não há nenhuma disposição a excluí-los da regra geral de atribuição dos custos do processo em caso de sucumbência, conforme previsão da lei processual (§ 2º do art. 82 do CPC/2015).

Considere-se que, salvo a mencionada exceção prevista no inciso II do art. 5º da Lei 11.101/2005, a matéria falimentar é regida única e exclusivamente, no tocante à atribuição do custo do processo, pelas disposições do Código de Processo Civil, aplicável supletivamente à matéria falimentar.[242]

Exceção que se deve fazer refere-se ao Ministério Público, valendo para esse órgão na falência o que dissemos em relação aos processos coletivos. Se propuser o *Parquet* o pedido de desconsideração da personalidade jurídica incidentalmente à falência, sendo julgado improcedente ou extinto sem julgamento do mérito não deverá haver condenação em honorários advocatícios; como também, pelos argumentos expendidos, não devem ser condenados a essa verba aqueles atingidos pela desconsideração desde que pleiteada pelo Ministério Público, tanto incidentalmente à falência como a qualquer outro processo, por questão de isonomia entre as partes e como aplicação do princípio da proporcionalidade, que não se deve perder de vista.

10.9 A coisa julgada e a desconsideração da personalidade jurídica

A coisa julgada tem por objetivo o impedimento à eternização dos conflitos, com vistas à garantia da paz social e da segurança jurídica. Mas há de ser contida por limites[243] subjetivos e objetivos, para que terceiros

---

242. Cf. art. 189 das "Disposições Finais e Transitórias" da Lei 11.101/2005.

243. Consoante ensina José Rogério Cruz e Tucci, na experiência jurídica romana já se tinha em mente coibir o ajuizamento de ação com objeto idêntico; para isso, formularam a teoria dos *tria eadem*, sendo Neracio o primeiro a identificar os três elementos da ação indispensáveis para a aplicação da coisa julgada. Ainda no período clássico sofisticou-se a caracterização da coisa julgada para não se exigir, necessariamente, a identidade de pessoas, mas a identidade de posição jurídica, como, por exemplo, os condôminos de um imóvel, demonstrando que a concepção jurídica romana sobre coisa julgada já ostentava clara delimitação subjetiva, posto que a sentença proferida entre as partes não deveria atingir terceiros. No transcorrer do século XIX a evolução da doutrina deu lugar à teoria da representação de Savigny e à teoria da eficácia reflexa de Ihering, as quais, tratando da coisa julgada sempre pela ótica civilista, não diferenciavam a situação do terceiro juridicamente indiferente e do

ou mesmo as partes não tenham violadas importantes garantias constitucionais em matéria processual.

Com a finalidade de evitar o risco de injustiças e garantir a todos o devido processo legal, permeado pela ampla defesa e pelo contraditório, em nosso direito positivo a regra geral é a de que terceiros não devem ser atingidos pela imutabilidade da sentença (princípio da relatividade da coisa julgada), consoante disposição contida no art. 506 do CPC/2015. Evidentemente, é contrária à ordem constitucional a imposição da coisa julgada a quem não foi parte do processo, não integrou a relação jurídica processual e, portanto, não participou do contraditório, exceto no caso do julgamento que favorece terceiro.[244]

No Brasil houve evidente adesão à teoria de Liebman, no sentido de ser concebida a coisa julgada como a imutabilidade do comando emergente da sentença, aplicável somente às partes, distinguindo-a dos efeitos da sentença, que, como ato emanado do Estado, dirige-se a todos.[245] Nesse sentido, a autoridade da coisa julgada não pode ser identificada de modo algum com a eficácia da sentença.[246]

Sob o aspecto objetivo há um liame entre o objeto do processo, o objeto da sentença e os limites objetivos da coisa julgada, tomando em

terceiro juridicamente interessado (sujeito ou não à exceção da coisa julgada), o que veio posteriormente com Betti e Carnelutti. Mas todas essas teorias não distinguiam a eficácia da sentença da autoridade do julgado, o que somente veio a ocorrer no século passado, com a teoria da eficácia natural de Enrico Tullio Liebman, segundo a qual a sentença, como ato do Estado soberano, a todos se dirige (eficácia natural); ao passo que a autoridade do julgado se consubstancia em sua imutabilidade (coisa julgada), que se dirige somente às partes, e não a terceiros (José Rogério Cruz e Tucci, *Limites Subjetivos da Eficácia da Sentença e da Coisa Julgada Civil*, cit., pp. 44-47 e 55-76).

244. Como o da hipótese prevista no art. 272 do CC, em que faltará interesse de agir ao terceiro beneficiado.

245. Cf. Enrico Tullio Liebman, *Eficácia e Autoridade da Sentença*, 3ª ed., trad. de Alfredo Buzaid e Benvindo Aires, Rio de Janeiro, Forense, 1984, pp. 142-143.

246. Cf. Andrea Proto Pisani, *Opposizione di Terzo Ordinaria*, 1ª ed., Nápoles, Casa Editrice Dott. Eugenio Jovene, 1965, p. 68. Como leciona o doutrinador italiano, a coisa julgada deve ser entendida "come immutabilità dell'accertamento contenuto nella sentenza, immutabilità destinata ad operare ogni volta l'esistenza o meno del rapporto, accertato o costituito in via principale dalla sentenza coperta di cosa giudicata, sia l'oggetto principale o pregiudiziale di un successivo procedimento giurisdizionale" (p. 68). Como acentua o autor, a doutrina entende oportuno distinguir entre a coisa julgada em sentido formal e material, identificando a primeira com a não impugnabilidade (relativa) da sentença – preclusão de algumas impugnações – e a segunda com a mera imutabilidade nos futuros juízos de verificação contidos na sentença, ou com a mera eficácia da sentença ou, ainda, com a eficácia e a imutabilidade da eficácia nos futuros juízos (p. 57).

consideração que o objeto do processo é demarcado pelo autor e que pode ser ampliado por demanda do réu ou de terceiro interveniente.[247] Assim, devem ser verificados os limites em que a lide foi proposta, que determinarão o que estará contido na parte dispositiva da sentença e que será abrangido pela coisa julgada,[248] incluindo-se os motivos que representem questões prejudiciais, pela sistemática do Código de Processo Civil de 2015.

Por *questões prejudiciais* se deve entender, consoante ensinamento de Barbosa Moreira, aquelas que possam exercer influência sobre outra questão. Nesse contexto, seriam prejudiciais as "questões de cuja solução depender necessariamente o teor da solução que se haja de dar a outras questões".[249] Com a modificação operada, parece-nos, favorecida estará a formação de julgados não contraditórios, evitando divergência lógica entre decisões, o que somente era possível se houvesse o pedido de declaração incidental.

10.9.1 O alcance da coisa julgada da decisão condenatória e a desconsideração da personalidade jurídica

Sob o aspecto subjetivo, a eficácia da sentença atinge juridicamente terceiros[250] toda vez que houver um nexo de prejudicialidade-dependência

---

247. Cf. Bruno Vasconcelos Carrilho Lopes, *Limites Objetivos e Eficácia Preclusiva da Coisa Julgada*, 1ª ed., São Paulo, Saraiva, 2012, p. 13. Como esclarece o autor, a opção do ordenamento jurídico brasileiro de 1973 por restringir a coisa julgada ao dispositivo da sentença tinha por principal fundamento o princípio da demanda, que confere às partes o poder de delimitar o objeto do processo e, em consequência, também lhes atribuiria o poder de definir os limites objetivos da coisa julgada (p. 66).

248. Cf. José Carlos Barbosa Moreira, "Questões prejudiciais e coisa julgada", *Revista de Direito da Procuradoria-Geral (RJ)* 16/226.

249. Cf. José Carlos Barbosa Moreira, "Questões prejudiciais e coisa julgada", cit., *Revista de Direito da Procuradoria-Geral (RJ)* 16/173. Já, em relação às questões preliminares a espécie de influência sobre outras questões é diferente, pois para estas, como menciona o jurista, a influência se dá não no modo de ser da questão que recebe a influência, mas no seu próprio ser. Assim, por exemplo, a ilegitimidade: se o juiz acolher a sua arguição, o mérito sequer será julgado; se não a acolher, o processo seguirá normalmente (p. 177).

250. Existem pelo menos quatro espécies de terceiros: (1) aqueles que não participaram do processo mas são titulares de uma relação incindível que fora discutida em juízo; (2) os titulares de uma relação dependente ou conexa àquela discutida em juízo; (3) aqueles que sofrem um prejuízo de fato; (4) os demais, absolutamente indi-

entre relações envolvendo o direito de terceiro[251] (portanto, juridicamente interessado) ou quando este é atingido diretamente pelo quanto fora decidido no processo sem dele ter participado. Numa hipótese e na outra não deve o terceiro ficar sujeito à imutabilidade do julgado caso não seja beneficiado pela decisão.

Como salientado, se não houve o devido processo legal com a participação daquele atingido pela desconsideração da personalidade jurídica, não tendo integrado a lide, poderá se valer dos meios jurídicos postos à sua disposição pela legislação, desde que adequados à pretensão. Lembremos que no Brasil não há o específico processo denominado *opposizione di terzo* previsto no Direito Italiano.[252]

Ocorrendo o incidente para a desconsideração da personalidade jurídica de forma regular e tomando por base o limitado alcance subjetivo da coisa julgada, deve ser indagado: aquele que foi atingido pela desconsideração da personalidade jurídica da sociedade devedora fica vinculado ao quanto decidido no anterior processo de conhecimento?

Prudente é que se admitam no polo passivo do processo em que figura como ré a pessoa jurídica, ainda na fase de conhecimento, se houver fundamentos fáticos, aquelas pessoas que podem ser atingidas pela desconsideração da personalidade da sociedade devedora, seja como litisconsortes passivos (litisconsórcio facultativo e comum), seja como assistentes (litisconsórcio simples), conforme o caso concreto. Entretanto, pode ocorrer que tais pessoas não tenham participado do processo em que se formou o título, e posteriormente, vindo a ser atingidas pela desconsideração da personalidade jurídica da sociedade devedora, se defrontem com pretensão baseada em título judicial, no momento da execução do julgado.

Observe-se que se tais pessoas – sócios ou administradores – não foram partes no processo em que se formou o título, nesse caso cumpre

---

ferentes (cf. Cândido Rangel Dinamarco, *Fundamentos do Processo Civil Moderno*, cit., 6ª ed., vol. II, p. 1.144).

251. Cf. Enrico Allorio, *La Cosa Giudicata Rispetto ai Terzi*, Milão, Giuffrè, 1935, p. 68. Mesmo sem distinguir entre eficácia da sentença e autoridade do julgado, não escapou à percepção de Allorio a relação de prejudicialidade e dependência a condicionar uma situação jurídica ou ser por outra condicionada, entre os mesmos sujeitos ou entre sujeitos diversos, doutrina que pode ser aproveitada quanto aos efeitos da sentença, embora não quanto à sua imutabilidade.

252. Cf. José Rogério Cruz e Tucci, *Limites Subjetivos da Eficácia Da sentença e da Coisa Julgada Civil*, cit., p. 191.

concluir que elas não ficariam vinculadas à imutabilidade da decisão. Há que se lhes permitir, portanto, que discutam o que anteriormente fora decidido – pelo meio adequado para suas defesas perante a execução –, como garantias do contraditório e da ampla defesa, consubstanciadas no devido processo legal.

10.9.2 A força executiva do título judicial e a coisa julgada

Abrindo exceção apenas aos casos de execução provisória e de cognição sumária, consoante Liebman, a força executiva é sempre acompanhada da coisa julgada,[253] ou seja, os limites subjetivos da executoriedade não seriam diversos daqueles da coisa julgada.[254]

Essa ideia colide, entretanto, com a noção de responsabilidade secundária em algumas situações, especialmente na hipótese que interessa ao nosso estudo, relativa à desconsideração da personalidade jurídica, posto que em muitas situações os sócios e administradores não participaram do anterior processo em que proferida a sentença condenatória em face da pessoa jurídica.

A esta altura, e também sob este aspecto, é importante a distinção entre a responsabilidade primária e a secundária, bem como ter em conta

---

253. Consoante indaga o jurista italiano, "che cosa è, se non la cosa giudicata sul diritto, che in sede esecutiva esclude del debitore anteriore alla sentenza? Solo nei casi di esecuzione provvisoria e di cognizione sommaria (che appunto perciò si distingue da quella ordinaria) la forza esecutiva non è accompagnata dalla cosa giudicata: fenomeno peraltro provvisori, perché l'esecuzione è solo anticipata rispetto alla conclusione del processo, che intanto prosegue con le regole e la destinazione normale" (Enrico Tullio Liebman, "Il titolo esecutivo riguardo ai terzi", cit., *Rivista di Diritto Processuale Civile* XI/133).

254. Cf. Vittorio Denti, *L'Esecuzione Forzata in Forma Specifica*, Milão, Giuffrè, 1953, p. 144. Consoante afirma o doutrinador, "i limiti soggettive della esecutorietà non sono diversi da quelli della sentenza vista sub specie della cosa giudicata". E conclui que não faltam normas no ordenamento que autorizam a extensão da executoriedade a terceiros, sujeitos à eficácia reflexa do julgado. Identifica, por isso, as eficácias reflexa e direta da sentença de condenação, como título executivo (pp. 144 e 148). Contudo, a ideia de eficácia reflexa deve ser vista com cautela, pois, embora se admita que a eficácia do título executivo, como eficácia do provimento judicial, possa ser exercida em confronto a terceiros, quando autorizada expressamente na lei a responsabilização secundária, há que se distinguir a eficácia da sentença da sua imutabilidade – o que autoriza concluir que o quanto ficara expresso no título judicial, apesar de eficaz, não é imutável para o responsável executivo secundário, como já sustentado.

que a desconsideração da personalidade jurídica, como referimos em outros momentos, abarca hipóteses apenas de responsabilidade secundária.

Quando se trata de responsabilidade primária dos sócios e administradores por atos contrários à lei (responsabilidade por ato próprio) os limites subjetivos da executoriedade não diferem dos limites subjetivos da coisa julgada, porque aqueles que poderão ser atingidos pela condenação devem necessariamente figurar no polo passivo da relação processual juntamente com a pessoa jurídica, para que, ao final, sejam referidos como sujeitos passivos do título executivo.

Quando se trata de responsabilidade secundária, porém, não é necessário que conste do título executivo[255] o nome daqueles que poderão ser atingidos em termos de responsabilidade patrimonial.[256] É preciso que se ressalte que essa orientação não isenta o interessado de buscar, por meio do incidente de cognição, a desconsideração da personalidade jurídica se esta se referir à responsabilidade secundária dos sócios ou administradores, posto que nesse procedimento será averiguada a sujeitabilidade dos membros da sociedade à execução.

A extensão da responsabilidade se dá nos estreitos limites dispostos na legislação que rege a matéria. É o que acontece com os casos, por exemplo, de confusão patrimonial praticada por sócios e administradores, pois, se insolvente a sociedade, autorizada poderá ser a extensão de responsabilidade, que originariamente era apenas da pessoa jurídica, para os seus membros.[257]

255. Consoante leciona Dinamarco, o "título executivo é um ato ou fato jurídico indicado em lei como portador do efeito de tornar adequada a tutela executiva em relação ao preciso direito a que se refere". E, quer os títulos sejam judiciais ou extrajudiciais, "são legitimados no sistema em razão da *probabilidade*, que representam, de existência do crédito" (*Fundamentos do Processo Civil Moderno*, cit., 6ª ed., vol. II, pp. 1.416-1.417).

256. Conforme julgado do STJ: "I – O princípio da responsabilidade patrimonial, no processo de execução, origina-se da distinção entre débito (*Schuld*) e responsabilidade (*Haftung*), admitindo a sujeição dos bens de terceiro à excussão judicial, nos limites da previsão legal. II – A responsabilidade pelo pagamento do débito pode recair sobre devedores não incluídos no título judicial exequendo e não participantes da relação processual de conhecimento, considerados os critérios previstos no art. 592 do CPC *[1973]*, sem que haja, com isso, ofensa à coisa julgada. III – O processo de conhecimento e o de execução têm autonomia, cada qual com seus pressupostos de existência e validade. Enquanto no primeiro se apura a obrigação, no segundo se permite ao credor exigir a satisfação do seu direito" (STJ, 4ª Turma, REsp 225.051-DF, rel. Min. Sálvio de Figueiredo Teixeira, j. 7.11.2000, *DJU* 18.12.2000).

257. Com fundamento legal disposto nos arts. 50 do CC e 790, II, do CPC/2015.

Observe-se, contudo, que os limites subjetivos da executoriedade, tratando-se de responsabilidade secundária, não coincidem com os limites subjetivos da coisa julgada, pois aqueles atingidos pela desconsideração da personalidade jurídica não participaram em nome próprio, necessariamente, do anterior processo em que se formou o título. Diga-se: submetê-los à imutabilidade do julgado equivaleria a negar-lhes as garantias constitucionais do processo, até mesmo porque pode haver erro de fato ou de direito que torne injusta a sentença condenatória.[258] Embora possa ser estendida a eficácia da sentença, como título executivo, o mesmo não acontece com a imutabilidade do julgado,[259] que não deve abranger terceiros, pessoas que até então não compareceram ao processo.[260]

O princípio do contraditório, como bem ressalta Girolamo A. Monteleone, é a "alma do processo", não somente no sentido formalístico, mas como princípio que garante às partes do juízo a possibilidade de se

---

258. Consoante observa o próprio Liebman em outra oportunidade, sendo injusta a decisão e atingindo juridicamente pessoas que não participaram do anterior processo de conhecimento, "compete ao terceiro a faculdade de fazer valer e demonstrar o erro que vicia a decisão, a fim de repelir o efeito danoso para ele. Pode fazê-lo quando subsiste o erro objetivamente, embora não seja imputável ao juiz (por exemplo, ligado ao resultado da prova legal, confissão, juramento) e ainda que por ele sejam responsáveis as partes, por haver deixado que se operasse uma preclusão (por exemplo, decadência da prova testemunhal pelo decurso do prazo) (Liebman, *Eficácia e Autoridade da Sentença*, cit., 3ª ed., pp. 142-143).

259. Em sentido parcialmente contrário, Francesco Paolo Luiso, tratando da execução *ultra partes*, sustenta que a condenação da sociedade constitui título executivo em face do sócio de responsabilidade ilimitada, porque, se o sócio remanesce exposto aos atos de disposição praticados pelo representante da sociedade (por exemplo, a renúncia à prescrição; a confissão; a cambial subscrita pelo representante social), também deve remanescer sujeito aos efeitos de um provimento jurisdicional em confronto da sociedade, justamente porque, segundo o autor, está o sócio de responsabilidade ilimitada submetido aos efeitos reflexos da sentença em uma dependência permanente (*L'Esecuzione Ultra Partes*, 1ª ed., Milão, Giuffrè, 1984, p. 317). Embora a situação seja divergente em parte da que está sendo estudada no presente trabalho, porque aqui nos referimos à responsabilidade secundária do sócio, nos termos da lei (CPC/2015, art. 790, II), que inclui os casos de desconsideração da personalidade jurídica, é de se observar que o mencionado dispositivo legal alberga também os casos de responsabilidade ilimitada do sócio, derivada da espécie societária adotada. Nesse rumo, pode ser aproveitado o raciocínio desenvolvido pelo autor para a hipótese em estudo. Todavia, embora concordemos com a ideia de que a condenação social possa servir de título em face do sócio, quando a lei expressamente o autoriza, tal entendimento não deve implicar sujeição do sócio à imutabilidade do julgado, sob pena de lhe ser negada a possibilidade de submeter ao Judiciário eventual lesão de direito.

260. Cf. Marcelo José Magalhães Bonicio, "A dimensão da ampla defesa dos terceiros na execução em face da nova 'desconsideração inversa' da personalidade jurídica", cit., *Revista do Instituto dos Advogados de São Paulo* 23/242.

defender e de contribuir realmente à formação da sentença que lhes diga respeito. E, por tal motivo, parece justo e conforme aos princípios do ordenamento jurídico que a coisa julgada vincule incontroversamente apenas as partes do processo, aquelas pessoas que, com sua ação ou sua defesa, tenham contribuído à emanação da sentença pronunciada em seus confrontos. Ao contrário, julgar vinculados aqueles estranhos, que não participaram do processo, sendo dele interlocutores, significa tornar não subsistentes os princípios da ampla defesa e do contraditório.[261]

O que ocorre em nosso Direito é a autorização no sentido de se permitir a execução em face do responsável secundário, após apurada sua sujeitabilidade à execução (responsabilidade patrimonial), por incidente ao processo. Entretanto, o mesmo sistema admite discutir, caso seja necessário, o que ficara expresso no título executivo, ao qual se pretende sujeitar o responsável secundário, garantindo-lhe o devido processo legal, tal qual firmado na Constituição, ainda que leve tal situação a um conflito de julgados, que, diga-se, caso ocorra, será apenas lógico.

Suponha-se a situação de ser reconhecido pela defesa do responsável secundário que não há débito sobre o qual incidia a responsabilidade; o possível conflito com a decisão anterior, que condenou a pessoa jurídica, não é prático, apenas lógico, e, portanto, plenamente realizável, porque diante do terceiro não poderá ser exercida a sujeitabilidade à execução. Embora seja desejável a harmonia lógica entre os julgados, não é ela imprescindível; o que se objetiva impedir são os conflitos práticos, concretos e atuáveis entre sentenças. Seria de fato absurdo, consoante enfatiza autorizada doutrina, sacrificar em nome da perfeição lógico-formal a liberdade do juízo, de ação ou de exigência de justiça.[262]

Aconselhável, em qualquer hipótese, que o pedido de desconsideração, nos casos relativos aos títulos judiciais, seja realizado, na medida do possível e diante de fundamentos concretos, já na fase de conhecimento, porque presente o interesse de agir para a intervenção daquele que poderá ter sua esfera jurídica atingida, no próprio processo em que se formará o futuro título executivo.

261. Girolamo A. Monteleone, *I Limiti Soggettivi del Giudicato Civile*, 1ª ed., Pádua, CEDAM, 1978, p. 151.
262. Cf. Girolamo A. Monteleone, *I Limiti Soggettivi del Giudicato Civile*, cit., 1ª ed., p. 151. Como enfatiza o ilustre doutrinador, "quando si adoperano espressioni e concetti come 'rapporto giuridiziale pregiudiziale o dipendente', 'nesso di pregiudizialità-dipendenza', 'sostituzione processuale', 'legittimazione processuale', 'legittimazione straordinaria' e così via, non si allude a fenomeni di laboratorio, e non ci si rifà a esperienze in vitro, ma in realtà si fa riferimento a concrete vicende di vita di quelle medesime persone" (p. 153).

10.9.3 Coisa julgada e eficácia preclusiva: a situação do assistente

Tendo participado o sócio ou o administrador da pessoa jurídica do anterior processo em que fora proferida a sentença condenatória em face da sociedade, como assistente da pessoa jurídica ré, poderá rediscutir, depois de desconsiderada a personalidade jurídica, o quanto ficara decidido no processo anterior?

Convém lembrar que ao assistente não se dirige pretensão alguma, pois em face dele nada se pede e, como lembra Dinamarco, "o que caracteriza todas as espécies de *assistentes* é a absoluta indiferença do objeto do processo ao seu ingresso na relação processual: (...)", e mesmo com essa intervenção o juiz julgará apenas a pretensão do autor perante o réu.[263]

Entretanto, consoante dispõe o art. 123 do CPC/2015, deve se sujeitar o assistente à justiça da decisão, embora não se compreenda dentro dos limites subjetivos da coisa julgada. O que ocorre nessa hipótese é a eficácia preclusiva da coisa julgada, que impede quem esteve presente no processo, mesmo apenas como assistente, de rediscutir as questões que serviram de premissa à decisão. A eficácia preclusiva, de uma maneira geral, torna irrelevante a realidade jurídica anterior, para determinar a nova situação perante o Direito, estabilizando-a em favor da segurança jurídica. Em relação à coisa julgada a respectiva eficácia preclusiva impede que se discutam as questões deduzidas e dedutíveis referentes à decisão proferida, impedindo nova discussão.[264]

Pelas disposições da lei processual,[265] incide a eficácia preclusiva sobre os motivos da decisão, impedindo nova discussão sobre as pre-

---

263. Cândido Rangel Dinamarco, *Intervenção de Terceiros*, cit., 5ª ed., p. 37.
264. Cf. Bruno Vasconcelos Carrilho Lopes, *Limites Objetivos e Eficácia Preclusiva da Coisa Julgada*, cit., 1ª ed., pp. 97-98 e 100. Como salienta o autor, "serve a esse escopo a definição da eficácia preclusiva da coisa julgada como impedimento à propositura de demandas incompatíveis com a situação jurídica definida na sentença transitada em julgado, na medida de sua incompatibilidade" (p. 110). Como exemplo, menciona a hipótese daquele que é condenado a pagar determinada quantia e em demanda posterior pretende seja reconhecido o anterior pagamento da dívida; a procedência da segunda demanda tornaria irrelevante o que fora reconhecido na sentença transitada em julgado da primeira demanda, mas, para não correr esse risco, a eficácia preclusiva da coisa julgada impede a apreciação do mérito da nova demanda, incompatível com a decisão anterior (p. 116).
265. Cf. arts. 506 e 508 do CPC/2015.

missas que fundamentam a sentença. Esse impedimento à rediscussão dos fundamentos da sentença, resultante da eficácia preclusiva da coisa julgada, aplica-se a quem intervém no processo, seja na qualidade de parte principal, seja na qualidade de parte auxiliar – no caso, o assistente.

Desta maneira, se aquele que foi atingido pela desconsideração da personalidade jurídica de determinada sociedade devedora esteve presente no anterior processo em que se formou o título executivo na qualidade de assistente, não poderá em sede de execução discutir os fundamentos que deram suporte à decisão de condenação, como a existência ou a validade de contrato, o inadimplemento ou qualquer outra premissa na qual se baseou a sentença condenatória.

O assistente somente não ficará vinculado à eficácia preclusiva da sentença por meio da chamada *exceptio male gesti processus*, que em nosso Direito vem reconhecida no art. 123, I e II, do CPC/2015. Imagine--se que a parte principal renunciou ao direito ou transacionou em situação em que poderia ter se sagrado vitoriosa no processo; nesses casos a argumentação do assistente não contrariará a imutabilidade do comando emergente da sentença mas afastará a eficácia preclusiva da coisa julgada, permitindo que discuta os fundamentos da causa anterior.[266]

Convém esclarecer que, se a desconsideração da personalidade jurídica for pleiteada ainda na fase de conhecimento do processo em que figura como ré a pessoa jurídica, aqueles a quem se dirige a pretensão de desconsideração da personalidade serão litisconsortes passivos na demanda principal, e não assistentes, e a sentença, caso seja condenatória, será imutável também para eles. Em suma: nessa hipótese, sendo litisconsortes, os sócios e/ou administradores estarão abrangidos pelos limites subjetivos da coisa julgada.

10.9.4 *O alcance da coisa julgada das decisões coletivas e a desconsideração da personalidade jurídica*

Tratando-se da proteção de interesses supraindividuais, os processos coletivos propiciam a resolução de conflitos em massa com grande economia processual, permitindo "superar barreiras do acesso" à Justiça tanto em relação a questões para as quais seria inviável sua jurisdicionalização caso fossem tuteláveis apenas individualmente como também relativa-

---

266. Cf. Cândido Rangel Dinamarco, *Intervenção de Terceiros*, cit., 5ª ed., p. 57.

mente a questões de grande espectro, para as quais seriam insuficientes as formas de participação democrática por meio do processo.[267]

Assim, para os processos coletivos o art. 16 da LACP, o art. 18 da LAP e o art. 103 do CDC dispõem que haverá extensão da coisa julgada da sentença coletiva em caso de procedência da ação, e na hipótese de improcedência quando ficar evidenciado que a pretensão era infundada. No caso de improcedência por insuficiência de provas restringem os dispositivos mencionados os efeitos do julgado, permitindo seja proposta novamente a demanda individualmente.

À primeira vista poderia parecer que estariam dilatados os limites subjetivos ou objetivos da coisa julgada em matéria de tutela dos interesses supraindividuais, mas não é isso que ocorre.

Nesse sentido, conforme esclarece Leonel, os mencionados dispositivos legais (o art. 16 da LACP, o art. 18 da LAP e o art. 103 do CDC) trariam, na realidade, restrição à extensão da coisa julgada em caso de improcedência por insuficiência de provas, justamente para preservar os titulares da relação material nessa hipótese.[268]

Para os processos coletivos existe o sistema de representação,[269] pelo qual os titulares dos interesses tutelados, embora não sejam partes no sentido processual, o são no sentido substancial, sendo, portanto, atingidos pelos efeitos da sentença, porque também são destinatários do que fora decidido no processo. Por outros caminhos, a vinculação dos interessados também é prevista nos sistemas de outros Países.[270]

---

267. Cf. Ricardo de Barros Leonel, *Manual do Processo Coletivo*, cit., 3ª ed., pp. 33 e 283. Como pondera o autor, para essas questões de grande espectro parecem evidentes "a insuficiência dos meios tradicionais de exercício democrático e a necessidade de participação através do processo" (p. 33).
268. Ricardo de Barros Leonel, *Manual do Processo Coletivo*, cit., 3ª ed., p. 296.
269. Como aponta Vittorio Denti, a definição de *parte* é relativa e pode ser reconduzida sob diversos aspectos, podendo-se distinguir parte no sentido formal e no sentido material, parte e sujeito processual parcial etc., conforme a situação jurídica prevista positivamente (*L'Esecuzione Forzata in Forma Specifica*, cit., p. 127).
270. Como leciona José Rogério Cruz e Tucci, nos Países de *Common Law*, como Estados Unidos e Canadá, o julgamento das *class actions* vincula terceiros, independentemente do resultado, desde que haja a adequada representação e que a *fair notice* tenha chegado a todos os representados e estes não tenham exercido o direito de autoexclusão do processo (*Limites Subjetivos da Eficácia da Sentença e da Coisa Julgada Civil*, cit., p. 163). Esclarece, ainda, Antonio Gidi que a *class action* norte-americana é um processo representativo, pelo qual o autor representa os demais membros ausentes do mesmo grupo, com dois pedidos independentes: um individual, relativo ao próprio autor, e outro o pedido coletivo, em favor do grupo representado.

Alguns autores – como Ada Pellegrini Grinover e Kazuo Watanabe – veem nesse fenômeno, consistente na possibilidade de aproveitamento do que fora decidido na demanda coletiva para beneficiamento das pretensões individuais, quanto ao dever de ressarcir, uma ampliação do objeto do processo coletivo por força da lei (*ope legis*).[271] Para outros doutrinadores – como Ricardo de Barros Leonel[272] e José Rogério Cruz e Tucci[273] – não haveria ampliação do objeto nas demandas coletivas, em vista do fato de que a pretensão (objeto) já teria sido definida no momento da propositura da demanda; o que haveria, na realidade, no dizer do último autor citado, seria um efeito secundário da sentença relativo à obrigação de indenização, considerada individualmente em relação aos lesados.

Feitas essas breves considerações, deve ser abordada aqui a questão do aproveitamento *in utilibus* da decisão que desconsidera a personalidade jurídica em execução de julgado de sentença proferida no processo coletivo para as diversas execuções individuais ou mesmo coletivas, com vistas ao acesso à Justiça e à efetividade da prestação jurisdicional.

A desconsideração da personalidade jurídica de sociedade que tenha violado direitos supraindividuais pode ser requerida no próprio processo coletivo ou no momento em que se dará a execução do julgado, constatada a insuficiência do patrimônio da devedora para o cumprimento da obrigação. Evidentemente, a eventual desconsideração da personalidade, nessa hipótese, poderá beneficiar a todos os lesados.

Uma das peculiaridades da *class action*, como lembra o doutrinador, "reside no fato de que o representante se investe nessa capacidade por conta própria, sem a autorização, e muitas vezes sem o conhecimento dos representados", que, quando notificados, podem exercer o direito de autoexclusão do processo. Eventuais controvérsias sobre o alcance do julgado somente poderão ser decididas em um posterior processo por um juiz diverso (Antonio Gidi, **A Class Action** como Instrumento de Tutela Coletiva dos Direitos, 1ª ed., São Paulo, Ed. RT, 2007, pp. 271-273).

271. Ada Pelegrini Grinover e Kazuo Watanabe, "Novas tendências em matéria de legitimação e coisa julgada nas ações coletivas", in *Direito Processual Comparado. XIII Congresso Mundial de Direito Processual*, 1ª ed., Rio de Janeiro, Forense, 2007, pp. 339 e 537.

272. Tratando-se de direitos difusos e coletivos, deve-se considerar, como esclarece Ricardo de Barros Leonel, que "a necessidade de reconhecimento de maior extensão aos efeitos da sentença coletiva é consequência da indivisibilidade dos interesses tutelados (material ou processual), tornando impossível cindir os efeitos da decisão, pois a lesão a um interessado implica lesão a todos, e o proveito a um todos beneficia" (*Manual do Processo Coletivo*, cit., 3ª ed., p. 282).

273. José Rogério Cruz e Tucci, *Limites Subjetivos da Eficácia da Sentença e da Coisa Julgada Civil*, cit., pp. 321-322.

Na execução do julgado coletivo que verse sobre interesses individuais homogêneos nada obsta a que o ente legitimado, embora não proponha a execução das verbas fixadas em liquidação, pleiteie a desconsideração da personalidade jurídica da sociedade devedora, a fim de possibilitar o recebimento das indenizações, na situação de não dispor a pessoa jurídica de patrimônio suficiente para a solvência das obrigações, se presente hipótese de desconsideração da personalidade. Nesta situação, também a decisão que desconsidera a personalidade jurídica beneficiará todos os interessados, eis que se trata de decisão de mérito, apta a projetar efeitos substanciais.

De nada adiantaria aos lesados a sentença proferida no processo coletivo se, no momento das execuções individuais, não dispusesse a pessoa jurídica devedora de patrimônio. Some-se a esse argumento o fato de que a prova, por exemplo, da confusão patrimonial ou da subcapitalização pode ser muito onerosa, de custo por vezes até maior que o da indenização individual que se pretende. Desta forma, a extensão *in utilibus* do que for decidido no pedido de desconsideração possibilitará a efetividade da tutela condenatória anteriormente concedida mesmo que as execuções venham a ser individuais.

Mesmo nos processos em que há, na realidade, litisconsórcio multitudinário, as chamadas "ações pseudocoletivas",[274] também é possível o pleito de desconsideração da personalidade jurídica em favor dos interessados, observando-se, nessa hipótese, que a desconsideração somente deve beneficiar quem efetivamente estiver representado no processo, porque, não havendo propriamente um pedido genérico na demanda principal, não há que se reconhecer a existência de uma demanda propriamente coletiva, não sendo aplicáveis, portanto, as disposições do art. 103 do CDC relativamente à extensão *in utilibus* do julgado.

---

274. Nas chamadas "ações pseudocoletivas", conforme esclarece Luiz Paulo da Silva Araújo Filho, "conquanto tenha sido proposta a ação por um único legitimado extraordinário, na verdade estão sendo pleiteados, específica e concretamente, os direitos individuais de inúmeros substituídos, caracterizando-se uma pluralidade de pretensões que, em tudo e por tudo, é equiparável à do litisconsórcio multitudinário". Não há, propriamente, um pedido genérico que levará a uma sentença genérica, para o reconhecimento abstrato do direito à indenização; a ação contém elementos específicos para a satisfação *in concreto* (Luiz Paulo da Silva Araújo Filho, *Ações Coletivas: a Tutela Jurisdicional dos Direitos Individuais Homogêneos*, 1ª ed., Rio de Janeiro, Forense, 2000, pp. 200-202).

11
TUTELAS PROVISÓRIAS NA DEMANDA DE DESCONSIDERAÇÃO DA PERSONALIDADE JURÍDICA

11.1 O processo e o tempo: as tutelas de urgência e de evidência. 11.2 A antecipação da tutela: 11.2.1 A antecipação da tutela condenatória e a desconsideração da personalidade jurídica – 11.2.2 A antecipação dos efeitos das tutelas declaratória e constitutiva e a desconsideração da personalidade jurídica. 11.3 A tutela cautelar e a desconsideração da personalidade jurídica: 11.3.1 O arresto cautelar antecedente ou na pendência de pedido de desconsideração da personalidade jurídica – 11.3.2 A indisponibilidade dos bens particulares dos sócios e administradores da sociedade – 11.3.3 A indisponibilidade dos bens dos administradores e controladores de sociedades sujeitas a intervenção e liquidação extrajudicial – 11.3.4 A produção antecipada de provas e a desconsideração da personalidade jurídica.

11.1 O processo e o tempo: as tutelas de urgência e de evidência

Provavelmente o conflito entre o tempo e o respeito às garantias constitucionais do processo constitui a maior fonte de preocupação dos processualistas modernos. A Constituição Federal[1] garante que a lei não excluirá da apreciação do Poder Judiciário qualquer lesão ou ameaça de lesão a direito, com vistas ao acesso à ordem jurídica justa. Impossível, porém, não associar o processo à ideia de tempo necessário, desde a propositura da demanda, para que possa se desenvolver a prestação jurisdicional.[2]

---

1. CF, art. 5º, XXXV.
2. Cf. Humberto Theodoro Jr., *Processo Cautelar*, 25ª ed., São Paulo, Universitária de Direito/LEUD, 2010, p. 49.

O processo, como instrumento de garantia dos direitos materiais, deve ser plenamente eficaz, esbarrando muitas vezes nos problemas atinentes à sua demora, que podem comprometer o resultado almejado,[3] causando o chamado dano marginal. Nesse sentido, o tempo constitui, inegavelmente, "um dos grandes óbices à efetividade da tutela jurisdicional".[4]

O problema não se circunscreve apenas ao direito à razoável duração do processo, previsto em sede constitucional (CF, art. 5º, LXXVIII);[5] situações existem em que a celeridade é o ponto chave da efetividade da prestação jurisdicional. Os meios capazes de proporcionar a satisfação do direito ou a garantia de utilidade do processo devem estar disponíveis às partes, ainda que provisórios e passíveis de revogação, se forem baseados em cognição sumária.[6]

Na atualidade, em todos os sistemas encontramos mecanismos que objetivam preservar a situação de urgência. Nos Países de *Common Law* não há, em princípio, medidas determinadas, há grandes poderes de cautela geral atribuídos ao juiz, não somente para garantir o direito individual, mas também com o objetivo de conferir eficácia à tutela jurisdicional – o que constitui questão de ordem eminentemente pública. Nos sistemas de *Civil Law*, todavia, a tendência é tipificar as modalidades de tutela cautelar,[7] mas o Código de Processo Civil de 2015, diferentemente do anterior, não previu sistema de cautelares nominadas.

---

3. Como afirma Ricardo de Barros Leonel, referindo-se aos interesses supraindividuais – com palavras que, em muitas situações, são aplicáveis aos direitos individuais –, "não vale integralmente a máxima popular pela qual 'a Justiça tarda, mas não falha'", pois, "quando a Justiça tarda, ela na verdade falha" (*Manual do Processo Coletivo*, 3ª ed., São Paulo, Ed. RT, 2013, p. 323).

4. Cf. José Roberto dos Santos Bedaque, *Tutela Cautelar e Tutela Antecipada: Tutelas Sumárias e de Urgência (Tentativa de Sistematização)*, 5ª ed., São Paulo, Malheiros Editores, 2003, p. 17.

5. A razoável duração do processo é prevista também no art. 6º da Convenção Europeia para Salvaguarda dos Direitos do Homem e das Liberdades Fundamentais, de 1950, e no § 1º do art. 8º da Convenção Americana sobre Direitos Humanos, de 1969.

6. Conforme observa Rita Quartieri, "não se acomoda a cognição exauriente com as tutelas cautelares e antecipadas, já que são baseadas em juízo de probabilidade ou verossimilhança, e não de certeza", e, nesse sentido, "as tutelas antecipadas e cautelares podem ser revogadas e modificadas a qualquer tempo, quando houver alteração fática da situação que ensejou o perigo de dano (mudança no estado de fato que acarrete o desaparecimento ou a modificação da situação de urgência que lhe serve de pressuposto)" (*Tutelas de Urgência na Execução Civil*, 1ª ed., São Paulo, Saraiva, 2009, pp. 25 e 27).

7. Cf. José Roberto dos Santos Bedaque, *Tutela Cautelar e Tutela Antecipada: Tutelas Sumárias e de Urgência (Tentativa de Sistematização)*, cit., 5ª ed., pp. 36-37.

Desse modo, para que seja atingida a efetividade da tutela jurisdicional, a nova lei processual dispôs sobre a tutela provisória, que pode se fundamentar na urgência ou na evidência (art. 294); e, tratando-se de tutela provisória de urgência, prevê disciplina que pode ser aplicada indistintamente à tutela cautelar ou à antecipada (arts. 300 a 302), somente especificando procedimentos distintos à antecipação e à cautelaridade quando requeridos de forma antecedente ao processo (respectivamente, arts. 303 e 304 e 305 a 310).

Em termos de urgência, contrapõem-se dois valores constitucionais: um da segurança jurídica, indicando que as decisões devem se basear em cognição exauriente; e outro da efetividade, que em situações extremas permite ao juiz a concessão da cautela conservativa ou a antecipação da tutela, de forma instrumental e provisória, para garantir consecução dos resultados da atividade cognitiva ou, mesmo, executiva.

A desconsideração da personalidade jurídica também tem em mira a efetividade da tutela jurisdicional, mormente quando voltada à responsabilidade patrimonial, porque, nesse campo, ela é absolutamente instrumental, servindo ao processo de execução, quando esse meio não se mostra eficaz diante das barreiras da personalidade jurídica e da separação patrimonial, estatuída em função da existência de personalidades distintas. Todavia, os percalços do processo ou até mesmo o tempo necessário para sua solução podem comprometer o resultado que se poderá obter com o desconhecimento da autonomia subjetiva da pessoa jurídica, e, nesse sentido, parece razoável indagar se é possível pleitear medida que preserve a situação de urgência e de evidência, em face dos sócios ou administradores, antecipadamente ou na pendência do pedido de desconsideração da personalidade jurídica.

As características da atividade de urgência – conservativa ou antecipatória –, como a cognição sumária, a provisoriedade e a instrumentalidade, são compatíveis, ao menos em tese, com o pedido de desconsideração da personalidade. Não obstante a fungibilidade entre as tutelas de urgência prevista em nosso ordenamento[8] e o fato de se mostrarem como

---

8. Cf. parágrafo único do art. 305 do CPC/2015. Como ressalta Bedaque para o sistema do Código de Processo Civil de 1973, nesse aspecto equivalente ao do sistema do Código de 2015: "Adotou-se, em relação às tutelas de urgência, cautelares ou conservativas, o princípio da fungibilidade, segundo o qual pode o juiz conceder a medida mais adequada à situação dos autos, sendo irrelevante eventual equívoco do requerente ao formular o pedido" (*Tutela Cautelar e Tutela Antecipada: Tutelas Sumárias e de Urgência (Tentativa de Sistematização)*, cit., 5ª ed., p. 417).

tutelas provisórias,[9] o estudo desses temas será feito separadamente, sempre voltado para o campo da desconsideração da personalidade jurídica, em vista da existência de peculiaridades relevantes que os envolvem.

11.2 A antecipação da tutela

A antecipação da tutela é uma técnica de distribuição do ônus do tempo no processo[10] que implica mitigação dos postulados relativos ao contraditório e à ampla defesa, demonstrando uma opção do legislador "pelo valor efetividade, em detrimento da segurança jurídica do resultado".[11]

Por outro lado, a antecipação da tutela não se restringe à realização do direito pleiteado na inicial nas urgentes circunstâncias de perigo de dano ou risco ao resultado útil do processo (CPC/2015, art. 300), abarcando também a realização do direito requerido pelo autor nas hipóteses previstas nos incisos do art. 311 do CPC/2015, que permitem a antecipação do que fora pleiteado se houver abuso do direito de defesa ou manifesto propósito protelatório da parte; ou quando os fatos puderem ser provados apenas documentalmente e houver tese firmada em julgamento de casos repetitivos ou em súmula vinculante; ou no caso de pedido reipersecutório fundado em prova documental adequada do contrato de depósito; ou quando os fatos constitutivos do direito do autor vierem demonstrados em provas documentais não contrariadas por provas apresentadas pela parte adversa, de forma a gerar dúvida razoável. Se atendidos os pressupostos legais, trata-se de direito subjetivo processual.

Tratando-se de antecipação da tutela por urgência, devem estar presentes, concomitantemente, os requisitos exigidos em lei: elementos que evidenciem o direito afirmado e perigo de dano ou risco ao resultado útil do processo.

9. No Direito Italiano as tutelas conservativas e antecipatórias são tratadas como medidas cautelares. E, como leciona Girolamo A. Monteleone, "il contenuto delle misure cautelari cambia a seconda delle particolari fattispecie. Può consistere nella costituzione di effetti giuridici nuovi, come anche nella provvisoria anticipazione degli effetti della futura sentenza di merito: ciò dipende di volta in volta dalla natura del diritto cautelando e dal pericolo prospettato" (*Diritto Processuale Civile*, 3ª ed., Pádua, CEDAM, 2002, p. 1.151).

10. Cf. Luiz Guilherme Marinoni, *Antecipação da Tutela*, 12ª ed., São Paulo, Ed. RT, 2011, p. 23.

11. Cf. José Roberto dos Santos Bedaque, *Tutela Cautelar e Tutela Antecipada: Tutelas Sumárias e de Urgência (Tentativa de Sistematização)*, cit., 5ª ed., p. 312.

A reversibilidade dos efeitos da medida, também exigida como pressuposto da tutela de urgência (§ 3º do art. 300 do CPC/2015), é regra que comporta restrições, mormente tratando-se de casos extremos, que justifiquem sua concessão quando há perigo também do perecimento do direito subjetivo afirmado pelo autor.[12]

11.2.1 A antecipação da tutela condenatória e a desconsideração da personalidade jurídica

Ao pensar na possibilidade de antecipação da tutela quando a demanda versa sobre a desconsideração da personalidade jurídica é preciso distinguir que esta pode se prestar à responsabilização patrimonial ou a outros fins. Quando o objetivo da *disregard doctrine* é justamente o de estender os efeitos de certas e determinadas obrigações, responsabilizando sócios ou administradores por dívidas da sociedade, deve-se ter em mente que, por regra, a execução pressupõe a existência de título executivo contra aquele a quem se dirigirão os atos expropriatórios, e, desta maneira, não haverá possibilidade de se proceder à execução sobre o patrimônio dos responsáveis secundários, enquanto não julgado o pedido de desconsideração da personalidade.

O modelo romano adotado em nosso sistema para o processo de execução, pelo qual a pretensão somente se torna exequível, por regra, depois da cognição completa e da coisa julgada, representou grande avanço em relação ao tempo em que não havia a intervenção do Estado para a solução dos conflitos.[13] Contudo, deve-se ponderar que há situações nas quais os recursos financeiros são necessários para garantir a fruição de direitos mais relevantes, como são os casos dos direitos patrimoniais com função não patrimonial,[14] como, por exemplo, os recursos necessá-

---

12. Com relação à reversibilidade da medida, colocada como pressuposto da tutela antecipada já no Código de Processo Civil de 1973 e agora repetida no Código de 2015, deve-se ponderar que a regra "comporta mitigação, autorizando o princípio da proporcionalidade a concessão da tutela antecipada mesmo quando inviável o retorno dos fatos ao estado anterior" (Rita Quartieri, *Tutelas de Urgência na Execução Civil*, cit., 1ª ed., p. 29).

13. Cf. Kazuo Watanabe, "Tutela antecipatória e tutela específica das obrigações de fazer e não fazer (arts. 273 e 461 do CPC)", in *A Reforma do Código de Processo Civil*, 1ª ed., São Paulo, Saraiva, 1996, p. 29.

14. Consoante esclarece Luiz Guilherme Marinoni, valendo-se do magistério de Andrea Proto Pisani, a jurisprudência italiana admite, com base no art. 700 do CPC, a antecipação do pagamento de soma em dinheiro para a tutela de direitos constitu-

rios para a reconstrução ambiental de uma área de preservação ou para minorar o estado de necessidade das vítimas de um ato ilícito.

Assim como em outros Países,[15] nosso sistema jurídico também fornece fundamento para a condenação provisória. Certas situações se apresentam em que é evidente a colisão entre direitos fundamentais ou entre estes e outros que não têm a mesma proeminência, visto que afirmados pelas partes da relação processual. Para a solução do conflito de tais interesses, necessariamente, estará em questão a opção por um dos dois valores que permeiam a ordem constitucional voltada ao processo: a efetividade ou a segurança. À medida que se opta por um desses valores, desguarnecido poderá estar o outro. Esse momento de antagonismo ou tensão, que ocorre até mesmo em nível constitucional,[16] pode ter sua conformação por meio da afirmação ou da negação da tutela provisória, ponderadas as circunstâncias, as evidências demonstradas e os "pesos" dos interesses em questão.

Não haveria sentido em antecipar a condenação sobre direitos patrimoniais, exceto em relação às hipóteses de evidência, porque, se de um lado temos o afirmado direito de propriedade de uma parte, do outro

---

cionalmente protegidos. Nos casos de direitos patrimoniais com função patrimonial somente poderá ser concedida se houver o receio de que um direito conexo a outro que fora violado venha a ser irreparavelmente lesado (Luiz Guilherme Marinoni, *Antecipação da Tutela*, cit., 12ª ed., pp. 156-157).

15. Tome-se como exemplo o Direito Alemão, que, como ressalta Walter J. Habscheid, admite a condenação provisória, "concernant, pour une durée limitée, des créances d'aliments, de salaire ou d'autres prestations (p. ex., de rentes) périodiques que sont destinées à l'entretien du créancier. Même une condamnation au payement des frais d'une cure nécessaire (après un accident p. ex.) a été admise" ("Les mesures provisoires en procédure civile: Droits Allemand et Suisse", in *Les Mesures Provisoires en Procédure Civile*, 1ª ed., Milão, Giuffrè, 1985, p. 47). Também nos Direitos Francês – por meio do *référé provision* – e Italiano encontram-se previsões para a condenação provisória, por via de antecipação (cf. Giuseppe Tarzia, *Les Mesures Provisoires en Procédure Civile*, 1ª ed., Milão, Giuffrè, 1985, p. 316).

16. Consoante o magistério de J. J. Gomes Canotilho, "a pretensão de validade absoluta de certos princípios com o sacrifício de outros originaria a criação de princípios reciprocamente incompatíveis, com a consequente destruição da tendencial unidade axiológico-normativa da Lei Fundamental. Daí o reconhecimento de momentos de tensão ou antagonismo entre os vários princípios e a necessidade, atrás exposta, de aceitar que os princípios não obedecem, em caso de conflito, a uma 'lógica do tudo ou nada', antes podem ser objeto de ponderação e concordância prática, consoante o seu 'peso' e as circunstâncias do caso concreto" (*Direito Constitucional e Teoria da Constituição*, 7ª ed., Coimbra, Livraria Almedina, 2003, p. 1.182).

também está presente interesse da mesma natureza. Haverá, aí, hipótese em que se deverá aguardar o tempo necessário para o desenvolvimento da cognição exauriente, em tese, de razoável duração.

Contudo, se estiver presente a necessidade de antecipação e esta se referir a um provimento condenatório típico, deve ser adotado o processo de execução provisória.[17]

Veja-se também que após a decisão que estendeu a responsabilidade aos integrantes da pessoa jurídica, ainda pendente de recurso, nada impede que seja iniciada a execução provisória, observadas as regras dispostas no art. 520 do CPC/2015.

A execução provisória não constitui propriamente uma tutela de urgência – apesar de antecipar a tutela final, permitindo a prática de atos executivos após a sentença pendente de recurso –, mas preserva de certa forma os direitos do executado por meio de garantias para as hipóteses de reforma ou anulação do título ainda provisório.[18] Veja-se que a provisoriedade não está certamente na execução, mas no título, de forma que, modificado este, não serão desfeitos os atos executivos praticados, vez que a recomposição do estado anterior se dará por indenização dos danos sofridos pelo executado.[19]

Especial atenção deve ser dada, nos casos concretos, às situações em que o sujeito passivo do pedido de desconsideração é outra pessoa jurídica e a medida de urgência recai sobre valores de seu faturamento ou capital de giro, podendo comprometer seu normal funcionamento. Em certas circunstâncias essa situação pode ser comparável àquela das tutelas de efeitos irreversíveis, conforme disposições do § 3º do art. 300, do CPC/2015.

*11.2.2 A antecipação dos efeitos das tutelas
        declaratória e constitutiva
        e a desconsideração da personalidade jurídica*

Se o objetivo da desconsideração é diverso do da responsabilização patrimonial, tratando-se de tutelas declaratória ou constitutiva, pode

---

17. Nesse sentido: Kazuo Watanabe, "Tutela antecipatória e tutela específica das obrigações de fazer e não fazer (arts. 273 e 461 do CPC)", cit., in *A Reforma do Código de Processo Civil*, 1ª ed., p. 37; Teori Albino Zavascki, "Antecipação da tutela e colisão de direitos fundamentais", in Sálvio de Figueiredo Teixeira (coord.), *Reforma do Código de Processo Civil*, 1ª ed., São Paulo, Saraiva, 1996, p. 161.
18. Cf. Rita Quartieri, *Tutelas de Urgência na Execução Civil*, cit., 1ª ed., p. 84.
19. Cf. art. 520, I, do CPC/2015.

ser possível na situação concreta a antecipação dos efeitos da tutela. Concentra-se a questão, nessas hipóteses, não propriamente na admissibilidade, mas na sua viabilidade e eventual utilidade, pois, embora não se antecipem propriamente as eficácias constitutiva ou declaratória da tutela pretendida, a antecipação terá lugar quando dela for possível extrair alguma outra pretensão relativa aos seus efeitos práticos.[20]

Nessa perspectiva, é possível pensar que, tendo o pedido de desconsideração da personalidade objetivo diverso da responsabilização patrimonial, pode ser útil e, mais que isso, necessária a antecipação da tutela. Imagine-se a situação de demanda destinada a pleitear o reconhecimento de invalidade de licitação vencida por determinada sociedade que fora constituída por outra, que esteja impedida de concorrer; nessa hipótese pode ser necessária a suspensão da eficácia da contratação da vencedora da licitação se a desconsideração da personalidade jurídica já não fora determinada na esfera administrativa.[21]

Poderá o juiz determinar tutela provisória de urgência diversa da que fora pleiteada, que melhor se adapte à situação em concreto e seja menos onerosa à parte contrária, desde que seja hábil a garantir a satisfação do direito pretendido. Fala-se, aqui, na dispensa da observância da regra de congruência entre o que se postula e o que se concede.

Imagine-se que uma sociedade fora constituída por pessoas proibidas contratualmente de exercer determinada atividade em alguma região, por certo período, e se valem dessa nova sociedade justamente para

---

20. Nesse sentido: José Roberto dos Santos Bedaque, *Tutela Cautelar e Tutela Antecipada: Tutelas Sumárias e de Urgência (Tentativa de Sistematização)*, cit., 5ª ed., p. 202; Humberto Theodoro Jr., *Processo Cautelar*, cit., 25ª ed., pp. 457-458 e 467; Luiz Guilherme Marinoni, *Antecipação da Tutela*, cit., 12ª ed., p. 53; Kazuo Watanabe, "Tutela antecipatória e tutela específica das obrigações de fazer e não fazer (arts. 273 e 461 do CPC)", cit., in *A Reforma do Código de Processo Civil*, 1ª ed., p. 35; Ovídio Baptista da Silva, "A antecipação da tutela na recente reforma processual", in *A Reforma do Código de Processo Civil*, 1ª ed., São Paulo, Saraiva, 1996, p. 133; Teori Albino Zavascki, "Antecipação da tutela e colisão de direitos fundamentais", cit., in Sálvio de Figueiredo Teixeira (coord.), *Reforma do Código de Processo Civil*, 1ª ed., p. 159.

21. Tratando da possibilidade de ser reconhecida administrativamente a desconsideração da personalidade jurídica, determinando a extensão da sanção de idoneidade para licitar à sociedade constituída com o mesmo objeto social, mesmos sócios e mesmo endereço, v.: STJ, 2ª Turma, ROMS 15.166-BA, rel. Min. Castro Meira, v.u., *DJU* 8.9.2003.

descumprir aquilo a que haviam se obrigado contratualmente. Pleiteando o autor a paralisação das atividades ou a extinção da mencionada sociedade, poderá o juiz, antecipadamente, se presentes os pressupostos para a antecipação da tutela, conceder à ré oportunidade para o exercício de atividades diversas daquelas que constavam como proibidas, como forma de menor onerosidade à parte.

11.3 A tutela cautelar e a desconsideração da personalidade jurídica

A medida cautelar serve à tutela do processo, conferindo-lhe utilidade prática ao restabelecer o equilíbrio entre as partes, que pode ser prejudicado no período de sua duração.[22] Por isso, diz-se que a tutela cautelar é o instrumento dos instrumentos,[23] já que não se limita a proteger o interesse da parte; seu objetivo é maior, porque visa a resguardar a efetividade do futuro provimento de mérito – ou, em outras palavras, a eficiência prática da atividade jurisdicional, nas situações de urgência.[24]

Essa atividade cautelar pode recair sobre coisas, pessoas e provas, antes ou no decorrer do processo, e em nosso sistema é prevista, agora, de forma inominada, apesar de haver referência às providências de arresto, sequestro, arrolamento de bens, registro de protesto contra a alienação de bem em um dos artigos do Código de 2015 (art. 301).

Observe-se, entretanto, que o poder geral de cautela do juiz não se limita à provocação da parte, devendo ser exercido *ex officio* (art. 297 do CPC/2015), caso necessário, haja vista o interesse público que norteia a atividade processual.[25]

---

22. Cf. Humberto Theodoro Jr., *Processo Cautelar*, cit., 25ª ed., pp. 30 e 38.
23. Nesse sentido: José Roberto dos Santos Bedaque, *Tutela Cautelar e Tutela Antecipada: Tutelas Sumárias e de Urgência (Tentativa de Sistematização)*, cit., 5ª ed., p. 195.
24. Também no Direito Italiano os chamados *provvedimenti di urgenza* têm natureza e função exclusivamente cautelar e, "come tale esso è indelebilmente contrassegnato dai tipici caratteri della strumentalità e provvisorietà rispetto all'azione ordinaria, serve cioè ad assicurarne un fruttuoso esito, non a sostituirla" (Girolamo A. Monteleone, *Diritto Processuale Civile*, cit., 3ª ed., p. 1.206).
25. Consoante leciona Humberto Theodoro Jr., "se os interesses públicos que o Estado detém no processo forem ameaçados de lesão, é claro que o juiz pode preveni-los adotando as medidas cautelares compatíveis, sem que tenha de aguardar a iniciativa ou provocação da parte prejudicada" (*Processo Cautelar*, cit., 25ª ed., p. 100).

Com relação aos pressupostos para a concessão das cautelares conservativas, tratando-se de desconsideração da personalidade jurídica também se pode dizer que devem estar presentes o *periculum in mora* e o *fumus boni iuris*, consubstanciando-se o primeiro no perigo de dano ou no risco ao resultado útil do processo, e o segundo nos elementos que evidenciem a probabilidade do direito (CPC/2015, art. 300).

No campo das tutelas cautelares consistentes em medidas de segurança para a execução o objetivo é a preservação do patrimônio do responsável, por meio da adoção de medidas que conservem bens suficientes para garantir a futura execução. Várias são as providências cautelares possíveis, como o arrolamento de bens, o arresto cautelar, a indisponibilidade e o sequestro, assim como outras medidas importantes podem ser pleiteadas pelas partes no decorrer da execução, como a averbação da execução ajuizada, o protesto contra a alienação de bens etc.

Veremos em seguida algumas das providências cautelares, restringindo o estudo, entretanto, àquelas que estão mais próximas de tornar efetivo o processo que tem por intento a responsabilização patrimonial pela desconsideração da personalidade jurídica, tema central deste trabalho.

11.3.1 O arresto cautelar antecedente ou na pendência de pedido de desconsideração da personalidade jurídica

O arresto cautelar de bens[26] objetiva garantir a efetividade da futura execução por quantia certa, circunscrevendo-se, portanto, ao campo da responsabilidade patrimonial. O arresto cautelar não recebe, pelo sistema do Código de 2015, disciplina própria; a ele se aplicam as disposições gerais dos arts. 300 a 302, bem como dos arts. 305 a 310, quando for requerido antecedentemente ao processo

O arresto cabe nas situações em que há perigo concreto de ser frustrada a futura execução, desde que haja elementos que evidenciem a probabilidade do direito e o perigo de dano ou o risco ao resultado útil do processo, como preceituado nas disposições gerais (art. 300 do CPC/2015). Por não ter sido repetido o pressuposto da "prova literal de

---

26. O arresto cautelar não se confunde com o arresto executivo. Como esclarece Rita Quartieri, o arresto cautelar requer a existência do *periculum in mora* e do *fumus boni iuris*, ao passo que o arresto executivo, como um ato de pré-penhora, tem cabimento nas hipóteses em que não seja encontrado o devedor para a citação (*Tutelas de Urgência na Execução Civil*, cit., 1ª ed., p. 41).

dívida líquida e certa" (CPC/1973, art. 814), pode-se chegar mais facilmente à conclusão de que se pode pleitear o arresto dos bens dos sócios ou administradores da pessoa jurídica devedora antes do ajuizamento do pedido de desconsideração da personalidade jurídica ou enquanto não for essa questão decidida definitivamente.

Veja-se que nessas hipóteses, embora haja pretensão executória em face da pessoa jurídica devedora, não há, ainda, a extensão da responsabilidade aos seus integrantes; mas a presença do *fumus boni iuris* e do *periculum in mora*, decorrentes da possibilidade de frustração da futura execução em face dos sócios, autoriza a providência cautelar do arresto.

Considere-se que, se houve confusão entre os patrimônios do sócio e da sociedade, de forma a reduzir os ativos desta, não está excluída a possibilidade de que ocorra também o esvaziamento do patrimônio do sócio durante o deslinde do incidente de desconsideração da personalidade, tornando inócua a responsabilização dos membros da sociedade.

Afirma André Pagani de Souza que, "se for necessário o arresto, a penhora, o sequestro ou qualquer outra medida urgente em relação ao patrimônio daquele que está por trás do véu da pessoa jurídica praticando ato ou atividade fraudulenta, para que ele seja punido e indenize as vítimas de sua conduta, o juiz deve determinar a prática de tal ato executivo e depois mandar intimar ou citar o responsável".[27] No mesmo sentido é a opinião de Pedro Henrique Torres Bianqui, que acrescenta que não há que se averiguar a possibilidade do esvaziamento patrimonial da sociedade, mas sim do sócio, posto que é isso que justifica a medida de urgência contra ele.[28] O esvaziamento patrimonial da sociedade é algo que se deve verificar antes da propositura da demanda que vise à desconsideração da personalidade jurídica.

Se já houve a desconsideração da personalidade jurídica, não há dúvida, eis que somente haveria sentido em proclamar a responsabilidade patrimonial do sócio ou do administrador caso houvesse o reconhecimento de existência de determinado crédito.

Contudo, mesmo para quem ainda não conta com um título executivo a jurisprudência brasileira também tem apontado no sentido de ser

27. André Pagani Souza, *Desconsideração da Personalidade Jurídica – Aspectos Processuais*, 1ª ed., São Paulo, Saraiva, 2009, p. 110.
28. Pedro Henrique Torres Bianqui, *Desconsideração da Personalidade Jurídica no Processo Civil*, 1ª ed., São Paulo, Saraiva, 2011, p. 90.

possível o arresto dos bens dos sócios na pendência do pedido de desconsideração da personalidade jurídica.²⁹ E essa orientação não significa que se deva chegar à prática de atos expropriatórios sem o contraditório, mas às medidas de urgência necessárias para que seja possível e viável a futura execução. Há que se conciliar, na aplicação do Direito, a conservação da garantia patrimonial do credor com a preservação das garantias constitucionais do processo.³⁰

Caso esteja pendente ou ainda não aforada a demanda que objetiva a desconsideração da personalidade, deve ser levado em conta que o pedido pode ser feito ainda na fase de conhecimento do processo em que figura como ré a pessoa jurídica, como também pode ser intentado na fase de execução do título judicial ou no processo de execução de título extrajudicial. Se ainda não houver título executivo em face da sociedade, para que seja deferido o arresto cautelar, além da prova de existência do crédito em face da sociedade, necessários os elementos que evidenciem a responsabilidade patrimonial do sócio ou administrador, pois os patrimônios destes é que suportarão a constrição cautelar.

Importante ressaltar, ainda, que a tutela cautelar concedida pode ser cassada ou modificada no curso do processo (art. 296 do CPC/2015) caso não persistam os elementos que a justificaram ou até mesmo que as provas colhidas evidenciem não ser a medida concedida a melhor solução a ser aplicada.³¹ Cessa a eficácia da medida de arresto também se não for

29. Nesse sentido: TJSP, 2ª Câmara de Direito Público, AI 390.256-5/7-00, comarca de Mauá, rel. Des. Urbano Ruiz, j. 7.12.2004, v.u.; TJSP, 6ª Câmara de Direito Público, AI 378.561-5/0-00, comarca de São Bernardo do Campo, rel. Des. José Habice, j. 21.11.2005, v.u.; TACivSP, 7ª Câmara Cível, AI 1.074.372-9, comarca de São Paulo, rel. Juiz Ulisses do Vale Ramos, j. 30.4.2002, v.u.; TJSP, 25ª Câmara de Direito Privado, ACi 9050331-23.2006.8.26.0000, comarca de Piracicaba, rel. Des. Ricardo Pessoa de Mello Belli, j. 29.6.2011, v.u.; TJSP, 5ª Câmara de Direito Privado, Medida Cautelar de Arresto 0123144-94.2012.8.26.0000, comarca de Diadema, rel. Des. Erickson Gavazza Marques, j. 12.6.2013, v.u..

30. Cf. Fernando da Fonseca Gajardoni e Gustavo Saad Diniz, "Responsabilidade patrimonial do sócio, desconsideração da personalidade jurídica e integração processual", in Gilberto Gomes Bruschi, Mônica Bonetti Couto, Ruth Maria Junqueira de A. Pereira e Silva e Thomaz Henrique Junqueira de A. Pereira (orgs.), *Direito Processual Empresarial*, 1ª ed., São Paulo, Campus, 2012, p. 325.

31. Diferentemente quanto à possibilidade de livre modificação do que fora decidido em relação à tutela de urgência pelo próprio magistrado que a apreciou, sem que haja novos fatores, aponta Heitor Vitor Mendonça Sica que: "Se, além disso, ainda entendermos que os magistrados, quando bem quiserem, podem revogar ou modifi-

deduzido o pedido principal no prazo legal; se não for efetivada a medida dentro do prazo de 30 dias; no caso de improcedência ou de extinção do processo com relação ao pedido principal, consoante prevê a norma processual (CPC/2015, art. 309). Assim, em matéria de desconsideração da personalidade jurídica não haverá justificativa para a manutenção da determinação cautelar em face dos sócios e administradores caso não pleiteada a responsabilização patrimonial de tais pessoas no prazo fixado em lei, pois é esta a demanda principal em relação à cautelar referida, proposta em face dos membros da sociedade.

É oportuno lembrar também que a Lei de Registros Públicos/LRP (Lei 6.015/1973, art. 168, I, "e") estabelece que o arresto de bens imóveis deve ser levado a registro, providência que evita sejam prejudicados terceiros de boa-fé. Tenha-se em conta que, independentemente do registro, o arresto permite o reconhecimento da fraude à execução, levando à ineficácia eventual negócio realizado sobre os bens arrestados, ainda que não tenha tido início a fase ou processo de execução.

11.3.2 A indisponibilidade dos bens particulares dos sócios e administradores da sociedade

A indisponibilidade é providência cautelar que restringe a livre disposição do patrimônio, com o objetivo de assegurar a tutela do direito de crédito.[32] Assemelha-se a indisponibilidade ao arresto cautelar pelo seu objetivo final, que é o de garantir a efetividade da execução por quantia certa, indo além, entretanto, em termos de consequências, posto que o arresto não tolhe a livre disposição dos bens que compõem o patrimônio do responsável patrimonial; tão somente leva à ineficácia relativa dos atos de disposição diante do credor.[33]

A medida de indisponibilidade encontra previsão no campo do direito público,[34] como na Lei de Improbidade Administrativa[35] e na

car as decisões na seara das tutelas de urgência, teremos um quadro de insuportável insegurança jurídica, de maneira que a relação jurídica objeto do litígio só adquirirá algum grau de estabilidade quando vier o trânsito em julgado da decisão final (de regra muitos e muitos anos depois do início)" (*Preclusão Processual Civil*, 1ª ed., São Paulo, Atlas, 2006, p. 305).

32. Cf. Rita Quartieri, *Tutelas de Urgência na Execução Civil*, cit., 1ª ed., p. 159.
33. Nesse sentido: Humberto Theodoro Jr., *Processo Cautelar*, cit., 25ª ed., p. 256.
34. Cf. Rita Quartieri, *Tutelas de Urgência na Execução Civil*, cit., 1ª ed., p. 160.
35. Lei 8.429/1992, art. 7º.

Lei Anticorrupção,[36] nas liquidações extrajudiciais de instituições financeiras,[37] de seguros,[38] de previdência complementar e aberta,[39] de seguradoras de capitalização[40] e no Código Tributário Nacional;[41] como também no direito privado, como na Lei de Falências e Recuperações Judiciais.[42]

Não obstante a farta previsão legal, como aponta Rita Quartieri, é possível, ainda, efetivar-se a proibição de dispor em outras searas com base no poder geral de cautela do juiz, quando evidenciado o risco de efetividade à execução por quantia certa.[43]

A indisponibilidade dos bens particulares dos réus no processo em que se busca a responsabilização na falência pode ser decretada com arrimo no disposto no § 2º do art. 82 da Lei 11.101/2005, *ex officio* ou a requerimento do Ministério Público, do administrador judicial ou de qualquer credor. Deve ser observado, contudo, o princípio da proporcionalidade,[44] pois, como consta do texto legal, a indisponibilidade há de ser "compatível com o dano provocado, até o julgamento da ação de responsabilização"[45] ou mesmo da desconsideração da personalidade jurídica, pois, como abordamos, também esta pode ser utilizada para a responsabilização de sócios e administradores em algumas situações mais restritas, na hipótese de falência da sociedade.

Como nas demais providências cautelares, consoante pondera Carlos Henrique Abrão, a medida de indisponibilidade apresenta o caráter *"rebus sic stantibus*, permitindo revisão, alteração ou qualquer aspecto que vislumbre a segurança da efetividade do provimento final".[46]

36. Cf. art. 19, § 4º, da Lei 12.846/2013.
37. Cf. art. 36 da Lei 6.024/1974.
38. Cf. art. 2º da Lei 5.627/1970.
39. Cf. art. 59 da Lei Complementar 109/2001 e art. 3º da Lei 10.190/2001.
40. Cf. art. 3º da Lei 10.190/2001.
41. Cf. art. 185-A do CTN.
42. Cf. art. 82, § 2º, da Lei 11.101/2005.
43. Rita Quartieri, *Tutelas de Urgência na Execução Civil*, cit., 1ª ed., p. 160.
44. Cf. Carlos Henrique Abrão e Paulo Fernando Campos Salles de Toledo, *Comentários à Lei de Recuperação de Empresas e Falências*, 1ª ed., São Paulo, Saraiva, 2005, p. 206. Como ressaltam os autores, deve ser preservada a meação dos cônjuges daqueles atingidos pela medida, observando-se o regime matrimonial e a intimação do cônjuge para manejar eventual recurso à defesa do patrimônio em comum (p. 206).
45. Cf. § 2º do art. 82 da Lei 11.101/2005.
46. Cf. Carlos Henrique Abrão e Paulo Fernando Campos Salles de Toledo, *Comentários à Lei de Recuperação de Empresas e Falências*, 1ª ed., p. 207.

11.3.3 A indisponibilidade dos bens dos administradores e controladores de sociedades sujeitas a intervenção e liquidação extrajudicial

Antecedendo o processo que objetiva apurar as responsabilidades dos administradores e controladores de sociedades sujeitas a intervenção e liquidação extrajudicial, são previstas medidas constritivas que objetivam garantir a efetividade da futura execução da sentença condenatória.

Nesse sentido, o art. 45 da Lei 6.024/1974 menciona que deverá ser proposto o sequestro, mas a doutrina é unânime em apontar o erro do legislador, posto que seria essa a hipótese se fosse o ato de constrição dirigido a bem litigioso, o que não é o caso, devendo, portanto, ser constritos todos os bens do devedor que sejam penhoráveis.[47]

Cumpre destacar que, antes mesmo do arresto, os mencionados regimes extrajudiciais implicam a indisponibilidade dos bens das pessoas a serem responsabilizadas.

A indisponibilidade pode ser ordinária, quando dirigida inicialmente, com a decretação do regime extrajudicial, sobre os bens de administradores e controladores que tenham ocupado essas funções nos últimos 12 meses que antecedem o regime extrajudicial ou a falência. A indisponibilidade será por extensão quando dirigida aos bens de outras pessoas jurídicas e seus administradores, em vista da extensão do regime extrajudicial, que pode se dar em virtude da integração de atividade, do vínculo de interesse[48] ou de controle, desde que haja elementos seguros para tal medida, como preconizado no art. 51 da Lei 6.024/1974. Será superveniente a indisponibilidade quando incidente sobre bens de gerentes, conselheiros ou outras pessoas que tenham concorrido, nos últimos 12 meses, para a decretação do regime extrajudicial, ou sobre bens que tenham sido objeto de negócio simulado realizado pelas pessoas a serem responsabilizadas (art. 36, § 2º, "a" e "b", da Lei 6.024/1974).

Somente estão sujeitos a indisponibilidade os bens alienáveis e penhoráveis, consoante a legislação em vigor, estando excluídos os bens

---

47. Cf. Paulo Fernando Campos Salles de Toledo, "Liquidação extrajudicial de instituições financeiras: alguns aspectos polêmicos", *RDM* 59/29, São Paulo, Ed. RT, julho-setembro/1985.

48. Cf. Ricardo Negrão, *Manual de Direito Comercial e de Empresa*, 1ª ed., vol. 3, São Paulo, Saraiva, 2004, pp. 680-681. O vínculo de interesse, como realça o autor, pode ser de qualquer natureza, desde que tenha reflexos econômicos (p. 682).

que tenham sido alienados por anterior promessa de compra e venda (art. 36, §§ 3º e 4º, da Lei 6.024/1974).

A indisponibilidade não torna inócua a futura providência cautelar de arresto, porque muitos dos bens que também são indisponíveis não estão sujeitos ao registro, podendo ser alienados facilmente pelos sujeitos a serem responsabilizados; além do quê a conversão da indisponibilidade em arresto afasta o proprietário da administração de seus bens, perdendo seu titular o direito aos eventuais frutos produzidos pelos bens respectivos, aumentando a possibilidade de ressarcimento dos credores.[49]

11.3.4 A produção antecipada de provas e a desconsideração da personalidade jurídica

A prova dos fatos costuma ser realizada no momento processual que lhe é reservado, na fase de instrução processual. Há situações, no entanto, que autorizam que esses elementos probatórios sejam colhidos antecipadamente. Assim, fala-se no perigo de desaparecimento da prova[50] e da atividade cautelar destinada a antecipar a atividade instrutória, com o nítido objetivo de tutelar o processo, reconhecendo-se a eficácia dos elementos colhidos.[51]

Não é difícil imaginar situações, tanto na seara da responsabilidade patrimonial como em outros campos, nas quais a atividade societária é desenvolvida de forma a apagar ou não deixar vestígios de irregularidades na administração dos negócios. E, nesse sentido, na iminência do perecimento de provas que contribuirão para o resultado útil do processo,[52]

---

49. Cf. Haroldo Malheiros Duclerc Verçosa, *Responsabilidade Civil Especial nas Instituições Financeiras e nos Consórcios em Liquidação Extrajudicial*, 1ª ed., São Paulo, Ed. RT, 1993, p. 201.

50. Consoante menciona Jorge W. Peyrano, o sistema de carga da prova possibilita ao juiz, em qualquer situação, a pronúncia sobre o mérito da causa, mas a falta de elementos de prova não significa que se confirmou a verdade da hipótese, nem que seja falsa, resultando uma má consciência, porque implica o reconhecimento do fracasso do processo como ferramenta probatória ("La regla de la carga de la prueba enfocada como norma de clausura del sistema", *RePro* 185/ 110-115, São Paulo, Ed. RT, julho/2010).

51. Cf. Humberto Theodoro Jr., *Processo Cautelar*, cit., 25ª ed., p. 334.

52. Especificamente sobre a desconsideração da personalidade jurídica, Dinamarco, citando lição de Chiovenda, esclarece que tem o ônus da prova aquele sujeito a quem beneficiará o reconhecimento do fato alegado: "Se a fraude é alegada pelo credor e o seu reconhecimento beneficiará a ele, é a ele que cabe o ônus de demonstrar

torna-se, evidentemente, justificada a antecipação da fase instrutória, que normalmente seria desenvolvida no decorrer do futuro processo, como autoriza a lei processual (art. 381, I, do CPC/2015).

Quando estamos falando da atividade desenvolvida por uma sociedade privada, há que se considerar que a publicidade de seus atos é relativa, muitas vezes, restrita ao âmbito interno, o que dificulta o conhecimento, por exemplo, das suas verdadeiras condições de solvabilidade. Em certas hipóteses a transparência da atividade societária é ainda mais reduzida, quando não há escrituração contábil, quando ela é incompleta ou não correspondente à atividade negocial, mascarando a chamada mistura de patrimônios ou confusão patrimonial. Há que se cogitar, mesmo não havendo propriamente urgência, sobre a necessidade e a possibilidade de antecipar a instrução probatória.

Mesmo sem a função cautelar, a antecipação da prova mostra-se útil na perspectiva do acesso à Justiça, podendo contribuir para a almejada efetividade do processo. A possibilidade de esclarecimento das partes sobre circunstâncias específicas do caso concreto pode levar à propositura da demanda de forma responsável ou conduzir os interessados a uma possível composição, "evitando atividades inúteis, desnecessárias, não razoáveis ou, ainda, desproporcionais"[53] – circunstâncias que inspiraram o legislador para as disposições contidas no art. 381, II e III, do CPC/2015 no sentido de reconhecer a autonomia do direito à prova.

Nesse contexto, menciona Yarshell o direito à prova como desdobramento do direito de ação, mesmo que ela não se destine necessariamente

a efetiva ocorrência do alegado fato fraudulento". Entende-se que, quanto à desconsideração da personalidade jurídica, o fato constitutivo do direito do autor refere-se àquelas situações que desvirtuam a função da pessoa jurídica, à fraude à lei ou ao contrato ou, ainda, ao abuso do direito; são esses os fatos que deverão ser provados pelo autor (cf. Cândido Rangel Dinamarco, "Desconsideração da personalidade jurídica, fraude, ônus da prova e contraditório", in *Fundamentos do Processo Civil Moderno*, 7ª ed., vol. I, São Paulo, Malheiros Editores, 2010, p. 540).

53. Cf. Flávio Luiz Yarshell, *Antecipação da Prova Sem o Requisito de Urgência e Direito Autônomo à Prova*, 1ª ed., São Paulo, Malheiros Editores, 2009, p. 321. Sobre a possibilidade de antecipação da prova é preciso enfatizar, conforme Yarshell, que "os fatores que dificultam ou mesmo obstaculizam o acesso ao Poder Judiciário, quer, mais amplamente, a uma ordem jurídica justa, podem também ser identificados no terreno da prova, prejudicando a respectiva efetividade e, analogamente ao que se passa com o processo e com a jurisdição de uma maneira mais ampla, impedindo que aquela cumpra integralmente com sua função; que, como é sabido, não se circunscreve ao escopo jurídico" (p. 404).

a um futuro processo declaratório do direito que se discute, mas com o objetivo de convicção das próprias partes. Tais considerações, embora façam reconhecer como sendo autônomo o direito à prova, não implicam que seja ele absoluto, circunscrevendo-se, como acentua o autor, dentro de limites de admissibilidade, viabilidade e utilidade. Dessa forma, devem ser observados a legitimidade das partes envolvidas, o interesse (necessidade e adequação) e "a vontade da lei a autorizar – ou a não impedir – a produção da prova pretendida".[54]

Em consonância com essa ideia, no tema da desconsideração da personalidade jurídica, considerando a atribuição do ônus da prova[55] e observadas as peculiaridades da publicidade restrita da atividade negocial e até mesmo as condições específicas do caso concreto (que podem evidenciar a restrição ainda maior às informações que deveriam ser claras e precisas), deve ser verificada a possibilidade de ser antecipada a prova, mesmo sem a função cautelar, tomando-se por base o direito autônomo à prova, que poderá abrir a via consensual para a solução do litígio ou, não sendo esta possível, de forma a ensejar o ingresso em juízo com a

---

54. Flávio Luiz Yarshell, *Antecipação da Prova Sem o Requisito de Urgência e Direito Autônomo à Prova*, cit., 1ª ed., p. 323.

55. Deve-se considerar, diante do caso concreto, também a possibilidade de inversão do ônus probatório com base na teoria do ônus dinâmico da prova, que se apoia, como observa Danilo Knijnik, em duas ordens de fundamentos: uma na ideia básica de igualdade entre as partes, já que em algumas situações elas não estão em igualdade de condições para produzir a prova, como nas hipóteses em que a coisa ou o instrumento probatório estão nas mãos do adversário, pois temos aí uma posição privilegiada de um dos demandantes em relação à prova; o outro fundamento refere-se ao dever de lealdade e colaboração das partes e de cooperação com o órgão jurisdicional (cf. Danilo Knijnik, "As (perigosíssimas) doutrinas do 'ônus dinâmico da prova' e da 'situação de senso comum' como instrumentos para assegurar o acesso à Justiça e superar a *probatio diabolica*", in Luiz Fux, Nelson Nery Jr. e Teresa Arruda Alvim Wambier (coords.), *Processo e Constituição: Estudos em Homenagem ao Professor José Carlos Barbosa Moreira*, 1ª ed., São Paulo, Ed. RT, 2006, p. 945). Do mesmo modo, sustenta Ricardo de Barros Leonel a possibilidade de ser mitigada a regra estática de distribuição do ônus da prova, pois, "em ponderação de valores, é viável imaginar a não aplicação pura e simples do art. 333 do CPC *[de 1973]* em casos em que sua incidência coloque em risco os direitos fundamentais à saúde ou à própria vida, ou ainda possa configurar, em última análise, negativa de acesso à própria jurisdição" ("Anotações a respeito do ônus da prova", in José Rogério Cruz e Tucci, Walter Piva Rodrigues e Rodolfo da Costa Manso Real Amadeo (coords.), *Processo Civil: Homenagem a José Ignácio Botelho de Mesquita*, 1ª ed., São Paulo, Quartier Latin, 2013, pp. 55-56).

ciência inequívoca sobre a ocorrência da fraude, do abuso do direito de personalidade ou, ainda, da verdadeira extensão do prejuízo ocasionado pela conduta de sócios e administradores na direção da sociedade.

12
CONCLUSÃO DA PARTE II

Nem sempre coincidem os sujeitos da obrigação e da responsabilidade. E isso ocorre nos raros casos de responsabilidade secundária, para os quais a sujeição patrimonial não deriva somente da obrigação inadimplida; tais situações ocorrem quando aquele que está sujeito aos efeitos da obrigação não foi parte na relação material subjacente, decorrendo sua responsabilidade de outros fatores.

Desta maneira, em certas situações, autorizadas pela lei (CPC/2015, art. 790), acaba por responder pela dívida, com seu patrimônio, quem não é sujeito da obrigação e sequer figura no título executivo (judicial ou extrajudicial). São os casos de execução *ultra partes*, a chamada responsabilidade secundária. E um rápido olhar pela evolução histórica dos institutos em questão permite concluir sobre a viabilidade dessa construção, em virtude da doutrina que separa os conceitos de dívida e de responsabilidade.

Nos casos de desconsideração da personalidade a responsabilidade não deriva propriamente da obrigação, mas da violação indireta dos direitos alheios e dos casos de responsabilidade objetiva dos sócios (simples inadimplência a certas espécies de obrigações), para os quais se diz que a responsabilidade é secundária, porque o sócio não participou diretamente da constituição do vínculo negocial ou de outra fonte da qual deriva a obrigação; a sujeição à sanção se deve a outras causas, como a mistura de patrimônios, a confusão de esferas, a subcapitalização etc. – hipóteses abordadas na Parte I do trabalho.

Não se deve perder de vista que o direito material projeta importantes consequências em relação ao processo. E, nesse sentido, se estivermos diante de hipóteses que extrapolam aquelas da *disregard doctrine* e se referem à responsabilidade por ato próprio, adequada será a via do processo

CONCLUSÕES DA PARTE II

autônomo, ainda que incidente a outro, pois não se apurará nele apenas responsabilidade patrimonial, mas a própria existência da obrigação, que decorre da violação direta de um direito subjetivo.

Se as pessoas a serem atingidas forem outras, diversas daquelas que compõem os quadros societário ou administrativo da pessoa jurídica devedora, não sendo nem mesmo seus sócios ocultos ou outras sociedades componentes do mesmo grupo, ainda que tenham agido em conjunto com os membros da sociedade, também estaremos diante de hipóteses que não se referem à desconsideração da personalidade da sociedade devedora, mas frente a situações de responsabilidade civil, que clamam por processo autônomo, ainda que incidente, e não por incidente do processo. Lembremos que a desconsideração da personalidade não serve propriamente à formação do título executivo, mas para a extensão de responsabilidade patrimonial nele fixada.

Se as causas de pedir se referirem à hipótese de desconsideração da personalidade e a outras que tratem de responsabilidade por ato próprio, ainda assim é aconselhável a apuração de responsabilidades em um único processo, para que, além da economia processual e da celeridade que podem ser almejadas, sejam evitadas decisões conflitantes. Contudo, nessas situações, ainda que a demanda seja veiculada por incidente do processo, ele deve ser tomado como processo incidente.

O processo autônomo, seja incidental a outro ou não, constitui-se na via comum para o exercício do direito de ação, ao passo que o incidente do processo é o caminho excepcional previsto pela norma. Há diferenças entre uma forma e outra de se pronunciar a responsabilidade, porque enquanto na via incidente somente se pronuncia a responsabilidade patrimonial, no processo autônomo o objeto litigioso é mais amplo, nele se pode declarar também a existência da obrigação – em suma, nele pode formar-se o título executivo.

As consequências processuais mostram que são divergentes os caminhos do incidente do processo e do processo autônomo, já que poderá ser outra a competência do juízo, bem como diversos poderão ser os procedimentos, as espécies de recursos cabíveis sobre a decisão de mérito, além das diferentes consequências a respeito de outras questões, como a necessidade de fixação do valor da causa, o recolhimento de custas processuais, o limite dos honorários advocatícios e até mesmo em relação ao termo inicial de prescrição. Veja-se que da dicotomia entre dívida e responsabilidade resultam importantes consequências no campo do direito processual, em especial, para a aferição dos meios processuais pelos quais se pode alcançar a desconsideração da personalidade jurídica, com vistas à responsabilização patrimonial.

Nesse contexto, para levar a termo o desconhecimento da autonomia subjetiva da pessoa jurídica é necessário o meio processual adequado, que antes, sem regulamentação específica, encontrava diferentes rumos na doutrina e principalmente na jurisprudência, que por vezes tem suprimido importantes garantias processuais previstas em sede constitucional, porque pronuncia a responsabilidade de um terceiro sem sua prévia manifestação, postergando o contraditório (com sua inversão), por meio de cognição superficial.

Nem sequer se evidencia que o caminho que leva à responsabilização de terceiros estranhos ao processo resulte em celeridade e economia processuais, porque os meios de defesa postos à disposição daquelas pessoas atingidas também representam custos e demora, além do risco à segurança jurídica. Deve-se ponderar, ainda, que a celeridade e a economia não constituem os valores mais importantes do processo, e jamais devem obscurecer o ideal de justiça.

Com efeito, a determinação de atos de expropriação antes do devido processo legal, com a efetivação da sujeição patrimonial daqueles que serão atingidos pela desconsideração da personalidade da sociedade devedora sem o prévio direito de defesa, afigura-se indevida e inconstitucional, posto que "ninguém será privado da liberdade ou de seus bens sem o devido processo legal" (CF, art. 5º, LIV).

Consideradas as peculiaridades do nosso sistema jurídico com relação à responsabilização de sócios e administradores de pessoas jurídicas, sob o prisma processual, pode ser afirmado que no Direito nacional a desconsideração da personalidade jurídica é atingida pela via incidental ao processo de conhecimento ou à execução, ou por meio de processo autônomo, quando objetive a responsabilização de sócios ou de administradores nas mencionadas situações de falência e de regimes extrajudiciais, verdadeiras hipóteses de tutelas coletivas de direitos, ou, ainda, nos casos de desconsideração para fins diversos da responsabilização.

Note-se que a existência de previsões legais que se referem a esses processos autônomos para o objetivo de responsabilização dos membros das pessoas jurídicas nessas hipóteses não exclui a possibilidade da utilização do incidente processual se os fatos relativos à causa de pedir se restringirem apenas às hipóteses de desconsideração da personalidade jurídica.

CONCLUSÕES DA PARTE II

Seja levada a termo a desconsideração da personalidade jurídica por processo autônomo ou por incidente processual, devem ser observadas as garantias constitucionais consubstanciadas no devido processo legal. Nesse sentido, vieram em boa hora as disposições do Código de Processo Civil de 2015 que regulam o incidente para a desconsideração da personalidade jurídica, traçando o rumo da extensão de responsabilidade patrimonial dos membros da pessoa jurídica devedora, e preservam as garantias constitucionais voltadas para o processo, exceto pela disposição contida no § 2º do art. 134 do CPC/2015, que dispensa a instauração do incidente de desconsideração quando requerido com a inicial, já que, provavelmente por defeito de redação, pode dar margem a interpretação que conclua ser cabível a inversão do contraditório quando o pedido for feito no processo de execução extrajudicial, em afronta à disposição contida no inciso LIV do art. 5º da CF, que garante que ninguém deverá ser privado da liberdade ou de seus bens sem o devido processo legal.

Sob o prisma processual resulta evidente que a desconsideração da personalidade jurídica contribui para a remoção de obstáculos que impedem a efetividade do acesso à Justiça, permitindo que "o econômico e o ético superem o puramente jurídico".[1] Não olvidemos, porém, que o ideal de justiça somente se pode fazer por meio de processo justo,[2] não somente porque respeita regras formais, mas porque essas regras permitem realizar seu principal objetivo.

---

1. Cf. Cândido Rangel Dinamarco, *Fundamentos do Processo Civil Moderno*, 6ª ed., vol. I, São Paulo, Malheiros Editores, 2010, p. 424.

2. Destaca-se, como o faz Giovanni Verde, em relação ao que seria um processo justo: "De outra parte, nem sempre um processo célere é um processo justo. (...). Pode--se dar ao quesito duas respostas: o processo é justo quando respeita as regras prefixadas; o processo é justo quando as regras prefixadas consentem perseguir a decisão (de mérito) justa. No primeiro sentido, a justiça do processo é aquela formal e a regra não é colocada em discussão; no segundo caso, acolhe-se uma noção substancial, pela qual é possível colocar em discussão a regra. Pode, assim, acontecer que um processo formalmente justo, porque respeitador da regra, torne-se substancialmente injusto, porque a aplicação das regras não consente em perseguir a decisão (de mérito) justa" ("Il processo sotto l'incubo della ragionevole durata", *Rivista di Diritto Processuale*, maio-junho/2011, Pádua, CEDAM, pp. 511 e 518).

BIBLIOGRAFIA

ABRÃO, Carlos Henrique, e TOLEDO, Paulo Fernando Campos Salles de. *Comentários à Lei de Recuperação de Empresas e Falências*. 1ª ed. São Paulo, Saraiva, 2005.

ABREU, Iolanda Lopes de. *Responsabilidade Patrimonial dos Sócios nas Sociedades Comerciais de Pessoas*. São Paulo, Saraiva, 1988.

ABREU, Jorge Manuel Coutinho de. *A Empresarialidade (as Empresas no Direito)*. 1ª ed., reimpr. Coimbra, Livraria Almedina, 1999.

ALBERTON, Genaceia da Silva. "A desconsideração da pessoa jurídica no Código do Consumidor – Aspectos processuais". *Revista de Direito do Consumidor* 7. São Paulo, Ed. RT, 1993.

ALESSI, Renato. *Sistema Istituzionale del Diritto Amministrativo Italiano*. 3ª ed. Milão, Giuffrè, 1960.

ALLORIO, Enrico. *La Cosa Giudicata Rispetto ai Terzi*. Milão, Giuffrè, 1935.

ALMEIDA, Amador Paes de. *Execução de Bens dos Sócios: Obrigações Mercantis, Tributárias, Trabalhistas: da Desconsideração da Personalidade Jurídica (Doutrina e Jurisprudência)*. 11ª ed. São Paulo, Saraiva. 2010.

AMADEO, Rodolfo da Costa Manso Real, RODRIGUES, Walter Piva, e TUCCI, José Rogério Cruz e (coords.). *Processo Civil: Homenagem a José Ignácio Botelho de Mesquita*. 1ª ed. São Paulo, Quartier Latin, 2013.

AMARAL SANTOS, Moacyr. *Primeiras Linhas de Direito Processual Civil*. 11ª ed., vol. I. São Paulo, Saraiva, 1987.

AMARO, Luciano. "Desconsideração da pessoa jurídica no Código de Defesa do Consumidor". *Revista de Direito do Consumidor* 5. São Paulo, Ed. RT, 1993.

AMORIM FILHO, Agnelo. "Critério científico para distinguir a prescrição da decadência e para identificar as ações imprescritíveis". *RT* 836. Ano 94. São Paulo, Ed. RT, junho/2005.

ANDRADE FILHO, Edmar Oliveira. *Desconsideração da Personalidade Jurídica no Novo Código Civil*. 1ª ed. São Paulo, MP Editora, 2005.

ANTUNES, Ana Filipa Morais. "O abuso da personalidade jurídica coletiva no direito das sociedades comerciais. Breve contributo para a temática da responsabilidade civil". In: VV.AA. *Novas Tendências da Responsabilidade Civil*. Coimbra, Livraria Almedina, 2007.

ARAÚJO FILHO, Luiz Paulo da Silva. "Sobre a distinção entre interesses coletivos e interesses individuais homogêneos". In: FUX, Luiz, NERY JR., Nelson, e WAMBIER, Teresa Arruda Alvim (coords.). *Processo e Constituição: Estudos em Homenagem ao Professor José Carlos Barbosa Moreira.* 1ª ed. São Paulo, Ed. RT, 2006.

_____. *Ações Coletivas: a Tutela Jurisdicional dos Direitos Individuais Homogêneos.* 1ª ed. Rio de Janeiro, Forense, 2000.

ARENHART, Sérgio Cruz, e MARINONI, Luiz Guilherme. *Execução.* 4ª ed. São Paulo, Ed. RT, 2012.

ARMELIN, Donaldo. *Legitimidade para Agir no Direito Processual Civil Brasileiro.* 1ª ed. São Paulo, Ed. RT, 1979.

ARRUDA ALVIM, Eduardo, e GRANADO, Daniel Willian. "Aspectos processuais da desconsideração da personalidade jurídica". In: BRUSCHI, Gilberto Gomes, COUTO, Mônica Bonetti, PEREIRA, Thomaz Henrique Junqueira de A., e SILVA, Ruth Maria Junqueira de A. Pereira e (orgs.). *Direito Processual Empresarial.* 1ª ed. São Paulo, Campus, 2012.

ARRUDA ALVIM NETTO, José Manoel de. "Desconsideração da personalidade jurídica – Parecer". *Coleção Estudos e Pareceres – Direito Comercial.* São Paulo, Ed. RT, 1995.

_____. *Manual de Direito Processual Civil.* 10ª ed. São Paulo, Ed. RT, 2006; 15ª ed. São Paulo, Ed. RT, 2012.

ASSIS, Araken de. *Manual da Execução.* 13ª ed. São Paulo, Ed. RT, 2010.

_____. *Cúmulo de Ações.* 4ª ed. São Paulo, Ed. RT, 2002.

AZEVEDO, Antônio Junqueira de. *Negócio Jurídico: Existência, Validade e Eficácia.* 4ª ed., 6ª tir. São Paulo, Saraiva, 2008.

BANDEIRA DE MELLO, Celso Antônio. *Curso de Direito Administrativo.* 32ª ed. São Paulo, Malheiros Editores, 2015.

BARBI, Celso Agrícola. *Comentários ao Código de Processo Civil.* 1ª ed., vol. I. Rio de Janeiro, Forense, 1977.

BARBOSA MOREIRA, José Carlos. "A competência como questão preliminar e como questão de mérito". In: *Temas de Direito Processual.* Quarta Série. 1ª ed. São Paulo, Saraiva, 1989.

_____. "A efetividade do processo de conhecimento". *RePro* 74. Ano 19. São Paulo, Ed. RT, abril-junho/1994.

_____. *Litisconsórcio Unitário.* 1ª ed. Rio de Janeiro, Forense, 1972.

_____. *O Novo Processo Civil Brasileiro.* Rio de Janeiro, Forense, 2006; 10ª ed. Rio de Janeiro, Forense, 1990.

_____. "O problema da duração dos processos: premissas para uma discussão séria". In: *Temas de Direito Processual.* Nona Série. São Paulo, Saraiva, 2007.

_____. "Questões prejudiciais e coisa julgada". *Revista de Direito da Procuradoria-Geral (RJ)* 16. 1967.

_____. *Temas de Direito Processual*. Primeira Série. 2ª ed. São Paulo, Saraiva, 1988; Terceira Série. São Paulo, Saraiva, 1984.

BARROS MONTEIRO, Washington de. *Curso de Direito Civil*. 25ª ed., 1º vol. São Paulo, Saraiva, 1985.

BEDAQUE, José Roberto dos Santos. *Direito e Processo: Influência do Direito Material sobre o Processo*. 6ª ed. São Paulo, Malheiros Editores, 2011.

_____. *Efetividade do Processo e Técnica Processual*. 3ª ed. São Paulo, Malheiros Editores, 2010.

_____. "Legitimidade processual e legitimidade política". In: SALLES, Carlos Alberto de (org.). *Processo Civil e Interesse Público*. São Paulo, Ed. RT, 2003.

_____. "Os elementos objetivos da demanda examinados à luz do contraditório". In: BEDAQUE, José Roberto dos Santos, e TUCCI, José Rogério Cruz e (coords.). *Causa de Pedir e Pedido no Processo Civil (Questões Polêmicas)*. 1ª ed. São Paulo, Ed. RT, 2002.

_____. "Sucessão de empresas e desconsideração da personalidade jurídica". In: PEREIRA, Guilherme S. J., e YARSHELL, Flávio Luiz (orgs.). *Processo Societário*. 1ª ed. São Paulo, Quartier Latin, 2012.

_____. *Tutela Cautelar e Tutela Antecipada: Tutelas Sumárias e de Urgência (Tentativa de Sistematização)*. 5ª ed. São Paulo, Malheiros Editores, 2003.

BEDAQUE, José Roberto dos Santos, e TUCCI, José Rogério Cruz e (coords.). *Causa de Pedir e Pedido no Processo Civil (Questões Polêmicas)*. 1ª ed. São Paulo, Ed. RT, 2002.

BENETI, Sidnei Agostinho. "Desconsideração da sociedade e legitimidade *ad causam*: esboço de sistematização". In: DIDIER JR., Fredie, e WAMBIER, Tereza Arruda Alvim (coords.). *Aspectos Polêmicos e Atuais sobre os Terceiros no Processo Civil e Assuntos Afins*. 1ª ed. São Paulo, Ed. RT, 2004.

BEVILÁQUA, Clóvis. *Código Civil Comentado*. 11ª ed. Rio de Janeiro, Editora Paulo de Azevedo, 1956.

_____. *Teoria Geral do Direito Civil*. 7ª ed. Rio de Janeiro, Editora Paulo de Azevedo, 1955.

BIANQUI, Pedro Henrique Torres. *Desconsideração da Personalidade Jurídica no Processo Civil*. 1ª ed. São Paulo, Saraiva, 2011.

BIAVATI, Paolo. "Os procedimentos civis simplificados e acelerados: o quadro europeu e os reflexos italianos". *Rivista Trimestrale di Diritto e Procedura Civile* 3. 2002.

BONICIO, Marcelo José Magalhães. "A dimensão da ampla defesa dos terceiros na execução em face da nova 'desconsideração inversa' da personalidade jurídica". *Revista do Instituto dos Advogados de São Paulo* 23. São Paulo, janeiro-junho/2009.

BORGES, João Eunápio. *Curso de Direito Comercial Terrestre*. 5ª ed., 3ª tir. Rio de Janeiro, Forense, 1976.

BRUSCHI, Gilberto Gomes. *Aspectos Processuais da Desconsideração da Personalidade Jurídica*. 2ª ed., 2ª tir. São Paulo, Saraiva, 2009.

BRUSCHI, Gilberto Gomes, COUTO, Mônica Bonetti, PEREIRA, Thomaz Henrique Junqueira de A., e SILVA, Ruth Maria Junqueira de A. Pereira e (orgs.). *Direito Processual Empresarial*. 1ª ed. São Paulo, Campus, 2012.

BUENO, Cassio Scarpinella. "Desconsideração da personalidade jurídica no Projeto de novo Código de Processo Civil". In: BRUSCHI, Gilberto Gomes, COUTO, Mônica Bonetti, PEREIRA, Thomaz Henrique Junqueira de A., e SILVA, Ruth Maria Junqueira de A. Pereira e (orgs.). *Direito Processual Empresarial*. 1ª ed. São Paulo, Campus, 2012.

_____. *Partes e Terceiros no Processo Civil Brasileiro*. 2ª ed. São Paulo, Saraiva, 2006.

_____. *Tutela Antecipada*. São Paulo, Saraiva, 2004.

BULGARELLI, Waldírio. "Apontamentos sobre a responsabilidade dos administradores da companhia". *Justitia* 120. Janeiro-março/1983.

_____. "Teoria *ultra vires societatis* perante a Lei das Sociedades por Ações". *RDM* 39. São Paulo, Ed. RT, julho-setembro/1980.

BUZAID, Alfredo. *A Ação Declaratória no Direito Brasileiro*. 2ª ed. São Paulo, Saraiva, 1986.

_____. *Agravo de Petição no Sistema do Código de Processo Civil*. 1ª ed. São Paulo, Saraiva, 1956.

_____. *Do Concurso de Credores no Processo de Execução*. 1ª ed. São Paulo, Saraiva, 1952.

CAHALI, Yussef Said. *Fraude Contra Credores*. São Paulo, Ed. RT, 1989.

_____. *Honorários Advocatícios*. 3ª ed. São Paulo, Ed. RT, 1997.

_____. *Prescrição e Decadência*. 2ª ed. São Paulo, Ed. RT, 2012.

CAIS, Frederico F. S. *Fraude de Execução*. 1ª ed. São Paulo, Saraiva, 2005.

CALMON, Petrônio, CIANCI, Mirna, GOZZOLI, Maria Clara, e QUARTIERI, Rita (coords.). *Em Defesa de um Novo Sistema de Processos Coletivos: Estudos em Homenagem a Ada Pellegrini Grinover*. São Paulo, Saraiva, 2010.

CALMON DE PASSOS, José Joaquim. *Comentários ao Código de Processo Civil*. 2ª ed. Rio de Janeiro, Forense, 1977. 8ª ed., vol. III. Rio de Janeiro, Forense, 2002.

_____. "Em torno das condições da ação". *Revista de Direito Processual Civil* 4. São Paulo, Saraiva, julho-dezembro/1961.

CÂMARA LEAL, Antônio Luís da. *Da Prescrição e da Decadência. Teoria Geral do Direito Civil*. 2ª ed. Rio de Janeiro, Forense, 1959.

CANOTILHO, J. J. Gomes. *Direito Constitucional e Teoria da Constituição*. 7ª ed. Coimbra, Livraria Almedina, 2003.

CAPPELLETTI, Mauro. "Formações sociais e interesses coletivos diante da Justiça Civil". *RePro* 5. São Paulo, Ed. RT, janeiro-março/1977.

CARMONA, Carlos Alberto. *Arbitragem e Processo*. 3ª ed. São Paulo, Atlas, 2009.

CARNEIRO, Athos Gusmão. *Intervenção de Terceiros*. 19ª ed. São Paulo, Saraiva, 2010.

CARNELUTTI, Francesco. *Diritto e Processo*. Nápoles, Morano, 1958.

_____. "Diritto e processo nella teoria delle obbligazioni". In: *Studi di Diritto Processuale*. vol. 2. Pádua, CEDAM, 1928.

_____. *Processo di Esecuzione*. 1ª ed., vol. I. Pádua, CEDAM, 1932.

_____. *Sistema di Diritto Processuale Civile*. Pádua, CEDAM, 1936; vol. VIII. Pádua, CEDAM, 1939.

_____. "Titolo esecutivo e scienza del processo". *Rivista di Diritto Processuale Civile* XI. I. Pádua, CEDAM, 1934.

CARVALHO DE MENDONÇA, José Xavier. *Tratado de Direito Comercial*. 5ª ed., vol. III. Rio de Janeiro, Freitas Bastos, 1954.

CARVALHO SANTOS, J. M. de. *Código Civil Brasileiro Interpretado*. 10ª ed. Rio de Janeiro, Freitas Bastos, 1963.

CARVALHOSA, Modesto. *Comentários à Lei de Sociedades Anônimas*. 5ª ed. São Paulo, Saraiva, 2010.

_____. *Comentários ao Código Civil – Parte Especial: Direito de Empresa*. vol. 13. São Paulo, Saraiva, 2003.

_____. "Responsabilidade civil dos administradores de companhias abertas". *RDM* 49. São Paulo, Ed. RT, 1983.

CASILLO, João. "Desconsideração da pessoa jurídica". *RT* 528/24. São Paulo, Ed. RT, outubro/1979.

CERINO CANOVA, Augusto. "La domanda giudiziale ed il suo contenuto". In: *Commentario del Codice di Procedura Civile*. 1ª ed. t. I, L. II. Turim, UTET, 1980.

CHINELATTO, Silmara Juny (coord.). *Código Civil Interpretado*. 2ª ed. Barueri/SP, Manole, 2009.

CHIOVENDA, Giuseppe. *Instituições de Direito Processual Civil*. 1ª ed., vols. I e II, trad. brasileira. São Paulo, Saraiva, 1942; 2ª ed., vol. I, trad. brasileira. São Paulo, Saraiva, 1965.

_____. *La Condanna nelle Spese Giudiziali*. 2ª ed. Roma, Società Editrice del Foro Italiano, 1935.

CIANCI, Mirna, CALMON, Petrônio, GOZZOLI, Maria Clara, e QUARTIERI, Rita (coords.). *Em Defesa de um Novo Sistema de Processos Coletivos: Estudos em Homenagem a Ada Pellegrini Grinover*. São Paulo, Saraiva, 2010.

CINTRA, Antônio Carlos de Araújo, DINAMARCO, Cândido Rangel, e GRINOVER, Ada Pellegrini. *Teoria Geral do Processo*. 31ª ed. São Paulo, Malheiros Editores, 2015.

COELHO, Fábio Ulhoa. *Comentários à Lei de Falências e de Recuperação de Empresas*. 7ª ed. São Paulo, Saraiva, 2010.

_____. *Curso de Direito Comercial*. 5ª ed. São Paulo, Saraiva, 2002.

_____. *Desconsideração da Personalidade Jurídica*. São Paulo, Ed. RT, 1989.

_____. *Manual de Direito Comercial*. 22ª ed. São Paulo, Saraiva, 2010.

_____. "Pessoa jurídica: conceito e desconsideração". *Justitia* 137/67-85. Janeiro-março/1987.

COELHO, Wilson do Egito. "Da responsabilidade dos administradores das sociedades por ações em face da nova Lei 6.024/1974". In: *Doutrinas Essenciais. Direito Empresarial*. vol. VI. São Paulo, Ed. RT, 2011 (originalmente em *RDM* 40. São Paulo, Ed. RT, janeiro-março/1981).

COMOGLIO, Luigi Palo. "Il doppio grado di giudizio nelle prospettive di revisione costituzionale". *Rivista di Diritto Processuale* 2. Abril-junho/1999.

COMOGLIO, Luigi Paolo, FERRI, Corrado, e TARUFFO, Michele. *Lezioni sul Processo Civile*. 5ª ed. Bolonha, Il Mulino, 2011.

COMPARATO, Fábio Konder. "A reforma da empresa". *RDM* 50. São Paulo, Ed RT, abril-junho/1983.

_____. "Natureza do prazo extintivo da ação de nulidade de registro de marcas". *RDM* 77. São Paulo, Ed. RT, janeiro-março/1990.

COMPARATO, Fábio Konder, e SALOMÃO FILHO, Calixto. *O Poder de Controle na Sociedade Anônima*. 5ª ed. Rio de Janeiro, Forense, 2008.

CORDEIRO, Pedro. *A Desconsideração da Personalidade Jurídica das Sociedades Comerciais*. Lisboa, AAFDL, 1989.

COSTA, Suzana Henriques da. *Condições da Ação*. 1ª ed. São Paulo, Quartier Latin, 2005.

_____. *O Processo Coletivo na Tutela do Patrimônio Público e da Moralidade Administrativa*. 1ª ed. São Paulo, Quartier Latin, 2009.

COULOMBEL, Pierre. "Lo spirito del attuale Diritto Francese dinanzi alle persone morale private". *Nuova Riv. Dir. Comm.* 1955. I.

COUTO, Mônica Bonetti, BRUSCHI, Gilberto Gomes, PEREIRA, Thomaz Henrique Junqueira de A., e SILVA, Ruth Maria Junqueira de A. Pereira e (orgs.). *Direito Processual Empresarial*. 1ª ed. São Paulo, Campus, 2012.

CUNHA, Leonardo José Carneiro da, e LOPES, João Batista (coords.). *Execução Civil (Aspectos Polêmicos)*. 1ª ed. São Paulo, Dialética, 2005.

CUNHA GONÇALVES, Luiz da. *Tratado de Direito Civil em Comentário ao Código Civil Português*. 1ª ed. brasileira, vol. I, t. II. São Paulo, Max Limonad, 1956.

DAVID, René (coord.). *La Personnalité Morale et ses Limites. Études de Droit Comparé et de Droit International Public*. 1ª ed. Paris, LGDJ, 1960.

DENARI, Zelmo. *Código Brasileiro de Defesa do Consumidor Comentado pelos Autores do Anteprojeto*. 10ª ed., vol. 1. Rio de Janeiro, Forense, 2011.

DENTI, Vittorio. *L'Esecuzione Forzata in Forma Specifica*. Milão, Giuffrè, 1953.
DI PIETRO, Maria Sylvia Zanella. *Direito Administrativo*. 25ª ed. São Paulo, Atlas, 2012.
DIDIER JR., Fredie. "A desconsideração da personalidade jurídica no processo arbitral". In: PEREIRA, Guilherme S. J., e YARSHELL, Flávio Luiz (orgs.). *Processo Societário*. 1ª ed. São Paulo, Quartier Latin, 2012.

_____. "Aspectos processuais da desconsideração da personalidade jurídica". In: DIDIER JR., Fredie, e MAZZEI, Rodrigo (coords.). *Reflexos do Novo Código Civil no Direito Processual*. 2ª ed. Salvador, Juspodivm, 2007.

_____ (org.). *Leituras Complementares de Processo Civil*. 8ª ed. Salvador, Juspodivm, 2010.

DIDIER JR., Fredie, e MAZZEI, Rodrigo (coords.). *Reflexos do Novo Código Civil no Direito Processual*. 2ª ed. Salvador, Juspodivm, 2007.
DIDIER JR., Fredie, e WAMBIER, Tereza Arruda Alvim (coords.). *Aspectos Polêmicos e Atuais sobre os Terceiros no Processo Civil e Assuntos Afins*. 1ª ed. São Paulo, Ed. RT, 2004.
DINAMARCO, Cândido Rangel. *A Instrumentalidade do Processo*. 15ª ed. São Paulo, Malheiros Editores, 2013.

_____. *Execução Civil*. 8ª ed. São Paulo, Malheiros Editores, 2001.

_____. *Fundamentos do Processo Civil Moderno*. 6ª ed., vols. I, II e III. São Paulo, Malheiros Editores, 2009.

_____. *Instituições de Direito Processual Civil*. 3ª ed., vol. IV. São Paulo, Malheiros Editores, 2009; 7ª ed., vol. I. São Paulo, Malheiros Editores, 2013.

_____. *Intervenção de Terceiros*. 5ª ed. São Paulo, Malheiros Editores, 2009.

_____. *Litisconsórcio*. 8ª ed. São Paulo, Malheiros Editores, 2009.

DINAMARCO, Cândido Rangel, CINTRA, Antônio Carlos de Araújo, e GRINOVER, Ada Pellegrini. *Teoria Geral do Processo*. 31ª ed. São Paulo, Malheiros Editores, 2015.
DINAMARCO, Pedro da Silva. *Ação Civil Pública*. 1ª ed. São Paulo, Saraiva, 2001.
DINIZ, Gustavo Saad, e GAJARDONI, Fernando da Fonseca. "Responsabilidade patrimonial do sócio, desconsideração da personalidade jurídica e integração processual". In: BRUSCHI, Gilberto Gomes, COUTO, Mônica Bonetti, PEREIRA, Thomaz Henrique Junqueira de A., e SILVA, Ruth Maria Junqueira de A. Pereira e (orgs.). *Direito Processual Empresarial*. 1ª ed. São Paulo, Campus, 2012.
DINIZ, Maria Helena. *Curso de Direito Civil Brasileiro*. 29ª ed., vol. 1. São Paulo, Saraiva, 2012.
DOBSON, Juan M. *El Abuso de la Personalidad Jurídica (en el Derecho Privado)*. 2ª ed. Buenos Aires, Depalma. 1991.
DOMINGUES, Alessandra de Azevedo, e LUCCA, Newton de (coords.). *Direito Recuperacional. Aspectos Teóricos*. 1ª ed. São Paulo, Quartier Latin, 2009.

DROBNIG, Ulrich. "Droit Allemand". In: DAVID, René (coord.). *La Personnalité Morale et ses Limites. Études de Droit Comparé et de Droit International Public*. 1ª ed. Paris, LGDJ, 1960.

FARIA, S. Soares de. *Do Abuso da Razão Social*. 1ª ed. São Paulo, Saraiva & Cia., 1933.

FARIA, Werter R. *Liquidação Extrajudicial, Intervenção e Responsabilidade Civil dos Administradores das Instituições Financeiras*. 1ª ed. Porto Alegre, Sérgio Antônio Fabris Editor, 1985.

FERNANDES NETO, Guilherme. *Abuso do Direito no Código de Defesa do Consumidor: Cláusulas, Práticas e Publicidades Abusivas*. Brasília, Brasília Jurídica, 1999.

FERRARA, Francesco. *Le Persone Giuridiche*. 2ª ed. Turim, UTET, 1958.

FERRARESI, Eurico. "Reflexões sobre a prescrição na ação civil pública". *Revista da Ajuris* 112. Porto Alegre, dezembro/2008.

FERREIRA, Aurélio Buarque de Holanda. *Dicionário Aurélio Básico da Língua Portuguesa*. 1ª ed. Rio de Janeiro, Nova Fronteira, 1988.

FERRER CORREIA, António de Arruda. *Sociedades Fictícias e Unipessoais*. Coimbra, Atlántida, 1948.

FERRI, Corrado, COMOGLIO, Luigi Paolo, e TARUFFO, Michele. *Lezioni sul Processo Civile*. 5ª ed. Bolonha, Il Mulino, 2011.

FILOMENO, José Geraldo de Brito. *Manual de Direito do Consumidor*. 8ª ed. São Paulo, Atlas, 2005.

FREITAS, Elizabeth Cristina Campos Martins de. *Desconsideração da Personalidade Jurídica*. 2ª ed. São Paulo, Atlas, 2004.

FUNARO, Hugo, e SOUZA, Hamilton Dias de. "A desconsideração da personalidade jurídica e a responsabilidade tributária dos sócios e administradores". *RDDT* 137. São Paulo, Dialética, fevereiro/2007.

FUX, Luiz, NERY JR., Nelson, e WAMBIER, Teresa Arruda Alvim (coords.). *Processo e Constituição: Estudos em Homenagem ao Professor José Carlos Barbosa Moreira*. 1ª ed. São Paulo, Ed. RT, 2006.

GAJARDONI, Fernando da Fonseca, e DINIZ, Gustavo Saad. "Responsabilidade patrimonial do sócio, desconsideração da personalidade jurídica e integração processual". In: BRUSCHI, Gilberto Gomes, COUTO, Mônica Bonetti, PEREIRA, Thomaz Henrique Junqueira de A., e SILVA, Ruth Maria Junqueira de A. Pereira e (orgs.). *Direito Processual Empresarial*. 1ª ed. São Paulo, Campus, 2012.

GALGANO, Francesco. *Diritto Commerciale. Le Società*. 15ª ed. Bolonha, Zanichelli, 2009.

_____. *Diritto Privato*. 15ª ed. Pádua, CEDAM, 2010.

_____. "El concepto de persona jurídica". *Revista Derecho del Estado* 16. Junho/2004.

GIDI, Antonio. *A Class Action como Instrumento de Tutela Coletiva dos Direitos*. 1ª ed. São Paulo, Ed. RT, 2007.

GOMES, Luiz Roldão de Freitas. "Desconsideração da personalidade jurídica". "Separata" da revista *O Direito*. Ano 122. I. Janeiro-março/1990.

GOMES, Orlando. *Introdução ao Direito Civil*. 20ª ed. Rio de Janeiro, Forense, 2010.

GOMES FILHO, Luiz Roldão de Freitas. "A legitimidade do Ministério Público para a defesa de direitos individuais homogêneos na falência, através da propositura de ação de responsabilização do síndico e dos falidos por prejuízos causados à massa". In: *A Efetividade dos Direitos Sociais*. 1ª ed. Rio de Janeiro, Lumen Juris, 2004.

GOZZOLI, Maria Clara, CALMON, Petrônio, CIANCI, Mirna, e QUARTIERI, Rita (coords.). *Em Defesa de um Novo Sistema de Processos Coletivos: Estudos em Homenagem a Ada Pellegrini Grinover*. São Paulo, Saraiva, 2010.

GRANADO, Daniel Willian, e ARRUDA ALVIM, Eduardo. "Aspectos processuais da desconsideração da personalidade jurídica". In: BRUSCHI, Gilberto Gomes, COUTO, Mônica Bonetti, PEREIRA, Thomaz Henrique Junqueira de A., e SILVA, Ruth Maria Junqueira de A. Pereira e (orgs.). *Direito Processual Empresarial*. 1ª ed. São Paulo, Campus, 2012.

GRAZZIOLI, Airton. *Fundações Privadas: das Relações de Poder à Responsabilidade dos Dirigentes*. 1ª ed. São Paulo, Atlas, 2011.

GRECO FILHO, Vicente. *Direito Processual Civil Brasileiro*. 6ª ed., 1º vol. São Paulo, Saraiva, 1989; 12ª ed., 1º vol. São Paulo, Saraiva, 1997.

GRIMAL, Pierre. *O Império Romano*. 1ª ed. portuguesa. Lisboa, Edições 70, 2010.

GRINOVER, Ada Pellegrini. "Da desconsideração da pessoa jurídica (aspectos de direito material e processual)". In: *O Processo: Estudos e Pareceres*. São Paulo, Perfil, 2005; *RF* 371/3-15. Rio de Janeiro, Forense, 1997.

GRINOVER, Ada Pellegrini, CINTRA, Antônio Carlos de Araújo, e DINAMARCO, Cândido Rangel. *Teoria Geral do Processo*. 31ª ed. São Paulo, Malheiros Editores, 2015.

GRINOVER, Ada Pellegrini, e outros. *Código Brasileiro de Defesa do Consumidor Comentado pelos Autores do Anteprojeto*. 8ª ed. Rio de Janeiro, Forense Universitária, 2004.

GRINOVER, Ada Pellegrini, e WATANABE, Kazuo. "Novas tendências em matéria de legitimação e coisa julgada nas ações coletivas". In: *Direito Processual Comparado. XIII Congresso Mundial de Direito Processual*. 1ª ed. Rio de Janeiro, Forense, 2007.

GUIMARÃES, Flávia Lefèvre. *Desconsideração da Personalidade Jurídica no Código do Consumidor – Aspectos Processuais*. São Paulo, Max Limonad, 1998.

HABSCHEID, Walter J. "Les mesures provisoires en procédure civile: Droits Allemand et Suisse". In: *Les Mesures Provisoires en Procédure Civile*. 1ª ed. Milão, Giuffrè, 1985.

HARTMANN, Rodolfo Kronemberg. *A Execução Civil*. 1ª ed. Rio de Janeiro, Impetus, 2010.

HAURIOU, Maurice. *Précis de Droit Constitutionnel*. 1ª ed. Paris, Librarie du Recueil Sirey, 1923.

_____. *Principes de Droit Public*. Paris, Librarie de la Société du Recueil J. B., 1910.

JOSSERAND, Louis. "Evolução da responsabilidade civil". Trad. de Raul Lima. *RF* 86/52-63. N. 454. Rio de Janeiro, Forense, junho/1941.

JUSTEN FILHO, Marçal. *Desconsideração da Personalidade Societária no Direito Brasileiro*. São Paulo, Ed. RT, 1987.

KELSEN, Hans. *Teoria Pura do Direito*. 1ª ed. brasileira. São Paulo, Martins Fontes, 1985.

KNIJNIK, Danilo. "As (perigosíssimas) doutrinas do 'ônus dinâmico da prova' e da 'situação de senso comum' como instrumentos para assegurar o acesso à Justiça e superar a *probatio diabolica*". In: FUX, Luiz, NERY JR., Nelson, e WAMBIER, Teresa Arruda Alvim (coords.). *Processo e Constituição: Estudos em Homenagem ao Professor José Carlos Barbosa Moreira*. 1ª ed. São Paulo, Ed. RT, 2006.

KOURY, Suzy Elizabeth Cavalcante. *A Desconsideração da Personalidade Jurídica (**Disregard Doctrine**) e os Grupos de Empresas*. 2ª ed. Rio de Janeiro, Forense, 1998.

KRIGER FILHO, Domingos Afonso. "Aspectos da desconsideração da personalidade societária na Lei do Consumidor". *Revista de Direito do Consumidor* 13/78-86. N. 13. São Paulo, Ed. RT, janeiro-março/1985.

KÜBLER, Friedrich. *Derecho de Sociedades*. 5ª ed. Madri, Fundación Cultura del Notariado, 2001 (trad. espanhola do original *Gesellschaftsrecht*. 1998).

KUHN, Thomas S. *A Estrutura das Revoluções Científicas*. 7ª ed. São Paulo, Perspectiva, 2003.

LACERDA DE ALMEIDA, Francisco de Paula. *Das Pessoas Jurídicas*. 1ª ed. São Paulo, Ed. RT, 1905.

LAZZARESCHI NETO, Alfredo Sérgio. *Lei das Sociedades por Ações Anotada*. 3ª ed. São Paulo, Saraiva, 2010.

LAZZARINI, Alexandre Alves. "Reflexões sobre a recuperação judicial de empresas". In: DOMINGUES, Alessandra de Azevedo, e LUCCA, Newton de (coords.). *Direito Recuperacional. Aspectos Teóricos*. 1ª ed. São Paulo, Quartier Latin, 2009.

LEONEL, Ricardo de Barros. "A *causa petendi* nas ações coletivas". In: BEDAQUE, José Roberto dos Santos, e TUCCI, José Rogério Cruz e (coords.). *Causa de Pedir e Pedido no Processo Civil (Questões Polêmicas)*. 1ª ed. São Paulo, Ed. RT, 2002.

_____. "Anotações a respeito do ônus da prova". In: AMADEO, Rodolfo da Costa Manso Real, RODRIGUES, Walter Piva, e TUCCI, José Rogério Cruz e (coords.). *Processo Civil: Homenagem a José Ignácio Botelho de Mesquita.* 1ª ed. São Paulo, Quartier Latin, 2013.

_____. *Causa de Pedir e Pedido. O Direito Superveniente.* 1ª ed. São Paulo, Método, 2006.

_____. *Manual do Processo Coletivo.* 3ª ed. São Paulo, Ed. RT, 2013.

_____. "Objeto litigioso do processo e o duplo grau de jurisdição". In: BEDAQUE, José Roberto dos Santos, e TUCCI, José Rogério Cruz e (coords.). *Causa de Pedir e Pedido no Processo Civil (Questões Polêmicas)*. 1ª ed. São Paulo, Ed. RT, 2002.

_____. "Pedido e causa de pedir: conexão, litispendência e continência". In: CALMON, Petrônio, CIANCI, Mirna, GOZZOLI, Maria Clara, e QUARTIERI, Rita (coords.). *Em Defesa de um Novo Sistema de Processos Coletivos: Estudos em Homenagem a Ada Pellegrini Grinover.* São Paulo, Saraiva, 2010.

_____. "Reflexões em torno do denominado 'redirecionamento da execução fiscal' ao sócio". In: PEREIRA, Guilherme S. J., e YARSHELL, Flávio Luiz (orgs.). *Processo Societário.* 1ª ed. São Paulo, Quartier Latin, 2012.

_____. *Tutela Jurisdicional Diferenciada.* 1ª ed. São Paulo, Ed. RT, 2010.

LIEBMAN, Enrico Tullio. *Eficácia e Autoridade da Sentença.* 3ª ed., trad. de Alfredo Buzaid e Benvindo Aires. Rio de Janeiro, Forense. 1984.

_____. "Il titolo esecutivo riguardo ai terzi". *Rivista di Diritto Processuale Civile* XI. I. Pádua, CEDAM, 1934.

_____. *Manual de Direito Processual Civil.* 3ª ed., vol. I, trad. brasileira de Cândido Rangel Dinamarco. São Paulo, Malheiros Editores, 2005.

_____. *Processo de Execução.* 4ª ed. São Paulo, Saraiva, 1980.

LIMA, Alvino. *A Fraude no Direito Civil.* 1ª ed. São Paulo, Saraiva, 1965.

LIMA, Osmar Brina Corrêa. *Responsabilidade Civil dos Administradores de Sociedade Anônima.* 1ª ed. Rio de Janeiro, Aide, 1989.

_____. *Sociedade Anônima.* 2ª ed. Belo Horizonte, Del Rey, 2003.

LISBOA, Roberto Senise. "A extinção do direito de defesa dos interesses difusos e coletivos". *RF* 406. Ano 105. Rio de Janeiro, Forense, 2009.

LOBO, Jorge. "Falências de empresas coligadas". *Valor Econômico (Legislação e Tributos)* 6.3.2013.

_____. *Grupos de Sociedades.* Rio de Janeiro, Forense, 1978.

LOPES, Bruno Vasconcelos Carrilho. *Honorários Advocatícios no Processo Civil.* 1ª ed. São Paulo, Saraiva, 2008.

_____. *Limites Objetivos e Eficácia Preclusiva da Coisa Julgada*. 1ª ed. São Paulo, Saraiva, 2012.

LOPES, João Batista, e CUNHA, Leonardo José Carneiro da (coords.). *Execução Civil (Aspectos Polêmicos)*. 1ª ed. São Paulo, Dialética, 2005.

LUCCA, Newton de, e DOMINGUES, Alessandra de Azevedo (coords.). *Direito Recuperacional. Aspectos Teóricos*. 1ª ed. São Paulo, Quartier Latin, 2009.

LUCCA, Newton de, e SIMÃO FILHO, Adalberto (coords.). *Direito Empresarial Contemporâneo*. 2ª ed. São Paulo, ed. Juarez de Oliveira, 2004.

LUCON, Paulo Henrique dos Santos. *Embargos à Execução*. 1ª ed. São Paulo, Saraiva, 1996.

_____. "Nova execução de títulos judiciais". In: *Direito Processual Comparado. XIII Congresso Mundial de Direito Processual*. 1ª ed. Rio de Janeiro, Forense, 2007.

LUISO, Francesco Paolo. *L'Esecuzione Ultra Partes*. 1ª ed. Milão, Giuffrè, 1984.

MACHADO, Antônio Cláudio da Costa. *A Intervenção do Ministério Público no Processo Civil Brasileiro*. 1ª ed. São Paulo, Saraiva, 1989.

MACIEL JR., Vicente de Paula. "A desconsideração da personalidade jurídica com a pessoa de direito público". *Revista LTr* 64. N. 4.

MADALENO, Rolf. *A Desconsideração Judicial da Pessoa Jurídica e da Interposta Pessoa Física no Direito de Família e no Direito de Sucessões*. 1ª ed. Rio de Janeiro, Forense, 2009.

MANCUSO, Rodolfo de Camargo. *Ação Civil Pública*. 11ª ed. São Paulo, Ed. RT, 2009.

_____. *Interesses Difusos*. 6ª ed. São Paulo, Ed. RT, 2004.

MANDRIOLI, Crisanto. "Il terzo nel procedimento esecutivo". *Rivista di Diritto Processuale* IX. Pádua, CEDAM, 1954.

MARCATO, Antônio Carlos. *Procedimentos Especiais*. 4ª ed. São Paulo, Ed. RT, 1991.

MARIANI, Irineu. "A desconsideração da pessoa jurídica: contribuição para seu estudo". *RT* 622/51-54. São Paulo, Ed. RT, 1987.

MARINONI, Luiz Guilherme. *Antecipação da Tutela*. 12ª ed. São Paulo, Ed. RT, 2011.

MARINONI, Luiz Guilherme, e ARENHART, Sérgio Cruz. *Execução*. 4ª ed. São Paulo, Ed. RT, 2012.

MAZZA, Alexandre. *Manual de Direito Administrativo*. 2ª ed. São Paulo, Saraiva, 2012.

MAZZEI, Rodrigo. "Litisconsórcio sucessivo: breves considerações". In: *Processo e Direito Material*. 1ª ed. Salvador, Juspodivm, 2009.

MAZZEI, Rodrigo, e DIDIER JR., Fredie (coords.). *Reflexos do Novo Código Civil no Direito Processual*. 2ª ed. Salvador, Juspodivm, 2007.

MAZZILLI, Hugo Nigro. *A Defesa dos Interesses Difusos em Juízo*. 24ª ed. São Paulo, Saraiva, 2011.

MEDINA, José Miguel Garcia. *Execução*. 2ª ed. São Paulo, Ed. RT, 2011.

MEIRELLES, Hely Lopes. *Direito Administrativo Brasileiro*. 41ª ed. São Paulo, Malheiros Editores, 2015.

MELLO, Rogério Licastro Torres de. *O Responsável Executivo Secundário*. 1ª ed. São Paulo, Quartier Latin, 2006.

MENEZES CORDEIRO, António. *O Levantamento da Personalidade Coletiva no Direito Civil e Comercial*. Coimbra, Livraria Almedina, 2000.

_____. *Tratado de Direito Civil Português*. 1ª ed., vol. I, t. III. Coimbra, Livraria Almedina. 2004.

MONTELEONE. Girolamo A. *Diritto Processuale Civile*. 3ª ed. Pádua, CEDAM, 2002.

_____. *I Limiti Soggettivi del Giudicato Civile*. 1ª ed. Pádua, CEDAM, 1978.

MOREIRA, Alberto Camiña. *Defesa sem Embargos do Executado*. 3ª ed. São Paulo, Saraiva, 2001.

_____. *Litisconsórcio no Processo de Execução*. Tese de Doutorado apresentada à PUC/SP. São Paulo, 2001.

MOREIRA ALVES, José Carlos. *Direito Romano*. 4ª ed., vol. I. Rio de Janeiro, Forense, 1978.

MORELLO, Umberto. *Frode alla Legge*. 1ª ed. Milão, Giuffrè, 1969.

MUNHOZ, Eduardo. "Arbitragem e grupos de sociedades". In: VERÇOSA, Haroldo Malheiros Duclerc (org.). *Aspectos da Arbitragem Institucional: 12 Anos da Lei 9.307/1996*. São Paulo, Malheiros Editores, 2008.

NEGRÃO, Ricardo. *Manual de Direito Comercial e de Empresa*. 1ª ed., vol. 3. São Paulo, Saraiva, 2004.

NERY JR., Nelson, e outros. *Código Brasileiro de Defesa do Consumidor Comentado pelos Autores do Anteprojeto*. 8ª ed. Rio de Janeiro, Forense Universitária, 2004.

_____. *Código de Processo Civil Comentado*. São Paulo, Ed. RT, 2010.

_____. "Condições da ação". *RePro* 64. São Paulo, Ed. RT, outubro-dezembro/1991.

NERY JR., Nelson, FUX, Luiz, e WAMBIER, Teresa Arruda Alvim (coords.). *Processo e Constituição: Estudos em Homenagem ao Professor José Carlos Barbosa Moreira*. 1ª ed. São Paulo, Ed. RT, 2006.

NONATO, Orozimbo. *Fraude Contra Credores*. 1ª ed. Rio de Janeiro, Editora Jurídica e Universitária, 1969.

NUNES, Luiz Antônio Rizzato. *Comentários ao Código de Defesa do Consumidor: Parte Material*. São Paulo, Saraiva, 2000.

NUNES, Márcio Tadeu Guimarães. *Desconstruindo a Desconsideração da Personalidade Jurídica*. 1ª ed. São Paulo, Quartier Latin, 2010.

OLIVEIRA, Carlos Alberto Alvaro de. "O formalismo-valorativo no confronto com o formalismo excessivo". In: DIDIER JR., Fredie (org.). *Leituras Complementares de Processo Civil*. 8ª ed. Salvador, Juspodivm, 2010.

OLIVEIRA, José Lamartine Corrêa de. *A Dupla Crise da Pessoa Jurídica*. São Paulo, Saraiva, 1979.

ORESTANO, Riccardo. Il "Problema delle Persone Giuridiche", *in Diritto Romano*. vol. I. Turim, Giappichelli, 1968.

PACHECO, José da Silva. *Processo de Falência e Concordata*. 5ª ed. Rio de Janeiro, Forense, 1988.

_____. *Processo de Recuperação Judicial, Extrajudicial e Falência*. 3ª ed. Rio de Janeiro, Forense, 2009.

PARENTONI, Leonardo Netto. *Reconsideração da Personalidade Jurídica*. Tese de Doutorado apresentada ao Departamento de Direito Comercial da Faculdade de Direito da USP. São Paulo, 2012.

PASSOS, José Joaquim Calmon de. *Comentários ao Código de Processo Civil*. 2ª ed. Rio de Janeiro, Forense, 1977.

_____. "Em torno das condições da ação". *Revista de Direito Processual Civil* 4. São Paulo, Saraiva, julho-dezembro/1961.

PENALVA SANTOS, Paulo, e SALOMÃO, Luís Felipe. *Recuperação Judicial, Extrajudicial e Falência*. 1ª ed. Rio de Janeiro, Forense, 2012.

PEREIRA, Caio Mário da Silva. *Instituições de Direito Civil*. 8ª ed., vol. 1. Rio de Janeiro, Forense, 1984.

_____. *Responsabilidade Civil*. 2ª ed. Rio de Janeiro, Forense. 1990.

PEREIRA, Guilherme S. J., e YARSHELL, Flávio Luiz (orgs.). *Processo Societário*. 1ª ed. São Paulo, Quartier Latin, 2012.

PEREIRA, Thomaz Henrique Junqueira de A., BRUSCHI, Gilberto Gomes, COUTO, Mônica Bonetti, e SILVA, Ruth Maria Junqueira de A. Pereira e (orgs.). *Direito Processual Empresarial*. 1ª ed. São Paulo, Campus, 2012.

PEYRANO, Jorge W. "La regla de la carga de la prueba enfocada como norma de clausura del sistema". *RePro* 185. São Paulo, Ed. RT, julho/2010.

PLANIOL, Marcel, e RIPERT, Georges. *Traité Pratique de Droit Civil Français*. 2ª ed. Paris, LGDJ, 1952.

POLI, Roberto. "Sulla sanabilità della inosservanza di forme prescritte a pena di preclusione e decadenza". *Rivista di Diritto Processuale* 51. N. 2. Abril-junho/1996.

PONTES DE MIRANDA, Francisco Cavalcanti. *Tratado de Direito Privado*. 1ª ed., t. I. Rio de Janeiro, Borsói, 1954.

_____. *Tratado de Direito Privado – Parte Geral*. 3ª ed., t. IV. São Paulo, Ed. RT, 1980.

PROTO PISANI, Andrea. *Opposizione di Terzo Ordinaria*. 1ª ed. Nápoles, Casa Editrice Dott. Eugenio Jovene, 1965.

PUOLI, José Carlos Baptista. *Responsabilidade Civil do Promotor de Justiça na Tutela dos Interesses Coletivos*. 1ª ed. São Paulo, ed. Juarez de Oliveira, 2007.

QUARTIERI, Rita. *Tutelas de Urgência na Execução Civil*. 1ª ed. São Paulo, Saraiva, 2009.

QUARTIERI, Rita, CALMON, Petrônio, CIANCI, Mirna, e GOZZOLI, Maria Clara (coords.). *Em Defesa de um Novo Sistema de Processos Coletivos: Estudos em Homenagem a Ada Pellegrini Grinover*. São Paulo, Saraiva, 2010.

REMÉDIO, José Antônio. *Curso de Direito Administrativo*. 1ª ed. São Paulo, Verbatim, 2012.

_____. *Mandado de Segurança Individual e Coletivo*. 3ª ed. São Paulo, Saraiva, 2010.

REQUIÃO, Rubens. "A função social da empresa no Estado de Direito". *Revista da Faculdade de Direito da UFPR* 19. N. 0. 1979.

_____. "Abuso de direito e fraude através da personalidade jurídica (*disregard doctrine*)". *RT* 410/12-24. São Paulo, Ed. RT, dezembro/1969.

_____. "As tendências atuais da responsabilidade dos sócios de sociedades comerciais". *RT* 511. Ano 67. São Paulo, Ed. RT, maio/1978.

_____. *Curso de Direito Comercial*. 29ª ed., 2º vol. São Paulo, Saraiva, 2012.

_____. *Curso de Direito Falimentar*. 14ª ed., vols. I e II. São Paulo, Saraiva, 1995.

RIBEIRO, Maria de Fátima. *A Tutela dos Credores da Sociedade por Quotas e a "Desconsideração da Personalidade Jurídica"*. 1ª ed. Coimbra, Livraria Almedina, 2012.

RIPERT, Georges, e PLANIOL, Marcel. *Traité Pratique de Droit Civil Français*. 2ª ed. Paris, LGDJ, 1952.

RIZZI, Sérgio. *Ação Rescisória*. 1ª ed. São Paulo, Ed. RT, 1979.

ROCCO, Alfredo. *Il Falimento*. 1ª ed. Milão, Giuffrè, 1962.

RODA, Carmen Boldó. *Levantamiento del Velo y Persona Jurídica en el Derecho Privado Español*. 2ª ed. Navarra, Aranzadi, 1997.

RODRIGUES, Simone Gomes. "Desconsideração da personalidade jurídica no Código de Defesa do Consumidor". *Revista de Direito do Consumidor* 11/7-20. São Paulo, Ed. RT, julho-setembro/1994.

RODRIGUES, Walter Piva, AMADEO, Rodolfo da Costa Manso Real, e TUCCI, José Rogério Cruz e (coords.). *Processo Civil: Homenagem a José Ignácio Botelho de Mesquita*. 1ª ed. São Paulo, Quartier Latin, 2013.

SALGADO FILHO, Nilo Spínola. "Probidade administrativa". In: NUNES JR., Vidal Serrano (coord.). *Manual de Interesses Difusos*. 2ª ed. São Paulo, Verbatim, 2012.

SALLES, Carlos Alberto de (org.). *Processo Civil e Interesse Público.* São Paulo, Ed. RT, 2003.

SALLES, Marcos Paulo de Almeida. "Aplicação da desconsideração da personalidade jurídica à arbitragem". In: VERÇOSA, Haroldo Malheiros Duclerc (org.). *Aspectos da Arbitragem Institucional: 12 Anos da Lei 9.307/1996.* São Paulo, Malheiros Editores, 2008.

SALOMÃO, Luís Felipe, e PENALVA SANTOS, Paulo. *Recuperação Judicial, Extrajudicial e Falência.* 1ª ed. Rio de Janeiro, Forense, 2012.

SALOMÃO FILHO, Calixto. *O Novo Direito Societário.* 4ª ed., 2ª tir. São Paulo, Malheiros Editores, 2015.

SALOMÃO FILHO, Calixto, e COMPARATO, Fábio Konder. *O Poder de Controle na Sociedade Anônima.* 5ª ed. Rio de Janeiro, Forense, 2008.

SANTOS, Silas Silva. *Litisconsórcio Eventual, Alternativo e Sucessivo no Processo Civil Brasileiro.* Dissertação de Mestrado apresentada à Faculdade de Direito da USP. São Paulo, 2012.

SATTA, Salvatore. *L'Esecuzione Forzata.* Milão, Giuffrè, 1937.

SAVIGNY, M. F. C. de. *Traité de Droit Romain.* 1ª ed. Paris, Librarie de Firmin Didot Frères, 1855.

SCARTEZZINI, Ana Maria Goffi Flaquer. "A responsabilidade na liquidação extrajudicial da Lei 6.024/1974". *Revista de Direito Bancário, do Mercado de Capitais e da Arbitragem* 10. Outubro-dezembro/2000.

SERICK, Rolf. *Forma e Realtà della Persona Giuridica.* Trad. de Marco Vitale. Milão, Giuffrè, 1966.

SHIMURA, Sérgio Seiji. *Arresto Cautelar.* 3ª ed. São Paulo, Ed. RT, 2005.

_____. "O Ministério Público nos processos de falência e concordata e nas liquidações extrajudiciais de instituições financeiras". In: *Funções Institucionais do Ministério Público.* 1ª ed. São Paulo, Saraiva, 2001.

_____. *Título Executivo.* 2ª ed. São Paulo, Método, 2005.

SICA, Heitor Vitor Mendonça. *Preclusão Processual Civil.* 1ª ed. São Paulo, Atlas, 2006.

SILVA, Alexandre Alberto Teodoro da. *A Desconsideração da Personalidade Jurídica no Direito Tributário.* São Paulo, Quartier Latin, 2007.

SILVA, Alexandre Couto. *Aplicação da Desconsideração da Personalidade Jurídica no Direito Brasileiro.* 2ª ed. Rio de Janeiro, Forense, 2009.

_____. "Desconsideração da personalidade jurídica: limites para sua aplicação". *RT* 780. São Paulo, Ed. RT, outubro/2000.

SILVA, João Paulo Hecker da. *Embargos de Terceiro.* 1ª ed. São Paulo, Saraiva, 2011.

SILVA, José Afonso da. *Curso de Direito Constitucional Positivo.* 38ª ed. São Paulo, Malheiros Editores, 2015.

SILVA, Osmar Vieira da. *Desconsideração da Personalidade Jurídica: Aspectos Processuais.* Rio de Janeiro, Renovar, 2002.

SILVA, Ovídio Baptista da. "A antecipação da tutela na recente reforma processual". In: *A Reforma do Código de Processo Civil*. 1ª ed. São Paulo, Saraiva, 1996.

_____. *Curso de Processo Civil*. 3ª ed., vol. 3. São Paulo, Ed. RT, 1998.

SILVA, Ruth Maria Junqueira de A. Pereira e, BRUSCHI, Gilberto Gomes, COUTO, Mônica Bonetti, e PEREIRA, Thomaz Henrique Junqueira de A. (orgs.). *Direito Processual Empresarial*. 1ª ed. São Paulo, Campus, 2012.

SIMÃO FILHO, Adalberto. "A superação da personalidade jurídica no processo falimentar". In: LUCCA, Newton de, e SIMÃO FILHO, Adalberto (coords.). *Direito Empresarial Contemporâneo*. 2ª ed. São Paulo, ed. Juarez de Oliveira, 2004.

SIMÃO FILHO, Adalberto, e LUCCA, Newton de (coords.). *Direito Empresarial Contemporâneo*. 2ª ed. São Paulo, ed. Juarez de Oliveira, 2004.

SOUZA, André Pagani de. *Desconsideração da Personalidade Jurídica – Aspectos Processuais*. 1ª ed. São Paulo, Saraiva, 2009.

SOUZA, Hamilton Dias de, e FUNARO, Hugo. "A desconsideração da personalidade jurídica e a responsabilidade tributária dos sócios e administradores". *RDDT* 137. São Paulo, Dialética, fevereiro/2007.

SOUZA, Miguel Teixeira de. *A Reforma da Acção Executiva*. 1ª ed. Lisboa, Editora Lex, 2004.

SOUZA, Moutari Ciocchetti de. *Interesses Difusos em Espécie*. 1ª ed. São Paulo, Saraiva, 2000.

SZTAJN, Rachel. "Desconsideração da personalidade jurídica". *Revista de Direito do Consumidor* 2. São Paulo, Ed. RT, 1992.

TARTUCE, Flávio. In: CHINELATTO, Silmara Juny (coord.). *Código Civil Interpretado*. 2ª ed. Barueri/SP, Manole, 2009.

TARUFFO, Michele, COMOGLIO, Luigi Paolo, e FERRI, Corrado. *Lezioni sul Processo Civile*. 5ª ed. Bolonha, Il Mulino, 2011.

TARZIA, Giuseppe. *Il Litisconzorzio Facoltativo nel Processo di Primo Grado*. 1ª ed. Milão, Giuffrè, 1972.

_____. *Les Mesures Provisoires en Procédure Civile*. 1ª ed. Milão, Giuffrè, 1985.

TEIXEIRA, Sálvio de Figueiredo (coord.). *Reforma do Código de Processo Civil*. 1ª ed. São Paulo, Saraiva, 1996.

THEODORO JR., Humberto. "A desconsideração da personalidade jurídica no direito processual civil brasileiro". In: PEREIRA, Guilherme S. J., e YARSHELL, Flávio Luiz (orgs.). *Processo Societário*. 1ª ed. São Paulo, Quartier Latin, 2012.

_____. "Arbitragem e terceiros – Litisconsórcio fora do pacto arbitral – Outras intervenções de terceiros". *Revista de Direito Bancário, do Mercado de Capitais e da Arbitragem* 14. São Paulo, Ed. RT, 2002.

_____. *Insolvência Civil*. 6ª ed. Rio de Janeiro, Forense. 2009.

_____. *Processo Cautelar.* 25ª ed. São Paulo, Universitária de Direito, 2010.

_____. *Processo de Execução.* 4ª ed. São Paulo, Universitária de Direito, 1978; 21ª ed. São Paulo, Universitária de Direito, 2002.

_____. "Tutela jurisdicional dos direitos em matéria de responsabilidade civil – Execução – Penhora e questões polêmicas". *RJTAMG* 78. Janeiro-março/2000.

TOLEDO, Paulo Fernando Campos Salles de. "A desconsideração da personalidade jurídica na falência". *RDM* 134. Ano XLIII (Nova Série). São Paulo, Malheiros Editores, abril-junho/2004.

_____. "Extensão da falência a sócios ou controladores de sociedades falidas". *Revista do Advogado* 105. Ano XXIX. Setembro/2009.

_____. "Liquidação extrajudicial de instituições financeiras: alguns aspectos polêmicos". *RDM* 59. São Paulo, Ed. RT, julho-setembro/1985.

TOLEDO, Paulo Fernando Campos Salles de, e ABRÃO, Carlos Henrique. *Comentários à Lei de Recuperação de Empresas e Falências*. 1ª ed. São Paulo, Saraiva, 2005.

TOMAZETTE, Marlon. "A desconsideração da personalidade jurídica: a teoria, o Código de Defesa do Consumidor e o novo Código Civil". *RT* 794. São Paulo, Ed. RT, 2001.

TOSETTI, Gian Maria. "Das intervenções nas instituições financeiras sob a égide da Lei 6.024/1974". *RDM* 41. São Paulo, Ed. RT, 1981.

TUCCI, José Rogério Cruz e. *A **Causa Petendi** no Processo Civil*. 3ª ed. São Paulo, Ed. RT, 2009.

_____. "Direitos transindividuais: conceito e legitimidade para agir". *Revista Jurídica* 331. Ano 53. Maio/2005.

_____. *Limites Subjetivos da Eficácia da Sentença e da Coisa Julgada Civil*. São Paulo, Ed. RT, 2007.

TUCCI, José Rogério Cruz e, AMADEO, Rodolfo da Costa Manso Real, e RODRIGUES, Walter Piva (coords.). *Processo Civil: Homenagem a José Ignácio Botelho de Mesquita*. 1ª ed. São Paulo, Quartier Latin, 2013.

TUCCI, José Rogério Cruz e, e BEDAQUE, José Roberto dos Santos (coords.). *Causa de Pedir e Pedido no Processo Civil (Questões Polêmicas)*. 1ª ed. São Paulo, Ed. RT, 2002.

TUCCI, Rogério Lauria. *Direito Processual Civil e Direito Privado, Ensaios e Pareceres*. São Paulo, Saraiva, 1989.

VALVERDE, Trajano de Miranda. "Consultas e pareceres: banco. Liquidação extrajudicial". *Revista de Direito Bancário e do Mercado de Capitais* 42. Outubro-dezembro/ 2008.

VASCONCELOS, Pedro Pais. *Teoria Geral do Direito Civil*. 3ª ed. Coimbra, Livraria Almedina, 2005.

VASCONCELOS, Ronaldo. *Direito Processual Falimentar*. 1ª ed. São Paulo, Quartier Latin, 2008.

VENTURA, Raul. "Apontamentos para a reforma das sociedades por quotas de responsabilidade limitada". "Separata" do *Boletim do Ministério da Justiça* 182. Lisboa, 1969.

VERÇOSA, Haroldo Malheiros Duclerc. *Responsabilidade Civil Especial nas Instituições Financeiras e nos Consórcios em Liquidação Extrajudicial*. 1ª ed. São Paulo, Ed. RT, 1993.

_____ (org.). *Aspectos da Arbitragem Institucional: 12 Anos da Lei 9.307/1996*. São Paulo, Malheiros Editores, 2008.

VERDE, Giovanni. "Il processo sotto l'incubo della ragionevole durata". *Rivista di Diritto Processuale* maio-junho/2011. Pádua, CEDAM.

VERRUCOLI, Piero. *Il Superamento della Personalità Giuridica delle Società di Capitali nella **Common Law** e nella **Civil Law***. Milão, Giuffrè, 1964.

VIANA, Juvêncio Vasconcelos. "A causa de pedir nas ações de execução". In: BEDAQUE, José Roberto dos Santos, e TUCCI, José Rogério Cruz e (coords.). *Causa de Pedir e Pedido no Processo Civil (Questões Polêmicas)*. 1ª ed. São Paulo, Ed. RT, 2002.

VIGLIAR, José Marcelo Menezes. "Pedido genérico e projeto de sentença". In: BEDAQUE, José Roberto dos Santos, e TUCCI, José Rogério Cruz e (coords.). *Causa de Pedir e Pedido no Processo Civil (Questões Polêmicas)*. 1ª ed. São Paulo, Ed. RT, 2002.

VIGORITI, Vicenzo. *Interessi Collettivi e Processo*. 1ª ed. Milão, Giuffrè, 1979.

VILLELA, João Baptista. "Sobre desconsideração da personalidade jurídica no Código de Defesa do Consumidor". *Boletim IOB de Jurisprudência* 11 (3/5611). 1991.

WALD, Arnoldo. "A arbitragem, os grupos societários e os conjuntos de contratos conexos". *Revista de Arbitragem e Mediação* 2. São Paulo, Ed. RT, maio-agosto/2004.

_____. "A definição do controlador na liquidação extrajudicial e em processos análogos". *RDM* 104. Ano XXXV (Nova Série). São Paulo, Ed. RT, outubro-dezembro/1996.

WALD, Arnoldo, e WALD, Alexandre de Mendonça. "O descabimento da indisponibilidade dos bens dos ex-administradores de instituição financeira em liquidação extrajudicial". *Revista de Direito Bancário e do Mercado de Capitais* 38. Outubro-dezembro/2007.

WAMBIER, Tereza Arruda Alvim (coords.). *Processo de Execução e Assuntos Afins*. São Paulo, Ed. RT, 1998.

WAMBIER, Tereza Arruda Alvim, e DIDIER JR., Fredie (coords.). *Aspectos Polêmicos e Atuais sobre os Terceiros no Processo Civil e Assuntos Afins*. 1ª ed. São Paulo, Ed. RT, 2004.

WAMBIER, Teresa Arruda Alvim, FUX, Luiz, e NERY JR., Nelson (coords.). *Processo e Constituição: Estudos em Homenagem ao Professor José Carlos Barbosa Moreira*. 1ª ed. São Paulo, Ed. RT, 2006.

WARDE JR., Walfrido Jorge. *A Crise de Limitação de Responsabilidade dos Sócios e a Teoria da Desconsideração da Personalidade Jurídica*. Tese de Doutorado apresentada ao Departamento de Direito Comercial da Faculdade de Direito da USP. São Paulo, 2004.

WATANABE, Kazuo. *Da Cognição no Processo Civil*. 3ª ed. São Paulo, DPJ Editora, 2005.

_____. "Processo civil de interesse público: introdução". In: SALLES, Carlos Alberto de (org.). *Processo Civil e Interesse Público: o Processo como Instrumento de Defesa Social*. 1ª ed. São Paulo, Ed. RT, 2003.

_____. "Tutela antecipatória e tutela específica das obrigações de fazer e não fazer (arts. 273 e 461 do CPC)". In: *A Reforma do Código de Processo Civil*. 1ª ed. São Paulo, Saraiva, 1996.

WATANABE, Kazuo, e GRINOVER, Ada Pellegrini. "Novas tendências em matéria de legitimação e coisa julgada nas ações coletivas". In: *Direito Processual Comparado. XIII Congresso Mundial de Direito Processual*. 1ª ed. Rio de Janeiro, Forense, 2007.

WATANABE, Kazuo, e outros. *Código Brasileiro de Defesa do Consumidor Comentado pelos Autores do Anteprojeto*. 8ª ed. Rio de Janeiro, Forense Universitária, 2005.

WORMSER, I. Maurice. *Disregard of Corporate Fiction and Allied Corporation Problems*. Washington, Beard Books, 2000.

_____. *Piercing the Veil of Corporate Entity*. Colúmbia, Columbia Law Review, 1912.

YARSHELL, Flávio Luiz. *Ação Rescisória: Juízos Rescindente e Rescisório*. São Paulo, Malheiros Editores, 2005.

_____. "Ação rescisória e decisões proferidas no processo de execução". In: CUNHA, Leonardo José Carneiro da, e LOPES, João Batista (coords.). *Execução Civil (Aspectos Polêmicos)*. 1ª ed. São Paulo, Dialética, 2005.

_____. *Antecipação da Prova Sem o Requisito de Urgência e Direito Autônomo à Prova*. São Paulo, Malheiros Editores, 2009.

_____. "Simulação e processo de execução". In: WAMBIER, Tereza Arruda Alvim (coord.). *Processo de Execução e Assuntos Afins*. São Paulo, Ed. RT, 1998.

_____. *Tutela Jurisdicional e Tipicidade*. São Paulo, Atlas, 1999; Tese de Doutoramento apresentada à Faculdade de Direito da USP. São Paulo.

YARSHELL, Flávio Luiz, e PEREIRA, Guilherme S. J. (orgs.). *Processo Societário*. 1ª ed. São Paulo, Quartier Latin, 2012.

ZAVASCKI, Teori Albino. "Antecipação da tutela e colisão de direitos fundamentais". In: TEIXEIRA, Sálvio de Figueiredo (coord.). *Reforma do Código de Processo Civil*. 1ª ed. São Paulo, Saraiva, 1996.

_____. *Processo Coletivo. Tutela de Direitos Coletivos e Tutela Coletiva de Direitos*. 5ª ed. São Paulo, Ed. RT, 2011.

_____. *Processo de Execução*. 3ª ed. São Paulo, Ed. RT, 2004.

ZORZI, Nadia. "El abuso de la personalidad jurídica". *Revista Derecho del Estado* 16. Bogotá, junho/2004.

_____. "Il superamento della personalità giuridica nella giurisprudenza di merito". In: *Contratto e Impresa 3*. Pádua, CEDAM, 1994.

* * *

00474

GRÁFICA PAYM
Tel. [11] 4392-3344
paym@graficapaym.com.br